관세론

이 균 지음

傳 英 社

머리말

시대는 새 천년을 맞이하였고 사회는 산업사회에서 정보사회로 전환하였다. 또한 자유화의 물결은 국경을 초월하여 세계화로 치닫고 있어, 명실공히 시대와 공간이 상상을 초월할 정도로 좁아지고 있고 국경의 벽은 낮아지고 있다.

이런 가운데서 전후 반세기 동안 세계무역질서를 주도해 온 GATT(관세 및 무역에 관한 일반협정)체제는 보다 강력한 다자간 무역체제인 WTO(세계무역기구)체제로 대체되어 국제무역은 상품무역뿐만 아니라 서비스무역 및 무역관련 지적소유권 등 광범위한 국제무역을 하나의 기구와 규범으로 새롭게 규율하게 되었다. WTO체제는 국제무역질서를 보다 자유롭고 공정한 무역으로 전개하는데 크게 기여할 것이다.

이처럼 다자간 자유무역체제의 확립에도 불구하고 '국가'라는 실체가 엄연히 존재함으로써 각 나라는 대외무역정책으로써 무역이익을 보다 많이 향유하고자 자유무역이나 보호무역, 아니면 공정무역의 정책을 자의적으로 채택 · 운용해 갈 것이며, 이 때 관세라는 정책수단은 여전히 강력한 무기가 될 것이다.

사실상 국제무역이론에 자유무역은 가격 메커니즘이 유효하게 작동하는 여러 가지 조건이 충족될 때 무역에 참가하는 나라의 경제는 그 효율이 극대화될 수 있다. 무역에 참가하는 나라들이 보호무역에서 자유무역으로 전환함으로써 각 나라의 부를 증가시켜 소득수준을 향상시킬 수 있다.

그러나 오늘날 국제무역은 불완전경쟁과 시장의 실패로 국내 · 외 시장이 왜곡되어 있기 때문에 차선책으로 보호무역의 정당성이 강조되고 있다. 때문에 자유로운 무역으로 교역조건이 불리한 나라들은 경제적 내지 비경제적인 목적을 달성하기 위하여 보호무역을 주장하고 있고, 또 보호무역의 정책수단 가운데 일반적으로 가장 용이하게 동원될 수 있는 도구는 역시 관세가 아닐 수 없다. 각 나라가 이런 방향으로 정책을 수립하는 것이 관세정책이며, 그 이론적 뒷받침이 바로 관세이론이다.

특히 우리 나라 경제는 국토의 협소, 자원의 빈곤과 인구의 과다로 경제의 효율을 높이기 위해서는 개방경제로 지향해야 함은 당연하다 하겠으나 아직도 산업의 상당 부분이 국제경쟁력 면에서 뒤떨어져 있다. 때문에 동태적 관점에서 이들 산업을 어떻게 하면 비교 우위산업으로 전환시켜 불리한 교역조건을 개선시킬 수 있느냐라는 문제를 고려해 볼 때, 관세는 단순히 재정수입의 원천으로서가 아니라 산업보호라는 측면에서 그 비중이 높게 평가되어야 할 것이다.

이와 같은 관점에서 이 책은 다음과 같은 목적을 위하여 집필하였다. 그 하나는 무역으로부터 발생하는 이익이 어떻게 하면 각 나라 또는 국내의 각 집단간에 공평하게 배분될 수 있으며, 또 무역에 참가하는 나라가 어떻게 하면 교역조건을 개선시켜 보다 많은 이익을 향유할 수 있는가 라는 점에서 관세에 관한 이론을 정리하였다. 다른 하나는 국제적인 시각에서 보호무역을 이해하고 국내 · 외적으로 영향을 크게 미치는 관세, 비관세장벽, 관세동맹 및 실효보호관세 등의 경제적 효과를 파악하고자 하는 데 있다.

이 책은 관세에 관한 이론을 중점적으로 다루고, 부차적으로 이론과 불가분의 관계에 있는 관세의 정책에 관한 내용을 포함하여 총 10장으로 구성하였다. 이들 내용을 간략하게 소개하면, 제1장은 서론으로 무역정책수단으로서 관세에 관한 내용을 들고, 제2장에서부터 제7장까지는 이론편으로 관세의 종류, 경제적 효과, 학설, 실효보호관세, 비관세장벽 그리고 관세동맹에 관하여 주로 기하학적 방법으로 설명하였다. 그리고 제8장에서 제10장까지는 정책편으로 국제무역기구(WTO, UNCTAD)와 관세, 그리고 우리 나라의 관세정책과 관세법의 체계에 관한 내용을 소개하였다.

이 책의 효율적 학습을 위하여 두 가지만 소개한다. 먼저, 최소한 무역학원론이나 국제무역론을 습득한 후 이 책을 대한다면 더욱 흥미를 느낄 것이다. 다음으로, 이 책의 내용을 이해하는데 도움이 되도록 주로 기하학적인 접근방법, 즉 그래프로 설명하며 그 기초가 되는 수학적 공식은 기본적인 내용만 제시하였다.

이 책을 출간하는데 있어 우리 나라 관세제도와 관세법에 관한 최근의 자료를 제공해 주신 관세청 박상태 국장에게 감사드리며, 또한 많은 격려와 성원을 주신 박영사 제위에게 심심한 사의를 표한다.

2001. 1. 1.

저자 이 균 씀

CONTENTS

차례

그림 및 표차례

그림차례

표차례

제1장 서론

- 국제무역이란 국가 간에 교환되는 상품과 서비스 등의 거래를 말한다. 국제무역의 이론은 스미스(A. Smith)의 국제분업 이론과 리카도(D. Ricardo)의 비교생산비설 등 자유무역의 이론이 그 주류를 이루고 있다.
- 국제무역으로 무역이익이 발생하지만 무역당사국 사이에 그 이익이 공정하게 배분된다는 보장이 없다. 따라서 비교열위에 있는 나라에는 보다 현실성이 있는 유치산업보호론 등 보호무역의 이론을 배경으로 하는 무역정책이 불가피하다.
- 무역정책의 정책수단으로 관세와 비관세장벽이 있다. 각 나라는 시장의 기능을 살리면서 수입상품에 관세(관세선을 통과하는 상품에 대하여 부과하는 세금)를 부과하여 관세의 기능을 살린다.
- 관세의 기능에는 ① 국가재정의 확보와 ② 국내산업의 보호 등이 있다.

1. 자유무역과 보호무역

국제무역(international trade)이란 국가 간에 교환되는 상품과 서비스의 거래를 말한다. 이러한 거래를 한 나라의 입장에서 볼 때 외국무역(foreign trade)이라고 한다. 이러한 무역은 국제적으로 왜 일어나는가. 무역이 일어난다는 것은 무역에 참가하는 국가에 어떤 이익을 가져오기 때문이다. 이러한 무역에서 발생하는 이익을 바로 무역이익(gains from trade)이라 한다.

이처럼 무역이 이익을 가져온다는 것을 이론적으로 명확히 해명하고자 하는 논의가 있었으며, 고전학파 경제학자들의 연구에 의하여 최초로 고전학파의 무역이론의 체계가 확립된 것이다. 이러한 이론은 그 이후 신고전학파들의 비판과 수정으로 개방경제에 있어서 자원의 최적배분 내지 최선이용이라는 신고전학파 무역이론으로 계승 · 발전하여 왔다.

한 나라 경제의 효율을 높이는 방법에는 ① 노동 · 자본 등 생산요소의 증가와, ② 일반적으로 기계나 설비를 보다 많이 사용하는 자본축적이나 생산에 새로운 방법을 도입하는 기술진보 등에 의한 생산증가를 들 수 있다. 이러한 방법은 생산과정에서 직접적으로 능률의 향상을 가능하게 한다.

한편, 무역이란 외국과의 상품교환이라는 유통과정에서 간접적으로 능률의 향상을 가능하게 한다. 이와 같이 능률을 간접적으로 향상시키는 무역에는 일정한 법칙이 존재한다. 일정한 법칙이란 바로 애덤 스미스(Adam Smith)가 주장한 국제분업(international division of labor)의 원리를 말한다.[1)]

분업에는, ① 생산과정을 분할하는 종적인 분업과, ② 재능 또는 적성을 살리

---

1) Adam Smith, *An Inquiry into the Nature and Causes of the Wealth of Nations*, 1776, Chap. 1(김수행 역, 「국부론」, 동아출판사, 1992, 제1장).

는 횡적인 분업의 두 가지가 있다. 국제분업이란 후자인 각국의 재능과 적성을 살리는 횡적인 분업을 말한다. 즉, 각국은 적성에 가장 알맞는 산업에 특화하여 그 산업에서 생산된 상품을 국내에서 소비함은 물론 일부는 외국에 수출하고, 적성에 맞지 않는 산업에서 생산되는 상품은 외국으로부터 수입하는 것이 국제분업원리의 핵심이다.

그러면 국제분업은 무엇에 의하여 결정되는가, 국제무역의 발생원인으로 들 수 있는 적성으로는 자연자원, 인구와 그 재능 그리고 교육수준, 축적된 자본과 과거의 유산 등의 요인을 들 수 있다. 이러한 적성에 따라 국제분업이 이루어지면 어떠한 이익이 발생하는가를 규명한 것이 바로 스미스의 절대우위 또는 절대생산비의 원리(principle of the absolute advantage or costs)와 데이비드 리카도(D. Ricardo)에 의한 비교우위 또는 비교생산비의 원리(principle of the comparative advantage or costs)이다.[2)]

비교생산비의 원리에는 국가 간에 상품의 이동은 자유롭지만 생산요소의 이동은 국내에 비하여 많은 제한을 받는다는 가정을 두고 있다. 말하자면 국제무역에는 불완전경쟁이 지배한다는 것을 의미한다. 따라서 완전경쟁을 전제로 한 자원배분의 원리는 그대로 국제무역에 적용될 수 없다. 원리의 수정이 필요하고 수정된 자원배분의 원리가 국제분업이다.

무역이론은 스미스와 리카도가 생산 또는 공급 측면만을 고려한 이론에 밀(J. S. Mill)이 소비 또는 수요 측면을 고려한 상호수요균등의 법칙(law of reciprocal demand)[3)]을 보완함으로써 비로소 완성되었다.

이상의 이론에서 알 수 있는 바와 같이 각국은 무역이 없는 폐쇄경제(closed economy) 상태보다 무역이 있는 개방경제(open economy) 상태가 보다 많은 이익을 향유할 수 있으므로 무역은 무역당사국의 후생을 증가시킨다는 것이다. 물론 여기에는 국내에 있어서 완전경쟁과 국가 간의 자유무역이라는 조건이 필요하게 된다. 구체적인 내용은 다음과 같다.

첫째, 완전경쟁(perfect competition)이란 국내의 각 산업 간에 자원이나 생

2) David Ricardo, *Principles of Political Economy and Taxation*, 1817, Chap. 7(정윤형 역, 「정치경제학 및 과세의 원리」, 비봉출판사, 1991, 제7장).
3) John Stuart Mill, *Principles of Political Economy*, 1848.

산요소의 자유로운 이동을 위해 필요한 조건이다. 경쟁이 완전하면 산업 간에 발생한 이윤율이나 자금율의 차이가 자본이나 노동의 보수율이 낮은 산업에서 높은 산업으로 이동함에 따라 각 산업의 요소보수율이 점점 축소되어 궁극적으로 요소가격은 균등화된다. 즉, 자유경쟁이 지배하는 시장경제에서는 생산요소의 효율의 차이가 요소가격에 반영되므로 요소가격에 차이가 있는 동안은 그것이 낮은 산업으로부터 높은 산업으로 자원을 이동시킴으로써 경제의 효율을 높일 수가 있다. 그러나 요소가격이 균등하게 되면 그 이상 자원을 이동시켜도 효율의 향상은 이루어지지 않는다. 결국 이러한 상태가 자원배분의 최적상태가 된다.

둘째, 자유무역(free trade)이란 무역에 대하여 국가가 간섭하지 않는 상태에서 상품가격의 고저에 따라, 즉 상품의 가격이 가장 낮은 나라에서 가장 높은 나라로 이동하는 것을 말한다. 만약 한 국가가 무역에 대하여 관세나 비관세장벽 등으로 간섭하면 가격관계는 왜곡되어 적정한 국제분업이 이루어질 수 없다.

이상과 같은 최소한의 조건이 성립되었을 때 무역은 생산의 효율과 후생의 증대를 가져오게 된다.

그러나 자유무역의 조건과는 달리 한 국가가 무역에 어떤 정책수단으로 개입하는 정책을 무역정책(trade policy)이라 하며, 이러한 정책을 정당화하는 이론이 보호무역(protection trade)의 이론이다. 자유무역주의에 대립되는 보호무역주의의 기원은 중상주의 시대에서 찾아볼 수 있다. 이러한 보호무역의 이론 가운데 가장 오래되고 체계화된 이론은 유치산업보호론(infant industry arguments for protection)이다.

이 이론의 핵심적인 내용은 일종의 내부경제의 존재라고 볼 수 있다. 한 기업의 규모가 작으면 다른 기업들과 경쟁하기 어려우므로 그 기업이 생산 면에서 규모의 경제를 충분히 활용하여 다른 기업들과 경쟁하기 위해서는 그 규모를 늘려야 한다. 그 기업은 일정 기간 동안 외국으로부터의 직접적인 경쟁을 피하면서 외국기업과 충분히 경쟁할 수 있을 때까지 보호되어야 한다. 외국기업과 충분히 경쟁할 수 있을 정도로 그 기업이 성숙하였을 즈음에는 이제 관세를 인하·철폐하고 다시 자유무역을 허용할 수 있다. 이러한 주장이 유치산업보호론이다.

리카도의 비교생산비설에서는 국내의 시장이 완전경쟁적이고 자원의 최적배분이라는 최소한의 두 가지 가정이 전제되어 있다. 그러나 현실의 시장, 즉 상품시장과 요소시장에서는 자원의 최적배분을 저해하는 제도적 요인이 있다. 그것을 시장의 왜곡(market distortion)이라고 한다. 시장의 왜곡에는 어떤 요인에 의하여 첫째, 불완전경쟁(imperfect competition)이 있는 경우와, 둘째, 완전경쟁상태라 할지라도 시장의 실패(market failure)가 있는 경우에 의해 자원의 최적배분이 달성되지 않는다. 때문에 사적 이익 · 비용과 사회적 이익 · 비용이 괴리한다. 이를 좀더 부연하면 다음과 같다.

(가) 불완전경쟁의 경우이다. 여기에는 국내외 시장에서의 독점 · 과점이나 임금격차 등이 있다. 어떤 제도적 요인에 의해 완전경쟁상태가 파괴되면, 예를 들어 상품시장에서 비교우위가 있는 산업에 독점의 요소가 있으면 열위산업으로부터의 생산전환이 저지될 것이다. 또 요소시장에서 비교열위의 산업에 저임금이 있다면 이 산업은 저임금에 의하여 보호되어 역시 올바른 국제분업에 따른 생산전환은 일어나기 어렵다. 이와 같은 경우에는 자원의 국내이동을 촉진하도록 국가가 개입하는 것이 오히려 바람직하다.

(나) 시장의 실패의 경우이다. 여기에는 외부경제와 외부불경제가 있다. 예를 들어 교통 · 통신으로 대표되는 바와 같이 한 산업의 발달은 그 기업만이 아니라 다른 기업에도 이익을 가져온다. 말하자면 '대가를 지불하지 않는 서비스의 증가'가 발생하는 것이 외부경제이다. 외부불경제는 공해기업과 같이 한 기업의 이익추구가 다른 데서 사회적 손실을 일으키는 경우이다.

셋째, 규모의 경제가 존재하는 경우이다. 즉, 규모의 경제란 대량생산에 의하여 단위당 비용이 체감하는 것을 뜻한다. 이런 경우에도 아직 실현되지 않는 사회적 이익이 이미 실현된 사적 이익을 상회할 수 있기 때문에 보호가 주장되며, 그것이 유치산업보호론이다.

유치산업이란 현재는 비교열위에 있는 산업이 정부의 '보호 · 육성'에 의하여 시간의 흐름과 함께 능률의 증진과 비용의 절감으로 장래 비교우위의 산업으로 전환될 가능성이 있는 그런 산업을 말한다.

이상의 이론 가운데 대표적 이론이 유치산업보호론이다. 이 이론의 선구자로서 미국의 해밀턴(Alexander Hamilton)[4]을 들 수 있고 이를 이론화한 학자는 독일의 리스트(Friedrich List)[5]이다. 리스트는 해밀턴의 영향을 받아 신흥국에 있어

---

4) Alexander Hamilton, *Report on the Subject of Manufactures*, 1791.
5) Friedrich List, *Das nationale System der politischen Ökonomie*, 1841.

서 공업보호를 정당화하기 위한 근거로서 자유무역의 이론과 그 정책의 정당성을 배척하고 경제정책에 대한 '국가의 역할'을 중시하면서 국민경제의 여건에 입각하여 실천적 이론을 수립한 유치산업보호론을 최대로 활용하고자 하였다.

리스트는 '경제발전 5단계설'을 주장하면서 발전단계가 낮은 나라의 공업이 국제경쟁력을 강화하기 위해서는 일정 기간동안 정부의 보호정책은 불가피 하며, 그런 산업을 보호하기 위해서는 '관세'라는 보호수단을 동원해야 한다는 것이다. 이러한 유치산업보호론을 현대적으로 해석하면 그 이론적 근거로서, ① 경제발전단계 및 경제성장, ② 동태적 국제분업, 그리고 ③ 외부경제와 기술전파가 있다.

여기서 무엇보다 중요한 것은 유치산업의 선정기준이다. 이것은 보호정책이 '시간'이라는 개념을 도입할 경우 한 산업이 현재는 손실이 불가피하지만 장래 어느 시점에서는 이익을 가져올 가능성이 있는가에 대한 문제의 제기에 명쾌한 해답을 주게 될 것이다. 유치산업보호론의 가장 기본적인 전제는 그 산업의 생산비가 시간의 흐름에 따라 저하되어 간다는 것이다. 생산비의 저하에는 ① 내부경제, ② 외부경제와 ③ 습득과정의 세 가지 원인이 있으며, 이것을 유치산업을 보호 · 육성하는 선정기준으로 삼는다. 보호의 선정기준에 관한 이론으로서 밀 · 바스테블 · 캠프 테스트가 있다.

이처럼 보호무역주의란 한 국가의 경제를 발전시켜 국가이익을 창출하기 위해서는 현실의 경제 메커니즘하에서 중요한 국내산업이 외국의 경쟁으로부터 받는 충격을 방지하고, 장래 중요 산업으로 성장할 수 있다고 생각되는 유치산업을 육성하고, 그리고 외국으로부터의 불황의 침입이나 국제수지상의 곤란을 방지하기 위하여 필요한 어떤 무역제한수단, 보호수단을 취하지 않으면 안 된다는 주장이다.

이상과 같이 자유무역주의와 보호무역주의의 논쟁은, 한 국가의 경제가 그 시대의 역사적 배경이나 산업의 종류에 따라 어느 한쪽이 우세하게 되거나 또는 지금까지 열세에 있던 산업이 우세하게 변하거나 하는 과정에서, 오늘날에도 계속되고 있다.

자유무역정책은 위에서 언급한 바와 같이 자유무역의 이론적 전제가 충족되는 한 항상 올바른 정책이다. 그러나 현실의 세계에는 이론적인 여러 전제가 완전하게 충족되어 있는 경우를 거의 찾아볼 수 없기 때문에 어느 나라 정부를 막론하고 무역에 간섭하고자 하는 정책이 바로 보호무역의 정책이다.

2. 무역정책과 관세

정부가 국제경제에 개입하는 정책에는 ① 무역정책과 ② 국제금융정책의 두 가지로 크게 나눌 수 있다. 전자는 정부가 무역에 개입하는 정책이며, 후자는 정부가 국제자본이동이나 환율에 개입하는 정책이다. 그러므로 무역정책은 환율이나 국제자본거래에 개입하는 화폐 면에 대한 정책과는 달리 실물 면에 대한 정책이다. 그러나 화폐 면과 실물 면은 상호 밀접한 관계를 맺고 있기 때문에 한편의 유효한 정책은 다른 한편에도 유효한 정책이어야 한다.

무역정책(trade policy 또는 commercial policy)의 대상은 무역이며, 무역은 국민경제의 대외경제활동을 대표한다. 무역정책은 경제정책의 일환으로서 한 나라가 경제정책의 어떤 목표를 달성하기 위하여 대외경제활동상에서 나타나는 모순을 극복하기 위한 정부의 정책이다. 한편, 정부가 특정한 상품 또는 서비스의 대외거래에 개입함은 물론 이들의 상품 또는 서비스의 생산에 사용되는 자원을 적절하게 배분하는, 말하자면 자원의 최적배분이라는 관점에서 볼 때 세계 전체의 경제효율을 저하시키는 정책이기도 하다. 따라서 무역정책은 다른 국내경제활동을 대상으로 하는 경제정책과는 상이한 다음과 같은 성격을 지니고 있다.

첫째, 무역정책은 한 나라의 정책이므로 그 나라의 자주성에 의하여 결정되는 것이지만 그 영향은 무역상대국에도 미치기 때문에 정책결정에 있어서 상대국의 입장을 고려하여야 한다. 이런 면에서 무역정책은 다른 정책보다도 상당한 제약을 받지 않을 수 없다.

둘째, 무역정책은 국민경제의 대외경제활동 면을 대표하는 것이므로 그 효과는 국민경제 전반에 걸쳐 영향이 미친다. 무역에 의하여 국내의 산업구조가 개편되고, 무역의 변동에 의하여 국내의 경기순환이나 구조변동이 발생하며 또한 경제성장이 달라지게 된다. 따라서 무역정책은 국내산업정책과 불가분의 관계에 있으므로 그것이 자유무역정책이든 보호무역정책이든 간에 국내산업정책과 일체성을 떠나서는 존재할 수 없다.

셋째, 무역정책은 개별적 거래에 대한 종합적 현상으로서의 국제수지를 고려하지 않으면 안 된다. 대외거래에 있어서 그 주체는 개인 또는 기업이므로 이들의 거래는 개별적으로 반드시 수출입을 균형시킬 필요는 없으나 이를 종합하는 주체로서의 국가는 전체적으로 무역수지를 균형시켜야 하기 때문에 이에 대한 조정이 필요하다. 즉, 수입이 수출보다 많은 무역적자의 경우에는 수입조정과 수출진흥을, 또 무역흑자의 경우에는 그 반대의 정책을 펴기 위하여 정부의 개입이 필요하다.

이와 같은 무역정책은 무역에 대한 수입정책과 수출정책으로 대별할 수 있다.

첫째, 수입정책에는 억제정책과 진흥정책이 있다.

수입억제정책은 일반적으로 개발도상에 있는 나라가 국내산업을 발전시켜 경제성장에 이바지하는 데 그 목적을 두고 있다. 따라서 국내산업에서 생산된 상품의 가격경쟁력을 강화하여 그 생산량을 증가시키기 위해서는 외국으로부터 수입하는 동일상품의 수입을 차단하거나 또는 관세를 부과하여 수입량을 줄여 그 가격을 인상시키는 수밖에 없다. 그렇게 함으로써 국내소비자들이국산품을 구입토록 하여 국내생산을 확보토록 하는 것이다. 수입억제정책의 수단으로 ① 관세와 수량제한, ② 관세할당과 같은 비관세장벽이 있으며, 전자를 간접적인 억제정책이라 하고 후자를 직접적인 억제정책이라고 한다. 이들 수단 가운데서 무역정책의 가장 중요한 정책 수단은 바로 '관세'이다. 그리고 수입진흥정책에는 국내소비자를 보호하거나 물가를 안정시키기 위하여 관세나 비관세장벽을 인하 · 철폐하는 등의 수단이 있다. 그 대상품목은 원료 및 중간재나 오늘날 WTO가 목표로 하는 바와 같이 각 나라가 무역장벽을 인하 · 철폐하게 되면 생산고 소비의 증가로 전세계적으로 후생수준을 증가시킬 수 있다.

둘째, 수출정책에도 억제정책과 진흥정책이 있다.

수출억제정책은 국내소비가 국내생산을 초과하는 상품이거나 특수한 상품(쌀)의 경우에는 국내소비자를 보호 및 물가안정을 도모하기 위한 목적으로 수출금지조치를 취하는 경우가 있다. 그리고 수출진흥정책은 국내산업발전을 위하여 정부가 생산 및 수출보조금, 장려금, 보상금 등을 직접적으로 지급하거나 간접적으로 기타 각종 지원하는 것을 말한다.

3. 관세의 의의

관세(customs duties 또는 tariff)란 **"관세선(customs frontier)을 통과하는 상품에 대하여 부과하는 세금"**[6]을 말한다. 여기서 관세선이라고 할 때 정치적인 국경선(national frontier)과 반드시 일치한다고는 볼 수 없다. 즉, 정치적으로는 한 나라의 영역이 된다 할지라도 관세제도상 다른 나라와 동일하게 다루는 자유무역지역(free trade area) 등이 있는 반면에, 다른 나라의 영역일지라도 관세제도상 자국과 다름없는 보세구역이나 관세동맹국이 있다. 이처럼 경제상의 관세영역(customs territory, customs boundary)은 정치상의 국가영역과 일반적으로 일치하는 것이지만 그렇다고 반드시 일치하는 것은 아니다.

그러면 관세에 관한 어원은 어떠한가. 애덤 스미스는 **"관세는 내국소비세보다 훨씬 오래된 것이다. 이 세가 관습(customs)이라 불리게 된 것은 그것이 아득한 옛날부터 행하여진 관습적 지불(customary payments)을 뜻하는 것이기 때문이라고 생각된다"**고 하였다. 그러나 이 문장에 특별한 의미가 내포되어 있는 것은 아니고 관세만이 관습에서 출발한 것도 아니다. 관세와 관습과의 관계가 특히 강조되지 않으면 안 되는 이유는 customs라는 어원 이외에는 찾아보기 어렵다는 데 있다 하겠다. 관세라는 용어는 '관습'에서 유래된 것이 아니라 옛날 영국에서 customs라고 불리던 보관료에서 유래된 것이라고 길버트(C.B. Gilbert)는 말하고 있다. 즉, customs의 어원은 custodium이라는 것이다.[7]

그러나 관세가 관습과의 관계가 아니라 처음에는 단지 상인의 이윤에 대한 조세로 간주, 그것이 가격 메커니즘에 의하여 최종적으로 소비자의 부담으로 돌

---

6) Walter Ingo, *International Economics*, The Ronald Press Co., 1968, p. 143.

7) 朝倉弘報,「世界關稅史」, 日本關稅協會, 1983, pp.16～18.

아가게 되는 것이다.

관세란 결국 상품의 수출입 시에 부과하는 조세의 일종이라는 관세의 일반적인 정의에 의하면, 관세가 세계사에 출현하기 위해 필요한 조건은 첫째로, 공권력(국가든 도시든)이 존재할 것, 둘째로 당해 국가 또는 도시의 영역을 넘어 무역이 이루어질 것, 즉 대외무역이 있어야 한다.

일반적으로 관세는 수출품에 부과하는 수출세(export duties), 수입품에 부과하는 수입세(import duties)와 단지 국경을 통과하는 화물에 부과하는 통과세(transit duties)로 구분된다. 오늘날 수출상품이나 통과상품에 관세를 부과하는 나라는 찾아보기 어렵다. 물론 우리 나라에는 수출상품과 통과상품에 부과하는 세금은 없다. 따라서 여기서는 관세를 '수입품에 부과하는 세금' 이라고 하면, 관세의 성질이란 ① 관세는 세금이라는 것, ② '수입품' 에 부과되는 것을 말한다. 그러므로 관세의 부과는 국가의 재정수입원이 되는 한편, 관세를 부과하는 목적은 일반적으로 수입량을 줄이는 데 있기 때문에 수입되는 상품과 경쟁적인 국내 산업은 그만큼 보호를 받게 된다.

관세의 부과는 이론상 여러 외국과의 무역 패턴이나 무역량에 영향력을 행사할 수 있다. 모든 상품에 일률적인 관세를 부과하기보다 각각의 상품에 다른 세율의 관세를 부과함으로써 상품의 상대가격을 변화시킬 수 있다. 따라서 관세가 없는 경우에 발생하는 것과는 다른 무역 패턴의 결과가 발생한다. 즉, 국제무역의 상품구성이 달라질 수 있다. 또 어느 한계 내에서 국제무역의 절대량을 결정할 수도 있다. 다시 말하자면 관세율을 인상함으로써 무역량을 감소시킬 수도 있으며, 또 금지적이라 할 정도로 고율의 관세일 때는 무역의 양이 소멸될 수도 있다. 한편, 관세의 인하는 일반적으로 무역량의 증가를 가져온다. 그리고 부(-)의 관세, 즉 보조금을 지급할 경우 보조금을 지급하는 나라의 입장에서는 자유무역에 의한 무역량 이상으로 확대시킬 수도 있다.

이처럼 관세는 오늘날 무역정책의 가장 중요한 역할을 수행하고 있기 때문에 어느 나라를 막론하고 대외적인 정책수단으로서 관세를 널리 이용하고 있다.

4. 관세의 기능

관세에는 두 가지 기능이 있다. 하나는 국가재정을 튼튼히 하는 것이고, 다른 하나는 국내산업을 보호하는 것이다. 즉, 국가재정의 수입원으로서의 재정관세(revenue duties)와 국내산업을 보호하고자 하는 보호관세(protective duties)가 있다.

1 재정수입원으로서의 기능

관세는 국가의 과세권에 의하여 수입품에 대하여 강제적으로 부과되며, 그 수입은 국고에 귀속된다. 국가의 재원이 된다고 하는 점에서는 소득세, 법인세 등의 직접세나 물품세 등의 내국소비세와 다를 것이 없다.

과거에는 관세가 국가의 재원으로서 중요한 지위를 점하였다. 그 이유는 다음과 같다.

첫째, 국가 간의 경제관계가 오늘날과 같이 긴밀한 유대관계가 적고 수입되는 상품도 자국에서 전혀 생산되지 않는 것이 주류를 이루고 있었던 시대에는 수입거래는 국내의 상품매매를 상회하는 조세력을 가지고 있었다.

둘째, 화폐경제가 충분히 발달하지 못한 상태에서는 직접세를 징수하는 데 어려움이 많고, 국경선에서 쉽게 파악할 수 있는 수입품에 관세를 부과하여 재원을 조달하는 것이 기술적으로 편리하였다.

그러나 오늘날 국가 간의 경제교류가 활발하게 전개되고 화폐경제가 발달하는 한편, 경제성장에 따른 국가의 재정규모가 커짐에 따라 재원조달수단으로서의 관세의 의의는 점점 적어지게 되었다.

우리 나라의 경우 8 · 15 광복 이후 관세자유권의 회복 후 1960년대까지는 조세수입 가운데 관세가 상당한 비중을 점하고 있었지만, 오늘날은 그 비중이 점차 낮아지고 있는 경향을 보이고 있다.

외국의 경우에도 개발도상국에서는 아직 관세수입의 비중이 높지만, 선진국에서는 그 비중이 상당히 낮아졌다. 때문에 재정수입을 주목적으로 하는 관세를 재정관세라 하지만 선진국일수록 관세를 재정수입의 목적으로 부과하는 경우는 점점 줄어들고 있다 해도 좋을 것이다. 그리고 관세가 세금인 이상, 관세란 일정한 범위 내에서 납세자에게 가능한 한 공평한 부담이 되도록 부과되어야 함은 물론, 세율의 결정이나 납세절차에 있어서 민주적으로 이루어지지 않으면 안 된다는 것도 다른 조세와 다를 바가 없다.

2 국내산업보호로서의 기능

관세는 수입품에 부과하는 세금이다. 따라서 관세의 부과는 수입품의 가격조정을 통하여 수입거래에 영향을 미치게 된다. 수입품은 관세를 부담함에 따라 부담한 금액만큼 판매가격이 인상되기 때문에 국내에서 생산된 상품에 비하여 가격경쟁력이 상대적으로 약하게 된다. 여기서 관세의 국내산업보호라는 기능이 발생한다. 오늘날 관세는 그 기능으로서 이러한 산업보호의 기능을 가장 중요시하고 있다. 이와 같이 산업보호를 주목적으로 부과하는 관세를 보호관세라고 한다.

관세는 징수자인 정부와 납세자인 국민이라는 대립관계뿐만이 아니라, 국민 가운데서도 관세로 보호를 받는 생산자와 부담을 받는 소비자 사이에 이해의 대립관계가 있다는 데 그 특색이 있기 때문에 관세를 부과하는 데는 상당한 어려움이 따른다. 그러면 수입상품에 관세를 부과했을 때 생산자와 소비자에 미치는 영향을 알아보자.

먼저 관세를 생산자의 입장에서 고찰해 보자.

예를 들어, 어느 상품의 국내가격이 2,000원, 외국으로부터 수입되는 상품의 가격이 1,500원이라고 가정하자. 이 때 국내소비자는 값싼 수입품을 소비하게 되므로 국내생산자는 비용절감(cost down)에 전력을 기울이지만 그렇게 해서도

1,500원까지 가격인하가 불가능할 때에는 다른 업종으로 전환하든가 아니면 폐업시키지 않으면 안 될 것이다. 이런 경우 정부가 수입품에 500원의 관세를 부과하게 되면 국내생산품은 수입품과 가격 면에서 대등한 경쟁을 할 수 있을 것이다. 만약 500원 이상의 관세가 부과되면 국내공급력이 있는 한 수입품은 국산품과 경쟁이 어려워 수입은 차단될 것이다.

다음으로 관세를 소비자의 입장에서 고찰해 보자.

수입상품에 관세가 부과되면 그 상품의 가격은 부과된 관세만큼 인상될 것이다. 만약 수입이 되지 않을 정도로 높은 관세가 부과되면 값비싼 국산품을 구입하지 않으면 안 되기 때문에 관세부과액만큼 소비자의 부담이 가중될 것이다.

위와 같은 기능을 가진 보호관세를 ① 육성관세와 ② 유지관세의 두 가지로 분류할 수 있다. 전자는 성장의 단계에 있는 유치산업의 보호육성을 목적으로 부과하는 관세이며, 후자는 기존의 약소산업(weak industries)이나 쇠퇴산업(decaying industries)의 보호 · 유지를 목적으로 부과하는 관세를 말한다.

육성관세의 경우 개발도상국의 대부분의 산업은 기술수준이 낮아 국제경쟁력이 약한 유치산업을 보호 · 육성하여 공업화를 도모하기 위해 부과되고 있다. 개발도상국은 대부분의 신흥산업을 육성관세와 수입할당 · 수입제한 등의 직접적인 수입억제정책으로 성장 · 발전시키고 있으며, 오늘날 공업화가 정체되어 있는 많은 나라들이 이와 같은 관세를 부과하고 있다. 또 관세구조를 보면 원료나 중간재는 무세(tariffs at zero)로 하고 완제품에 대해서는 높은 관세를 부과하며, 외국의 자본과 기술의 도입을 장려하여 이를 국내에서 가공하여 완제품을 생산하는 정책을 채택하는 경우도 적지 않다.

다음으로 유지관세는 주로 선진국의 경우에 높은 임금과 설비갱신의 지연 등에 의하여 생산효율의 저하로 경쟁력을 잃은 사양산업을 보호하기 위하여 부과된다. 일반적으로 국내의 자원을 생산효율이 낮은 산업으로부터 높은 산업으로 전환시키는 것이 이익이지만 산업과 노동을 갑작스럽게 일시적으로 전환시킴으로써 발생하게 될 혼란과 마찰을 방지하기 위해 유지관세를 부과하는 것이다.

또 관세는 국내산업을 보호하는 것만이 아니라 그 외의 기능도 있다. 예를 들면, 어느 상품이 국민들에게 유해하다는 등의 이유로 수입을 억제할 필요가 있는 경우에는 관세를 그 수단으로서 사용할 수가 있는 반면, 수입이 바람직한 상품에 관해서는 관세를 경감 · 철폐시킬 수도 있는 것이다.

관세의 분류

제 2 장

▶ 관세는 분류방법에 따라 여러 종류로 구분할 수가 있다. 분류방법에는 (1) 과세의 기회, (2) 과세의 목적, (3) 세율의 수, (4) 법률상의 세율결정, (5) 과세의 표준, 및 (6) 특수형태 등이 있다.

▶ 관세를 (1) 과세의 기회(제1장 3)라는 기준으로 분류하면 ① 수입세, ② 수출세와 ③ 통과세가 있고, (2) 과세의 목적(제1장 4)에 따라 분류하면 ① 재정관세와 ②보호관세가 있다. 그리고 (3) 세율의 수에 따라 분류하면 ① 단일관세와 ② 이중관세 등으로 세분할 수 있다.

▶ 이 장에서는 (4) 법률상의 세율결정에 의한 종류(① 국정관세, ② 협정관세와 ③ 편익관세)와, (5) 과세의 표준에 의한 종류(①종가세, ② 종량세와 ③ 혼합세)를 설명한다. 그리고 (6) 특수형태의 관세(① 차액관세, ② 활척관세, ③ 계절관세, ④ 할당관세, ⑤ 긴급관세, ⑥ 조정관세 및 ⑦ 상계관세 · 반덤핑관세 등의 보복관세)를 설명한다.

1. 세율결정에 의한 분류

관세는 분류방법에 따라 여러 종류로 구분할 수가 있다. 분류방법에는 (1) 과세의 기회, (2) 과세의 목적, (3) 세율의 수, (4) 법률상의 세율결정, (5) 과세의 표준과 및 (6) 특수형태 등이 있다. 관세를 과세의 기회(제1장의 3)라는 기준으로 분류하면 ① 수입세, ② 수출세, ③ 통과세가 있고 과세의 목적(제1장의 4)에 따라 분류하면 ① 재정관세와 ② 보호관세가 있다. 그리고 세율의 수에 따라 분류하면 ① 단일관세와 ② 이중관세 등으로 세분할 수가 있다.

이 장에서는 법률상의 세율결정, 과세의 표준 그리고 특수형태에 의한 종류를 설명하고자 한다.대부분의 나라에서 적용되고 있는 관세를 법률에 따라 분류하면, 국내법률로 규정된 국정관세와 국제기구나 외국과의 조약으로 규정된 협정관세가 있다. 그 외에 관세에 관한 조약으로 특별히 규정된 편익을 받지 못하는 특정국에 대하여 법률이 정하는 바에 따라 당해 규정의 편익의 범위 내에서 유리한 세율을 적용할 수 있는 편익관세가 있다.

1 국정관세

한 나라의 국내법으로 정해진 관세율을 국정세율이라 하고, 국정세율로 부과되는 관세를 국정관세(national tariff)라 한다. 이를 자유관세(autonomous tariff) 또는 일반관세(general duties)라고도 한다. 관세를 한 나라가 자주적으로 정하는 것은 그 나라의 주권의 하나이며, 이것을 관세자주권이라고 한다.

관세는 조세의 일종이어서 한 나라의 경제와 국민생활에 중대한 영향을 미치므로 그 징수방법이나 세율 등의 기본사항은 법률로 정한다. 우리 나라의 헌법(제

38조)[1]에서도 조세법률주의를 규정하고 조세의 종류, 납세자, 세율 등 조세에 관한 중요사항은 원칙적으로 법률로 정하도록 되어 있다.

단, 관세는

첫째, 국제적 또는 국내적 사정의 변화에 따라 신속하게 대처해야 한다는 것

둘째, 매우 기술적이고 전문적인 지식을 필요로 한다는 것

셋째, 다른 외국과의 협정으로 제약을 받는다는 것

등 일반조세와는 다른 특색이 있다.

이 때문에 관세에 관해서는 조세법률주의가 그대로 엄격하게 적용되지 않고, 법률로서 일정한 조건을 정하고 그 조건의 범위 내에서 시행령으로 관세율을 변경시키도록 하고 있다. 그 예로서 긴급관세, 덤핑(부당염매)방지관세(이하 반덤핑관세라 한다), 상계관세 등이 있다.[2]

국정세율의 종류에는 다음 세 가지가 있다.

(1) 기본세율

관세는 법률에 따라 수입품의 가격 또는 수량을 과세표준으로 하여 부과하며 각 품목에 세율을 정해 놓고 있다. 이 세율은 사정의 변경이 없는 한 장기간 적용되는 기본적인 세율로서 정해져 있으므로 기본세율(general rate of duty)이라 한다.

(2) 잠정세율

일시적으로 기본세율을 수정할 필요가 있는 경우에 일정 기간 동안 기본세율에 대용되는 세율을 잠정세율(temporary rate of duty)이라 한다. 다시 말하자면 잠정세율은 특정품목에 관하여 기본세율을 적용하기 어려운 일시적인 사정이 있는 경우에 잠정적인 조치로서 부과하는 것이다.

이상의 기본세율과 잠정세율은 상품이 어느 나라에서 수입되는가에 관계없이 모든 나라에 대하여 평등하게 적용된다.

---

1) 헌법 제38조. 모든 국민은 법률에 정하는 바에 의하여 납세의 의무를 진다.

2) 우리 나라의 현행 탄력관세의 종류에는 제10장에서 설명하는 바와 같이 덤핑방지관세(관세법 제10조), 보복관세(법 제11조), 긴급관세(법 제12조), 조정관세(법 제12조의 2), 농림축산물에 대한 특별긴급관세(법 제12조의 3), 상계관세(법 제13조), 편익관세(법 제14조), 계절관세(법 제15조의 2), 할당관세(법 제16조) 등 9가지가 있다.

(3) 특혜세율

특혜세율(preferential rate of duty)은 기본세율이나 잠정세율과는 달리 특정국으로부터 수입하는 상품에 대해서만 적용되는 세율을 말하며, 이와 같은 세율에 따라서 부과되는 관세를 특혜관세(preferential tariffs or duties)라 한다.

특혜관세는 선진국이 개발도상국으로부터 수입하는 상품에 적용시키고 있으며, 선진국이 특혜관세를 공여하는 나라는, 첫째로 경제가 개발도상에 있고, 둘째로 UN무역개발회의(UNCTAD)의 가맹국이며, 셋째로 특혜관세의 공여를 제공받기를 희망하는 나라 가운데서 지정하는 것이다. 이들 나라로부터 수입되는 상품 가운데 특혜관세를 공여하는 것이 적당하다고 인정되는 상품에 관해서는 다른 선진국으로부터 수입되는 상품에 적용하는 세율보다 낮은 세율을 적용하도록 되어 있다.

2 협정관세

협정세율(conventional tariffs)이란 외국과의 협정이나 조약에 따라 특정품목에 관하여 일정율 이하의 관세를 부과하겠다는 것을 약속하는 관세율을 말한다. 이에 따라 부과되는 관세를 협정관세라 하며 이를 조약관세라고도 한다. 협정관세는 국정관세에 우선하여 적용된다.

각국은 그 나라의 수출을 확대하기 위하여 자국의 주요 수출품에 대한 외국의 관세를 가능한 한 인하시키려고 노력하고 있다. 예를 들어, *A*국이 *B*국에 *X*상품을 수출하는 경우 *B*국이 *X*상품에 부과한 관세를 인하해 주게 되면 수출은 증가하게 된다. 여기서 *A*국은 가능한 한 *X*상품에 부과한 관세를 인하시켜 줄 것을 *B*국과 협상하게 된다. 이와 마찬가지로 *B*국도 자기 나라의 수출품인 *Y*상품에 관하여 *A*국이 관세를 인하시켜 주게 되면 도움이 된다는 사정이 상호 부합될 때 협상에 따라 양국 모두 관세를 인하하겠다는 약속을 하고 이에 따라 조약을 체결할 수가 있다. 이렇게 하여 탄생된 관세가 바로 협정관세이다.

그렇지만 이런 종류의 조약을 많은 나라와 체결하게 되면 같은 상품에 대하여 상대국에 따라 높은 관세가 부과되거나 또는 낮은 관세를 부과하는 것이 점점 어렵게 된다. 이 때문에 *A*국이 다른 나라에 관세인하 등의 특전, 즉 일정 한도를 넘어 부과하는 관세를 인정하지 않겠다고 약속하는 것을 양허(concession)라 한다. 이렇게 양허된 관세율, 즉 협정세율을 양허세율이라 한다. 이와 같은 관세양허(tariff concession)를 *A*국이 제3국에 부여한 경우에는 반드시 그 특전을 *B*국에도 부여할 것을 약속하며, 그 대신 *B*국이 다른 나라에 특전을 부여한 경우에도 반드시 그 특전을 *A*국에도 부여한다는 것을 약속하는 경우가 있다. 이와 같은 관계를 최혜국대우(MFN ; most favoured nation treatment)라 하며, 그것을 약속하는 조약의 조항을 최혜국약관(most favoured nation clause)이라 한다.

협정세율을 구체적으로 정한 협정으로서는 세계무역기구의 '관세 및 무역에 관한 일반협정(GATT)' 을 들 수가 있다. 이러한 협정관세를 GATT관세 또는 양허관세(concession tariff)라고도 한다. 이와 같이 양허된 협정세율은 GATT의 최혜국대우에 따라 GATT 관계국의 전체에 적용된다. 이 양허는 GATT에 규정되어 있는 절차에 따르지 않는 한 이를 수정하거나 철회할 수가 없다. 일단 양허한 세율을 수정하는 데는 당초 협상국과의 수정협상이 다시 필요하다. 우리 나라에서 적용하고 있는 협정관세는 GATT관세뿐이다.

3 편익관세

편익관세(beneficial duties)는 협정세율의 적용을 받지 않는 특정국의 특정상품에 관하여 협정세율의 범위 내에서 그 나라에 유리한 세율을 적용하는 관세로서, 이것은 협정관세와 실질적으로 매우 비슷한 제도이다. 이 제도는 조약으로는 상호 최혜국대우를 부여할 의무는 없지만 상대국이 사실상 자국에 대하여 관세상의 차별대우, 즉 다른 나라보다 불리하게 취급하지 않기 때문에 자국으로서도 그 나라에 이러한 대우와 같은 이익을 부여할 필요가 있는 경우 등에 이용된다.

우리 나라에서 편익관세의 적용대상국, 적용상품, 적용세율은 관세법시행령으로써 정한다. 편익관세의 세율이나 적용상품은 협정세율과 그 대상 상품의 범위 내에서 정하기로 되어 있지만, 실제로는 협정세율이 적용되는 상품 전부에 관하여는 협정세율을 그대로 적용하고 있다. 결국 편익관세의 적용대상국은 협정관세의 적용대상국과 전적으로 같은 이익을 받게 된다.

이상과 같이 관세율은 여러 가지 법적인 근거에 의하여 결정되지만 실제로 수입되는 상품에 대하여 세율 상호 간의 우선관계에 따라 결정되는 단 하나의 세율이 적용되는데, 관세율표[3]에서 알 수 있는 바와 같이 그와 같은 세율을 실행세율이라고 한다.

실행세율은 첫째, 협정세율이 국정세율보다 낮게 정해져 있는 경우는 협정세율이 우선적으로 적용된다. 둘째, 협정세율이 정해져 있는 경우라 할지라도 전 품목에 적용되는 것은 아니며, 상품에 따라서는 협정세율이 정해져 있지 않은 것도 있다. 이러한 상품에는 국정세율이 적용된다. 또 협정세율이 정해져 있어도 그보다 낮은 국정세율이 정해져 있으면 국정세율이 적용된다. 셋째, 국정세율 가운데서도 잠정세율이 기본세율에 우선하여 적용된다. 넷째, 특혜관세가 적용되는 상품에 관해서는 특혜세율이 다른 세율에 우선하여 적용된다.

이상의 우선관계로 볼 때 편익관세는 협정세율과 동일하게 취급된다. 결국 실행세율은 ① 세계무역기구(WTO) 관계국, ② 통상조약으로 최혜국대우를 부여하고 있는 나라에 적용되며, 편익관세의 공여국에 대해서는 원칙적으로 ① 협정세율, ② 잠정세율, ③ 기본세율의 순으로 적용된다. 그 이외의 나라에 대해서는 ① 잠정세율, ② 기본세율의 순으로 적용된다.

---

3) 우리 나라 관세율표는 관세법의 별표로 다음과 같이 규정되어 있다.

관세율표

번 호 Heading No	품 명 Commodity	세 율(%) Rate of Duty			단 위 unit
		기 본 General	잠 정 Temporary	협 정 WTO	

2. 과세표준에 의한 분류

수입품은 먼저 무세품과 유세품으로 나눌 수 있다. 무세품은 그 상품이 국내에서 전혀 생산되지 않거나 또는 그 상품이 국민생활에 있어 특히 필요하여 가능한 한 저렴한 가격으로 수입하고자 하는 등의 이유로 관세에 의한 장벽을 설정할 필요가 없다. 그러나 유세품에 대한 관세는 수입상품의 가격 또는 수량을 계산기초로 하여 과세된다. 이와 같이 세액산정의 기초가 되는 가격 또는 수량을 과세표준(standard of ossessment)이라고 한다.

관세부과시에 가격을 과세표준으로 하는 것을 종가세(ad valorem duties), 수량을 과세표준으로 하는 것을 종량세(specific duties)라고 한다. 때로는 종가세와 종량세의 양자를 선택 또는 병용하는 경우가 있는데 이를 혼합세(mixed duties)라고 한다. 혼합세에는 두 가지가 있다. 첫째, 종량세에다 종가세를 합쳐 부과하는 복합관세(compound duties)와 둘째, 종가세와 종량세의 어느 하나를 선택하여 부과하는 선택관세(alternative duties)가 있다.

1 종가세

종가세(ad valorem duties)는 가장 일반적인 관세율의 형태이다. 종가세의 경우는 과세표준이 되는 수입품의 가격을 결정하는 것이 매우 중요하다. 과세표준가격으로서는 이론적으로 ① 수출항에서의 가격, ② 수입항에서의 가격과, ③ 국내도매물가 등이 고려될 수 있지만 GATT 제7조의 실시에 관한 협정에 따라 원칙적으로 운임 · 보험료포함가격(CIF 가격)이 이에 해당된다. 일반적으로 종가세는 백분율로 표시되며, 수입품의 가격에다 이것을 곱한 것이 그 상품에 부과되는 관세액이 된다.

종가세의 부과내용을 〈그림 2-1〉로 설명하면 다음과 같다.

그림 2-1 **종가세**

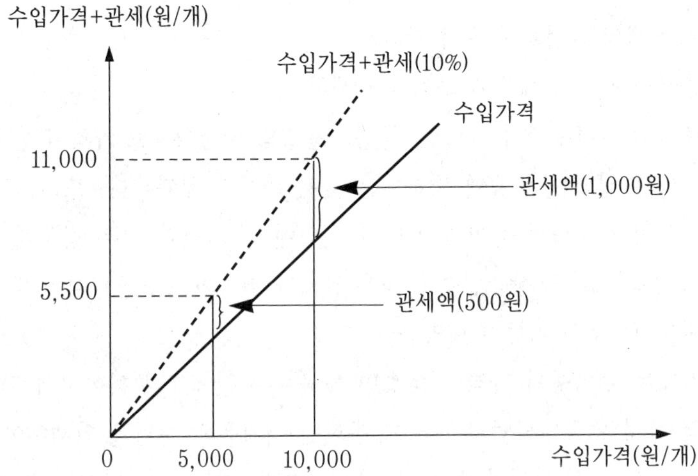

〈그림 2-1〉에서 수입품의 가격은 5,000원이며 여기에 부과되는 관세가 10%일 경우 관세액은 500원이 된다. 또 다른 수입품의 가격이 10,000원이 되면 관세액은 1,000원이 된다. 이와 같이 종가세에서는 수입가격이 높으면 높을수록 관세액도 높아지고, 반대로 수입가격이 낮으면 낮을수록 그 관세액은 낮아진다. 따라서 그림의 종축에 표시되어 있는 바와 같이 수입자의 수입가격에 관세액이 추가로 지급되므로 수입가격이 10,000원인 수입품의 관세포함가격은 11,000원이며 수입가격이 5,000원인 수입상품의 관세포함가격은 5,500원이 된다. 이러한 종가세에는 다음과 같은 장점과 단점이 있다.

먼저, 종가세의 장점을 들면 다음과 같다.

① 관세의 부담이 상품의 가격에 비례하므로 공평하다.

상품은 가공도나 색상 등에 따라 품질이 다양하므로 각 상품마다 별도의 가격이 정해져 있기 때문에 각 상품의 실제가격에 대하여 과세하는 것이 합리적이라 할 수 있다. 이런 의미에서 종가세는 수입품의 가격에 비례하여 관세가 부과되기 때문에 과세부담을 공평하게 할 수 있다.

② 시장가격의 등락에 관계없이 관세부담의 균형을 유지할 수 있다.

종가세는 동일한 수입상품의 경우 그 가격에 변동이 있으면 관세액도 이에 따라 달라지기 때문에 국내 · 외 가격이 동일한 변동을 나타내는 경우 물가변동에 충분히 대처할 수 있다.

한편, 종가세의 단점은 다음과 같다.

① 수출국에 따라 관세액에 차이가 발생한다.

수출국의 가격수준이 다르면, 동종 · 동질의 상품이라도 가격이 높은 나라로부터 수입되는 상품에 대하여는 높은 관세가 부과된다. 또 가격수준이 동일하여도 수출국의 거리에 따라 운임에 큰 차이가 있는 경우에는 원거리에 있는 나라의 상품일수록 높은 관세가 부과되는 불공평이 있다.

② 국내산업보호의 기능이 희박하다.

종가세는 수입품의 가격이 낮으면 낮을수록 관세액이 적어지게 된다. 관세의 목적을 국내산업의 보호에 둔다면 저가품의 수입을 억제해야 할 필요가 있다. 이런 점에서 종가세는 수입억제기능을 충분히 발휘할 수 없다.

일반적으로 종가세를 적용하는 데 적합한 상품으로서는 ① 동일상품 그룹 가운데 품질격차가 큰 것, ② 단기적으로 가격의 변동이 없는 것, ③ 종류가 많은 것 등을 들 수 있다.

2 종량세

종량세(specific duties)는 수입되는 상품의 수량을 과세표준으로 하여 부과되는 관세이다. 즉 중량, 용적, 매수 등의 단위당 몇 원이라는 것과 같이 과세된다.

이를 〈그림 2-2〉로 설명하면 다음과 같다. 예를 들어, 영화용 필름 1,000m를 수입한 경우 관세가 1m당 200원이라고 하면 관세액은 20만원이 된다. 따라서 1m당 가격이 1,000원이든 2,000원이든 간에 부과되는 관세액은 변함이 없다. 이와 같이 종량세에는 동일한 상품의 경우 수입가격이 높고 낮음에 관계없이 관세액은 동일하다. 이러한 종량세에도 다음과 같은 장점과 단점이 있다.

먼저, 종량세의 장점은 다음과 같다.

① 세액을 쉽게 산정할 수 있다.

종량세는 수량만을 확정하면 되기 때문에, 종가세에 비하여 행정의 능률을 높일 수 있으며 동시에 수입자의 부정신고를 방지할 수가 있다.

② 동종 · 동질의 상품인 경우에는 관세가 동일하다.

수출국의 가격수준에 관계없이 동종 · 동질의 상품에는 동액의 관세가 부과되기 때문에 이 점에서 과세부담이 공평하다.

③ 국내산업보호의 색채가 강하다.

저가품에 대해서도 동일한 관세액이 부과되기 때문에 종가환산세액이 상대적으로 높다. 따라서 종량세는 국내산업보호의 기능이 종가세에 비하여 강하다.

그림 2-2 종량세(영화용 필름의 경우)

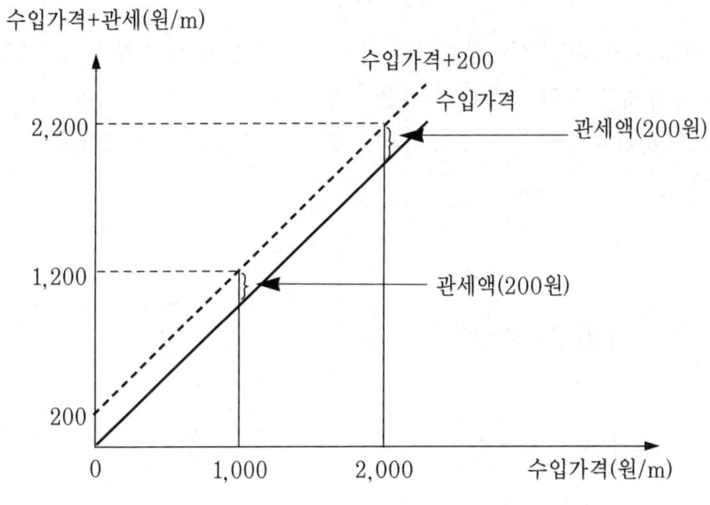

한편, 종량세의 단점은 다음과 같다.

① 품질격차가 큰 상품은 관세부담이 불공평하다.

같은 수량이라 할지라도 품질격차가 현저하게 크기 때문에 경제적 가치가 상당히 다른 상품에 관해서는 경제적 가치를 가격으로 환산하여 과세하는 것이 적당하며, 종량세를 적용하는 것은 불공평하다.

② 물가가 변동할 때에는 과세부담의 불균형이 발생한다.

과세표준이 물가의 변동에 따라 슬라이드되지 않기 때문에 물가가 등귀할 때는 관세의 보호기능을 잃게 되는 반면, 물가가 하락할 때는 관세부담이 과중하게 된다.

③ 품목의 분류가 복잡하다.

종량세의 경우, 부담의 공평을 도모하기 위해서는 수입품의 품종, 품질, 가공도에 따라 세율을 세분하여 정해야 하기 때문에 기술적인 문제를 피할 수가 없다.

일반적으로 종량세를 적용하는 데 적합한 상품으로서 ① 상품의 성질이 같은 것, ② 과세가격의 파악이 곤란한 것, ③ 가격이 변동하기 쉬운 것 등을 들 수 있다.

3 혼합세

혼합세(mixed duties)는 종가세와 종량세를 합친 관세를 말한다. 혼합세에는 종가세와 종량세를 합쳐 과세하는 복합관세와, 과세가격에 따라 종가세나 종량세 가운데 어느 하나를 선택하여 과세하는 선택관세의 두 가지가 있다.

그림 2-3 복합관세

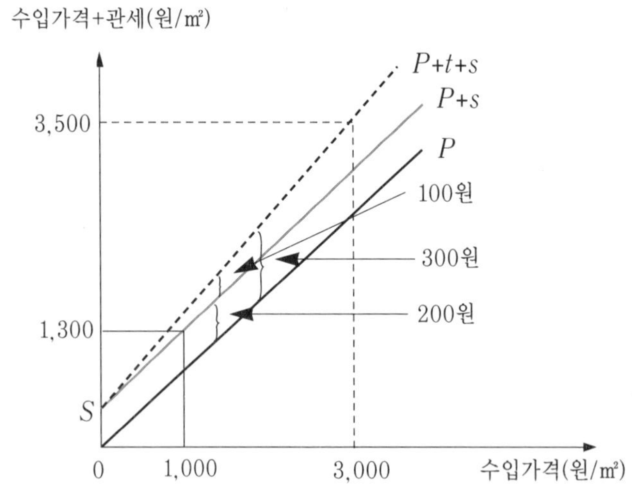

(1) 복합관세

복합관세(compound duties)란 수입상품에 종가세와 종량세의 양쪽을 동시에 부과하는 관세를 말한다. 때로는 종량세에서 종가세를 뺀 관세를 부과하는 경우도 있다.

복합관세는 수입가격(CIF)에 종량세와 종가세를 더하여 부과되므로 가격이 높으면 높을수록 관세액도 그에 비례하여 높아진다. 이를 〈그림 2-3〉으로 설명하면 수입상품에 부과되는 종량세액(m)을 m당 200원, 종가세율(t)을 10%, 그리고 수입가격을 P라 하자. 복합관세는 수입상품의 가격이 1,000원일 때에는 300원(종량세 200원, 종가세 100원)이, 3,000원일 때에는 500원(종량세 200원, 종가세 300원)이 부과된다.

원래 종량세율은 과세가격이 높을수록 상대적으로 세율이 낮지만, 복합관세는 이에 일정한 종가세액을 더하여 종량세에 관한 세율변화의 정도를 완화시킬 수 있으므로 국내산업을 특별히 보호할 필요가 있는 예외적인 경우에만 적용된다.

(2) 선택관세

선택관세(alternative duties)란 동일한 상품에 관하여 종가세와 종량세의 관세액을 결정하여, 어느 쪽이든 높은 쪽이나 아니면 낮은 쪽을 선택하여 부과하는 관세를 말한다.

종량세는 과세가격의 높고 낮음에 따라 관세액이 달라지는 것은 아니지만, 종가세는 과세가격의 높고 낮음에 따라 관세액이 달라지므로 과세가격이 어느 일정액 이상으로 높은 수준에서는 종가세액이 종량세액을 초과하고, 반대로 낮은 수준에서는 종량세액이 종가세액을 초과하게 된다. 따라서 관세액이 높은 쪽을 부과하는 경우의 선택관세는 과세가격이 높은 수준에서는 종가세가, 낮은 수준에서는 종량세가 적용된다. 관세액이 낮은 쪽을 부과하는 선택관세는 이와 반대의 관세가 부과된다.

선택관세를 모직물을 예로 들어 〈그림 2-4〉로 설명하면 다음과 같다. 그림에서 종축은 수입가격(CIF)+관세, 횡축은 수입가격(CIF)으로 모직물 1㎡의 수입가격에 종가세는 12%, 종량세는 200원이 부과된다고 하자. 이 때 종가세와 종량세가 일치하는 점은 1㎡당 1,666원이며 그 이하에서는 종량세가 높고 그 이상에서는 종가세가 높다.

그림 2-4 선택관세(모직물의 경우)

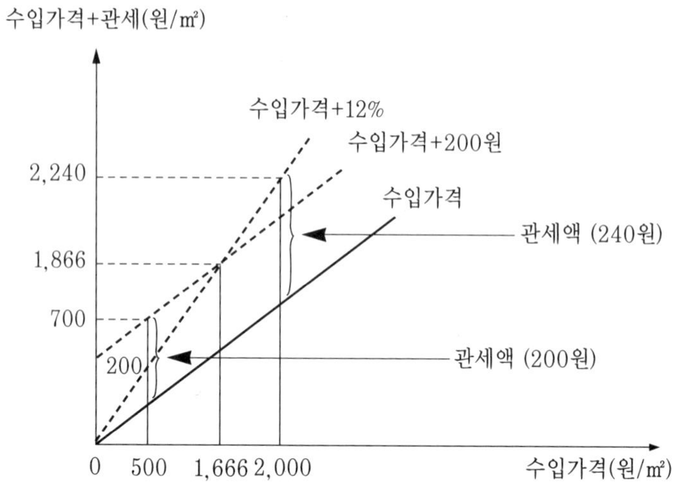

관세액이 높은 쪽을 부과하는 선택관세는 관세의 수입억제효과를 통하여 국내산업보호의 기능이 충분히 발휘될 수 있다는 데에 그 목적이 있다. 즉, 저가수입품에 대하여 종량세를 활용함에 따라 종가세의 기능을 보강할 수 있다. 그러나 현실적으로 선택관세를 적용하는 경우에는 그 상품이 종가, 종량의 어느 세율에도 익숙해야 하며 또 관세 자체를 복잡하게 한다는 단점이 있다.

3. 특수형태의 관세

이상에서 설명한 관세 이외에 수입되는 상품에 따라 보다 복잡한 형태의 세율이 적용되는 관세가 있다. 즉, ① 차액관세, ② 슬라이드(활척) 관세, ③ 계절관세, ④ 할당관세, ⑤ 긴급관세, ⑥ 조정관세, ⑦ 보복관세(대항관세, 상계관세, 반덤핑관세) 등이 있으며[4] 구체적인 내용은 다음과 같다.

1 차액관세

차액관세는 외국으로부터 수입하는 상품의 가격과 동일한 국산품의 국내시장 가격과의 차액을 세액으로 부과하는 관세를 말한다.

이를 〈그림 2-5〉로 설명하면, 수입되는 상품의 수입가격이 일정 가격(x_1)까지는 P_1만큼의 차액관세를 부과하고 그 이상의 가격(x_2)일 때는 종가세를 부과하게 된다. 즉, x_0가격일 때는 종가세율에다 P_1만큼의 차액관세가 추가로 부과된다.

차액관세의 장점은 국산품의 보호와 가격안정의 조화를 도모할 수 있다는 점이다. 즉, 수입품의 가격이 일정 수준을 하회하였다 해도 그 수준 이하로 국내시장에 유통시키는 것을 방지할 수가 있는 반면, 일정 수준 이상으로 등귀한 경우에는 자동적으로 관세부담이 경감되도록 장치되어 있다.

---

4) 이외에도 ① 자국 국기를 달지 않고 외국 국기를 계양한 선박으로 수입되는 상품에 대하여 높은 관세를 부과하는 국기할증관세, ② 해운을 장려하기 위하여 육로를 통한 수입보다 해로에 의한 수입의 경우에 낮은 관세를 부과하는 해운장려관세, 그리고 ③ 원산국 이외의 나라로부터 간접적으로 수입되는 모든 상품에 대하여 높은 관세를 부과하는 간접(수입)할증관세 등도 있다.

한편, 단점으로는 저가품의 수입의욕을 억제해 버리는 경향이 짙다. 왜냐하면 그것은 아무리 값싼 수입품이라 할지라도 일정 수준까지는 차액관세가 부과되기 때문이다.

그림 2-5 차액관세

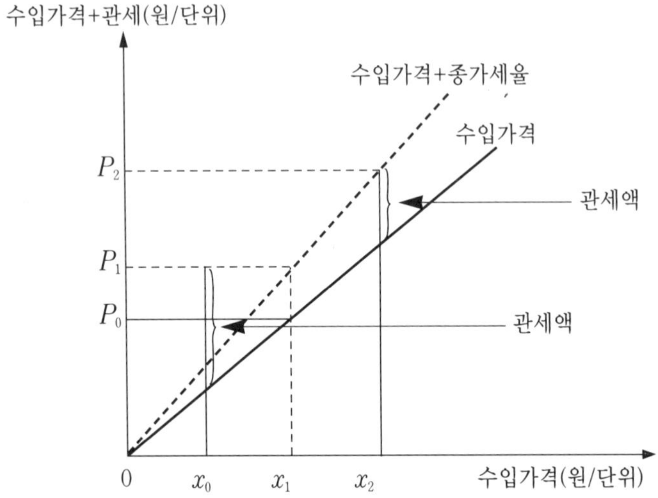

2 활척관세

활척관세(sliding tariffs)는 수입품의 가격이 높아짐에 따라 그 상품에 과세되는 관세액이 감소해 가는 부분(슬라이드 부분)이 있는 관세를 말한다. 이 슬라이드 부분과 종가세 또는 종량세와의 조합에 따라 〈그림 2-6〉과 같이 약간 다른 패턴의 그림을 도출해낼 수가 있다.

〈그림 2-6〉 (a)의 경우에는 과세가격이 1kg당 일정 수준 이하(200원)가 되면 일정한 종량세(100원)가 부과되고, 일정 수준 이상이 되면 국내가격(300원)과 수입가격과의 차액(슬라이드 부분)이 과세되며, 또한 그 가격 이상(300원)이 되면 무세가 된다.

〈그림 2-6〉 (b)의 경우에는 과세가격이 1kg당 일정 수준 이하(200원)일 때

그림 2-6 활척관세

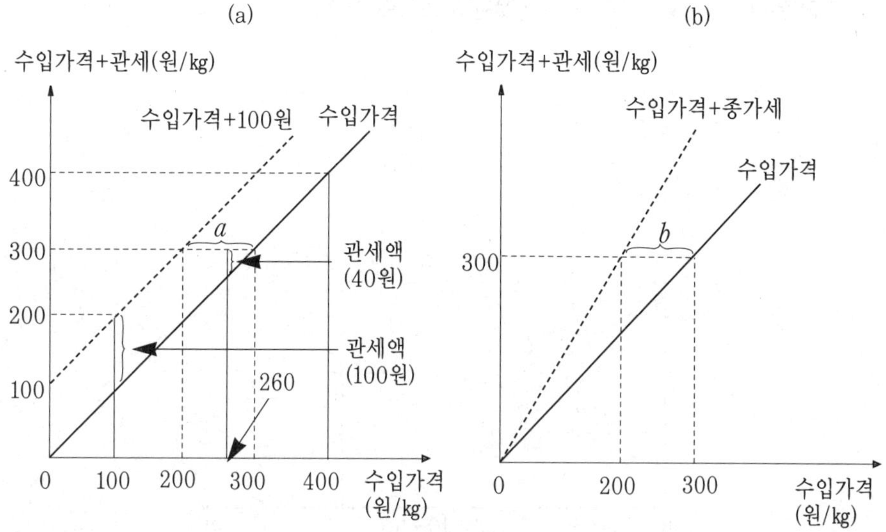

는 종가세가 부과되고, 일정 수준 이상(300원)일 때는 무세가 된다.

그림에서 각각 a와 b의 부분이 바로 슬라이드 부분을 의미한다.

활척관세는 수입가격이 낮으면 그에 따라 높은 세율이 적용되는 반면, 수입가격이 높으면 낮은 세율이 적용되는 관세구조로 되어 있으므로 국산품가격과 수입품가격과의 차이를 자동적으로 조정하여 관세의 보호기능을 알맞게 이용할 수 있게 된다. 따라서 이 관세는 국제가격이 크게 변동하는 상품에 적합하다고 할 수 있지만, 관세구조가 복잡하다는 것이 하나의 단점이라 할 수 있다.

3 계절관세

계절관세(seasonal duties)란 1년 중 수입되는 시기에 따라 세율을 달리 적용하는 관세를 말한다. 〈그림 2-7〉과 같이 외국으로부터 수입되는 과일(바나나)은 ─국내에서 10월~3월까지는 사과, 배 등의 출하기에 해당되므로─여름보다도 겨울에 높은 세율을 적용함으로써 국내의 과수산업을 보호할 수 있다. 구체적으로 4월~9월의 기간에는 20%의 낮은 관세를, 10월~3월의 기간에는 50%의 높은 관세를 부과하여 국내의 과일가격과 수량을 조절할 수 있다.

그림 2-7 계절관세(과일의 경우)

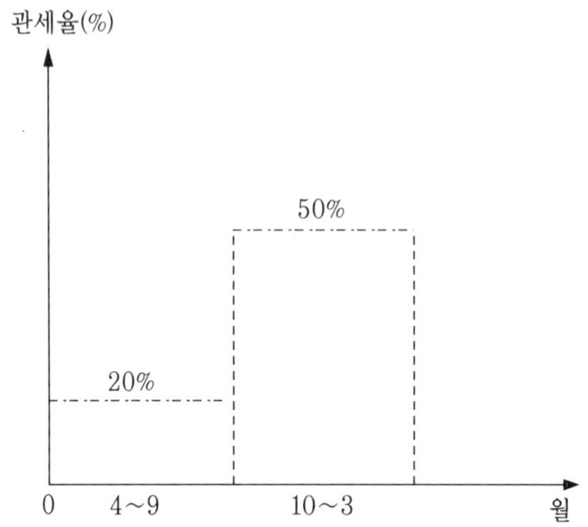

일반적으로 계절관세의 목적은 국산품의 출하기가 계절적으로 편중되어 있는 경우 그 출하기에 이와 경합되는 수입품에 대하여 높은 관세를 부과함으로써 국산품을 보호하며, 기타의 계절에는 낮은 관세를 적용함으로써 국민생활의 안정을 도모한다는 것이다. 따라서 계절관세가 적용되는 상품은 계절성이 있는 농수산물에 한정된다.

4 할당관세

할당관세(quota tariffs)란 특정상품의 수입시에 일정 수량까지는 낮은 관세율(대부분의 경우 무세)을 적용하고 그 이상의 수량에 대해서는 높은 관세율을 적용하는 관세를 말한다. 이와 같은 낮은 세율을 1차관세율(single stage tariffs), 높은 세율을 2차관세율(multistage tariffs)이라고 한다.[5)]

5) David Greenaway, *Trade Policy*, The MacMillan Press Ltd., 19, p. 46.

그림 2-8 **할당관세**

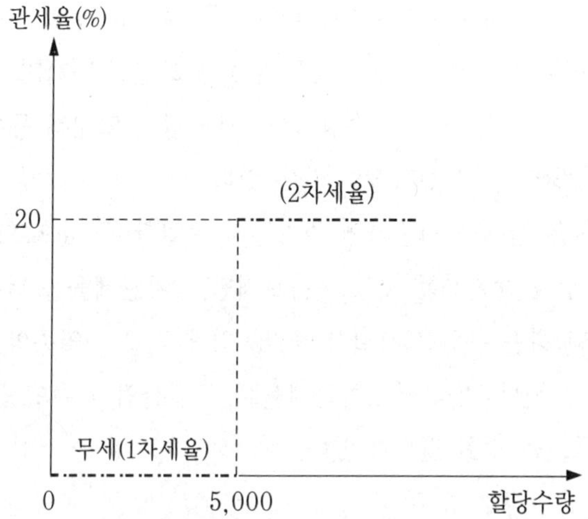

1차관세율이 적용되는 수량(관세할당수량)은 원칙적으로 그 상품의 국내수요량에서 국내공급량을 차감한 수량, 즉 필요수입량이다.

예를 들어, 〈그림 2-8〉과 같이 어떤 원료의 국내 총수요량은 1만 톤인데 국내 총공급량은 5천 톤으로 그 원료를 생산하는 산업은 경쟁력 면에서 수입품에 20%의 관세를 필요로 한다고 하자. 그러나 이 산업을 보호하기 위해 필요한 수입량(5천 톤) 전부에 20%의 관세를 부과하면 그 원료를 사용하여 제품을 생산하는 산업의 부담이 그만큼 가중된다. 또 관세를 20% 이하로 부과하게 되면 원료를 생산하는 산업이 타격을 받게 된다. 따라서 이 산업이 필요로 하는 원료수입량 5천 톤에 대해서는 낮은 세율 또는 제로(0) 관세율을 적용함으로써 이 원료를 필요로 하는 산업의 관세부담을 경감시킬 수 있다. 또한 5천 톤의 수량을 초과하는 수입분에 대해서는 20%의 관세를 부과하여 국내에서 공급하는 산업을 보호할 수 있다.

그 예로 정부가 물가안정과 물가수급의 어려움을 해소하기 위해 1967년 할당관세제도를 도입한 이후 처음으로 수입 바나나에 대해 기본관세율보다 높은 할당관세율을 1991년 1월 1일부터 적용한 바 있다. 바나나의 수입급증으로 예상되는 사과, 배 등 과일재배농가의 피해를 최소화하기 위해 50%의 기본관세율에 40%

의 할당관세율을 적용, 관세율을 90%로 높인 바 있다. 그러나 바나나의 관세율 상향조정에도 불구하고 농림수산부로부터 기본관세 적용추천을 받은 바나나의 경우에는 연간 5만 톤 이내에서 기본관세율 50%를 그대로 적용시킨 바 있다.

관세할당수량의 할당방식에는 일정한 수량에 도달할 때까지 수입자가 신청하는 선착순에 따라 할당하는 '선착순방식'과 과거의 수입실적 등에 따라 각 수입자에게 사전에 할당하는 '사전할당방식'이 있다.

이 제도는 높은 관세를 지불하면 얼마든지 수입할 수 있으므로 외화할당제도와 같이 직접 수입을 제한하는 것과는 다르지만, 2차관세율을 너무 높게 하면 관세할당수량을 초과하는 수입은 사실상 불가능하게 되므로 일종의 수입할당제도와 같은 효과를 얻게 된다. 따라서 2차관세율은 국내산업이 수입상품과 경쟁할 수 있는 적당한 수준으로 정할 필요가 있다.

5 긴급관세

긴급관세(emergency tariffs)란 특정상품의 급격한 수입증가로 수입국의 산업이 중대한 손해를 입게 되는 것과 같은 긴급사태가 발생할 때에 정부의 책임과 판단으로 신속하게 관세율을 인상할 수 있는 제도를 말한다. 이 제도는 국정관세나 양허관세를 불문하고 적용되지만 후자의 경우에는 WTO/GATT 제19조의 규정에 따라 발동시킬 필요가 있다.

이 제도는 WTO/GATT 제19조 '특정상품의 수입에 대한 긴급조치'로 규정되어 있으며, WTO/GATT가 인정하는 소위 면책조항(Escape Clause)으로서 널리 채용되고 있다.

긴급관세를 부과할 수 있는 발동조건은 다음과 같다. 즉,

① 수입품의 가격이 급격하게 하락하는 등 예상 외의 사태가 발생하였기 때문에 그 상품의 수입이 증가하는 현상이 일어날 때

② 외국상품의 수입증가로 이와 동일하거나 경합되는 상품을 생산하는 국내산업이 중대한 손해를 입거나 입을 우려가 있을 때

③ 국민경제상 긴급히 필요하다고 인정될 때

등이다.

긴급관세의 내용은 수입이 급증한 상품에 대하여 국정세율 또는 양허세율에 의한 보통세율 외에 일정 한도의 부가관세(할증관세)를 부과하는 것이다. 부가관세의 세액은 국내도매가격에서 수입품의 관세평가액 및 보통과세액을 공제한 차액의 범위 내가 된다.

WTO/GATT의 양허관세를 인상할 때 그 이유가 긴급사태의 구제수단이라고는 하지만 이를 남용할 우려가 있다. 때문에 WTO/GATT 제19조의 규정에 의하면 긴급관세의 발동에 앞서 ① WTO에 통고하고, ② 주요 수출상대국 간에 사전협의를 할 것을 요구하고 있다.

6 조정관세

조정관세(coordinating tariffs)란 일시적인 경제사정에 대응하기 위한 제도로서 특정상품의 수입증대로 인하여 국내산업의 발전을 저해하거나 국민소비생활의 질서를 문란하게 할 우려가 있을 경우 관세를 인상, 부과하는 할증관세를 말한다. 이 제도는 국민생활이나 산업에서 발생하는 부작용을 관세정책으로 시정하고 보완하고자 채택하게 된다.

조정관세는 이론상 관세를 할증 · 부과하는 다음 세 가지 방법이 있다. 첫째, 조정관세의 부과대상품목의 수입가격에다 100분의 100의 범위 내에서 관세를 할증 · 부과하는 방법, 둘째, 조정관세의 부과대상품목 가운데 특히 저가로 수입되는 상품에 대하여는 지정가격과 수입가격과의 차액을 당해 상품 수입가격(거래가격)에 합산하여 100분의 100의 범위 내에서 관세를 할증 · 부과하는 방법, 그리고 셋째, 조정관세의 부과대상품목 가운데 특히 저가로 수입되는 상품에 대해서는 지정가격과 수입가격과의 차액을 산출하여 둘째 방법으로 산출한 세액과 셋째 방법으로 산출한 가격차액을 합산하여 이를 관세로 부과함으로써 고액관세로의 수입을 억제하려는 방법 등이다.

7 보복관세

보복관세(retaliative tariffs)란 상대국의 부당한 조치에 대한 보복조치로써 부과하는 관세를 말한다. 보복관세는 광의와 협의의 두 가지 종류로 분류할 수 있다.

협의의 보복관세는 ① 복관세, ② 보복관세의 두 가지가 있지만, 광의의 보복관세에는 이외에 ① 대항관세, ② 상계관세, ③ 반덤핑관세 및 WTO/GATT 규정에 의한 보복적 관세가 있다. 이를 구체적으로 설명하면 다음과 같다.

(1) 대항관세

어느 나라에서 양허품목의 수입이 급증하여 그 나라의 국내산업에 중대한 손해를 입힐 우려가 있는 경우, 그 나라는 긴급관세를 발동할 수가 있지만, 이 경우에 자국의 수출품이 영향을 받을 때는 그 나라와 사전에 협의할 필요가 있다. 또 긴급한 경우에도 바로 자국과 사후 협의하여 필요한 대가 등에 관하여 결정할 필요가 있다. 이런 협의가 이루어질 수 없는 경우에는 그 나라에 대한 대항조치로서 양허의 적용을 정지하거나 그 나라와 관계가 있는 품목에 대한 관세율을 인상하게 된다. 이를 대항관세(counter tariff)라 한다.

(2) 상계관세

상계관세(countervailing duties)란 외국에서 직접 또는 간접으로 수출보조금이나 장려금이 지급되어 생산된 상품이 국내에 수입되어 국내산업에 피해를 입힐 경우 그 보조금이나 장려금의 효과를 상계할 목적으로 부과하는 관세를 말한다. 상계관세는 보조금 등의 금액 범위 내에서 부과하는 할증관세(additional tariffs)를 뜻하며 광의의 보복관세의 일종이다.

WTO/GATT 제6조에는 상계관세에 관하여 상세히 규정되어 있으며 이 규정의 중요한 내용은 다음과 같다.

① 상계관세의 세액은 장려금 또는 보조금의 금액을 초과할 수 없다.

② 생산 · 수출보조금뿐만 아니라 특정품의 수송에 대한 수송보조금도 포함한다.

그림 및 표차례

그림차례

③ 자국의 기존산업의 실질적 피해 또는 신규산업의 확립이 실질적으로 방해받고 있다고 하는 피해가 있어야 한다.

④ 원산국 또는 수출국에서 부과된 내국소비세의 면제 또는 환불을 이유로 상계관세를 부과해서는 안 된다.

⑤ 덤핑 또는 수출보조금으로 발생하는 동일한 사태에 대하여 반덤핑관세와 상계과세를 병행하여 부과해서는 안 된다.

(3) 반덤핑관세

반덤핑관세(anti-dumping duties)란 덤핑(부당염매)된 상품이 수입되어 국내산업에 손해를 입힐 경우 수출국의 덤핑효과를 상계하기 위하여 수입국에서 부과하는 관세를 말하며, 이를 덤핑방지관세라고도 한다. 이것은 수출국 내의 정상가격과 덤핑가격의 차액의 범위 내에서 부과하는 할증관세이다.

덤핑은 세계시장에 있어서 정당한 자유경쟁을 저해하고 상대국의 산업이나 경제에 나쁜 영향을 미치므로 결코 바람직한 것은 아니다. 그러나 이를 상계하기 위한 반덤핑관세를 각국이 자의적으로 부과하게 되면 수입제한의 효과를 가져오게 되므로 이러한 행위는 WTO의 기본정신에 위배된다. 따라서 WTO/GATT 제6조에는 반덤핑관세를 인정하면서도 ① 덤핑의 정의, ② 덤핑의 세액, ③ 과세요건 등을 규정하여 그 남용을 방지하도록 하고 있다.

관세의 효과와 코스트

제 3 장

1. 관세에 의한 보호의 이유

2. 관세의 코스트

3. 관세의 효과(소국의 경우)

4. 관세의 효과(대국의 경우)

5. 관세철폐 및 관세인하의 효과

▶ 한 나라의 경제적 목적을 효율적으로 실현하기 위해서는 구체적인 정책의 이론과 수단이 있어야 한다. 이 장에서는 자유무역보다도 보호무역이 올바른 정책이라는 것을 기하학적으로 해명하고자 한다.

▶ 관세의 경제적 효과와 코스트에 관한 내용은 주로 킨들버거(C. P. Kindleberger)의 기하학적 분석방법으로 소개한다. 분석의 대상을 ① 소국과 ② 대국으로 나누어, 그것을 각 각 ① 정태적 접근방법(부분균형분석)과 ② 동태적 접근방법(일반균형분석)으로 나누어 분석한다.

▶ 전후 각 나라의 관세정책은 GATT에서 WTO로 이어지는 국제기구의 목적인 관세의 인하 및 철폐라는 추세에 따르고 있다. 관세를 철폐하였을 경우와 관세를 인하하였을 경우로 나누어 기하학적으로 그 효과를 분석한다.

1. 관세에 의한 보호의 이유

한 나라의 교역조건의 개선이 이 나라의 경제효율을 향상시키는 경우를 제외하면 일반적으로 관세는 이 나라의 후생은 물론 세계 전체의 후생을 저하시키는 경향이 있다. 이 때문에 각국이 관세를 부과하는 이유가 분명하게 밝혀지지 않으면 안 된다.

일정한 조건하에서 어떤 경제적 목적을 효율적으로 실현하기 위해서는, 적절하고 구체적인 정책의 이론과 수단이 마련되어야 한다. 보호무역이 올바른 정책이라는 것이 이론적으로 해명된 경우에 일반적으로 어떠한 정책수단이 가장 효과적인가를 고려하지 않으면 안 된다. 왜냐하면 정책수단의 종류에 따라 그 효과나 영향은 달라지기 때문이다. 따라서 정책목적에 알맞은 적절한 정책수단을 강구하기 이전에 각각의 정책수단이 어떠한 효과를 가져올 것인가에 관한 특징과 그 장·단점을 먼저 파악할 필요가 있다.

이와 같은 문제에 대한 해답은 정부나 이해관계자 그룹이 각각 주장하는 내용이나 관세정책을 결정하는 과정에서 논의되는 내용에서 찾아볼 수 있다. 보호무역이 강조되는 여러 논의를 다음과 같이 크게 네 가지로 분류할 수 있다.

첫째, 독점력의 행사와 유리한 교역조건의 달성에 관한 내용은 최적관세의 이론을 탄생시키는 기초가 된다는 주장이다.

둘째, 자유무역이 최적(파레토 최적)이라는 것을 증명하는 이론의 여러 가정이 현실세계에 타당치 않다는 주장이다. 자유무역은 최적 이하의 상태가 되었을 경우 관세가 후생을 저하시키기보다는 오히려 증가시킬 수 있다.

셋째, 상품의 생산과 교환으로 발생하는 무역이익뿐만이 아니라, 소득분배나 공공 서비스의 공급을 위하여 필요한 정부수입도 포함시킬 필요가 있다는 주장이다.

넷째, 특정상품의 수요, 공급, 가격 등을 일시적으로 또는 빈번히 크게 변동시키는 불확실성이나 경제변동이 심한 경우가 있다. 이와 같은 조건하에서 일시적인 관세부과로 해당 산업에 대한 가격과 고용을 안정시켜 생산자나 소비자가 부담하게 되는 불필요한 실물적인 경기조정의 코스트를 회피할 수 있다는 주장이다.

이상과 같은 이유 때문에 보호무역이 주장되고 있지만 어느 경우를 막론하고 국내산업을 보호 · 육성한다는 목적에 부합하다. 그러면 보호무역의 정책수단으로는 어떤 것이 있는가 살펴보고자 한다.

'국내산업의 보호 · 육성' 이라는 보호무역의 목적이 동일하여도 국제경제상태 내지 상대국과의 관계와 여기에 보호하려고 하는 산업의 성격에 따라 선택되는 정책수단은 달라질 수밖에 없다. 정책수단을 동원하는 데 고려해야 할 내용을 들면 다음과 같다. 즉, ① 가격 메커니즘을 통하지 않고 직접적인 긴급대책을 취하지 않으면 안 되는가, ② 가격 메커니즘을 제약하지 않고 이를 살려 간접적으로 보호 · 육성의 목적을 달성하는 것이 좋은가, ③ 관세와 같이 상품 베이스의 보호가 좋은가 아니면 보조금과 같이 기업 베이스의 보호가 필요한가, 그리고 ④ 금융, 노동 및 천연자원의 유리한 공급, 기술원조 등과 같이 생산요소의 보호수단이 유효한가 등의 문제를 고려하여 정책수단을 동원하지 않으면 안 된다.

이들 수단을 크게 ① 관세와 ② 비관세장벽으로 나눌 수 있다. 그러면 이 장에서는 이들 정책수단 가운데 가장 대표적인 관세를 들어 그 경제적 효과를 분석하여 보고자 한다.

2. 관세의 코스트

관세의 경제적 효과를 알아보기 전에 먼저 관세라는 정책수단의 코스트를 알아보고자 한다. '정책의 코스트'란 정책이 시행되는 데 따른 경제후생의 감소를 의미한다. 경제후생의 감소를 소비자잉여(consumers' surplus)의 감소와 생산자잉여(producers' surplus)의 증가로 나누어 〈그림 3-1〉로 설명하고자 한다.

그림 3-1 관세의 코스트

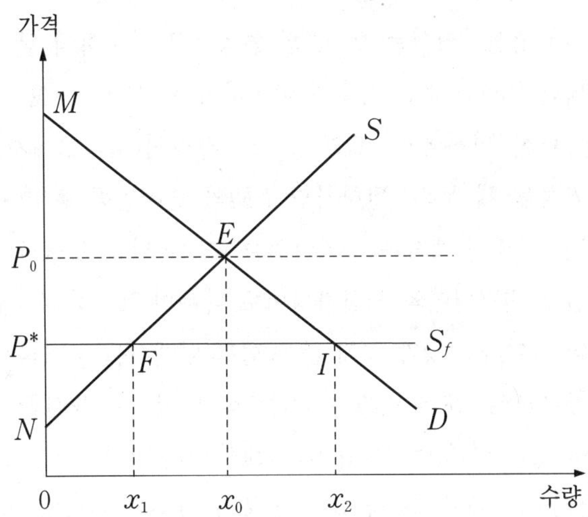

여기서 생산자잉여란 어느 생산자가 공급해도 좋다고 생각하는 상품의 가격과 실제로 수취하는 상품 한 단위당 대가와의 차액에 공급량분만 합계한 것을 말하며, 소비자잉여란 소비자가 실제 구매하는 일정량의 상품에 대하여 지불해도

좋다고 생각하는 금액의 합계와 실제 지불하는 금액의 차액을 말한다.

그림에서 D는 어느 한 상품의 국내수요곡선, S는 국내공급곡선이며 S_f는 외국공급곡선이다. 그리고 폐쇄경제하에서 수요공급의 균형점은 E이기 때문에 이 상품의 국내가격은 $0P_0$에서 결정된다. 그러므로 이 상품의 소비자는 MEP_0의 면적으로 표시되는 소비자잉여를, 또 이 상품의 생산자는 P_0EN의 면적으로 표시되는 생산자잉여를 각각 얻을 수 있다. 생산자잉여와 소비자잉여를 합한 것을 총잉여(total surplus)라고 한다. 지금 이 상품의 국제시장에서의 가격이 $0P^*$로 주어져 있고, 이것은 국내가격 $0P_0$보다 낮다고 하자. 이렇게 되면 이 상품은 이 나라에 있어서 수입상품이 될 것이다. 그리하여 국내에서 생산된 상품과 외국으로부터 수입한 상품을 합한 새로운 수요 · 공급의 균형점은 I가 될 것이다. 이것은 소비량이 $0x_0$에서 $0x_2$로 증가하는 한편, 국내생산은 $0x_0$에서 $0x_1$으로 감소하게 됨으로써 생산량보다도 소비량이 증가하게 된다. 이 양자의 차이, 즉 x_1x_2만큼 수입이 된다는 것을 의미한다.

수입의 개시로 소비자잉여와 생산자잉여는 어떻게 변화할 것인가. 소비가 증가함으로써 소비자잉여는 MIP^*의 면적으로 늘어나게 될 것이다. 그러나 국내생산량이 감소함으로써 생산자잉여는 P^*FN의 면적으로 감소하게 될 것이다. 결국 무역이 일어나게 되면 무역이 없는 경우와 비교하여 소비자잉여(MIP^*)에다 생산자잉여(P^*FN)를 더한 면적에서, 당초의 소비자잉여(MIP_0)에서 생산자잉여(P_0FN)를 더한 면적을 뺀 부분, 말하자면 EFI의 면적만큼 총잉여가 증가하게 될 것이다. 그러므로 무역의 개시는 무역이익을 가져온다는 것을 알 수 있다. 이와 같은 무역이익을 소비자잉여와 생산자잉여로 나누어 표시할 수 있다. 이 방법은 국내 · 외 가격의 차이가 그렇게 크지 않은 범위 내에서는 국내의 공급곡선, 수요곡선과 외국의 공급곡선으로 둘러싸인 삼각형의 면적으로 표시할 수가 있으며, 이러한 분석을 '삼각형의 이론(theory of triangle)' 이라 한다.

이상은 국제가격이 국내가격보다 낮은 상품의 경우에 무역의 개시가 무역이익을 가져온다는 것을 나타낸 것이다. 반대로 국제가격이 국내가격보다도 높은 상품의 경우에는 그 상품은 수출품이 된다는 점이 다를 뿐, 동일한 무역이익을 나타낼 수가 있다.

그렇지만 무역정책은 자유무역에 대한 간섭이기 때문에 무역이익을 감소시켜, EFI의 면적으로 표시한 총잉여를 감소시키는 것은 분명하다.

그림 3-2 **관세부과 후의 코스트**

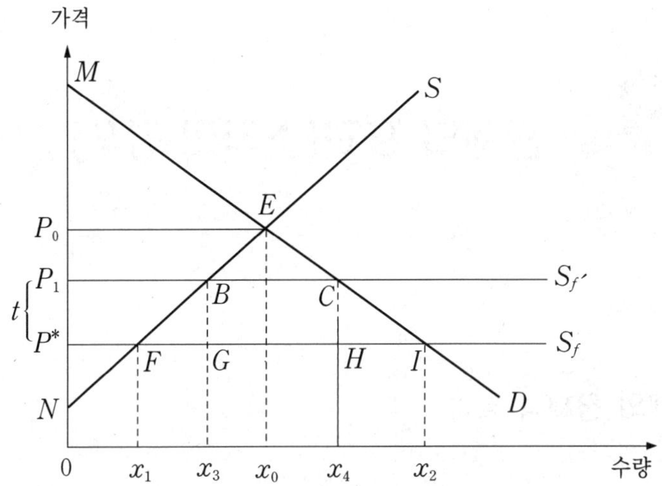

〈그림 3-2〉에서 관세가 t%만큼 부과(P^*P_1)되면 자유무역의 경우에 비하여 소비가 감소되어 P_1CIP^*의 면적만큼 소비자잉여를 감소시키게 된다.

한편, 관세부과는 국내생산을 증가시키기 때문에 P_1BFP^*의 면적만큼 생산자잉여가 증가되어 총잉여로서는 $BCIF$의 면적만큼 감소하게 될 것이다. 그러나 관세가 부과되면 관세수입을 얻을 수 있다. 관세의 부과로 $BCIF$의 면적만큼 총잉여가 감소하여도 $BCHG$의 면적만큼 관세수입을 얻을 수 있기 때문에 총잉여의 순감소분은 BFG의 면적과 CHI의 면적이 된다. 이와 같은 총잉여의 순감소분을 '정책의 코스트' 또는 '관세의 코스트'라고 한다.[1)]

1) 이것을 킨들버거는 '관세의 사중손실(deadweight losses of tariff)'이라고 한다(Charles P. Kindleberger, *International Economics*, Richard D. Irwin, Inc., 1973, p. 102).

3. 관세의 효과(소국의 경우)

1 관세의 경제적 효과

관세는 무역정책 가운데서도 가장 중요한 정책수단이다. 관세란 산업, 생산요소, 지역, 국가 및 세계의 관점에서 다방면으로 분석이 가능하다. 관세라는 정책수단은 한편으로는 좋은 처방전이 될 수 있지만, 다른 한편으로는 독약이 될 수도 있다. 특히 무역에 대한 정부의 간섭(interference)은 무역량, 가격, 생산, 소비를 변화시키며 자원을 재분배하고 요소부존을 변경시키며 소득을 재분배시킬 뿐만 아니라 고용도 변화시키고 국제수지도 변화시킨다. 이와 같은 관세부과의 결과에 대해서는 관련된 이해 관계자의 입장에 따라 바람직한 정책수단이 될 수도 있고 또 그렇지 못할 수도 있다.

이러한 관세는 여러 가지 경제사정과 이해관계자의 요구에 따라 일반적으로 정부에 의해서 부과되고 있다. 어느 한 나라가 자국으로 수입되는 어떤 상품에 관세를 부과하면 그에 상응하는 효과가 발생할 것이다. 물론 관세의 부과로 나타나는 효과는 다양하겠지만 여기서는 다음의 내용에 깊은 관심을 기울일 필요가 있다. 즉, 관세의 경제적 효과에는[2)]

2) 킨들버거는 관세의 효과에는 보호, 소비, 재정수입, 재분배, 교역조건, 경쟁, 소득, 생산효과(production effect), 국제수지 효과 등 8가지를 들고 있다(Charles P. Kindleberger, op. cit, p. 101). 그러나 보호효과(protective effect)는 생산효과일 것이며, 경쟁효과(competitive effect)는 무역정책을 폐지·경감시킨 경우의 효과로서, 말하자면 보호무역으로부터 자유무역으로 전환한 경우의 효과이다. 따라서 이것을 기타의 효과와 같이 취급한다는 것은 적절치 못하다.

① 생산효과(production effect)

② 소비효과(consumption effect)

③ 재정수입효과(revenue effect)

④ 재분배효과(redistribution effect)

⑤ 소득효과(income effect)

⑥ 고용효과(employment effect)

⑦ 국제수지효과(balance of payments effect)

⑧ 교역조건효과(terms of trade effect)

등이 있다.

이러한 효과를 측정하는 데 경제학자들은 여러 가지 경제문제에 관한 기하학적인 분석방법, 즉 부분균형(partial equilibrium)과 일반균형(general equilibrium)의 두 가지 분석방법을 사용하고 있다. 이 두 방법의 기본적인 차이는 연구하고자 하는 사물의 여러 가지 변수(variables)와 경제의 기타 부문의 내부관계에 관하여 만들어낸 여러 가지 가정에 있다.

부분균형분석은 몇 개의 변수만을 독립시켜 분석하고, 다른 모든 변수가 불변이거나 중요한 효과를 가지지 않는다는 가정하에서 이용할 수 있다. 그리고 일반균형분석은 부분균형분석의 가정이 실현되지 못할 때 이 방법이 요구된다. 이 분석은 모든 변수가 분석되고 또 그 내부관계가 연구되므로 부분균형 분석방법보다도 복잡하다. 그러나 일반적으로 2국 · 2상품 · 2생산요소가 있고 국내 · 외 시장은 경쟁적이라는 가정하에 여러 가지 가정을 추가하면서 분석할 수 있다.[3)]

따라서 관세의 경제적 효과 8가지 가운데 생산 · 소비 · 재정수입 · 재분배 · 소득 · 고용 · 국제수지 등 7가지 효과는 부분균형분석으로 가능하나, 나머지 교역조건효과는 일반균형분석으로 가능하다.

여기서 우리는 두 가지의 일반적인 경우를 검토할 수 있다. 첫째, 관세부과국은 그 나라의 교역조건에 영향을 미칠 수 없는 소국(small open country)의 경우이며, 둘째, 관세부과국은 그 나라의 교역조건에 영향을 미칠 수 있는 대국(large open country)의 경우이다.

먼저, 부분균형분석을 위한 여러 가지 가정을 들어보자.

---

3) H. R. Heller, *International Trade*, Prentice Hall, Inc., 1968, p. 14.

일반적으로 관세의 효과를 부분균형으로 분석할 때 특히 무역정책을 수립하는 나라, 즉 관세를 부과하는 나라가 소국이라는 가정을 들고 있다. 여기서 소국이라는 것은, 첫째, 관세를 부과하는 나라에 있어서 무역상대국의 수입수요조건과 수출공급조건이 주어져 있다는 것(일정하다는 것), 둘째, 이 나라가 국제시장의 가격을 조금도 변동시키지 못하는 상태, 즉 독점력이 조금도 없는 상태라는 것을 의미한다. 이를 한편으로는 가격순응자(price taker)라고도 한다.

부분균형분석에서의 가정을 좀더 구체적으로 정리하면 다음과 같다.

① 소국이다.

② 종가세이다.

③ 관세는 국내소비자로부터 징수되며 전가되지 않는다.

④ 수입원료는 사용되지 않는다.

⑤ 금지적 관세(prohibitive tariff)가 아니다.

⑥ 수입관세는 지출되지 않는다.

⑦ 관세가 부과되는 상품은 독립재이며, 다른 상품에 대한 파급효과는 없다.

이와 같은 가정하에서 수입품에 대하여 관세를 부과하면 그 상품의 국내가격은 상승하게 된다.

그림 3-3 관세가 공급에 미치는 효과

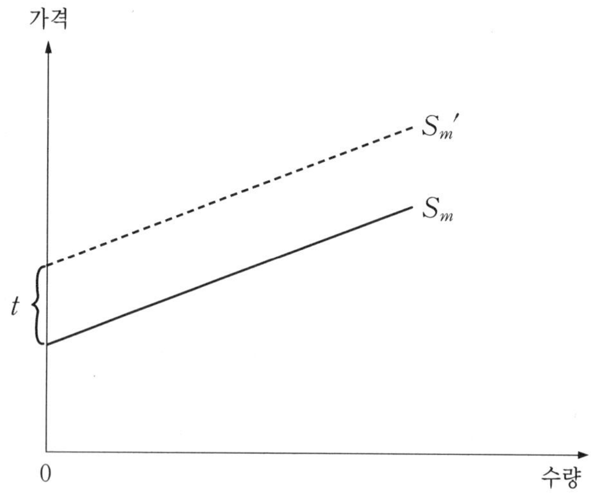

이 내용을 그림으로 표시하면 〈그림 3-3〉과 같다. 〈그림 3-3〉에서 종축은 수입상품의 국내가격을, 그리고 횡축은 수입상품의 수량을 나타내고 있다. 수입상품의 가격은 관세를 부과하기 전에는 S_m의 공급곡선으로 표시되어 있으며, 여기에 관세율 t%만큼을 부과하게 되면 공급곡선은 S_m'의 선과 같이 위쪽으로 이동하게 되어 결국 수입상품의 국내가격은 관세부과액만큼 높아지게 된다.

그러면 〈그림 3-4〉에서 종축에 일정 상품의 가격을, 횡축에 생산량 또는 수요량을 표시한다. 이 상품은 국내의 수요곡선(D선)과 공급곡선(S선)이 주어져 있으며, P^*는 국제가격, P_0는 국내가격 그리고 P_1은 관세부과 후의 국내가격($P_1=(1+t)P^*$)이다. t는 종가관세율($t=(P^*P_1)/0P^*$)이다. 종가관세율이라는 것은 가격을 기준으로 하여 부과하는 세율을 말한다. 여기서 상대국의 수출공급곡선과 수입수요곡선은 앞의 소국이라는 가정 때문에 종축의 국제시장가격(P^*)으로부터 횡축과 평행하게 그은 직선(S_f선)이 된다.

한 나라가 개방경제(small open economy)일 때, 즉 대외무역이 완전자유경

그림 3-4　　관세의 경제적 효과

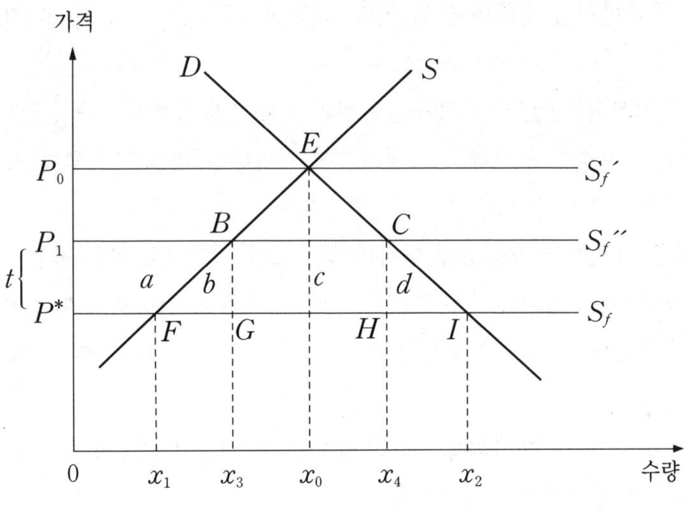

쟁상태인 자유무역하에서는 국내가격은 국제가격과 같게 되며 〈그림 3-4〉에서와 같이 그 가격은 P^*이다. P^*의 가격하에서는 $0x_2$의 수요량이 있는 데 비하여 국

내생산량은 $0x_1$에 지나지 않는다. 따라서 국내공급보다 초과되는 수요량 $x_1x_2(=0x_2-0x_1)$는 외국으로부터 수입한다. 지금 이 상품에 $t\%$만큼의 관세를 부과하였다고 하면 관세부과 후 국내가격은 P_1로 상승한다. 이 때문에 높아진 P_1의 가격하에서는 수요량은 $0x_4$로 감소하는 반면 생산량은 $0x_3$으로 증가한다. 그 결과 외국으로부터의 수입량(x_3x_4)은 자유무역시의 수입량보다도 감소$(x_1x_3+x_4x_2)$한다. 여기에 관세율을 대폭적으로 인상하여 국내가격이 P_0의 높이까지 되면 모든 국내소비를 국내생산으로 충분히 충당할 수 있어 수요량과 공급량이 일치되어 외국으로부터 수입하지 않아도 된다. 이와 같은 결과를 가져오는 관세를 금지적 관세(prohibitive tariff)라 한다. 이렇게 되면 결국 대외무역이 없는 상태인 폐쇄경제(small closed economy) 상태로 되돌아가게 된다.

그러면 관세를 부과하였을 때의 경제적 효과를 구체적으로 알아보자.

(1) 생산효과

수입상품에 $t\%$의 관세율을 적용함으로써 동일상품의 국내생산은 $0x_1$에서 $0x_3$로 증가하게 된다. 일정한 관세의 부과로 나타나는 생산효과(production effect)의 크기는 국내의 수요 및 공급곡선의 기울기와 탄력성, 즉 가격변화에 따른 수요 및 공급변화의 정도에 달려 있다. 국내공급곡선(S선)의 기울기가 완만하면, 즉 공급의 가격탄력성(price elasticity of supply)이 크면 약간의 관세에도 큰 생산효과를 가져온다. 반대로 국내공급곡선의 기울기가 급하면, 즉 공급의 가격탄력성이 작으면 가격을 인상해도 국내생산이 증가하는 비율은 그렇게 크지 않기 때문에 동일한 관세율을 적용해도 생산효과는 작다.

관세는 확실히 국내산업에 대하여 생산효과를 가져오지만, 반면 국민경제 전체로 보면 자원을 비교열위에 있는 부문에 보다 많이 사용하기 때문에 자원의 비효율적인 배분에 의하여 손실이 발생한다. 이것이 그림에서 b부분으로 표시된 삼각형의 면적이다.

이 b의 면적이 '비특화로부터 발생하는 손실(a loss from despecialization)'이다. 이것이 생산부문에 나타나는 관세의 코스트이다.[4] b의 면적을 구체적으로 설명하면, 관세의 부과로 국내에서의 생산량은 x_3x_1만큼 증가되는데, 이 양을 외

4) David Greenaway, *International Trade Policy*, The MacMillan Press Ltd., 1983, p. 48.

국으로부터 수입하면 그 비용이 FGx_3x_1인데 반하여, 이를 국내에서 생산할 때에는 FBx_3x_1만큼의 비용이 들게 됨으로써 사실상 b의 면적인 삼각형 FBG만큼의 추가비용이 들게 된다. 이 b의 부분은 외국에서는 능률적인 생산이 국내에서는 비능률적인 생산으로 대체됨으로써 사실상 자원이 우위산업에서 열위산업으로 전환되기 때문에 비능률적인 배분을 의미한다.

결국 관세의 부과로 국내에서 증가된 생산량의 비용은 이를 외국으로부터 수입하는 비용보다 더 비싸기 때문에 이를 '관세의 보호비용'이라고도 한다. 왜냐하면 이 산업이 국내생산을 x_1x_3만큼 증가시키기 위해서는 여기에 필요한 생산자원을 다른 산업부문으로부터 전환시키지 않으면 안 되기 때문이다. 생산자원이 이 산업으로 전환되기 전에는 P^*가격으로 $x_1+x_3(0x_3-0x_1)$만큼의 수입이 있다고 하자. 그러나 이것이 관세로 보호된 산업에 투입되면 동일량의 자원으로도 생산성이 좋지 못하기 때문에 생산비가 여기에 추가되어 b로 표시된 삼각형 FBG의 면적만큼 높아지게 된다. 즉, 자원전용으로 b의 부분만큼 손실이 발생한다.

(2) 소비효과

관세는 소비자에 대하여 불리하게 작용한다. 소비효과(consumption effect)는 〈그림 3-4〉에서 $t\%$의 관세부과로 상품의 가격이 자유무역하의 P^*에서 P_1로 인상되어 결국 소비자의 수요가 $x_2x_4(=0x_2-0x_4)$만큼 감소한다. 가격인상으로 인한 소비자의 손실은 P_1CIP^*의 면적, 즉 $a+b+c+d$의 면적이 된다. 이것은 결국 자유무역시의 소비량 $0x_2$가 관세부과로 인하여 x_2x_4량만큼 감소한 $0x_4$량으로 줄어들게 된다.

d부분의 경우에는, 소비자가 외국상품을 구매할 때 CIx_2x_4만큼 더 증가시킬 수 있는데도 불구하고 외국의 저렴한 상품에 관세를 부과함으로써 관세분만큼 동 상품의 국내가격이 인상됨으로써 그만큼 소비가 감소하게 된다. 따라서 상품을 인상 전의 가격으로 계산하면 HIx_2x_4의 면적만큼 감소하나, 실제로 P^*가격에서 P_1가격으로 인상하였기 때문에 인상 후의 가격으로 환산하면 CIx_2x_4만큼이 감소하게 된다. 그러므로 CIx_2x_4면적에서 HIx_2x_4면적을 빼면 CHI의 d면적이 사실상 국제교환이 어렵게 됨으로써 발생하는 손실이 되는 것이다. 말하자면 가격이 저렴한 수입상품 대신에 비싼 국내상품을 소비하지 않을 수 없는 소비자의 손실인 이 면적은 '교환불가능으로부터 발생하는 손실(a loss from being unable to exchange)' 이 된다.[5)]

(3) 재정수입효과

관세부과는 정부의 재정수입이 증가한다. 이것을 재정수입효과(revenue effect)라고 한다. 재정수입은 그림에서 직사각형 c의 면적이다. 이것은 관세부과 후의 수입량 $x_3x_4(=0x_4-0x_3)$에 관세율 $t\%(P_1P^*)$만큼 곱한 것이므로 그만큼 정부의 재정수입은 증가하게 된다.

(4) 재분배효과

관세의 부과는 소비자에게는 잉여의 감소를 가져오지만 생산자에게는 잉여의 증가를 가져올 뿐만 아니라 정부의 재정수입도 증가한다. 그림에서 일정한 관세 $(P_1P^*/0P_1)$를 부과하면 소비자잉여는 P_1CIP^*, 즉 $a+b+c+d$의 면적만큼 감소한다. 반면에 생산자잉여는 P_1BFP^*, 즉 a의 면적만큼 증가한다. 한편, 정부는 $BCHG$, 즉 c의 면적만큼 관세수입이 발생한다. 이와 같이 소비자잉여는 관세부과로 감소하지만 이 감소분의 일부는 생산자와 정부로 전환된다. 이러한 효과를 재분배효과(redistribution effect)라 한다.

그러나 결국 b와 d의 두 삼각형의 면적은 관세의 부과로 경제 전체로 볼 때는 부(−)의 효과가 발생하게 된다. 이것을 '관세의 코스트(cost of tariff)' 라고 하며, 킨들버거는 이것을 관세의 사중손실(deadweight losses of tariff)이라고 한다.[6)]

(5) 고용효과

관세부과에 의한 생산효과로서 생산자는 x_1x_3량의 국내생산을 증가시킬 수 있다. 그러나 생산을 증가시키기 위해서는 필요한 노동, 자본, 기타의 생산요소를 새로이 투입하지 않으면 안 된다.

고용효과(employment effect)라는 것은 관세의 부과로 국내에서의 생산량이 증가되기 때문에 국내에서의 실업(불완전고용상태)이 있을 경우에는 이 증가분을 생산하기 위해서 노동, 자본 등의 생산요소를 추가로 투입하여야 하기 때문에 그

5) David Greenaway, *op. cit.*, p. 48.
6) Charles P. Kindleberger, *op. cit.*, p. 108.

만큼 고용의 증대효과가 발생한다.

(6) 소득효과

완전고용상태하에서 생산의 증가는 요소보수의 증가로 나타나기 때문에 이것을 소득효과(income effect)라고 한다.

완전고용의 가정하에서는 생산요소의 전환 내지 재배분이 일어나게 된다. 왜냐하면 관세는 관세를 부과한 산업에 자원을 이동시키는 작용을 하기 때문이다. 그 결과 스톨퍼-사무엘슨 명제(Stolper-Samuelson theorem)가 뜻하는 바와 같이 일정 조건하에서 수입제한은 그 상품의 생산에 필요로 하는 희소한 생산요소의 상대가격을 높이게 되어 생산요소 간에 소득의 재분배가 발생한다. 재분배효과는 산업 간에서도 생산요소 간에서도 발생한다. 관세로 보호되기 이전부터 이 상품을 생산하고 있던 생산자는 관세부과 후에는 보다 높은 가격으로 판매할 수 있어, 그 결과 보다 높은 이윤을 올릴 수 있게 된다.

(7) 국제수지효과

국제수지효과(balance of payments effect)는 관세의 부과로 생산 면에서 x_1x_3량의 생산증가와, 소비 면에서 x_2x_4량의 수입감소가 발생하며, 이를 금액으로 계산하면 $OP^* \times (x_1x_3+x_2x_4)$이다. 이것은 결국 수입의 감소분만큼 국제수지 면에서 정(+)의 효과로 나타나게 된다.

(8) 교역조건효과

관세의 경제적 효과를 일반균형분석, 즉 오퍼곡선으로 설명하고자 한다. 〈그림 3-5〉의 TOC_A와 TOC_B는 각각 자유무역하에서의 A국과 B국의 오퍼곡선이다. 양 곡선의 교차점 E_0을 지나는 교역조건선 TOT의 기울기는 양 상품의 교환비율, 즉 교역조건선이다. 이런 조건하에서 A국은 $0x_0$량의 X상품을 수출하고 그 대신 $0y_0$량의 Y상품을 수입하게 된다. 이 때 A국인 자국이 B국으로부터 수입하는 Y상품에 관세를 부과하면 원래의 국제가격하에서보다 수입량은 감소하기 때문에 직선 TOT상에서 자국의 무역량을 나타내는 점은 이제 E_0점이 아니라 그보다 적은 F점이 되지 않으면 안 된다. 이와 같은 내용은 원점에서 출발하는 TOT 이외의 교역조건선에도 적용할 수 있으므로 관세의 부과와 함께 자국의 오퍼곡선은 왼쪽으로 이동한다. 즉, TOC_A에서 TOC_A'의 위치로 바뀌게 된다. 그 결과 관세부과 후의 무역균형은 자국의 새로운 오퍼곡선 TOC_A'와 외국의 오퍼곡선 TOC_B와의 교차점 E_1에서 성립하게 된다. 〈그림 3-5〉에서 알 수 있는 바와 같이 새로운 TOT'의 기울기는 TOT의 그것보다도 급하다. 즉, 자국의 수입관세부과로 그 상품의 상대가격이 하락함으로써 자국의 교역조건이 유리하게 된다.

수입품에 대한 관세는, 수출품(X)으로 표시한 것이 E_1H이며, 수입품(Y)으로 표시한 것은 E_1G이다. 그리고 관세율($t\%$)을 수출품으로 표시하면 E_1H/E_1y_1이고, 수입품으로 표시하면 E_1G/Gx_2이다.

그림 3-5 관세의 교역조건효과(일반균형)

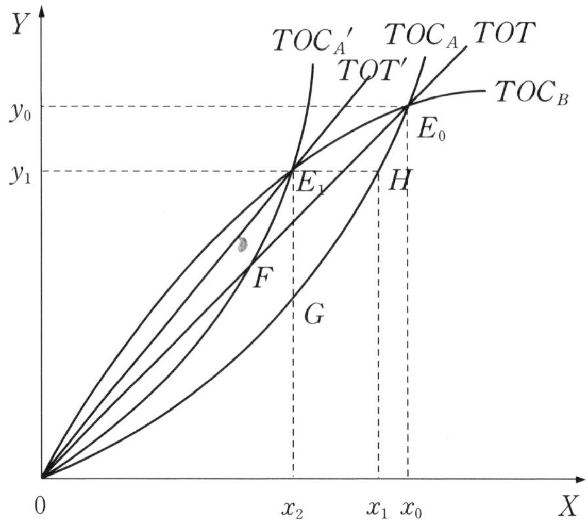

관세가 국제가격 내지 교역조건에 미치는 이와 같은 효과의 크기는 외국의 오퍼곡선의 모양, 특히 수출공급의 가격탄력성 여하에 달려 있다. 예를 들어, 외국의 수입수요의 탄력성이 무한대라고 하면 그 오퍼곡선 TOC_B는 교역조건선 TOT와 일치할 것이다. 이와 같은 조건하에서의 무역균형은 자국의 새로운 오퍼곡선 TOC_A'와 TOT의 교차점 F로 표시될 수 있다. 결국 관세부과에도 불구하고 수입상품의 국제가격 내지 교역조건은 조금도 변화하지 않는다. 이것은 확실히 극단적인 경우이지만 일반적으로 외국의 수입수요의 탄력성이 크면 클수록 수입관세의 교역조건효과(terms of trade effect)는 적다고 할 수 있다.

관세가 교역조건에 미치는 효과는 앞에서 설명한 바와 같이 일반균형으로 분석해야 하지만 굳이 부분균형으로 분석하자면 다음과 같다.

여기서는 앞에서의 가정에서 소국이라는 것과 관세는 전가되지 않는다라는 가정이 일단 바뀌어야 한다. 즉, 관세부과국은 소국이 아니기 때문에 관세부과액의 일부는 수출국의 공급자에게 부담시키게 된다.

다음의 〈그림 3-6〉에서는 수출국과 수입국 간에 무역 전에 가격 차이가 있다는 것을 가정하고 있다. 즉, 수출국에서 관세부과 전의 수출상품가격이 $0P_0'$인데 반하여 수입국의 수입가격은 $0P_0$이므로, 양국의 가격차이는 무려 $P0P_0'$가 된다. 그리고 P^*는 국제가격을 나타내고 관세부과 후의 P_1'은 수출국의 가격을, P_1은 수입국의 가격을 나타내고 있다. 이 경우에 이 상품에 대한 수요 및 공급의 탄력성이 양국에 있어서 대개 비슷하다고 한다면 관세는 수입국의 가격을 일부 인상시킬 것이며, 또한 수출국에 있어서도 그 가격을 일부 인하시키게 될 것이다. 그러나 만약 수출국의 가격이 수입국에 비하여 조금이라도 낮다면 수입국은 그 상품을 저렴하게 수입할 수 있을 것이다.

〈그림 3-6〉과 같이 수출국(B국)에 있어서 공급의 가격탄력성이란 가격변화

그림 3-6 관세의 교역조건효과(부분균형)

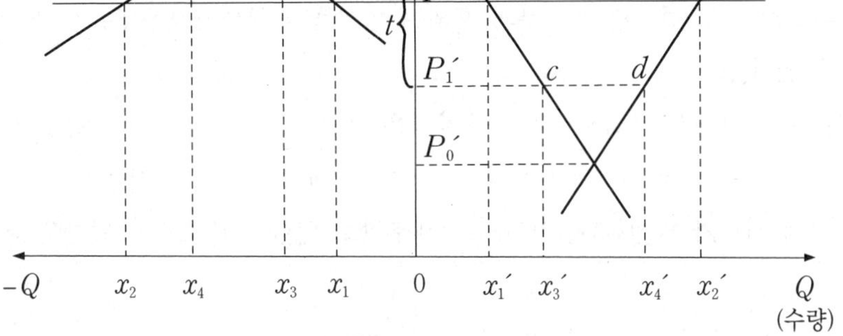

에 따른 공급량 정도를 말한다. 즉 수출국(B국)의 공급의 가격탄력성(price elasticity of supply)이 1보다 작고(비탄력적이고), 수입국(A국)의 수요의 가격탄력성(price elasticity of demand)이 1보다 큰(탄력적인) 경우에는, 수입국의 관세부과는 수출국의 공급자에게 많은 부담을 줄 수가 있다. 그러나 이런 경우에 관세부과의 생산효과는 그렇게 크지 않을 것이다.

즉, 수입에는 큰 변화가 없을 것이나 그 상품을 보다 저렴하게 수입할 수 있을 것이다. 다시 말하자면 무역량이 당초 x_1x_2 또는 $x_1'x_2'$이던 것이 관세 t%를 부과함으로써 x_3x_4 또는 $x_3'x_4'$로 감소하게 되며, 관세부담액 P_1P_1'가운데 P^*P_1은 수입국이 부담하는 반면 P^*P_1'은 수출국에 전가된다. 따라서 그림과 같은 수요공급곡선을 가진 양국의 경우 수출국에게 관세의 상당 부분을 전가시킴으로써 관세부과국, 즉 수입국의 교역조건이 개선될 수 있다.

2 관세의 후생효과

관세의 부과는 관세부과국이 소국일 경우에는 국제시장에서 독점력을 행사할 수 없기 때문에 교역조건에 영향을 미칠 수 없다. 그러나 소국이 아닐 경우에는 관세부과국이 국제시장에서 어느 정도 독점력을 행사할 수 있기 때문에 교역조건에 영향을 미칠 수 있으며, 그러한 경우에는 교역조건을 유리하게 개선할 수가 있다.

그러나 여기서는 소국이라는 가정하에 관세를 부과하는 나라가 사회후생에 어떠한 효과를 가져올 것인가를 고찰해 보고자 한다.[7)]

〈그림 3-7〉에서 수출상품을 X, 수입상품을 Y라고 하며, 국제시장에서의 수출상품에 대한 수입상품의 상대가격을 $\alpha_0(Py/Px)$로 표시하고, 수입상품에 대한 관세율을 t%라고 한다면 관세부과 후의 수입상품의 국내가격은 $\beta_1=\alpha_0(1+t)$로 표시될 수 있다.

자유무역하에서 국내시장의 상대가격은 국제시장의 상대가격과 동일하게 된다. 그러나 수입국의 관세부과는 국제가격과 국내가격 간의 등식을 파괴하여 양 가격 간에 괴리가 발생한다. 따라서 관세부과로 인한 국내가격의 인상은 국내에

7) 김신행, 「국제경제학」, 법문사, 1977, pp. 196~202.

서 생산하는 수입대체상품(Y)의 가격상승으로 관세부과 전에 비하여 단위당 판매이익을 증가시키며, 또한 동 상품의 국내생산을 증대시키는 역할을 하게 된다. 반면 소비자에게는 가격인상으로 소비가 감소되게 된다.

이상과 같은 관세의 부과로 생산효과와 소비효과가 나타나는 것은 생산자와 소비자가 국내가격에 따라 각각 이윤극대화와 효용극대화를 목적으로 행동하기 때문이다. 즉, 자유무역시에는 국내가격과 국제가격이 동일하므로 생산자와 소비

그림 3-7 관세의 후생효과

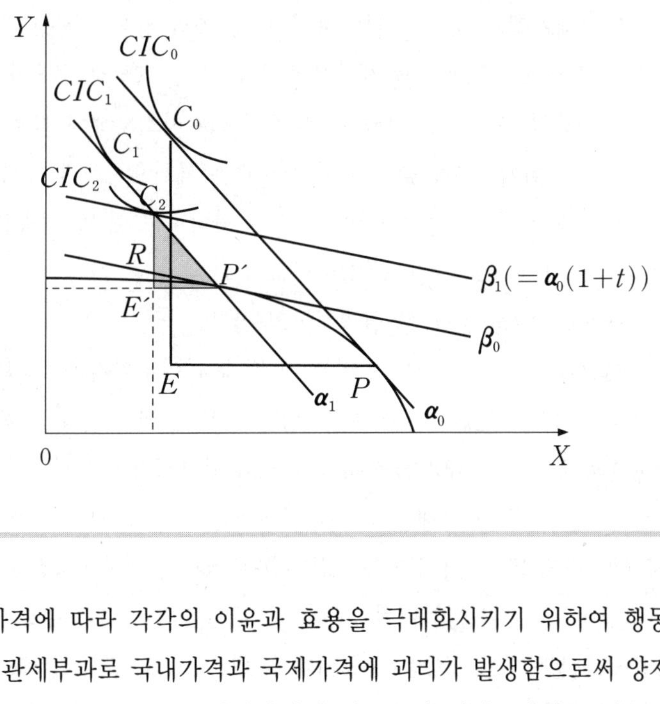

자는 국제가격에 따라 각각의 이윤과 효용을 극대화시키기 위하여 행동하게 된다. 그러나 관세부과로 국내가격과 국제가격에 괴리가 발생함으로써 양자는 국내가격에 따라 이윤과 효용을 극대화시키게 됨으로써 생산효과와 소비효과가 발생하게 되는 것이다.

여기서 중요한 점은 국제시장은 완전경쟁적이고 각국의 사회선호함수(social preference function)가 동일하다는 가정을 들고 있으므로 국제가격은 상품의 사회기회비용을 반영하고 있다. 그러나 국내가격은 관세의 부과로 상품의 사회기회비용을 반영하지 못하는데도 불구하고 생산자와 소비자는 국제가격보다는 국내가격에 따라 이윤과 효용의 극대화를 위해 행동하기 때문에 양자의 괴리는 바로 자

원의 효율적인 배분을 왜곡(distorted)시키게 된다.

사실상 희소한 자원은 상품의 국제가격(α_0), 국내생산의 한계변형율(MRT ; marginal rate of transformation)과 국내소비의 한계대체율(MRS ; marginal rate of substitution)의 세 가지가 일치할 때 효율적 배분(α_0=MRT=MRS)이 이루어지게 된다. 그러나 관세의 부과로 인하여 α_0와 β_0는 상이하게 되어 국제가격과 국내생산의 한계변형률이 상이(즉, $\alpha_0 \neq$ MRT)할 뿐만 아니라 국제가격과 국내소비의 한계대체율과도 다르게(즉, $\alpha_0 \neq$ MRS) 된다. 따라서 생산자와 소비자는 국내가격에 따라 이윤과 효용의 극대화를 위하여 행동하게 되므로 β_0=MRT=MRS의 등식이 성립한다.

그러므로 국제가격과 국내생산의 한계변형률과의 상이($\alpha_0 \neq$ MRT)로 야기되는 사회후생의 감소효과를 관세의 생산비용이라 하고, 그리고 국제가격과 국내소비의 한계변형률과의 불일치(0$\neq$MRS)로 발생하는 사회후생의 감소효과를 관세의 소비비용이라고 한다. 이와 같이 관세의 부과는 사회후생을 감소시키며, 이 사회후생의 감소효과는 생산비용과 소비비용으로 나타나고 이 양 비용을 합친 것을 관세의 사회비용(social cost of a tariff)이라고 한다.

이상의 내용을 〈그림 3-7〉로 설명하고자 한다.

자유무역하에서 생산은 P점, 소비는 C_0점에서 이루어지므로 사회후생수준, 즉 사회무차별곡선은 CIC_0이다. 이 때 수입상품(Y)에 대한 관세 C_0R(즉, 관세율 $t=C_2R/RE'$)의 부과는 국내가격을 α_0에서 β_0로 인상시키며, 이로 인하여 새로운 생산균형점은 국내가격과 국내생산의 한계변형률, 즉 생산가능곡선과 일치하는 P' 점으로 이동하게 된다. 다시 말하자면 자유무역시의 생산균형점 P에서 보호무역시에는 그것이 P'로 이동하게 된다. 따라서 X상품의 생산은 감소하는 반면 수입대체산업에서 생산하는 Y상품은 증가하게 된다. 이와 같이 관세는 생산 면에 있어서 자원을 재배분시키게 된다.

그리고 관세의 부과 후 무역은 P'점에서 출발하게 된다. 이 때도 국제가격은 관세부과 이전과 같으므로 무역균형은 P'점을 통과하는 국제가격선(α_1)상에서 소비(C_1)가 이루어진다. 관세의 부과 후 소비자는 국내가격(β_0)에 따라 효용극대화를 위하여 행동하므로 최종적인 소비균형점은 CIC_2선상을 통과하면서 국내가격에 접하는 C_2점이 된다. 그 이유는 ① CIC_2선상에 있어야 하며, ② 국내가격과 사회무차별곡선이 접해야 한다는 요건을 충족시켜야 하기 때문이다. 국내의 생산자와 소비자는 국내가격선 $\beta_0=\beta_0$하에서 생산계획과 소비계획을 수립한다.

한편, 초기의 국제가격은 불변이므로 국내에서는 $E'P'$의 X상품이 RE'의 Y 상품과 교환되지만 국제적으로는 $E'P'$의 X상품이 C_2E'의 Y상품과 교환된다. 따라서 C_2R은 정부의 관세수입을 나타내지만 관세수입은 국민에게 환원됨으로써 소비점 C_2에 도달할 수 있게 된다. 결국 관세부과 이후에는 자유무역시의 무역량보다 감소하게 됨으로써 후생수준도 CIC_0에서 CIC_2수준으로 감소하게 된다.

이상과 같이 관세의 부과로 인한 후생의 감소효과는 다음의 2단계로 구분할 수가 있다. 첫째, 후생수준이 자유무역시의 CIC_0에서 CIC_1으로 감소하는 효과이다. 이것은 관세부과로 인한 자원의 비효율적 배분의 결과이며, 이 비효율적 배분은 국제가격과 국내생산의 한계변형률과의 불일치에 기인하는 것이다. 둘째, 후생수준이 CIC_1에서 CIC_2로 감소하는 효과이다. 이것은 관세부과로 인하여 국제가격과 국내소비의 한계대체율의 불일치에 기인하는 소비의 왜곡을 나타낸다.

다시 말하자면 당초의 후생수준 CIC_0에서 CIC_1으로의 이동은 관세의 생산비용을, 다시 CIC_1에서 CIC_2로의 이동은 관세의 소비비용을 의미하는 것이다. 이 생산비용과 소비비용을 합친 것이 관세의 사회비용이며, 이것은 결국 자유무역시의 CIC_0의 후생수준에서 CIC_2의 후생수준으로 하락한다는 것을 뜻한다.

4. 관세의 효과(대국의 경우)

다음으로 대국인 나라가 관세를 부과하였을 때의 변화를 보자. 앞에서 검토한 바와 같이 소국의 경우에는 관세부과로 그 나라의 교역조건에 영향을 미칠 수 없지만 대국의 경우에는 이에 영향을 미칠 수가 있다. 다음의 〈그림 3-8〉에서 A국의 관세부과가 A, B 양국에 미치는 경제적 효과를 보면 다음과 같다.

여기서 관세부과국(A국)은 상당한 양의 X상품을 수입하는 수입국이기 때문에 수요의 가격탄력성이 1보다 크며, 수출국(B국)에 있어서 공급의 가격탄력성은 1보다 작다고 하자. 이 때 A국이 일정한 t%의 관세($t=P_1^*P_1/0P_1^*$)를 부과하게 되면 수입량은 감소하게 된다. 즉, 자유무역시 X상품의 무역량은 FI량(RQ량)이었으나 t%의 관세를 부과하게 되어 무역량은 BC량(LM량)으로 감소한다. 여기서 소국이 관세를 부과하는 경우와 다른 점은 관세의 일부를 B국의 수출자가 부담하게 된다는 것이다. 그러므로 B국의 수출가격은 P_0^*에서 P_1^*으로 인하하게 된다.

소비자잉여의 감소는 소국의 경우와 마찬가지로 국내가격이 P_0^*에서 P_1로 인상됨으로써 P_1CIP0^*의 면적이 되며, 후생의 순손실은 b와 d의 면적이 된다. 그러나 이 경우에 수출국의 면적 e를 계산하지 않으면 안 된다.

왜냐하면 관세의 일부를 B국의 수출자가 부담하기 때문이다. 이와 같이 A국의 관세부과로 B국의 수출자가 부담하는 관세의 일부가 A국의 조세당국으로 소득의 재분배가 이루어진다. 조세당국의 총수입은 $BCH'G'$로 그 중 $P_1P_0^*$의 가격인상에 의한 $BCHG$의 면적(c)은 국내소비자가 부담하는 반면, 수입가격이 OP_0^*에서 OP_1^*으로 인하되어 $GHH'G'$의 면적(f)은 상대국의 수출자가 부담하게 된다.

이 그림에 잉여의 개념을 적용하면 소비자잉여의 감소는 $a+b+c+d$의 면적이 되며, 후생상의 순감소는 역시 $b+d$의 면적이 된다. 그러나 이 경우에 또 다른

그림 3-8 일국의 관세부과에 의한 양국의 경제적 효과

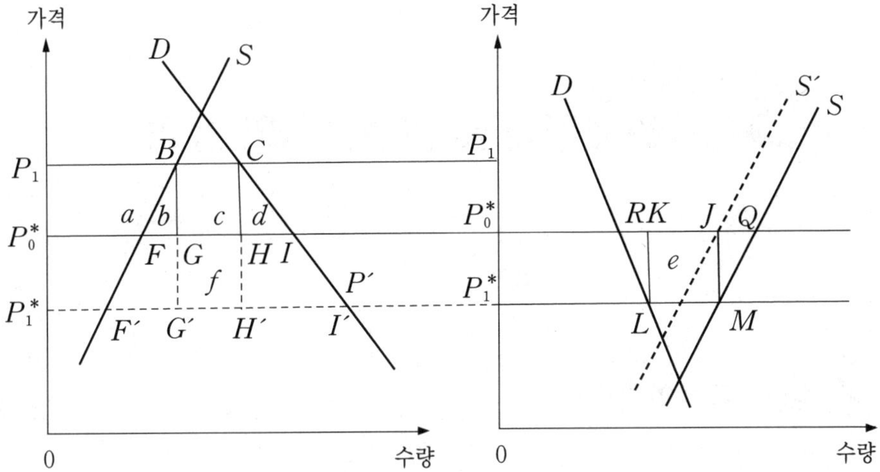

*GHH′G′*의 면적, 즉 *f*의 면적과 동일한 *KJML*의 면적, 즉 e의 면적을 계산에 넣어야 한다. 이 면적은 외국의 수출자가 관세의 일부를 부담하기 때문에 발생하는 것이며, 외국의 생산자로부터 관세부과당국으로 소득의 재분배를 구성하는 부분이다. 따라서 *f*의 면적은 수출국의 *KJML*의 면적, 즉 *e*의 면적과 동일하다. 이 면적은 외국의 공급의 가격탄력성이 작으면 작을수록 그들이 부담하는 관세의 부담이 클 뿐만 아니라 재분배의 양도 크게 된다.

여기서 관세부과국만의 후생변화를 고려한다면 분명히 소득의 재분배는 후생의 이익(welfare gain)이 되어야 한다. 그러므로 관세의 코스트인 $b+d$의 면적과 e의 면적을 비교해 볼 필요가 있다. 만약 $e > b+d$의 경우에는 관세부과의 결과로서 그 나라는 실질적으로 후생의 증가를 가져오며, 반대로 $e < b+d$의 경우에 관세부과국은 여전히 후생의 감소를 가져오게 된다. 따라서 관세부과로 인한 이익의 범위는 얼마나 많은 관세를 외국의 수출자가 부담하느냐에 달려 있다. 이것은 교역조건의 변화에 달려 있다는 것과 동일하다. 즉, 다른 조건이 일정할 때 교역조건이 유리하게 이동하면 할수록 후생의 이익은 커지게 된다.

5. 관세철폐 및 관세인하의 효과

1 수입자유화의 진전

지금까지의 논의는 관세의 부과에 의한 경제적 효과를 분석하였지만 이 절에서는 수입자유화, 즉 관세가 있는 상태에서 관세가 없는 상태로 또는 높은 관세에서 보다 낮은 관세로 인하할 때의 경제적 효과를 검토해 보고자 한다.

관세의 철폐 및 인하(tariff removal and reduction)에 관한 문제는 전후 GATT에서, 그리고 오늘날에는 WTO에서 중점적으로 논의되어 왔다. 관세의 철폐 및 인하가 세계 무역량을 증대시켜 무역당사국의 경제성장과 고용증대로 후생수준을 향상시켜 왔다. 다자간무역협상인 케네디 라운드, 도쿄 라운드, 우루과이 라운드 등은 관세를 세계적으로 대폭 인하함은 물론 품목에 따라서는 관세를 철폐함으로써 무역량을 더욱 증가시키는 중요한 역할을 수행하여 왔다.

이와 같은 현실을 감안하면서 관세의 철폐 및 인하가 경제에 미치는 효과를 분석하는데 편의상 소국이라는 가정을 그대로 적용하고자 한다.

2 관세철폐

〈그림 3-9〉에서 관세를 제거하였을 때 관세를 철폐한 나라의 경제적 순효과는 생산 면에서의 이익과 소비 면에서의 이익으로 나타나며, 그것이 바로 BFG와 CHI의 두 삼각형으로 표시되어 있다.

그림 3-9 **관세철폐의 효과**

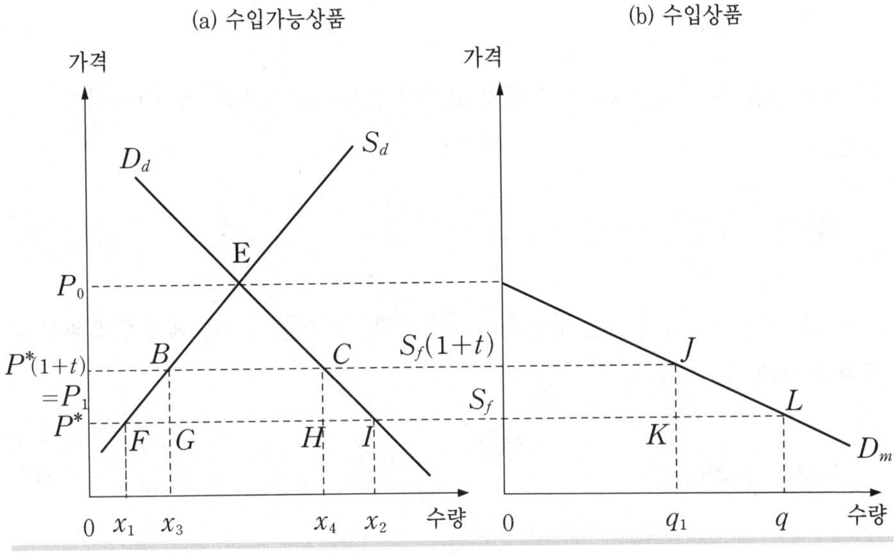

먼저 소비효과를 보자. 수요곡선이 그림과 같이 주어져 있을 때 다음과 같이 CHI의 면적을 계산할 수가 있다.

$$CHI=\frac{1}{2}t\Delta D \tag{1}$$

여기서 t는 물론 관세율이며, ΔD는 관세율에 의한 가격의 변화로 일어나는 수요량의 변화이다.

이것은 관세철폐에 의한 소비자이익의 사전의 개략적인 계산이므로 수요의 증가량이 얼마인지는 정확히 알 수 없다. 그러나 이것을 계산해야 할 필요가 있다. 분명한 것은 수요의 변화는 가격의 변화와 수요의 가격탄력성에 달려 있다는 것이다. 그러면 탄력성(η)은,

$$\eta=\frac{\Delta D}{\Delta P}\cdot\frac{P_0}{D_0} \tag{2}$$

이다. 이 때,

$$\Delta D=t\eta\frac{D_0}{P_0} \tag{3}$$

이다. 이 (3)식을 (1)식에 대입하면,

$$CHI=\frac{1}{2}t^2\eta\frac{D_0}{P_0} \tag{4}$$

의 식을 구할 수 있다. 그리고 설명의 편의상 관세철폐 이전의 가격이 1이라고 한다면,

$$CHI=\frac{1}{2}t^2\eta D_0 \tag{5}$$

로 볼 수 있다. 또 이와 같은 방법으로 생산효과, 즉 생산이익을 계산하기 위한 공식을 도출해 낼 수 있다. 즉,

$$BFG=\frac{1}{2}t\Delta S \tag{6}$$

이다. 이때 $\lambda=\frac{\Delta S}{\Delta P}\cdot\frac{P_0}{S_0}$ 인 경우,

$$\Delta S=t\lambda\frac{S_0}{P_0} \tag{7}$$

인 경우이며, P_0가 1이라 할 때 (7)식을 (6)식에 대입하면,

$$BFG=\frac{1}{2}t^2\lambda S_0 \tag{8}$$

의 식을 구할 수 있다.

따라서 총이익을 W라고 할 때, 관세철폐에 의한 W는 (5)식의 금액과 (8)식의 금액의 합계가 된다. 즉,

$$\begin{aligned}W&=CHI+BFG\\&=\frac{1}{2}t^2(\eta D_0+\lambda S_0)\end{aligned} \tag{9}$$

이다.

그리고 국내가격이 P_0일 때 국내소비자의 수요는 전부 국내에서 생산된 상품으로 공급되기 때문에 수입량은 제로(0)가 되어, 수요 및 공급곡선은 E점에서 접하게 된다.

그림과 같이 국내에서 관세율(t=(P^*P_1/OP^*)을 부과하게 되면 수입량은 x_3x_4이다. 이것은 〈그림 3-9〉의 (b)에서 $0q_1$량과 같다. 이 D_m곡선은 수입수요함수이다. 그러므로 관세를 철폐하였을 때 이 곡선하의 면적, 말하자면 JKL의 면적을 계산할 수가 있다. 즉,

$$JKL=\frac{1}{2}t\Delta M \tag{10}$$

이다. 이 때, $\theta=\frac{\Delta M}{\Delta P}\cdot\frac{P_0}{M_0}$ 인 경우,

$$\Delta M=t\theta\frac{M_0}{P_0} \tag{11}$$

이다.

계산의 단순화를 위해 P_0=1이라 할 때 (11)식을 (10)식에 대입하면,

$$JKL=\frac{1}{2}t\ \theta M_0 \tag{12}$$

의 식을 구할 수 있다. 여기서 θ는 수입품에 대한 수입수요의 가격탄력성이며, M_0은 수입상품의 가격변화 전의 수입량이고, ΔM은 수입상품의 가격변화 후의 수입량을 의미한다.

물론 〈그림 3-9〉(a)와 같이 국내의 수요 및 공급곡선을 이용하는 것보다는 〈그림 3-9〉(b)의 수입수요곡선을 통한 계산이 일반적이며 용이하다.

3 관세인하

다음으로 수입자유화는 관세철폐가 아니라 관세인하라는 예를 들고자 한다. 관세인하는 관세를 경감시키는 것이기 때문에 관세의 완전철폐보다도 현실적이라

고 볼 수 있다.

여기서도 물론 소국의 가정을 전제로 한다. 다음 〈그림 3-10〉에서 관세를 P_1에서 P_2로 인하하는 경우, 즉 최초의 관세율(t_1)의 절반을, 말하자면 관세율이 20%라고 하였을 때 인하된 관세율을 10%라고 하자. 이와 같이 관세를 10% 인하한 결과, 국내에서 수입상품의 소비자가격은 $0P_2$(즉, $0P_1$에서 P_1P_2를 뺀)로 하락하게 된다. 이 때 생산자와 소비자의 이익은 $BF'G'$와 $CH'I'$의 면적이 된다. 이들 이익은 관세철폐의 경우와 같이 계산할 수 있다.

그림 3-10 관세인하의 효과

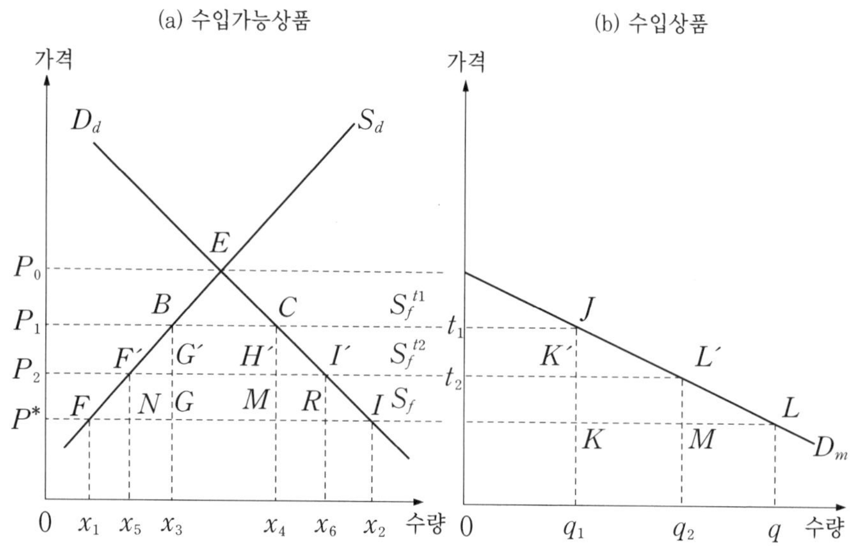

관세인하에 관한 분석은 관세철폐시의 경우와 큰 차이가 없다. 그러나 하나의 중요한 차이점이 있다. 그것은 관세가 제거되는 것이 아니라 단지 인하되는 것이기 때문에 관세인하로 수입되는 상품의 추가분은 새로운 관세율(t_2) 10%로 관세가 부과된다. 그러므로 순이익이 실현되는 것이다. 특히 $F'G'GN$과 $H'I'RM$의 면적에 주의를 요한다. 이 사각형의 양 면적은 인하된 새로운 관세율 10%(t_1-t_2)에 수입상품의 추가분($x_3x_5+x_4x_6$)을 곱한 것이다. 여기서 관세철폐의 경우와 동일한 방법으로 관세인하에 따른 효과의 분석을 단순화하기 위하여 두 곡선보다도 하나의 곡선하의 면적을 계산할 수 있는 수입수요곡선을 도출하고자 한다. 그러므로 〈그림 3-10〉(b)에서 관세인하의 순후생효과를 $JK'L'$와 $K'L'MK$의 금액으로 계산할 수가 있다.

위의 (10)식에 따라,

$$JK'L'=\frac{1}{2}(t_1-t_2)\Delta M \tag{13}$$

의 공식을 구할 수 있고, 장방형

$$K'L'MK=t_2\Delta M \tag{14}$$

으로 계산할 수 있다. 이렇게 하여 관세인하에 의한 총후생이익(W)은,

$$\begin{aligned} W&=\frac{1}{2}(t_1-t_2)\Delta M+t_2\Delta M \\ &=\frac{1}{2}(t_1+t_2)\cdot\Delta M \end{aligned} \tag{15}$$

의 식으로 구할 수 있다.

이 때 만약 수요의 가격탄력성과 수입상품의 최초의 수준을 알 수 있다면 ΔM은 간단히 계산할 수 있다.

제4장 관세에 관한 학설

▶ 보호무역의 이론은 보호무역에 의한 이익이 자유무역에 의한 이익보다도 크다는 것을 이론적으로 증명하여야 한다. 보호무역의 이론적 근거에 따라 존슨(H.B.Johnson)이 분류한 네 가지 내용, 즉 ① 유치산업보호론, ② 디스토션론, ③ 교역조건론 그리고 ④ 최적관세론 등을 차례로 설명한다.

▶ 첫째, 해밀턴과 리스트가 일찍이 '시간'이라는 개념을 도입하여 주장한 유치산업보호론에 관한 역사적 · 이론적 내용과, 이것을 근대경제학적 분석방법으로 유치산업의 선정기준, 즉 '밀 · 바스테블 · 켐프 테스트'를 설명한다.

▶ 둘째, 시장의 왜곡, 즉 ① 불완정경쟁(독점 · 과점, 생산요소의 비이동성, 임금격차 등)과, ② 시장의 실패(외부경제와 외부불경제)가 있는 경우에 보호무역이 유리하다는 이론을 설명한다

▶ 셋째, 수입국의 관세부과로 '교역조건의 개선=무역이익의 증가'라는 교역조건론을 설명한다.

▶ 마지막으로 관세부과국의 후생을 최대로 하는 최적관세론으로서 최대수입관세와 최적관세와의 관계, 보복관세와 관세순환을 설명한다.

1. 보호무역의 이론적 근거

보호무역의 정당성을 주장하기 위해서는 보호무역에 의한 이익이 자유무역에 의한 이익보다도 크다는 것을 이론적으로 증명하지 않으면 안 된다. 자유무역론자들은 자유무역의 이론이 가정한 세계에서는 항상 자유무역만이 올바르고 또 유리한 정책이라고 하였다. 그러나 이들 가정이 완전히 충족되지 않은 상태에서는 보호무역이 자유무역보다도 유리하며 올바른 정책이 되는 경우도 있을 수 있다. 그와 같은 경우에 있어서 대표적인 이론적 근거로서 다음의 네 가지를 들고자 한다. 즉,

① 유치산업의 보호 · 육성

② 독점이나 임금격차 등 경제적 왜곡이 있는 경우

③ 외부경제 · 외부불경제가 있는 경우

④ 정치적 또는 우발적 장해발생의 위험 등 비경제적 이유에 의한 경우

등이다.

이 가운데 ④의 경우를 별도로 하면 나머지 세 가지의 경우는 논쟁의 역사적 배경이나 각 경우의 중요한 특징에 따라 보호무역의 이론적 정당성을 증명할 수 있는 이론으로 전개되어 왔다. 논쟁의 역사적 발전과정으로 보아, ①의 경우에 해당하는 유치산업보호론은 항상 보호무역론의 중심적인 이론이 되어 왔다. ②의 경우에 대해서는 이론경제학에서 균형이론의 수정으로 탄생된 차선책(second best)의 이론이 이론적 지주로서 큰 역할을 담당하고 있다. 그리고 ③의 경우에 대해서는 후생경제학에서 발전되어 온 외부경제론이 중심적인 논거가 되었다.

또한 보호무역정책의 효과에 관해서는 이미 제3장에서 검토한 바와 같이 여러 가지를 들 수 있지만 오늘날 대부분의 나라는 주로 국내산업의 보호를 위해 무

역정책을 수립하고 있다. 이러한 무역정책의 수립은 국내산업의 보호효과가 있는 반면에 경제후생상의 손실, 즉 코스트를 수반한다. 무역정책수단 중의 하나인 관세의 경우, 관세는 과세국이 국제시장에서 독점력이 있는 경우를 제외하면 대부분의 경우에 코스트를 수반한다는 것은 제3장에서 밝혔다. 더욱이 국내산업보호의 목적으로 관세보다도 생산보조금이 코스트가 적다는 것도 다음 제5장에서 알 수 있을 것이다.

그런데 무역정책의 코스트, 결국 경제후생상의 손실이라는 것은 정태적인 관점에서 본 것이다. 비교생산비의 원리로 대표되는 전통적인 무역이론은 이와 같은 정태적인 관점에서 자유무역의 이익을 주장하였다. 만약 이러한 이론에 '시간' 이라는 개념을 도입하여 경제발전을 고려하게 되면 무역정책이 코스트가 아니라 이익이 될 가능성도 있다. 즉, 어느 상품을 생산하는 데 있어 현시점에서는 생산비가 많이 투입되지만 일정 기간이 지난 장래 어느 시점에서는 생산비가 적게 들어 비교열위의 상품이 비교우위의 상품으로 역전되는 경우도 있을 것이다.

이런 경우 현 시점의 무역과 장래 시점의 무역 중 어느 쪽의 무역이익이 클 것인가는 정책의 중요한 관심사라 하지 않을 수 없다. 무역이익의 크기는 자국상품의 생산비 저하와 이에 의한 무역량의 확대에 의존하게 될 것이다. 만약 장래 시점의 무역이 현 시점의 무역보다도 무역이익이 크다고 예상되면 자유무역이 지속되는 것보다도 일정 기간 자국은 그 상품의 국내생산을 보호하는 것이 바람직할 것이다. 무역정책은 이와 같이 일정 기간을 통해 보면, 코스트가 아니라 이익이 될 가능성이 있다는 것이다. 이러한 관점에서 국내산업을 보호하지 않을 수 없다는 이론이 바로 유치산업보호론(infant industry arguments for protection)이다.

자유무역이론은 여러 가정의 전제가 충족되어 있는 한 어떠한 경우라도 자유무역에 의한 경제적 후생을 극대화시킬 수 있다. 그 가운데서도 가장 중요한 전제는 경제 메커니즘에 아무런 장해도 없고 완전경쟁이 보장되는 자유방임적인 경제체제이다. 이러한 체제란 독점이나 생산성격차, 임금격차가 없는 상태에서 산업구조를 전환하는 데 아무런 장해도 없는 경제 메커니즘을 의미한다. 그렇지만 이와 같은 전제를 충족시키고 있는 나라는 이 세계에서 한 나라도 없다. 정도의 차이는 있어도 어느 나라나 이와 같은 완전한 경제 메커니즘과는 달리, 어떤 경제적 왜곡을 지니고 있는 것이다.

경제적 후생을 극대화시키기 위해 현실과 큰 차이가 있는 이상적 전제조건하에서 세워진 이론 모델을 사용하여, 여기서 도출된 자유무역정책을 현실경제에 적용해 보면 이상대로 효과는 나타나지 않는다. 양 끝에 추를 단 막대의 균형점을 찾는 것과 같이 어느 한쪽의 추를 무겁게 하면 반드시 균형점은 그 방향으로 움직인다. 즉, 조건이 다르면 그 조건에 따라 균형점도 다르다. 가격 메커니즘의 자동조절기능이 완전한 자유방임체제하에서는 자원의 최적배분이 이루어져 경제적 후생은 최대로 된다. 이 때의 균형점은 독점, 노동이동의 경직성, 상품유통기구의 불완전성, 기타의 경제적 왜곡이 있는 경우의 균형점보다는 크다. 이상적인 여러 가정에서 도출된 정책적 결론을 대부분의 경제적 왜곡이 있는 현실경제에 적용시키는 것은 오히려 경제적 후생을 감소시킬지도 모른다.

현실경제에는 이와 같은 조건에 따른 정책수단을 취하는 것이 이상적 가정하에서 도출된 정책보다 경제적 후생을 극대화시킬 것이다. 이상적 조건하의 최선책에 비하면 차선책일지도 모르지만 현실적 조건에 맞는 최선책을 선택해야 할 것이다. 이와 같은 사고에서 출발한 이론을 차선책의 이론(theory of second best)이라 한다.

가격 메커니즘의 자동조절기능이 완전한 자유방임체제하에서 자유무역은 항상 경제적 후생을 극대화시킨다. 그러나 어떤 경제적 왜곡이 있는 경우에는 보호무역이 자유무역보다도 경제적 후생을 증대시켜 바른 정책이 되는 경우도 있을 수 있다. 그러나 경제적 왜곡의 종류나 정도에 따라 취해지는 보호수단도 적지 않기 때문에 최적의 보호수단이 선택되어야 할 것이다.

이상과 같이 보호무역이론을 존슨(H.B. Johnson)[1]은 경제적 보호무역이론과 비경제적 보호무역이론으로 나누면서, 전자를 ① 유치산업보호론, ② 디스토션론, ③ 교역조건론 그리고 ④ 최적관세론의 네 가지로 분류하고 있다. 이것을 다음의 2. 유치산업보호론, 3. 디스토션론, 4. 교역조건론, 5. 최적관세론에서 구체적으로 설명하고자 한다.

---

1) H. G. Johnson, "Tariffs and Economic Development", *Journal of Development Studies*, vol. (Oct. 1954), p. 68.

2. 유치산업보호론

1 보호의 근거

유치산업보호론(infant industry arguments for protection)[2]이란 한 산업이 현재는 미발달로 외국과 경쟁을 할 수가 없는 비교열위의 산업이라 할지라도 일정 기간 적절한 보호정책으로 충분한 경쟁력을 길러 비교우위의 산업으로 전환하여 국민경제의 발전에 크게 공헌할 수 있는 산업이라면 이것을 보호·육성해야 한다는 주장이다.

이 이론은 18세기 후반 미국의 해밀턴(Alexander Hamilton)을 선구자로 하여, 19세기 중엽 독일 역사학파의 창시자 리스트(Friedrich List)에 의하여 체계화되었다. 그 후 자유무역론자인 밀(J. S. Mill)이 유치산업보호는 보호무역이 정당화될 수 있는 유일한 경우라고 주장한 바 있다.

이러한 주장은 자유무역이론 가운데서도 중요한 지위를 차지함은 물론 보호무역주의의 중심적인 논거가 되었다. 이 이론은 오늘날 저개발국의 공업화와 무역의 문제뿐만 아니라 선진국의 쇠퇴산업보호에 대해서도 중요한 이론적 지주가 되고 있다.

2) 유치산업보호론을 protection for nascent industries 또는 young economy arguments라고도 한다.

2 해밀턴의 공업장려론

미국의 해밀턴(Alexander Hamilton, 1757~1804)은 1791년 12월 5일에 「제조공업에 관한 보고서(Report on the Subject of Manufactures)」를 연방의회하원에 제출하였다. 이 보고서 내용의 요점은 그의 고유한 공업정책구상이다. 이 구상의 출발점은 18세기 말 세계경제에서 이미 기계제 대공업을 확립하고 산업혁명을 본격적으로 추진하기 시작한 영국에 비하여 미국경제는 자본과 기술의 양면에서 후발적이며 국제관계에서도 상업력과 군사력의 양면에서 약소하였다.

이와 같은 국제적 · 국내적 조건하에서 후발국인 미국이 제조공업의 발달을 도모하는 데는 국제경쟁력을 지닌 대규모적인 높은 수준의 기술을 가진 공장경영[3]을 설립하지 않으면 안 된다.

제조공업의 장려로 공업이 발달하게 되면, 첫째, 외국공산품의 수입감소로 무역수지가 개선되고, 둘째, 국내공산품의 수출로 정화(正貨)의 유출이 정지될 뿐만 아니라 그 유입도 기대할 수 있으며, 셋째, 국내농산물은 종래의 변동이 많은 외국시장 대신에 안정적인 국내시장에서 배출구를 찾을 수 있으므로 농업의 번영과 지가의 상승을 기대할 수 있다고 해밀턴은 생각하였다.

이러한 구상하에 작성된 「해밀턴보고서」 내용은 다음과 같이 구성되어 있다. 즉, 전문, 본문과 보론으로 되어 있고, 다시 본문을 세분하면 이론편(미국의 제조공업을 장려하는 데 대한 반대론인 중농주의 등을 비판한 이론편), 정책편(제조공업 장려를 위해 채택해야 할 정책수단을 설명한 정책편)과 제안편(각 산업부문에 관하여 구체적인 정책수단의 채택을 제안한 정책제안편) 등으로 되어 있다.

보고서의 이론편을 크게 분류하면 미국의 제조공업을 장려하는 데 대한 네 가지 논거에 기초한 반대론을 반박한 전반부와, 이것을 별도의 관점에서 구체적

3) 공정경영을 창설하기 위한 자본형성의 방법은 다음의 순서에 의하여야 한다고 하였다.
첫째, 국가가 공채제도를 확립하여 공신력을 확보하여야 하며,
둘째, 정화(태환은행권)에 의한 공채이자의 지불을 확실히 하고,
셋째, 국립은행을 설립, 주식불입에 공채를 사용하게 되면 공채는 화폐자본으로 전환하며,
넷째, 공업회사의 자본금에 공채를 사용함으로써 공채를 산업자본으로 전환시켜야 한다.

으로 미국의 제조공업을 장려하는 데 대한 그 타당성을 논한 후반부로 기술되어 있다.

(1) 제조공업장려에 관한 논의

해밀턴은 미국의 제조공업장려에 반대하는 자는 다음 네 가지의 논거에 기초를 두고 있다고 하였다. 즉,

첫째, 중농주의의 논거로서 농업만이 생산적인 산업부문이며, 농업은 제조공업보다도 한층 생산성이 높아 제조공업을 장려하는 것은 부당 또는 불필요하다.

둘째, 경제적 자유주의의 논거로서 인위적인 제조공업 장려정책이 불합리하다.

셋째, 미국경제의 현상, 특히 노동력의 부족과 고임금, 자본의 부족 때문에 제조공업이 성공할 전망이 없다.

넷째, 보호무역정책은 독점을 탄생시킨다는 등의 주장이다.

제조업장려에 반대하는 이상의 주장에 대하여 해밀턴은 다음과 같이 반박하면서 공업장려를 주장하였다.

첫째, 중농주의자들의 주장, 즉 ① 농업이 유일한 생산적 산업부문이며, ② 농업은 공업보다 생산성이 높으며, 그리고 ③ 국제분업에 입각하여 보호무역정책보다 자유무역정책이 농업국에 유리하다는 세 가지의 주장에 대하여 해밀턴은 반론을 전개하였다. 반론의 구체적 내용은 다음과 같다. ①의 내용에 대해서는 숙련과 기술을 사용하면 공업노동은 농업노동보다 생산적이며 또 같은 자본을 투입하여 얼마 만큼의 잉여가 발생할 것인가는 그 생산수단과 노동의 구성비율에 달려 있지만 이 면에서도 공업이 유리하다. ②의 생산성에 있어서도 공업이 농업보다도 사정에 따라서는 보다 생산성이 높으며 사회의 생산물과 수입(收入)을 적극적으로 증가시킨다.

여기서 사정(circumstances)이라는 것은,

① 노동의 분할

② 기계의 확충

③ 노동력의 추가고용

④ 외국이민의 증가

⑤ 인간의 다양한 능력 내지 성향의 발휘가 클 가능성

⑥ 기업활동분야의 확대

⑦ 농업에 대하여 보다 안정된 국내시장을 제공하고 농업을 진흥하는 능력 등 일곱 가지이다. 이 일곱 가지의 사정을 전체적으로 보면 ①, ②, ⑤는 생산력의 경영내적 상승의 조건이며, ③과 ④는 노동력의 양적 증대에 의한 생산력증대의 조건이며, 그리고 마지막 ⑦은 농업을 포함한 사회적 분업의 발전을 조건으로 하는 생산력향상의 조건에 관한 내용이다. 따라서 엄밀하게 말하면 ①, ②, ⑤만이 공업노동에 대한 질적 생산성을 높이는 것이며, 나머지 네 가지의 사정은 오히려 노동력의 양적 증대에 의한 생산력 증대를 초래하는 것이므로 이것을 모두 합하면 생산성은 농업보다 공업 쪽이 훨씬 높아진다는 것이다. 그리고 ③의 내용에 관해서도 현실적으로 세계경제는 완전한 자유의 체제가 아니며 또 미국은 경제적 후발성 때문에 국제분업의 이익을 충분히 얻을 수 없다는 것이다.

둘째, 경제적 자유주의를 논거로 하는 제조공업장려 반대론에 대한 반박으로 다음 네 가지를 들고 있다. 즉, 인간은 습관과 모방에 강하게 규제받고 있어 새로운 것에 쉽게 젖어들지 않는 습성이 있다. 인간은 새로운 방식에 대한 실패의 위험을 안고 신중히 행동하기 때문에 사회에 새로운 산업이 등장하는 것은 용이하지 않다. 신규산업은 기존의 성장산업에 대하여 경쟁상 불리하다. 그리고 외국정부가 자국산업의 경쟁력 조성을 위해 여러 가지 수단을 취하고 있는 것은 신규산업을 보다 불리한 입장에 놓이게 하므로, 후발국이 제조공업을 흥하게 하기 위해서는 자유방임으로는 선진국과의 경쟁에서 이길 수 없다. 따라서 외국이 이미 산업을 확립하고 있거나 경쟁에서 우위를 확보하기 위해 인위적인 정책으로 장벽을 쌓는 조건하에서는 소기의 성과를 올릴 수 없기 때문에 자유주의에 반대한다는 것이다.

셋째, 미국경제의 현상에 관한 논거에 대하여 해밀턴은 다음 문제를 중시하였다. 노동력의 부족은 유휴노동력의 고용, 부녀자의 고용, 기계의 도입 그리고 외국이민의 유치로 그 해결이 가능하며, 노동의 고임금, 즉 고임금의 원인은 노동력의 부족과 높은 이윤에 있다. 전자는 상기의 노동력 부족의 문제를 해결하면 당연히 해결될 수 있으며, 또 후자는 기업가가 고임금을 지불할 수 있다면 아무런 문제가 없다는 것이다. 그리고 자본의 부족은 은행의 설립, 외국자본의 도입 그리고 공채의 이용이라는 세 가지 방법으로 이를 해결할 수 있다고 하였다.

넷째, 보호무역정책은 독점을 탄생시킨다는 내용이다. 즉, 제조공업의 장려는 먼저, 일부의 계급이 사회 전체를 희생시켜 이익을 독점한다는 단점과, 다음으로 장려받은 상품의 가격이 높아진다는 것이다. 이에 해밀턴은 처음에 독점이 있더라도 바로 국내에서 자유경쟁이 일어나 가격은 하락하게 되며, 특히 국민적 견지에서 생각할 때 외국상품의 저가격이 아니라 국산품의 가격이 하락하는 것이 농업에도 유리하다면서 제조공업장려의 유익성을 명확히 하였다.

(2) 제조공업장려를 위한 정책

해밀턴은 이와 같은 이론을 전개하면서 제조공업장려를 위한 정책수단으로 다음의 내용을 들고 있다.

① 보호관세
② 경쟁품 수입금지 혹은 금지에 가까운 관세
③ 제조공업원료의 수출금지
④ 장려금
⑤ 보상금
⑥ 원료에 대한 수입관세의 면제
⑦ 제조품 원료에 부과되는 관세의 환불
⑧ 국내의 발명과 발견의 장려, 특히 외국의 기계에 관한 발명과 발전을 미국에 도입하는 데 대한 장려
⑨ 적절한 제조공산품 검사규정
⑩ 송금의 촉진
⑪ 상품수송의 촉진

이상과 같은 정책수단 가운데, 그는 한편으로는 후발국인 미국의 제조공업장려를 위한 보다 강력한 연방정부에 의한 정책수행을 계속 요망하면서, 다른 한편으로는 연방정부의 재정적 기반을 형성하는 경제적 이익에 손상이 가는 정책수단의 사용을 회피하기 위해 장려금을 중심으로 하는 정책수단을 동원하고, 그리고 이에 필요한 재정지출을 위한 재정수입 확보의 수단으로서 관세의 사용을 추천한 것이다.

(3) 제조공업장려를 위한 정책제안

해밀턴은 제조공업장려를 위한 정책제안으로서 공업장려의 대상으로 선택해야 할 다음의 다섯 가지의 조건을 들고 있다.

① 미국의 원료공급 능력
② 제조공업이 인력 대신에 기계를 사용할 수 있는 정도의 여하
③ 기계사용의 용이함
④ 품목 사용범위의 넓이
⑤ 국방과 같은 다른 이익에 대한 공헌의 정도
등을 들고 있다.

해밀턴의 분석방법은 기본적으로는 스미스(A. Smith)의 체계를 벗어나지 않고 분업론을 전면적으로 용인하면서 제조공업을 장려하는 입장이다. 그러나 그는 스미스의 자유무역사상에 바탕을 둔 정책을 당시 영국 이외의 대부분의 나라가 실제로 시행하기를 망설이거나 거부하고 있는 사실을 보고, 스미스의 자유무역론도 한계가 있기 때문에 이 이론은 제한된 범위 외에는 인정될 수 없다고 하였다.

한편, 해밀턴은 스미스와 같이 국방상의 필요와 다른 나라에 대한 보복이라는 관점에서 보호관세를 설명하는 것이 아니라, 단지 자국의 산업을 방위한다는 입장에서 보복의 원리(principle of retaliation)가 필요하다고 하였다. 그것은 미국의 입장에 반대의 정책을 취하는 나라가 있으면 이러한 나라들에 대항하기 위하여 미국은 보호정책을 실시하지 않으면 안 된다는 것이다. 왜냐하면 국내시장이 외국시장보다도 우선되지 않으면 안 되기 때문이다.

여기서 해밀턴은 미국의 산업발전을 위해서 외국무역을 어떻게 하면 유리하게 발전시킬 수 있는가를 자문하면서, 거기에는 여러 외국에서 현재까지 채용되어 성공을 거두었다고 생각되는 정책수단을 이 나라에서도 적용해야 한다는 결론을 내리고 있다.

3 리스트의 유치산업보호론

리스트(Friedrich List, 1789~1846)의 유치산업보호론[4]은 19세기 전반의 독일에서 국내 여러 주의 정치적 및 경제적 고립상태, 선진국의 국제분업에 의한 압

4) Friedrich List, *Das nationale System der politischen Ökonomie*, 1841(小林昇 譯, 「經濟の學國民的體系」, 岩波書店, 1970).

박 등 국내 · 외로 모순의 격화를 시대적 배경으로 하고 있고, 정치적 · 경제적 통일을 통하여 이와 같은 사태를 해결하여 독일의 산업자본발달의 시대적 요구에 부응하기 위한 것으로 나타났다.

따라서 그의 이론 전개는 ① 역사적인 교훈을 찾고, ② 거기서 자신의 기본적인 여러 가지 원리를 도출하여 이를 발전시킨 후에, ③ 앞선 여러 가지 이론체계, 특히 스미스 이론을 비판하며, 그리고 ④ 자신의 의도는 어디까지나 실천적인 것이기 때문에 그 당시의 무역정책 사정을 설명하려는 데 있는 것이다.

(1) 경제발전단계설

리스트는 자신의 이론에서 국민경제의 발전을 위해 다음과 같은 국가의 주요 발전단계(Hauptentwicklungsgrade)를 상정하고 있다. 그것은,

① 미개상태(Wilder Zustand)

② 목축상태(Hirtenstand)

③ 농업상태(Agrikulturstand)

④ 농 · 공업상태(AgrikulturManufakturstand)

⑤ 농 · 공 · 상업상태(AgrikulturManufakturHandelsstand)

이다. 국가가 미개상태에서 목축상태로, 목축상태에서 농업상태로 이행하고, 농업에서 최초의 진보를 이룩하는 데는 문명국, 즉 공 · 상업국가와 자유무역을 하는 것이 가장 좋다.

농업국이 농 · 공 · 상업국가의 대열로 자유무역에 의하여 스스로 이행할 수 있는 것은, 공업력의 발전에 적합한 모든 국민이 같은 시기에 같은 발전단계에 있는 경우와, 국가가 상호 그 경제적 발달에 방해받지 않는 경우, 국가가 상호 간 전쟁이나 관세제도에 의하여 그 진보를 저해받지 않는 경우에 한한다.

그러나 한 나라가 특별한 혜택을 받아 다른 나라보다도 공업, 무역, 해운의 면에서 우위를 점한 경우나 또는 일찍이 이 부문을 발달시켜 다른 나라에 대한 정치적 우위를 획득하고 유지하는 데 가장 유효한 수단일 경우에는 공업과 무역의 독점을 획득하여 후진국의 진보를 억제할 것을 목적으로 하는 여러 가지 제도를 예나 지금이나 실시하여 왔다.

(2) 외국무역의 준칙

국제무역을 하는 나라의 국민경제발전, 즉 외국무역의 준칙에는 다음 네 가지의 상이한 시기가 있다.

제1기에는, 국내농업이 외국공산품의 수입과 국내의 농산품 및 원료의 수출에 의하여 발달하며,

제2기에는, 국내공업이 외국공산품의 수입과 병행하면서 발달하고,

제3기에는, 국내공업이 국내시장의 대부분의 수요에 충당되며,

제4기에는, 대량의 국내공산품이 수출되고 외국산의 원료 및 농산물이 대량으로 수입된다.

국가의 경제발전을 촉진시키기 위해서는 보호무역의 정책수단인 관세제도는 항상 국민의 공업육성이라는 원리를 방침으로서 고수하지 않으면 안 된다. 국내농업을 보호관세로 발달시키기를 기대하는 것은 현명치 못하다. 왜냐하면 국내농업은 국내공업에 의해서만 적은 비용으로 발달시킬 수 있기 때문이다. 그러나 외국이 원료와 농산물을 배제하면 그 나라의 국내공업은 억압될 수밖에 없다.

지식이나 문화의 수준이 낮은 단계에 있는 국민과 영토의 크기나 생산성에 비하여 인구가 적은 국가의 국민경제적 육성은 문명과 산업이 발달된 나라와 자유무역으로 가속화시킬 수 있다. 자국에 공업력을 수립하려는 의도에 따라 이러한 국가가 행하는 무역제한은 전인류의 행복에 대해서뿐만 아니라, 그 나라 자체의 발전에 대해서도 유해한 작용을 한다. 자유무역의 결과, 국가의 정치적 · 경제적 발전이 달성되어 외국 공산품의 수입이나 자국의 농산물에 대한 충분한 판로의 부족 때문에 그 이상의 발달이 억제되고 방해받기 시작하였을 때 보호정책은 시인되어야 한다.

필요불가결한 공업 외에 농업에만 의존하는 나라는 가장 중요한 분업과 생산력이 결여되어 있으므로 발전한 나라에 비하여 생산력의 손실이 크다. 농업국이 입는 생산력 일부의 상실은, 농산물이 아닌 공산품을 판매하는 나라의 이익이 된다. 그러나 실제로 손실이 되는 것은 농업국이 공업력의 수립에 필요한 정치적 발전의 단계에 이미 도달한 때에 한한다. 다시 말하자면 대등한 국가간의 농 · 공업의 분업은 농업국의 손실이 된다.

그렇지만 농업국이 이 단계에 도달하지 못하고, 아직 미개 내지 반미개의 상태에서 생활하며, 농업생산력이 미숙한 단계에 있고, 외국의 공산품의 수입과 원

시생산물의 수출이 복지를 증진시키면서 정신적 · 사회적 힘을 자극 · 발전시킬 수 없는, 또는 농업국의 영토가 열대에 위치하는 등의 경우에는 쌍방의 이익은 커진다. 소위 발전단계에 현저한 차이가 있는 나라 간의 무역은 상호이익이 된다. 잉여농산물의 부단한 증가는 공업노동자의 수요의 부단한 증가라는 결과를 가져오게 되며, 또 일반적으로 공업력과 농업력 간의 상호작용은 농업자와 공업자의 쌍방이 가까우면 가까울수록, 교환의 장해가 적으면 적을수록 그 크기를 증대시킬 수가 있다.

그러므로 한 국가의 농업과 공업, 사회적 · 정치적 상태의 전반이 발달하면 할수록 그 나라는 국내의 농산물과 원료를 외국의 공산품과 교환함으로써 자신의 이익을 증가시킨다는 것은 점점 어렵게 되며, 이 나라보다 앞선 외국의 공업력의 유리한 경쟁으로 점점 불리하게 된다. 따라서 이 나라의 공업력을 수립하기 위해서는 문명과 교양, 물질적 복지와 정치적 세력의 최고단계에 이르는 데 필요한 일체의 정신적 · 물질적 특성과 수단을 가지면서, 이미 앞선 외국의 공업력의 경쟁에 의하여 그 진보를 방해받는 나라의 경우에만 자국의 공업력의 수립과 보호를 목적으로 하는 무역제한은 시인되어야 한다는 것이다.

그러나 이러한 나라의 경우에도 무역제한이 인정되는 것은, 공업력이 충분히 강화되어 외국의 경쟁이 두렵지 않게 될 때까지의 기간에 한하며, 그 이후에는 국내 공업력의 기반을 보호하는 데 필요한 범위에 한한다. 그래서 **"보호는 수단에 지나지 않으며 자유야말로 목표"**라고 하여 '일시적 보호무역'을 리스트는 주장하였다.

다시 말하자면 농업단계와 농 · 공 · 상업의 최종단계에 도달한 국가 간에는 자유무역이 유리하지만, 농 · 공단계에 들어 지금부터 공업생산을 발전시켜 갈 나라가, 영국과 같은 농 · 공 · 상업단계에 있는 나라와 자유무역을 한다는 것은 후진국의 공업발전을 저해하게 된다는 것이다. 따라서 후진국에서 장래 성장할 전망이 있는 산업은 선진국의 압박으로부터 저지하여 국민적 생산력을 완성하여, 농 · 공 · 상업의 단계로 끌어올리도록 노력해야 한다. 이를 위해서는 유치산업이 충분히 발달하도록 보호무역정책을 취해야 한다고 주장한다.

(3) 공업력 육성과 보호제도

리스트는 국내산업의 장려 및 육성에 있어서도 이를 위한 모든 수단－교육시

설부터 수송수단, 법률제도에 이르기까지－을 대상으로 하여 논하려는 것이 아니라, 구체적으로 관세제도에 한정하여 이것을 어떻게 실시해야 하는가를 문제로 한다. 그가 말하는 관세제도는 수입금지, 수입관세, 항해제한, 수출장려금 등의 전체를 포함하고 있지만 정책수단으로 수입관세만을 들고 있다.

후진제국의 입장에서 보면 선진제국이 관세제도나 전쟁으로 농업상태에서 공업상태로의 이행을 실현하는 방법을, 말하자면 공업독점을 목표로 노력하고 있는 선진제국과의 무역 자체에 관세제도로 제한하는 방법을 스스로 강구하도록 강요하고 있다.

이와 같이 리스트의 보호무역론은 관세제도를 통하여 후진제국이 미래의 자유무역으로 지향할 때까지 정당화될 수 있다. 보호제도는 국내공업력의 촉진과 보호를 목적으로 할 때에 한정되며 산업적으로 미래에 희망을 갖는 나라에 한하여 정당화된다. 어느 제조업이 40～60%의 최초의 보호관세율로써 성장하지 못하고, 다시 여기에 20～30%의 보호관세에도 지속될 수 없는 경우에는 일반적으로 공업력의 근본조건이 결여되어 있다고 보아도 좋을 것이다. 온대국가의 공업화는 좋지만 열대국가는 운명적으로 농업에 종사하기에 적당하므로 보호제도를 적용하기 어렵다. 따라서 리스트는 보호주의가 농업에까지 파급되어서는 안 된다고 하였다.

결국 리스트는 해밀턴의 영향을 받아 자유무역의 이론과 그 정책의 타당성을 배척하고 경제정책에 대한 '국가의 역할'을 중시하면서 국민경제의 여건에 입각하여 실천적 이론을 수립하였다. 이 이론에서 리스트는 개도국의 공업보호를 정당화하기 위한 근거로서 유치산업보호론을 최대로 활용할 것을 주장하였다.

결국 리스트의 주장은,

① 당시 영국의 산업이 지배한 세계시장의 독점에 대하여 대항력을 가져야만 하고,

② 경제성장을 위해서는 농업과 공업의 균형적 발전이 반드시 필요하며,

③ 농업에만 의존하면 외국으로부터의 상당한 영향을 받게 되고,

④ 국민소득은 국내산업의 보호에 의하여 일시적으로 감소하지만, 그 산업이 장래 성장되면 국민소득은 증가된다는 것이다.

4 유치산업보호론의 현대적 해석

일반적으로 유치산업보호론의 이론적인 근거로서 다음과 같은 내용을 들 수 있다.

① 경제발전단계 또는 경제성장

② 동태적 국제분업

③ 외부경제 또는 기술전파

등이다. 경제발전단계는 후진국에 있어서 유치산업보호의 중요한 이론적 지주로서 사용되어 왔다. 한 나라의 경제발전단계에는 각 단계마다 상이한 산업구조가 있다고 생각한다. 보다 높은 고도의 산업구조를 실현하여 경제발전을 도모해 가기 위해서는 그 경제가 선진국과의 경쟁으로부터 압력을 받는 것을 방지하는 데 중요하다고 생각되는 산업을 보호 · 육성해야 한다. 경제성장의 관점에서 보면 소득탄력성이 높은 중요 산업일수록 한 나라 경제를 성장시키는 힘도 크다. 이와 같은 중요 산업으로 성장해 갈 가능성이 있는 산업을 보호 · 육성해야 한다는 것이다.

유치산업(infant industry)이란 성장의 초기단계에 있는 산업으로 시간의 흐름과 함께 능률이 증진되어 비용절감(cost down)이 가능하다는 특징을 지니고 있다. 따라서 현 시점에서는 코스트 면에서 국제경쟁력이 약하지만, 시간이 흐르면 드디어 자립가능하게 되는 것이다. 이러한 산업이 존재하는 경우 자유무역과 보호무역 가운데 어느 쪽을 선택하는가에 따라 자국의 생산능력은 장래 큰 차이가 있을 것이다.

유치산업에 관한 정의에 의하면 유치산업이란 당장에 자립가능한 것이 아니다. 그 산업의 성장을 위해서는 상당한 시간을 두고 관세부과로 국제경쟁의 압력을 방지하든가 아니면 어떤 자금지원으로 당면한 손실을 보상할 필요가 있다. 이것은 어느 경우나 사회비용을 수반한다. 유치산업이 성장하여 자립할 수 있게 되면 더이상 그러한 비용이 필요치 않든가, 그 생산력을 통하여 사회이익을 가져오게 될 것이다. 이리하여 장래의 사회이익이 당초의 사회비용을 보상하고도 여유가 있는 경우에만 유치산업의 보호가 정당화될 수 있다.

이를 다음의 〈그림 4-1〉로 설명하면 다음과 같다.

그림 4-1　　유치산업의 보호(일반균형)

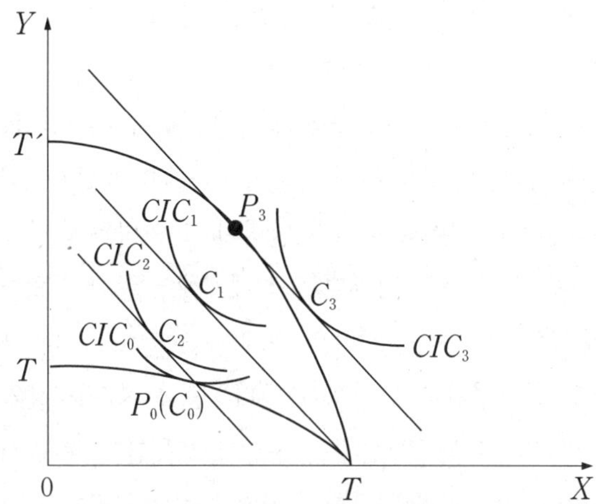

그림에서 생산가능곡선은 TT로 표시하며 Y상품을 유치산업이라고 한다. 자유무역하에서 이 나라는 X상품에 완전특화하여 C_1점에서 소비하게 될 것이다. 따라서 Y상품은 전연 생산되지 않기 때문에 동일한 생산 · 소비 패턴이 장래에 걸쳐 존속하게 된다. 이 때 관세에 의해 무역을 금지하게 되면 폐쇄상태의 균형점 P_0 (C_0)에서 두 상품 모두 생산될 것이다.

이 경우 이 나라의 실질소득은 사회무차별곡선 CIC_1에서 CIC_0의 수준으로 감소하게 될 것이다. 그러나 시간의 흐름과 함께 Y산업에서 능률이 증진하여 비용절감이 진행되기 때문에 이 나라의 장래의 생산가능곡선은 원점에서 멀리 확대될 것이다. 이것을 새로운 생산가능곡선(TT'선)이라고 하자. 그 후 이 나라가 장래 무역을 자유화할 때에는 생산의 균형점은 P_3, 소비의 균형점은 C_3이 될 것이다. 결국 이 나라는 Y상품을 수출하고 X상품을 수입하게 될 것이다. 이 사이에 유치산업은 비교열위에서 비교우위로 전환되고 이 나라의 실질소득은 사회무차별곡선 CIC_0에서 CIC_3으로 상승하게 된다. 그러므로 사회무차별곡선 CIC_1에서 CIC_0로 하락하는 것은 관세보호에 의한 사회비용임에 대하여 CIC_0에서 CIC_3으로 상승하는 것은 사회이익을 나타낸다. 그런데 수입대체산업의 생산수준을 높이기 위해서는 뒤에서 설명하는 바와 같이 수입관세가 아니라 생산보조금이 보다 효율적이다.

그림에서 폐쇄상태의 균형점 P_0의 생산을 확보하기 위하여 수입관세 대신에 생산보조금을 사용하게 되면 소비의 균형점은 P_0점을 통하는 가격선과 사회무차별곡선CIC_2와 접점인 C_2에서 결정된다. 사회무차별곡선 CIC_2는 CIC_0보다 확실히 높은 위치에 있다.

결국 수입관세 대신에 생산보조금을 지급함으로써 유치산업육성의 코스트를 경감하는 것이 가능하다. 이와 같은 유치산업보호론은 해밀턴이나 리스트는 물론 전형적인 자유무역론자인 밀이나 마셜도 일찍이 그 의의를 인정하고 있다.

이상과 같이 현실의 동태적 국제분업의 세계에서는 한 산업이 현재 비교열위에 있으면서도 생산요소의 증가, 시장의 확대, 기술진보, 기타 요인의 변화에 의하여 비교우위산업으로 전환해 갈지도 모른다. 만약 이러한 산업을 처음부터 포기하여 생산을 하지 않는다면 그 산업은 성장하지 못한다. 따라서 장래 비교우위로 전환해 갈 수 있는 산업이라면 오히려 보호·육성의 정책을 강구하는 것이 장기동태화라는 관점에서 자유무역이론에도 들어맞게 된다. 산업구조의 자동조정 메커니즘이 충분히 작동하지 않을 때 세계 전체의 국제분업을 고도화해 나가기 위해서는 유치산업에 대한 육성책 및 보호무역이 필요하게 될 것이다.

그리고 외부경제(external economy)란 한 경제주체의 경제적 행위가 이에 관련되는 다른 경제주체에 대하여 이익을 주는 것을 말한다. 이것은 마셜에 의하여 생산 면에 도입된 개념이지만, 그 후 피구(A. C. Pigou)에 의하여 경제적 후생의 분석에 도입·발전되어 왔다. 외부경제효과가 있으면 행동주체의 사적 한계이익보다도 사회 전체의 사회적 한계이익 쪽이 크게 된다. 우리는 외부경제효과를 이용함으로써 보다 높은 경제적 후생을 실현할 수가 있다. 그러나 외부경제와 외부불경제가 완전히 화폐화되지 않은 이상, 완전자유경쟁 또는 자유방임만으로써는 자원의 합리적 최적배분은 어렵게 된다. 여기에 국가 또는 정부가 실시하는 경제정책의 역할이 필요하다.

5 보호의 선정기준

한 나라 내의 여러 산업 가운데 어떤 산업이 유치산업의 조건을 충족시킬 수 있는가. 여기서 무엇보다 중요한 유치산업의 선정기준에 관하여 검토해 보고자 한다. 이것은 보호정책이 정태적인 것이 아니라 동태적이라고 생각할 경우, 이익을 가져올 가능성이 있는지의 여부에 관한 문제 제기에 해답을 주게 될 것이다.

유치산업보호론의 가장 기본적인 전제는 그 산업의 생산비가 시간의 흐름에 따라 저하되어 간다는 것이다. 생산비의 저하에는 ① 내부경제, ② 외부경제와 ③ 습득효과의 세 가지 원인을 들 수 있다.

(1) 내부경제와 외부경제

내부경제(internal economy)란 개별기업의 생산확대에 수반하는 단위생산비의 감소를 말한다. 통상적으로 규모의 경제(economy of large scale)를 생각할 수 있다. 외부경제(external economy)란 앞에서도 설명한 바와 같이 개별기업만이 아니라 그 개별기업을 포함한 다른 산업의 출현 · 확장 또는 보다 광범위한 경제 전체의 발전에 의한 생산비의 절감을 말한다.[5] 외부경제는, 여러 가지의 경우를 예로 들 수 있지만, 한 산업이 다른 산업으로부터 무언가 **"대가의 지불없이 무상으로 받는 서비스의 혜택"**을 말한다. 다시 말하자면 후생경제학에서 외부경제란 제3자에 귀속하는 무상의 서비스로 정의한다.[6] 그리고 습득효과(learning effect)란 바로 '숙련과 경험(skill and experience)'[7]이라고 한 바와 같이 습득 또는 학습에 의한 생산비의 저하를 말한다.

이와 같이 내부경제 · 외부경제와 습득효과는 동일한 기준에 의한 분류가 아니라는 것을 알 수 있다. 말하자면 내부경제 · 외부경제는 생산비나 자본량에 관한 견해임에 대하여, 습득효과는 기술이나 노동의 질에 관한 견해이다. 또 내부경제나 외부경제는 원래 정태적인 개념임에 대하여 습득효과는 동태적인 개념이라고 할 수 있다.

이를 순수하게 정태적이라고 해석한다면 가령 보호의 필요 · 충분한 조건이 충족되어 있다 해도 이와 같은 경우의 보호의 주장은 유치산업보호론이라고는 할 수 없다. 왜냐하면 내부경제 · 외부경제는 시간적으로 증가하는 것이 아니기 때문

---

5) 내부경제와 외부경제의 구별은 마셜로부터 시작된다(Alfred Marshall, *Principles of Economics*, 8th reset ed., 1949, pp. 219~221).

6) Hla Myint, *The Economics of the Developing Countries, Hutchinson*, 1964, p. 101.

7) J.S. Mill, *Principles of Political Economy*(戸田正雄 譯, 「經濟學原理(5)」, 春秋社, 1939, p. 210).

에 보호를 중단하면 다시 원상태로 되돌아옴으로 해서 유치산업보호론과 같이 보호가 일시적이라고는 할 수 없기 때문이다. 결국 영구보호가 필요하다.

그러나 내부경제 · 외부경제에서 말하는 생산비의 저하 가운데에는 '시간' 이 당연히 포함되어 있다고 해석할 수가 있다. 만약 어느 기업이 내부경제에 의한 생산비 저하를 실현할 수가 있다면 다른 기업을 구축하여 궁극적으로는 시장을 독점할 수가 있다. 그리하여 독점이윤을 획득할 수가 있을 것이다. 내부경제와 완전경쟁이 양립할 수 없다는 것은 바로 이 때문이다. 이와 같은 경우 정부가 보호정책을 취하지 않아도 그 산업은 스스로의 힘으로 수출산업으로 전환할 수가 있을 것이다. 따라서 내부경제에 의한 생산비 저하의 경우에는 보호란 필요없다. 다만, 시장이 협소하여 그와 같은 내부경제가 실현될 수 없는 경우를 생각할 수 있다. 이를 unexhausted internal economy라고 한다.

이와 같은 경우는 국내시장을 확대 · 육성할 정책이 필요하며, 이것은 내부경제의 경우의 보호정책이라 할 수도 있을 것이다. 그러나 이것은 다른 산업의 확대에 의한 상품수요의 증가나 소득증가를 기대하는 것이기 때문에 오히려 외부경제에 의한 보호론이라고 할 수 있을 것이다.

외부경제는 수평적 외부경제(horizontal external economy)와 수직적 외부경제(vertical external economy)로 구분할 수가 있다.[8)]

수평적 외부경제란 국내에 있어서 각 산업이 상호 외부경제를 창조하는 경우를 말한다. 말하자면 X산업의 확대가 Y산업의 제품에 대한 수요를 증가시키고 Y산업의 확대가 X산업의 제품에 대한 수요를 증가시키는, 이른바 상호시장을 제공하여 양 산업 모두 확대해 가는 경우를 말한다. 이와 같은 수평적 외부경제는 그 성격상 모든 산업으로 파급해 가게 될 것이다. 따라서 특정의 상품에 고율의 관세를 부과할 근거는 없고, 각 상품에 동일율의 관세를 부과하여 그 제약 내에서 비교우위에 의한 국제특화를 행하는 것이 효율적인 방법이 된다. 이와 같은 사고는 유치경제보호론(infant economy arguments)이라 할 수 있어도 유치산업보호론이라고는 할 수 없을 것이다.

그리고 수직적 외부경제란 생산단계가 상이한 산업이 투입 · 산출관계를 통하

8) F. Bardham, "External Economics, Economic Development and the Theory of Protection," *Oxford Economic Papers*, vol. 16(Mar. 1956), pp. 40~54.

여 외부경제를 창출하는 경우를 말한다. 예를 들어, X산업이 원료를 생산하고 Y산업이 이 원료를 필요로 하는 경우, Y산업의 확대가 X산업의 원료에 대한 수요를 증가시키는 경우를 말한다. 어느 산업이나 생산확대에 따라 생산비가 저하하기 때문이다.

이와 같은 경우 X산업을 보호하면 X산업의 생산비저하를 통하여 Y산업의 생산비도 저하시킨다. 마찬가지로 Y산업을 보호하여도 Y산업의 생산비의 저하를 통하여 X산업의 생산비를 저하시킨다. 결국 한 산업의 보호는 다른 산업의 생산비저하를 통하여 원래 산업의 생산비저하로 되돌아오게 된다. unexhausted internal economy도 이와 같은 경우에 속한다고 할 수 있다. 이러한 경우에 보호정책을 실시하지 않아도 생산비가 저하하여 수출산업으로 전환해 갈 수 있다면 보호정책은 필요없을 것이다. 때문에 당초 생산비가 높아 국내생산이 불가능하므로 보호에 의하여 비로소 국내생산이 가능하다는 가정이 선행되어야 한다.

요는 유치산업보호론에서 한 산업의 생산비가 시간의 흐름에 따라 저하해 간다는 것은 수직적 외부경제와 습득효과에 의한 경우가 암묵리에 지정되어 있다고 하지 않을 수 없다. 때문에 내부경제와 수평적 외부경제에 의한 경우는 유치산업보호가 필요하지 않으며 또 적절하지도 않다.

그림 4-2 코스트 커브(비용곡선)

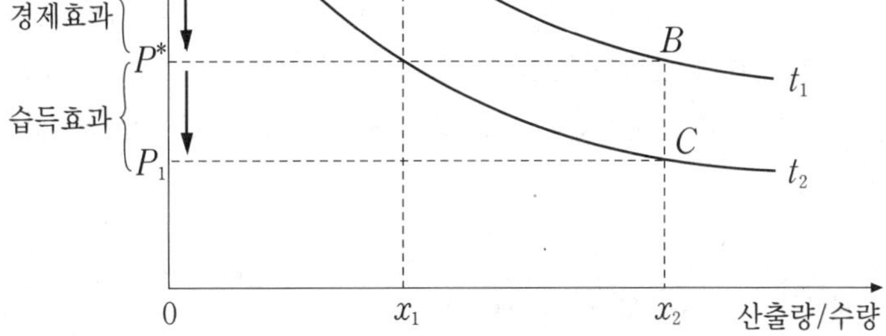

이를 〈그림 4-2〉로 설명해 보자. 한 산업에서 생산되는 상품의 국내가격이 P_0라고 할 때 생산되는 양은 $0x_1$이며 동일한 상품의 국제가격은 P^*이므로 국내가격이 높다. 이 때 이 산업을 보호하여 생산비를 P^*로 인하함으로써 생산량은 $0x_1$에서 $0x_2$로 증가하게 된다. 이것은 내부경제 · 외부경제의 정태적 개념으로서, 말하자면 생산비나 자본량에 관한 관점에서 볼 때 '자조(自助)와 보완(補完)에 의한 규모의 경제효과('economy of large scale' effect)' 라고 한다.

그리고 P^*가격에서 이 산업을 수출산업으로 전환시키기 위해서는 생산비를 더욱 저하시켜 국제가격보다 저렴하게 생산하지 않으면 안 된다. 결국 생산비를 P^*에서 P_1로 저하시켜 $0x_2$량을 생산하기 위해서는 '시간' 이라는 동태적 개념에 의한 습득효과에 의해서, 다시 말하자면 기술이나 노동의 질에 관한 관점으로 볼 때 숙련과 경험(skill and experience)의 집적[9]에 의해서 이루어질 수 있다.

(2) 습득효과

밀이 습득효과(learning effect)란 숙련과 경험이라고 한 바와 같이 습득 또는 학습에 의한 생산비의 저하를 말한다. 이와 같이 습득효과에 의한 생산비저하의 경우에 관하여 보호정책이 타당한지의 여부를 고찰하여 보자.

다음에서는 이에 관한 밀(J. S. Mill), 바스테블(C. F. Bastable), 켐프(M. C. Kemp)의 논의를 차례로 소개하고자 한다.

1 밀 테스트(Mill test)

습득효과에 의한 생산비저하의 경우에 관한 유치산업보호의 조건은 보호의 대상이 되는 산업이 당초는 비교열위의 산업이지만 보호에 의하여 일정기간이 경과하면 비교우위의 산업으로 전환될 전망이 있는 산업을 말한다. 이것은 유치산업선정에 관한 밀의 테스트(Mill test)라고 한다.

밀은[10] 유치산업에 관하여 다음과 같이 언급하였다.

"경제학의 원리상 보호관세를 부과해야 하는 유일한 경우는 국내사정에 적합

9) J. S. Mill은 '숙련과 경험' 이라고 표현하고 있다.
10) J. S. Mill, *Principles of Political Economy*, George Routledge and Sons, Ltd., 1891(Original 1848), pp. 593~594.

한 외국산업을 국내로 이식시키기를 바랄 때에(특히 개도국에 있어서) 보호관세가 일시적으로 부과되는 경우이다. 어느 산업에 있어서 한 나라가 다른 나라보다 우위에 있다는 것은 그것을 빨리 착수하였기 때문이며, 또 한 나라에 고유의 우위가 있고 다른 나라에 고유의 열위가 있다는 것이 아니라 단지 획득한 숙련과 경험에 관한 현재의 우위(only a present superiority of acquired skill and experience)에 있을 뿐이다. 이러한 숙련과 경험을 아직 획득하지 못한 나라가 그 분야에 보다 앞섰던 나라들보다도 다른 면에서 생산에 훌륭하게 채택될지도 모른다. 또 그 밖에 어떤 생산부문에 있어서 새로운 조건하에서 시험하기보다도 개선을 추진하는 경향이 큰 것은 없다. 그러나 개인은 새로운 생산을 유도하는 데 자신이 위험에 처하고 또는 오히려 개인이 어떤 손실을 입거나 그리고 생산자가 그 과정을 전통 있는 나라들의 수준까지 끌어올리도록 교육을 시켰을 때까지 그것을 수행하는 부담을 안고 있다는 것은 기대할 수가 없다. 상당기간(a reasonable time) 동안 계속하여 부과된 보호관세는 그 나라가 이러한 실험(experiment)을 지원하기 위하여 부과하는 데 때로는 무난할지도 모른다. 그러나 보호를 해야 할 경우는 단지 육성하는 산업이 한때를 지난 후 확실히 보호없이도 견뎌 낼 수 없는 경우에 한정되지 않으면 안 된다. (방점은 저자). 또 국내생산자로 하여금 그들이 성취할 능력이 있는 것에 관한 정당한 실험을 하는 데 완전히 필요한 시간 후에도 그들에게 보호가 지속되도록 기대하는 것을 결코 허용해서는 안 된다."

이 인용문에서 알 수 있는 바와 같이 밀은 유치산업보호론을 비교생산비의 원리에 대한 동태적인 견해라고 하였다. 그러나 밀의 동태적 견해를 그림으로 설명하는 데 여러 가지 제약이 있으므로 정태적인 분석으로 설명하고자 한다.

다음의 〈그림 4-3〉에서 횡축은 X상품의 수요 및 공급량, 종축은 Y상품의 상대가격을 나타내며, D는 국내수요곡선, S는 국내공급곡선, S_f는 외국의 수출공급곡선이다. S_f선은 소국이라는 가정에 따라 횡축과 평행하게 그려져 있다.

그러면 이 나라는 관세가 부과되지 않는 경우에는 X상품의 $0x_2$량을 소비하므로 그 중 $0x_1$량을 국내에서 생산하고 x_1x_2량을 외국으로부터 수입한다. 지금 X산업이 유치산업으로 선정되어 X상품의 수입에 금지적 관세가 부과되었다고 하자. 여기서는 편의상 외국의 수출공급곡선을 위쪽으로 이동시키는 것으로 하자. 그렇게 하면 관세의 부과로 S_f선은 S_f'선으로 이동하게 된다. 또한 OP^*는 국제가격, $0P_0$는 국내가격이므로 P^*P_0는 관세액이 된다.

그림 4-3 유치산업의 보호(부분균형)

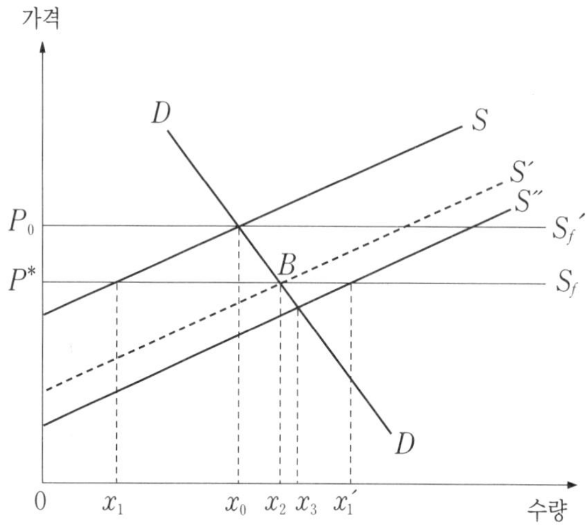

그러면 관세의 부과로 X산업이 보호육성되어 X상품의 생산비가 저하해 간다고 하자. 이 때 X상품의 국내공급곡선(S)은 오른쪽(S')으로 이동하게 된다. 이렇게 하여 국제가격과 국내수급균형가격이 같아질 때 완전히 수입대체가 이루어진다. 새로운 균형점(B)에서 관세가 제거되어 자유무역으로 복귀된다고 하자. 여기에 국내공급곡선이 다시 S''선으로 이동하는 경우에는 국내수급균형가격이 국제가격보다도 저하하게 되므로, X산업은 비교우위의 수출산업으로 전환하게 된다. 이 때 S_f선은 외국의 수입수요곡선으로 전환하게 된다고 볼 수 있다. 그리하여 이 나라는 X상품의 $0x_1'$량을 국내생산하여 x_2x_1'량을 수출하고 $0x_2$량을 국내소비하게 될 것이다.

앞에서 인용한 바와 같이 밀의 테스트에 합격하기 위해서는 국내공급곡선이 S'선까지 이동하면 좋은 것인지 아니면 S''선까지 이동되어야 하는 것인지가 문제이다. 밀은 "**전통 있는 나라와 같은 수준에까지**(up to the level of those with whom the processes are traditional)"라고 언급하고 있기 때문에 S'선까지 이동하면 좋다고 생각할 수 있을 것이다.

그러나 여기서는 적어도 S'선 이상으로 이동할 필요가 있다고 생각한다. 말하자면 단지 수입대체가 달성되는 것만이 아니라 수출산업으로 전환하지 않으면 안 된다고 생각하자. 왜냐하면 유치산업보호론이란 결코 자유무역을 부정하고 비교생산비 원리와 모순되는 이론이 아니라 장래는 자유무역에 의하여 보다 많은 무역이익을 얻는 것을 목적으로 하기 때문이다. 만약 유치산업보호론이 수입대체효과만을 구하게 되면 그것은 자유무역을 부정하는 자급화의 이론이기 때문에 비교생산비 원리와는 모순된다.

이상의 내용이 밀 테스트이다. 다음에는 바스테블에 의한 유치산업 선정에 관하여 고찰해 보자.[11)]

2 바스테블 테스트(Bastable test)

바스테블은 유치산업의 선정으로 "① **보호받고 있는 산업이 일정기간 후 자립하게 되고, ② 최후에 발생하는 이익이 보호기간 중에 발생한 손실을 상회하는 것을 증명할 필요가 있다**"고 하였다. 이것이 바스테블의 테스트이다. 이 중 ①의 부분은 앞의 밀 테스트에 해당되며, 그런 의미에서 바스테블 테스트는 밀 테스트를 포함하고 있는 것으로 생각할 수 있다. 따라서 켐프는 밀의 이론에 바스테블의 이론을 추가하여 밀 · 바스테블 테스트(Mill-Bastable test)라고 하였다.[12)]

밀 테스트는 수입산업이 수출산업으로 전환된다라는 무역효과에만 착안하여 비용과 이익을 무시하였다. 그러나 정책의 효과를 판단할 경우, 코스트와 이익의 면을 무시할 수 없다. 따라서 유치산업이 밀 · 바스테블 테스트에 부합하였을 때 비로소 이 기준을 유치산업선정으로서 정책적 의미가 있다고 할 수 있을 것이다.

밀 · 바스테블 테스트를 다음의 〈그림 4-4〉와 같이 소비자잉여와 생산자잉여의 개념을 사용하여 검토해 보자.

최초의 자유무역의 상태에서 금지적 관세의 부과에 의하여 P_0ACP^*의 면적으

---

11) C. F. Bastable, *The Commerce of Nations*(Original 1891), 9th edition, revised by T. E. Gregory, London Methuen, 1923, p. 142.

12) Mill-Bastable test라는 명칭은 M. C. Kemp에 의하여 명명되었다.M. C. Kemp, "MillBastable Infant Industry Dogma," *Journal of Political Economy*, vol. 68(Feb. 1960), pp. 65~67. 그리고 G. M. Meier(*The International Economics of Development*, 1968, p. 157)는 이를 Mill test와 Bastable test로 분류하고 있다.

로 표시된 소비자잉여의 감소와 P_0ABP^*의 면적으로 표시된 생산자잉여의 증가가 발생한다. 따라서 순손실은 $ABC(=a)$의 면적으로 표시할 수 있을 것이다. 이 경우 금지적 관세를 가정하고 있기 때문에 관세수입은 제로(0)가 되므로 관세수입을 총잉여에서 차감할 근거는 없어진다.

그림 4-4 국내 공급곡선이 이동하는 경우

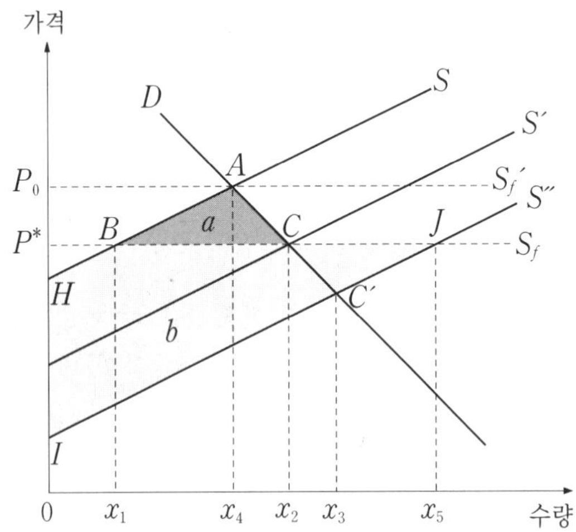

다음에는 관세에 의한 보호로 국내공급곡선(S)이 오른쪽으로 이동하여 S'선이 된다고 하자. 그 점에서는 관세가 철폐되므로 그 이후에는 자유무역하에서 국내공급곡선이 다시 오른쪽으로 이동하여 S''선이 된다고 하자. 여기서 최후의 자유무역의 경우와 최초의 자유무역의 경우를 비교하면 $BJIH(=b)$의 면적으로 표시되는 생산자잉여의 증가가 발생한다.

밀 · 바스테블 테스트는 결국 **"최후에 발생한 이익이 보호기간중에 발생한 손실을 상회한다"**는 것이었다. 그러나 이와 같은 손실과 이익, 말하자면 a의 면적과 b의 면적을 단순하게 비교할 수는 없다. 손실과 이익의 발생은 시간적으로 상이하다. 때문에 양자를 같은 시점에서 비교하지 않으면 별 의미가 없을 것이다.

이와 같이 생각하면 밀 · 바스테블 테스트는 보호에 의한 손실과 장래 자유무역에 의하여 얻어지는 이익을 적당한 시간할인율에 의하여 각각 현재가치로 바꾸어, 후자가 전자보다 상회하는 조건으로 나타낼 수 있다. 즉, a의 면적은 보호기간 중에 매기 발생하고(서서히 감소하지만), b의 면적은 자유무역으로 복귀한 후 매기 발생하기(서서히 증가하지만) 때문에 시간할인율을 r이라고 하면,

$$\sum_{i=1}^{k}\frac{a_i}{(1+r)^i} < \sum_{i=k+1}^{n}\frac{b_i}{(1+r)^i}$$

의 조건식으로 표시할 수 있다. 여기서 1,..., k는 보호기간이다.

이와 같은 조건은 대부분의 경우에 충족될 수 있는가. 어느 산업이 보호에 의하여 수출산업으로 전환하여 무역이익을 얻는 경우, 그와 같은 상태가 무한히 존속한다고 하면 $\sum b=\infty$가 된다. 따라서 $\sum a$의 값이 아무리 크다 해도, 또 r의 값의 여하에도 불구하고 이 조건은 충족된다. 이렇게 되면 밀 테스트에만 합격하면, 말하자면 보호에 의하여 수출산업으로 전환이 된다면 밀 · 바스테블 테스트에도 반드시 합격하게 된다. 만약 그렇지 않으면 밀 · 바스테블 테스트의 조건은 불필요하고 밀 테스트만으로써 족할 것이다.

3 켐프 테스트(Kemp test)

켐프는 밀 · 바스테블 테스트에 합격한 경우에도 역시 정부에 의한 보호가 필요없는 경우가 존재하는 경우를 명확히 하였다.[13] 그러면 켐프 테스트의 조건이란 무엇인가에 관하여 고찰해 보자. 여기서는 밀 · 바스테블의 조건, 즉 보호에 의한 생산비의 저하가 습득효과에 의하여 달성되는 조건에 합격한 경우를 가정하자.

그러나 켐프는 이 습득효과를 한 기업에서 '내부적 습득과정'과 '외부적 습득과정'으로 구분하고 있다. 한 기업이 지식이나 경험을 습득하는 경우, 그 지식이나 경험이 그 기업에만 이용될 수 있는 성질의 것이라면 그러한 습득과정은 그 기업에 있어서 내부적이라고 한다. 그러나 지식이나 경험이 사유될 수가 없고, 새로운 참가자(new entry)에게도 향유될 수 있는 성질의 것이라면, 그것은 그 기업에 있어서 외부적이라고 한다.

먼저, 습득과정이 기업에 있어서 내부적이라고 가정하자.

내부적 습득과정(internal learning effect)은 밀 · 바스테블 테스트에 합격한

13) M. C. Kemp, "Mill Bastable Infant Industry Dogma," *Journal of Political Economy*, vol. 68(Feb. 1960).

것으로 가정하기 때문에 한 기업이 습득기간 중 손실을 입어도 그 기업은 장래 그 손실을 보상하고도 충분한 이익을 얻을 수 있을 것이다. 따라서 손실분을 스스로의 힘으로 되찾을 수 있을 것이다. 결국 습득과정의 비용을 자본시장에서 조달한다 해도 다음에 그것을 상환할 수가 있을 것이다. 왜냐하면 다른 기업이 같은 생산비로 이 산업에 신규로 참가할 수 없으므로 이 이익은 보증되기 때문이다. 따라서 정부는 이와 같은 기업을 보호할 필요가 없을 것이다.

다음으로, 외부적 습득효과(external learning effect), 말하자면 습득과정이 기업에 있어서 외부적이라면 어떻게 될까. 이 경우에는 선발기업은 스스로 개발한 지식이나 경험을 후발기업과 공유하지 않으면 안 된다. 한편, 후발기업은 그와 같은 지식이나 경험에 관하여 소위 무임승차자(free rider)와 같은 이익을 향유할 수 있기 때문에 신규참가가 자유스럽고 시장은 경쟁적이 될 것이다. 그렇게 되면 선발기업은 이윤의 보장이 없기 때문에 습득기간 중의 손실을 보상받을 수가 없다. 따라서 산업 전체의 입장에서 볼 때 그와 같은 지식이나 경험에 의한 개발로 생산비가 저하해 감으로써 밀 · 바스테블 테스트에 합격한다고 할 수 있다. 때문에 그와 같은 기업에 대해서는 정부에 의한 보호가 필요하게 된다.

이상의 내용을 〈그림 4-5〉로 설명해 보자. 그림에서 횡축은 시간이며, 종축은 가격이다. 그림의 dd'선은 국내기업에 있어서 평균비용의 최소점의 시계열선

그림 4-5 밀 · 바스테블 · 켐프 테스트

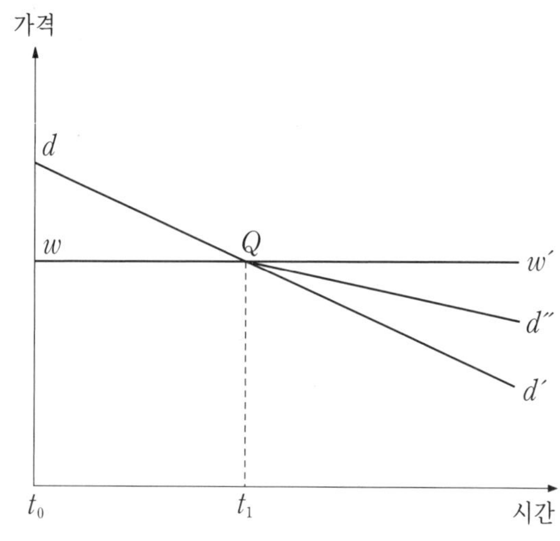

을 표시하고, ww'선은 외국기업에 있어서 평균비용의 최소점의 시계열선을 표시한다. 지금 보호가 이루어져 최초의 t_0시점에서는 dw/t_0w의 높은 관세율이 부과되며 일정한 시간이 경과한 t_1에 이르면 관세율이 제로(0)가 되도록 관세가 계속적으로 감소한다고 하자. 문제는 시점 t_1 이후에 국내기업이 어떤 가격을 채택할 것인가이다. 이 때 가격결정의 범위는 dd'선과 ww'선과의 사이이다. dd'선 이하에서 가격이 결정되면 손실이 되나, ww'선 이상으로는 가격이 결정될 수 없다. 따라서 국내기업은 dd'선과 ww'선의 범위 내에서 가격이 결정될 것이다.

습득과정이 기업에 있어서 내부적인 경우에는 후발기업이 같은 생산비로 참가할 수가 없기 때문에 선발기업은 Qd'와 Qw'와의 사이에서 가격을 결정할 수가 있다. 예를 들면, 가격을 Qd''에서 결정한다고 하자. Qd'와 Qd''와의 간격은 이윤이다. 이 때 Qd''의 위치는 ① dd'선의 기울기, 말하자면 평균비용의 최소점이 시간적으로 변화하는 속도, ② 각 평균비용의 최소점의 측면이동, ③ 평균비용곡선과의 교점 이후의 각 한계비용곡선의 기울기, 그리고 ④ 그 산업의 제품에 대한 세계수요의 탄력성 등에 의존한다. 만약 시점 t_1 이후에 Qd''선의 위치가 Qd'선에 접근함으로써 이윤이 저하하여 초기의 손실을 되돌릴 수 없는 경우가 있다. 이런 경우에는 계속 보호가 필요하겠지만 그렇지 않은 경우에는 보호가 필요없을 것이다.

그러나 습득과정이 기업에 있어서 외부적인 경우에는 후발기업은 선발기업과 같은 생산비로 생산할 수가 있으므로 모든 기업의 국내가격은 Qd'와 같게 되어 선발기업은 당초 기대한 이윤을 얻을 수 없다. 이와 같은 경우 어느 기업도 초기의 손실을 부담할 수가 없기 때문에 보호가 필요하게 된다. 즉, 켐프 테스트는 밀·바스테블 테스트에 합격한다고 해서 모두 보호할 필요가 없고 기업에 있어서 외부적 습득효과, 말하자면 습득효과가 사회적 이익을 가져오지만 사적 이익을 가져올 수 없는 습득과정이 존재하는 경우에만 보호가 필요하다는 것이다.

이상에서 보호정책이 코스트가 아니라 이익을 가져올 가능성이 있는지의 여부에 관하여 과거부터 주장되어 온 유치산업보호론을 검토하였다.

그 결과 유치산업으로서 보호가 필요하게 되는 것은 ① 수직적 외부경제효과와, ② 습득효과에 의한 생산비의 저하가 달성되고, 습득효과 가운데서도, 특히 ⓐ 밀·바스테블 테스트와 ⓑ 켐프 테스트에 합격한 경우에만 타당하다는 것이 판명되었다. 이것을 밀·바스테블·켐프 테스트(Mill-Bastable-Kemp test)라고 한다.

3. 디스토션론

1 왜곡(distortion)의 개념

자유로운 무역이 무역당사국에 얼마만큼의 이익을 가져올 것인가를 해명한 이론이 전통적인 무역이론이다. 이 이론은 완전경쟁이 지배하는 개방경제에 있어서 자원의 최적배분 내지 최선이용에 관한 문제를 해명하는 데 역점을 두고 있다.

일반적으로 경제의 효율을 높이는 방법에는 ① 노동량의 증가와 기계 · 설비를 보다 많이 사용하는 자본축적이나, ② 생산에 새로운 방법을 도입하는 기술진보를 들 수 있다. 이러한 방법은 생산과정에서 직접적으로 능률의 향상을 가능하게 하지만, 외국무역에서는 외국과의 상품교환이라는 유통과정에서 간접적으로 능률의 향상을 가능하게 한다. 국제무역의 이론은 일정한 법칙을 준수할 필요가 있는바, 그것이 곧 국제분업의 원리 또는 비교생산비설이다.

비교생산비설은 국내 · 외의 시장이 완전경쟁상태에 있으며 자원의 최적배분 상태에 있다는 것을 암묵리에 가정하고 있다. 그러나 현실의 시장은 여러 가지 요인에 의하여 불완전경쟁의 상태에 있고 또 완전경쟁상태라 할지라도 자원의 최적배분이 이루어지지 않는 경우가 있다.

첫째, 불완전경쟁이 존재하는 경우란 상품시장의 독점 · 과점, 생산요소의 비이동성, 임금격차, 잠재적 실업 등이 존재하는 상태를 말한다.

둘째, 완전경쟁하에서도 자원의 최적배분이 이루어지지 않는 경우란 외부경제 · 외부불경제가 존재하는 상태를 말한다.

보다 구체적으로 설명하자면, 비교생산비설이 가정하는 바와 같이 시장이 완전경쟁상태라면 자원의 최적배분은 달성될 것이다. 말하자면 완전경쟁시장에서는 소비자의 욕망이 많은 상품은 그만큼 가격이 높아지므로 생산자는 이 상품의 생산에 많은 자원을 투입하여 높은 이윤을 획득하려 할 것이다. 그러나 소비자의 욕망이 적은 상품은 가격이 하락하여 생산자는 그 상품의 생산에 적은 양의 자원밖에 투입하지 않을 것이다. 이와 같이 가격이 신호(signal)의 역할을 담당하여 상품의 수요 · 공급을 조정하고, 이 신호에 의하여 소비자의 욕망에 맞추어 자원배분이 이루어진다. 이것이 충족되는 상태를 자원의 최적배분상태 또는 파레토최적(Pareto optimum)이라 한다.

그렇지만 현실의 시장에는 외부경제 · 외부불경제와 같은 가격을 정할 수 없는 서비스가 있어서 수요공급을 조정하는 신호로서의 가격의 역할을 발휘하지 못하는 경우가 많다. 때문에 시장이 완전경쟁상태하에 있다 해도 자원의 최적배분이 반드시 이루어진다고는 말할 수 없다. 이와 같은 상태를 '시장의 실패(market failure)' 라고 한다.

여기서 시장의 왜곡(market distortion)[14)]이라는 개념을 알아둘 필요가 있다. 시장의 왜곡이란 시장에서 자원의 최적배분을 저해하는 제도적 요인을 일괄하여 지칭하는 것이라 할 수 있다. 따라서 시장의 왜곡에는, 첫째로 불완전경쟁의 경우와, 둘째로 시장 실패의 경우 등 크게 두 가지가 있다. 전자에 해당되는 것으로 ① 독점 · 과점, ② 생산요소의 비이동성, ③ 임금격차, ④ 잠재적 실업 등이 있고, 후자에 해당되는 것으로 ① 외부경제, ② 외부불경제 등이 있다. 또한 시장의 왜곡에는 국내시장의 왜곡과 국제시장의 왜곡이 있으며, 특히 국내시장의 왜곡에 착안하여 보호를 주장하는 논의를 '시장의 왜곡에 의한 보호론(domestic distortion arguments for protection)' 이라 한다.

이와 같은 시장의 왜곡이 존재하는 경우에는 자유무역으로는 자원의 최적배분이 이루어지지 않기 때문에 오히려 보호정책이 유리할지도 모른다.

14) 시장의 왜곡이라는 용어를 최초로 사용한 학자는 하벌러로 알려져 있다.-Gottfried von Haberler, "Some Problems in the Pure Theory of International Trade," *Economic Journal*, vol. 60(Jun. 1950), p. 215.

2 요소의 비이동성과 가격경직성

(1) 요소의 비이동성

국제무역의 이론에서 국제 간에 상품의 자유이동은 가능하지만 생산요소의 이동은 국내시장에 비하여 제한된다는 가정을 들고 있다. 말하자면 생산요소이동은 국제 간에는 불완전경쟁을, 국내시장에서는 완전경쟁을 가정한다. 따라서 국내시장에서 생산요소의 완전경쟁을 전제로 한 자원배분의 원리는 그대로 국제무역에 적용될 수 없다. 여기에 원칙의 수정이 필요하며 수정된 자원배분의 원리가 국제분업(international division of labour)이다. 국제분업이란 각국의 적성을 살리는 것을 말한다. 각국은 비교우위에 있는 산업에 특화하고, 특화된 산업에서 생산된 상품 가운데 일부는 소비하고 일부는 수출하며, 비교열위에 있는 산업의 상품은 외국으로부터 수입한다는 것이 비교생산비 원리의 핵심이다.

다음의 〈표 4-1〉과 같은 리카도(David Ricardo, 1772~1823)의 예에 의하면, 포르투갈은 옷감과 포도주 모두 영국보다 저렴하게 생산할 수 있다. 그렇지만 두 상품 모두 포르투갈이 생산하는 것이 좋다고는 할 수 없다.

■ <표 4-1> 비교생산비설

(단위 : 노동량)

나 라	옷감(1단위)	포도주(1단위)
영 국	100	120
포르투갈	90	80

왜냐하면 생산요소는 영국으로부터 포르투갈로 이동할 수 없기 때문이다. 포르투갈에서는 두 상품 가운데 포도주를 보다 저렴하게 생산할 수 있으므로 포도주에 특화하고, 영국은 포도주보다 옷감을 비교적 저렴하게 생산할 수 있으므로 옷감에 특화하는 것이 바람직하다. 그 결과 영국의 옷감과 포르투갈의 포도주가 교환된다.

영국의 옷감 1단위와 포르투갈의 포도주 1단위가 교환되는 것으로 하면 영국은 100명으로 생산한 옷감 1단위로 120명의 노동을 필요로 하는 포도주 1단위를 수입할 수 있게 되므로 20명의 노동의 절약 또는 0.2단위의 옷감이 추가로 생산된다. 한편, 포르투갈에서도 80명으로 생산한 포도주 1단위로 90명의 노동을 필요로 하는 옷감 1단위를 수입할 수 있다. 따라서 10명의 노동의 절약 또는 0.125단위의 포도주의 생산증가가 가능하다.

이상의 내용이 리카도의 비교생산비설이지만 단위생산비는 생산성을 나타내는 척도이기도 하기 때문에 이 원리를 비교우위의 원리(principle of the comparative advantage)라고 한다.

이와 같이 노동의 절약 또는 생산량의 증가가 바로 국제분업의 이익 또는 무역이익(gains from trade)이다. 이 이익은 영국에서는 포도주산업에 투입된 노동이 옷감산업으로, 포르투갈에서는 옷감산업에 투입된 노동이 포도주산업으로 이동하여 우위산업에 특화의 결과로서 나타난다. 이 이론은 국내에서는 생산요소, 즉 자본과 노동이 자유롭게 이동된다는 완전경쟁의 조건이 암묵리에 가정되어 있다. 이러한 가정은 노동이나 자본이 지역 간은 물론 직업 간에도 자유로이 이동할 수 있다는 것, 말하자면 생산요소의 용도전환의 자유를 포함하고 있으므로 국내에서는 용도전환의 자유가 중요한 의미를 갖는다.

그렇지만 생산요소의 이동은 국내에서도 제약이 있다. 케언스(J. E. Cairnes)는 국내에서 노동의 자유이동에 한계가 있다는 것을 인정하고, 무경쟁집단(noncompeting groups)의 개념을 확립하였다.[15] 말하자면 각각의 노동은 산업적 · 사회적으로 여러 계층으로 분할되어 있기 때문에 이 계층을 넘어 경쟁할 수가 없고, 또 동일계층에 속하는 노동도 원거리 간에는 이주의 곤란 등 여러 사정 때문에 사실상 자유경쟁이 저해되고 있다고 보아야 한다.

또 꾸르노(A. A. Cournot)[16]는, 저렴한 외국상품이 수입됨으로써 국내의 기존 경쟁산업이 어쩔 수 없이 생산을 축소하지 않을 수 없는 경우, 만약 이 생산에 참가하고 있던 생산요소가 다른 데에서 그 가치를 실현할 수 있는 산업을 발견할 수

---

15) J. E. Cairnes, *Some Leading Principles of Political Economy Newly Expounded*, 1874, p. 597.

16) A. A. Cournot, *Recherches sur les Principles Mathématiques de la Théories Richesses*, 1838, pp. 178~180(中山伊知郎 譯, 「富の理論の數學的原理に關する研究」, 1927, pp. 188~190).

없다고 한다면, 극단적인 경우로서 그 생산요소의 실업으로부터 발생하는 손실과 생산자잉여의 손실을 합치면, 저렴한 수입품으로부터 얻는 소비자의 이익보다도 더 큰 손실이 되어, 결국 국민경제적으로 손실이 된다는 것은 확실하다고 주장하였다.

이처럼 생산요소가 국내에서도 이동되지 않는 불완전경쟁의 경우에는 어떻게 될까. 이렇게 되면 자유무역의 결과, 생산이 감소되는 부문, 말하자면 영국에서는 포도주산업에서, 포르투갈에서는 옷감산업에서 노동의 실업과 자본가동률의 저하가 발생할 것이다. 바꾸어 말하면 비교열위부문에서는 생산요소의 불완전이용이 발생할 것이다. 이와 같은 비교열위부문에서 발생하는 노동의 실업이나 자본가동률의 저하는 그만큼 실질소득을 감소시키기 때문에 오히려 자유무역에 의한 손실이 발생한다고 할 수 있을 것이다. 때문에 이와 같은 자유무역의 결과로 발생하는 노동의 실업이나 자본가동률의 저하를 방지하기 위해서는 자유무역을 제한하여 국내의 비교열위산업을 보호하는 것이 바람직할 수 있을지도 모른다. 여기에 보호를 주장하는 또 하나의 근거가 있을 수 있다.

실제 수입경쟁산업의 축소가 반드시 수출산업의 확대로 연결되는 것은 아니며, 또 가령 연결된다고 해도 수입경쟁산업으로부터 수출산업으로 전환하기 위해서는 상당한 기간이 필요하여 단기적으로 실업을 발생시키게 될 것이다. 노동에 한정하여 검토해 보면 노동을 다른 산업으로 전환시키기 위해서는 이동에 따른 비용이나 마찰을 고려하지 않으면 안 되며 직업훈련이나 기술교육도 필요할 것이다. 이러한 비용이나 준비는 단기간에 대전환을 추진하기보다 장기간에 걸쳐 점진적으로 전환시켜 가는 것이 용이하며 또한 마찰도 적다는 것은 확실하다. 따라서 전환을 원활하게 할 수 있는 기간 동안 당해 산업을 보호하여 급속한 축소를 저지해야 한다는 주장이 나오게 된다. 이와 같은 보호론을 유치산업보호론에 대하여 산업의 입장에서 말하면 정체산업보호론이며, 노동의 입장에서 말하면 실업방지관세론이라고 할 수 있다.

그러나 이와 같은 경우에도 보호무역이 자유무역보다 항상 유리하다고는 할 수 없을 것이다. 여기서 보호를 필요로 하는 조건을 검토해 보자.

〈그림 4-6〉의 왼쪽 그림 (a)는 수출상품인 X상품의 국내수요곡선 D_x, 국내공급곡선 S_x, 그리고 외국공급곡선 S^f_x를 표시하며, 오른쪽 그림 (b)는 수입상품인 Y상품의 국내수요곡선 D_y, 국내공급곡선 S_y 그리고 외국공급곡선 S_y^f를 나타

내고 있다. 그림에서 소국의 가정에 의하여 $S_x{}^f$, $S_y{}^f$는 횡축과 평행하게 그어져 있다. 이 경우에는 X상품 부문, Y상품 부문에서 생산요소량이 각각 주어져 있고, 양부문 간에 이동이 없는 경우를 가정하고 있다. 투입계수는 고정적이라고 생각할 수 있기 때문에 양부문의 상품공급량도 일정하다. 따라서 S_x, S_y 모두 종축과 평행한 직선으로 그려져 있다.

그러면 무역개시 전에는 X상품의 국내생산(=소비)량은 $0x_0$, Y상품의 국내생산(=소비)량은 $0y_0$로 결정된다. 다음에 무역이 개시된다고 하자. X상품의 국내생산량은 여전히 $0x_0$이므로 국내가격($0P_0$)이 국제가격($0P^*$)보다 낮아지기 때문에 x_1x_0만큼 수출이 가능하게 되어 결국 국내소비량은 $0x_0$에서 $0x_1$으로 감소하게 된다. 또 Y상품의 국내생산량도 $0y_0$이지만 국내소비량은 $0y_1$이 되어 Y상품의 y_0y_1량의 수입이 이루어진다. 이와 같이 수출은 소비의 감소에 의하여 이루어지며 수입은 소비의 증가에 의하여 이루어진다는 점에 주목하여야 한다.

그러나 무역의 개시에 의하여 통상적 수출 · 수입이 이루어지기 때문에 무역

그림 4-6　요소의 비이동성과 가격경직성

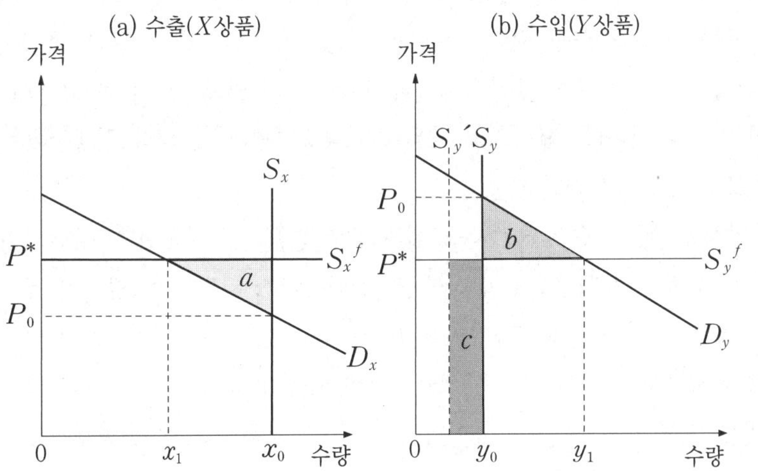

이익은 얻을 수 있다. 실제로 무역이익은 총잉여로 표시되지만, 그림에서 알 수 있는 바와 같이 X상품 부문에서는 a의 면적, Y상품 부문에서는 b의 면적으로 표

시되어 있다.

이와 같이 생산요소의 이동이 없는 경우에도 무역개시가 무역이익을 가져온다는 것은 변함이 없다. 단지 생산요소의 이동이 있는 경우와 비교하여 무역이익이 감소된다는 것도 사실이다. 왜냐하면 생산요소의 이동이 있는 경우에는 S_x, S_y는 원점에서 오른쪽 위의 곡선이 되어 a, b의 면적은 보다 커지기 때문이다. 그러나 이 경우에는 적어도 무역이익은 얻을 수 있기 때문에 자유무역이 유리하여 보호할 필요가 없다.

(2) 요소가격의 하방경직

생산요소의 이동이 없다는 가정에 추가하여 요소가격의 하방경직이 왜곡을 발생시키는 경우를 보자. 이러한 경직성은 당해 산업에 완전탄력적인 공급(예를 들면, 여가와 소비 간의 대체탄력성이 무한대라는 것)이 반영되는 것이 아니라, 자발적 선택에 대한 제도적인 제약(예를 들면, 노동에 대한 보수가 협정 또는 단체교섭에 의하여 이루어지는 경우)이 추가되는 경우이다.

무역의 개시로 Y상품 부문에서 이 상품의 가격이 하락한다. 상품가격이 하락하면 생산요소의 한계가치 생산력도 하락하기 때문에 Y상품 부문의 생산요소가격도 하락하지 않으면 안 된다. 그러나 이 경우에는 생산요소가격의 하방경직성이 가정되어 있기 때문에 생산요소가격은 하락하지 않고 그 대신에 생산요소 사용량이 감소할 것이다. 생산요소 사용량이 감소하면 이에 의하여 생산되는 상품 공급량도 감소될 것이다.

따라서 Y상품 부문의 S_y선은 S_y'선과 같이 왼쪽으로 이동된다. 극단적인 경우에는 Y상품 부문의 생산요소의 사용량이 제로(0)가 되면 S_y는 종축에 접근한다. 이와 같은 S_y의 이동은 생산자잉여를 감소시킨다. 생산자잉여의 감소분을 c의 면적으로 표시하자. a, b의 면적은 생산요소의 이동이 없고 생산요소가격이 경직적인 경우에 발생하는 자유무역의 이익이며, c의 면적은 그 경우에 발생하는 자유무역의 코스트이다. 그런데 $a+b$와 c와의 대소관계는 명확하지 않다. 만약,

$$a+b<c$$

라면 자유무역은 이익이 아니라 손실이기 때문에 보호가 필요하다고 할 수 있다.

이와 같이 생산요소의 이동이 없다는 이유만으로는 Y상품을 보호할 필요는 없다. 왜냐하면 요소의 완전한 비이동성과 요소가격 경직성의 조합으로 Y상품의 생산은 완전히 정지하고 X상품의 생산도 결과적으로 증가하지 않기 때문이다. 이 경우에 이 나라는 Y상품의 생산에 충분한 보조금을 지급함으로써 여러 가지 요소가 요구하는 최저가격을 지불할 수 있을 뿐만 아니라 초기의 생산량도 유지할 수 있다. 또한 국제교환비율로 무역을함으로써 자유무역상태보다도 유리하게 개선할 수 있다. 따라서 생산요소의 비이동성과 요소가격의 하방경직성이 있는 경우라도 위의 조건을 충족시키는 경우에만 보호가 필요하다.

3 임금격차

자유무역은 국내에서 자원의 최적배분이 전제로 되어 있다는 데 주의를 요한다. 만약 소국에서 국내자원 배분에 왜곡이 있어 최적이 아니라면 관세의 부과는 유리한가. 물론 국내의 왜곡은 최선책으로 시정이 가능하지만, 그것이 불가능한 경우에는 차선책으로 자유무역을 포기하여 관세를 부과하는 것이 유리한가. 이런 문제에 관하여 헤이건(E. E. Hagen)의 이론과 바그와티 · 라마스와미(J. Bhagwati and V. K. Ramaswami)의 이론을 검토하고자 한다.

먼저 헤이건에 의한 국내경제의 왜곡을 보자.[17] 헤이건은 공업부문과 농업부문 간에 산업 간 임금격차가 존재하기 때문에 각 부문의 자본과 노동 간의 한계대체율이 상이하다는 것을 통계적으로 입증하였다. 한 나라에 있어 자원의 최적배분 조건은 한계대체율이 상이하다는 것과 자원배분이 최적이 될 수 없는 왜곡이 국내경제에 존재한다는 것을 의미한다. 문제는 이러한 왜곡을 시정하기 위해 관세를 사용할 수 있는가 하는 것이다.

다음의 〈그림 4-7〉(a)에서 종축에는 공산품(Y상품), 횡축에는 농산품(X상품)으로 하는 이 나라의 자원이 최적으로 배분되는 경우의 생산가능곡선을 TT로

17) E.E. Hagen, "An Economic Justification of Protectionism," *Quarterly Journal of Economics*, vol. 72(Nov. 1958), pp. 496~514.

하자. 다음에 공업부문의 임금이 농업부문의 임금보다 높은데도 X상품이 함께 생산되는 경우에는 자원이 낭비되어 생산가능곡선 TST가 된다. 지금 이 나라는 소국이며 X상품의 국제가격은 직선 RFP의 기울기로 나타나는 바와 같이 일정하다고 하자. 임금이 상대적으로 높기 때문에 공업부문의 농업부문에 대한 한계생산비의 비율은 공산품의 농산품에 대한 한계변형율보다 크다. 즉, 생산의 균형점에서 직선 REP는 곡선 TST보다도 기울기가 완만하지 않으면 안 된다. 여기서 P점을 생산의 균형점이라고 하자. 가격선이 RFP이기 때문에 이 나라는 농산물을 수출하고 공산품을 수입하여 F점에서 소비한다. 이 점에서 가격선에 접하는 무차별곡선은 CIC_1이다.

이러한 조건하에서 수입경쟁산업인 공업부문을 보호하기 위하여 공산품수입

그림 4-7 관세보호와 무역이익

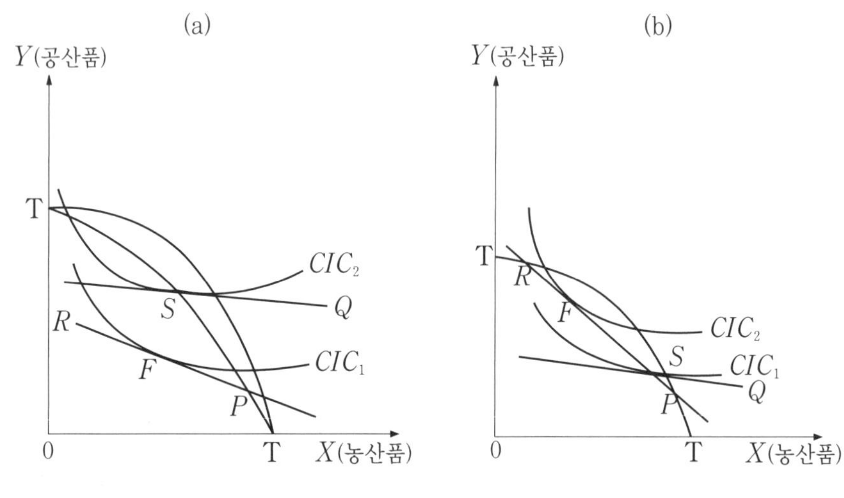

시 관세를 부과하면 국제가격은 불변이지만 공산품의 국내가격은 상대적으로 국제가격보다 높게 되어, 국내가격선은 QS와 같이 RFP보다도 기울기가 완만하게 된다. 관세율을 충분하게 높이면 수입은 차단되어 이 나라는 자급자족(autarky)의 상태가 된다. 이와 같은 점을 S라 하자. 이 점에서 QS에 접한 사회무차별곡선은 CIC_2이며, 이것은 CIC_1보다도 높다. 즉, 보다 높은 임금을 지불할 수 있도록 관세

로 보호하는 것이 수입경쟁산업을 보다 유리하게 할 수 있다는 것이다. 이상이 헤이건의 논의이다.

〈그림 4-7〉(a)의 경우에는 확실히 수입금지적인 보호관세가 이 나라에 유리하다. 그러나 여기서 바로 헤이건이 주장하는 바와 같이 국내경제의 왜곡이 있는 경우에는 언제나 수입금지적인 보호관세가 반드시 유리하다고 말할 수 없다.

바그와티 · 라마스와미[18]는 헤이건의 주장에 대한 반론으로서 〈그림 4-7〉(b)와 같은 경우를 제시하였다. 이 그림의 생산가능곡선 T*S*T, 직선 *RFP*, 직선 *QS* 등은 〈그림 4-7〉(a)와 동일하다. 국제가격이 *RFP*일 때 생산의 균형점은 *P*, 소비의 균형점은 *F*이며, 이 점에 대응하는 사회무차별곡선은 CIC_2이지만, 이것은 수입금지적 관세에 의한 자급자족의 생산, 소비점 *S*에 대응하는 사회무차별곡선 CIC_1보다도 위쪽에 있다. 따라서 헤이건의 논의는 정당치 못하며, 국내경제에 왜곡이 있는 경우에도 수입금지적 관세에 의한 국내산업보호는 반드시 유리하지 않다는 것이 바그와티 · 라마스와미의 결론이다.

또 〈그림 4-7〉(b)에서 문제점은 결국 *P*점에서 국제가격선이 생산가능곡선(T*S*T)에 접하지 않은 데 있기 때문에 공산품의 생산에 보조금을 지급하든가 농산품의 생산에 과세함으로써 국제가격선과 생산가능곡선이 접하게끔 하면 *F*점보다도 더 유리하게 된다. 그러나 가장 유리한 것은 왜곡의 원인인 임금격차로 생산요소 간의 한계대체율의 산업간 불균등을 시정하는 것 등이 지적되고 있다. 즉, 공업부문에서 노동고용에 보조금을 지급하든지, 농업부문에서 노동고용에 과세함으로써 〈그림 4-7〉(a)의 생산가능곡선 TT에 국제가격선이 접하도록 하면 좋다는 것 등이 주장되고 있다.

이상의 논의를 바그와티 · 라마스와미는 다음과 같이 일반화하였다. 주어진 국제가격, 말하자면 *RFP*의 기울기는 그 비율로 한 상품을 다른 상품으로 변형할 수 있기 때문에 외국변형율(*FRP*)이라고 한다. 생산가능곡선 TT, T*S*T 등의 기울기는 국내생산변형율(*DR*T)이며, 사회무차별곡선 CIC_1, CIC_2 등의 기울기는

---

18) J.N. Bhagwati and B. K. Ramaswami, "Domestic Distortion, Tariffs and the Theory of Optimum Subsidy," *Journal of Political Economy*, vol. 71(Feb. 1963), pp. 44~50, reprinted in *Readings in International Economics*, de. by R. Caves and H. G. johnson, homewood, Ill. Irwin, 1968, pp. 230~239.

국내소비대체율(DRS)이다. 한 나라에서 가장 유리한 상태는 물론 $FRT=DRT=DRS$가 성립되는 경우이다. 자유무역의 경우 〈그림 4-7〉(a), 〈그림 4-7〉(b)의 P점, F점을 보면 확실히 알 수 있는 바와 같이, $FRT=DRS\neq DRT$이므로 최적상태는 아니다. 여기서 진술한 바와 같이 과세, 보조금으로 DRT를 변화시켜 최적조건이 성립되도록 하면 좋다.

한편, 적당히 관세를 부과하여 $FRT=DRT$를 성립시킬 수가 있지만 그렇게 하면 $FRT\neq DRS$가 된다. 즉, 관세는 최적의 정책수단인 과세, 보조금보다도 확실히 뒤떨어진다. 또 $FRT=DRS\neq DRT$의 상태와 $FRT\neq DRS=DRT$의 상태 중 어느 쪽이 보다 유리한가는 한마디로 단언하기 어렵다.

여기서 바그와티 · 라미스와미는 관세정책으로 한 나라를 자유무역의 상태보다도 유리하게 할 수 없을지도 모른다고 결론을 내리고 있다.

바그와티 · 라마스와미의 최초의 결론, 즉 국내경제의 왜곡이 유일한 원인이라고 한다면, 다시 말하자면 $FRT=DRS\neq DRT$상태의 어느 범위 내에서는 보호무역정책을 취하는 것이 자유무역보다도 유리한 경우이다. 이 경우의 최선의 정책은 생산요소 또는 생산에 대하여 국내의 과세보조금정책(tax-cum-subsidy policy)으로 생산에 관련된 경제적 왜곡을 시정하는 것이다. 관세는 보호무역정책이 유리한 경우에 우선순위가 낮아 차선책으로서 이용될 수밖에 없기 때문에 최선책에 미칠 수 없다는 것은 이론(異論)의 여지가 없다. 그러나 어떠한 관세도 자유무역보다 유리하지는 못할지도 모른다는 제2의 결론, 즉 관세정책은 차선책일 수도 없다고 하는 헤이건에 대한 이들의 반론에는 의문의 여지가 있다. 따라서 다음에는 헤이건의 경우를 분석해 보고, 헤이건의 주장과 바그와티 · 라마스와미의 논의와의 관계를 밝히면서, 바그와티 · 라마스와미의 제2의 결론을 검토하고자 한다.

여기서는 산업 간의 임금격차로 국내경제의 왜곡이 존재할 때에는 적당한 관세는 자유무역의 경우보다도 한 나라를 보다 유리하게 할 수 있다는 것, 즉 차선적 관세가 존재한다는 것을 명확하게 하는 것이 목적이다. 이것은 바그와티 · 라마스와미의 제2의 결론을 부정한다는 것을 뜻하며, 어느 의미에서는 헤이건의 변호가 된다. 즉, 바그와티 · 라마스와미의 반론에 비추어보면 헤이건이 그림으로 나타내려고 시도했던 바와 같이 수입금지적인 관세가 자유무역보다 유리하다고까지 말할 수 없지만, 원래 그가 의도하였던 것, 즉 일반적으로 보호관세가 자유무역보다는 유리하다는 것은 여전히 인정될 수 있다.

아주 간단한 논의부터 시작하자. 〈그림 4-7〉(a)와 (b)에서 가격선이 생산가능곡선보다도 기울기가 완만한 경우에서 명확히 밝혀진 바와 같이 수입상품의 가격과 같은 사적 한계비용은 생산가능곡선의 기울기에 대응하는 사회적 한계비용보다도 낮다.

그러면 〈그림 4-8〉로 검토해 보고자 한다. 그림의 횡축에는 수입량, 국내생산량, 수요량 등을 표시하며, 종축에는 가격 · 비용을 표시한다. 또한 D는 수요곡선, PMC는 사적 한계비용곡선, SMC는 사회적 한계비용곡선이다.

자유무역의 상태에서는 국제가격이 $0P^*$이며, 이 상품은 $0x_2$만큼 수요되므로

그림 4-8 사적 비용과 사회적 비용이 다른 경우

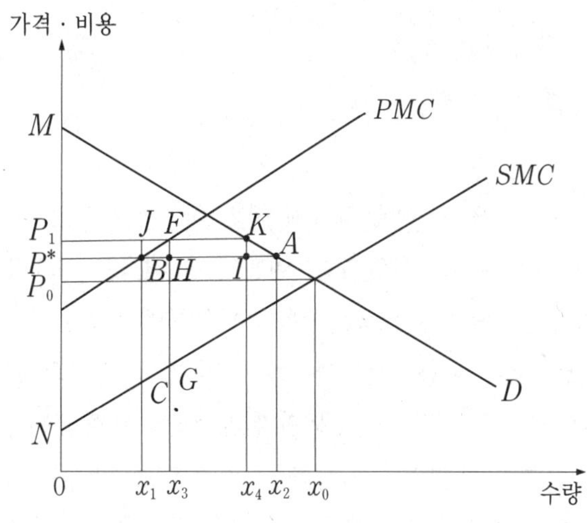

그 중 $0x_1$만큼 국내에서 생산되며 나머지 x_1x_2만큼은 외국으로부터 수입된다. 소비자잉여는 MAP^*이며 (사회적) 생산자잉여는 $BCNP^*$뿐이다. 여기서 약간의 수입관세를 부과하면 국내가격은 $0P_1$이 되므로, 수요량은 $0x_4$가 되어 그 가운데 $0x_3$만큼 국내에서 생산되고 x_3x_4만큼 수입된다. 소비자잉여는 MKP_1로 감소하지만 생산자잉여는 P_1FGN으로 증가하고 또 $FKIH$만큼의 관세수입이 있기 때문에 결국 잉여의 감소분은 KIA, 그 증가분은 $BHGC$가 된다. 따라서 전자는 소비자손실, 후자는 생산자이익이 된다.

관세율이 아주 낮으면 소비자손실은 거의 제로(0)이지만, 생산자이익은 사적 한계비용과 사회적 한계비용의 차이가 관세율만큼 적지 않는 한 제로(0)에 가까워지지 않는다. 따라서 자유무역상태로부터 출발하여 아주 낮은 관세를 부과하면 사회적 잉여는 반드시 증가한다. 다시 관세율을 인상해 가면 이미 소비자손실을 무시할 수 없게 되어 사회의 잉여로 증가할지 감소할지는 불확실하게 된다. 수입이 금지될 때까지, 결국 수입금지적인 수준에까지 관세율을 인상하였을 때 〈그림 4-7〉(a)는 잉여증가의 경우, 〈그림 4-7〉(b)는 감소의 경우이다. 후자의 경우는 수입금지적인 수준보다는 낮은 수준의, 그러나 제로(0)가 아닌 관세율로 잉여가 증가되는 경우가 있을 수 있다. 어느 쪽이든 자유무역보다는 유리한 차선적 관세가 존재한다.

4 잠재적 실업

지금까지는 주로 산업 간 임금격차에 의한 왜곡, 즉 생산요소 한계대체율의 산업 간 불균형에 관하여 고찰하였지만, 이와 같은 왜곡은 임금격차가 없어도 일어날 수 있다. 즉, 루이스(W.A. Lewis)[19]는 농업부문에서 임금이 노동의 한계생산력이 아니라 그보다 높은 평균생산력과 같게 된다는 경우가 그것이다. 이 경우에는 임금이 각 부문에서 균등하여도 노동의 한계생산력은 불균등하게 되어 요소한계대체율 균등의 조건은 성립하지 않는다. 후진적인 농업부문에서 경영은 근대자본주의적이 아니라, 공업부문에 고용되지 못한 노동력이 모두 농업부문에 위장되어 있는 상태이다. 농업부문에서 노동의 한계생산력이 매우 낮아 실질적으로는 과잉노동력이 존재한다는 의미에서 그것을 잠재적 실업(disguised unemployment)이라고 한다. 노동력은 공업부문의 생산확대 · 축소에 따라 양 부문 간을 이동하지만, 자본은 공업부문에 집중한다. 왜냐하면 농업부문에서는 임금이 노동의 평균생산력과 같다는 데서 자본에 부여할 수 있는 잉여는 없기 때문이다. 따라서

19) W.A. Lewis, "Economic Development with Unlimited Supplies of Labour," *Manchester School of Economic and Social Studies*, vol. 22(May 1954), pp. 139~191.

농업부문에서 토지, 공업부문에서는 자본을 각각의 부문 간에 이동이 불가능한 생산요소로 하고 부문간 이동 가능한 생산요소로서 노동만을 고려하면 좋을 것이다.

이와 같이 개발도상국에서 잠재적 실업이 존재하는 경우에는 공업부문을 보호하라는 주장이 된다. 이러한 나라에서는 공업부문에 잠재적 비교우위가 있음에도 불구하고 농업부문의 잠재적 실업 때문에 농업부문의 임금이 부당하게도 낮게 책정되며 실제로 농업부문을 비교우위로 간주할 수 있기 때문이다.

이처럼 농 · 공업 양 부문에 임금격차가 존재하는 경우 보호무역이 자유무역보다 항상 유리한가. 아래의 〈그림 4-9〉로 보호가 필요한 조건을 검토해 보자.

그림의 X상품은 수출상품, Y상품은 수입상품이며, 단 이 경우에는 임금격차

그림 4-9 잠재적 실업

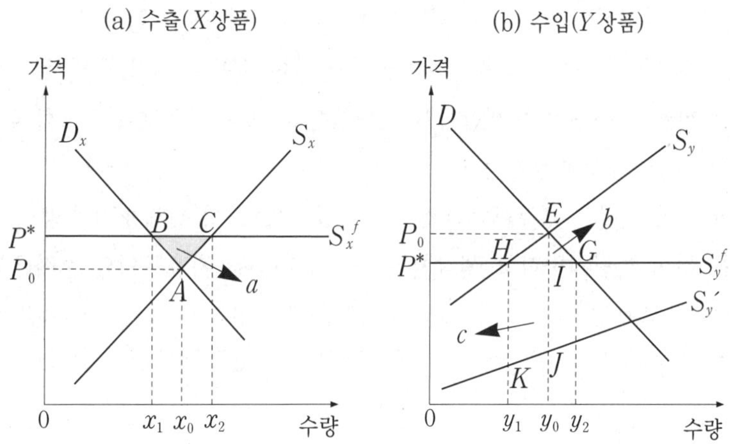

가 포함되어 있다. 즉, Y상품 부문의 임금은 X상품 부문의 임금보다도 높다고 가정하자. 그리고 X상품 부문에서는 임금이 노동의 한계생산력과 같지만 Y상품 부문에서는 임금이 노동의 한계생산력보다도 높기 때문에 격차가 생긴다고 생각하자. 말하자면 임금격차의 원인이 Y상품 부문에 있다고 생각한다. 이렇게 되면 X상품 부문에서는 생산요소의 비이동성이 〈그림 4-9〉(a)와 변함이 없다. 그러나

Y상품 부문에서는 현실의 생산비를 나타내는 현실의 공급곡선 S_y와 잠재적 생산비[20]를 나타내는 잠재적 공급곡선 S_y'와는 괴리하여, S_y를 S_y'의 왼쪽에 위치시킨다. 이것은 임금격차의 존재가 시장을 불완전하게 함으로써 생산비를 감소시키기 때문이다. 또 임금격차의 존재는 생산요소의 이동이 없다는 것을 반드시 필요로 하는 것이 아니라 이동이 불완전하면 좋기 때문에 공급곡선이 반드시 종축과 평행하게 그려지지 않아도 좋다.

그러면 자유무역이 이루어지면 X상품 부문의 무역이익은 총잉여로 표시하여 a의 면적으로 나타난다. 그러나 Y상품 부문의 무역이익은 약간 사정이 다르다. 이 경우의 생산자잉여는 잠재적 공급곡선 S_y'로 측정되지 않으면 안 되기 때문이다. 이렇게 되면 무역개시 후에는 무역개시 전과 비교하여 P_0EJKHP^*면적의 생산자잉여가 감소한다. 한편, P_0EGP^*면적의 소비자잉여는 증가한다. 따라서 $EGI-HIJK$의 순면적, 즉 $b-c$의 면적의 총잉여가 증가한다. 그림에서 육안으로 볼 때 $b-c$의 면적은 마이너스임에 틀림없다. 이것은 Y상품 부문에서 무역의 개시로 손실이 발생하였다는 것을 의미한다. 잘못된 특화에 의한 손실이란 바로 이와 같은 경우라 생각해도 좋을 것이다. 이와 같이 잘못된 특화에 의한 손실을 방지하기 위하여 자유무역을 제한하여 국내생산을 보호하는 것이 필요할지도 모른다. 여기에도 보호를 주장하는 또 하나의 근거가 있음을 알 수 있다.

따라서 이와 같은 경우에는 Y상품 부문을 보호하기 위해 Y상품의 수입을 중단시키는 것이 바람직하다고 생각할 수 있을 것이다. 자유무역의 손실은 바꾸어 놓고 보면 보호에 의한 이익이므로 이 이익은 수입정지에 의하여 얻어질 수 있기 때문이다. 즉,

$$a+b<c$$

이면 보호가 필요하다고 할 수 있다.

그러나 Y상품의 수입을 중단하면 상대국도 보복조치를 취하여 자국의 X상품의 수출이 정지될지도 모른다. 그렇게 되면 X상품 부문에서 자유무역의 이익, 결

20) 임금격차를 포함한 노동생산비를 현실의 생산비, 임금격차를 포함하지 않은 것을 잠재적 생산비라 하자.

국 a의 면적을 상실하게 된다. 이것은 바꾸어놓고 보면 보호의 손실이다. 이러한 모든 효과를 고려해 보면 양 부문을 통하여 보호화의 손실은 $a+b$의 면적으로, 보호화에 의한 이익은 c의 면적으로 표시된다.

이렇게 볼 때 임금격차가 존재하는 경우에도 보호가 항상 유리하다고 단언할 수 없는 것이다.

5 외부경제 · 외부불경제

외부경제(external economy)란 한 경제주체의 경제적 행위가 이에 관련된 다른 경제주체에 대하여 이익을 주는 것을 말한다. 예를 들어, 교통 · 통신 · 기계의 발달은 한 기업의 사적 이익을 높일 뿐만 아니라, 다른 기업의 판매비용을 인하시키며, 각 기업의 확실한 시장전망에 따라 자원을 합리적으로 배분시키고 또 경기변동에 대한 안정화 대책을 가능하게 하며, 생산자뿐만 아니라 소비자에게도 이익을 주어, 사회 전체의 경제적 후생을 높일 수가 있다. 일반적으로 외부경제효과가 큰 것은 생산에 관련되는 범위가 넓고 연관성이 강한 것, 또 산업환경 기반의 정비나 개선에 기여할 수 있는 것, 화폐로 측정하기 어려운 정(+)의 효과를 많이 가질 수 있는 그러한 산업 또는 기업이다.

무역가능상품에 관하여 고찰해 보면, 국내에서 한 상품을 생산하는 데 단위당 코스트가 높아 자유무역하에서 그러한 상품을 국내에서 생산하게 되면 손실이 크다고 하자. 그러나 그러한 상품의 생산을 통하여 실업이 구제된다든가, 다른 산업에 기술이 전파되어 기술수준을 높여 그 상품생산에 의한 사적 한계손실보다도 훨씬 큰 사회적 한계이익을 얻을 수 있다고 하자. 이와 같은 경우 손실이 큰 산업을 국가적으로 보호함으로써 이 나라의 경제적 후생을 높일 수 있을 것이다.

이와는 반대로 한 경제주체의 경제적 행위가 외부불경제를 가져오는 경우도 있을 수 있다.

외부불경제(external diseconomy)란 한 기업의 사적 이익의 실현이 결과적으로 다른 곳에서의 사회적 손실을 초래하는 것을 말한다. 공해기업이 그 대표적인 예이다. 이러한 기업은 현실적으로 비교우위산업이라 할지라도 그것이 많은 공해를 발생시키는 산업이라면 사회적 생산비는 훨씬 높아지므로 원래는 비교열위산업일지도 모른다. 때문에 이와 같은 외부불경제를 포함한 국제분업은 당사국에 손실을 발생시킬지도 모른다는 것이다. 또 어느 산업이 돌발적인 피해를 입어, 독자적으로 회복할 수 없어 자유무역상태로는 외국의 경쟁산업에 의하여 시장이 독점되어 버릴 가능성이 있고, 또 그 산업의 후퇴가 국민경제에 막대한 영향을 미쳐 불황에 휘말려 사회문제를 일으킬 우려가 있는 것과 같은 경우에는 독자적으로 회복할 수 있을 때까지의 기간 동안 일시적으로 그 산업에 대한 보호정책을 취하는 것이 국민경제적 견지에서도 인정될 수 있을 것이다. 그러나 비교열위로 전락해가는 쇠퇴산업으로부터 생산요소가 다른 산업으로의 전환이 용이하고, 또 사회적 한계불이익이 발생하지 않는 경우에는 보호무역정책을 취할 필요는 없다.

외부경제 · 외부불경제의 관점에서 주장되어 온 보호무역정책을 보면 생산 면에 중점을 두는 것이 일반적이다. 그러나 소비자의 입장을 무시해서는 한 나라의 경제적 후생을 높일 수가 없다. 그 이유는 생산자와 소비자의 입장이 항상 일치한다고는 할 수 없기 때문이다. 생산자의 입장을 고수하기 위해서는 보호무역이 유리하지만, 소비자의 이익을 고수하기 위해서는 자유무역이 필요하게 되는 경우도 있을 것이다. 양자의 이익이 어떤 합리적인 객관적 척도에 따라 통합되어 국민경제적 복지가 정확하게 비교될 수 있다면 별다른 문제는 없지만 현실적으로는 비교하기 어렵다. 우리 나라의 농업이나 목축업의 발전을 위해서는 외국으로부터 값싼 농산물과 육류를 자유롭게 수입하지 않는 것이 바람직하기 때문에 물가대책으로서 무역자유화를 추진하지 않는 무역정책이 중요하게끔 되었다.

외부경제 · 외부불경제의 효과를 고려해 볼 때, 어떤 조건하에서 한 산업을 보호할 경우 국민경제적 후생을 높이거나 또는 큰 손실을 피할 수가 있는가. 이런 경우의 조건으로서 다음의 두 가지를 들고자 한다.

① 국가적으로 보호 · 육성하지 않으면 그 기업은 존재하기 어려워 사적 한계생산물의 가치보다도 사회적 한계생산물의 가치가 크고, 또한 사회적 한계생산물의 가치가 보호 · 육성의 비용을 제하고도 충분한 여유가 있을 것, 그리하여 그 산업의 잉여이익이 다른 산업의 그것보다도 큰 경우이다.

② 자유무역하에서 외국과의 경쟁으로 한 산업이 축소되거나 사적 한계비용보다도 더욱 심각한 불황이나 실업에 의한 사회문제와 같은 큰 사회적 한계불이익을 초래하는 경우이다.

외부경제론은 이와 같이 항상 사적 한계이익과 사회적 한계이익 혹은 양자의 코스트를 대비시킴으로써 자원배분의 합리성 및 이를 위한 정책을 추구하려는 것이다. 무역가능상품에 대한 직접 · 간접의 외부경제효과는 국제분업의 패턴을 결정하는 비교우위구조에 영향을 미친다.

예를 들면, 어느 산업이 비교열위에 있지만 상당한 외부경제효과가 있는 경우를 보자. 물론 이상의 두 가지의 조건을 충족시키고 있는 경우이다. 한 산업의 설립 · 보호는 그 산업이 국제분업으로부터 얻을 수 있는 이익을 가져올 수 없을 뿐만 아니라 오히려 보호에 필요한 비용만큼 손실을 입지 않으면 안 된다. 그러나 한편 외부경제효과를 통하여 다른 산업을 비교우위로 전환시킬 수 있거나 비교우위의 정도를 높임으로써 다른 산업의 분업이익을 확대시킬 수 있는 것도 이론적으로 가능하다. 이와 같이 외부경제효과는 다른 산업을 비교우위로 전환시키는 경우도 있을 수 있다. 또 반대로 외부불경제의 효과에 의하여 다른 산업을 비교열위로 전환시키는 경우도 있을 것이다.

여기서 예를 들어 사적 생산비와 사회적 생산비—이를 현실적 생산비와 잠재적 생산비라 해도 좋다—를 비교해 보자.

다음의 〈표 4-2〉에서 (1)의 예는 외부경제를 포함한 경우의 생산비이며, (2)의 예는 외부경제의 효과를 제외한 생산비이다. (1)의 경우 영국의 Y상품이 외부경제의 효과를 가지고 있어 40명의 노동이 X산업으로 이전되었다고 하자. 한편, 포르투갈은 그와 같은 외부경제의 효과는 없다고 하자. 외부경제는 위에서 언급한 바와 같이 '대가의 지불없이 무상으로 받는 서비스의 혜택'이기 때문에 표면상의 생산비를 증감시키지 않는다. 그러나 영국의 X상품은 40명의 생산비 절약의 혜택을 받고 있고, Y상품은 40명의 생산비의 부담을 안고 있다. (2)의 경우는 그와 같은 외부경제의 효과를 제외한 생산비이다. 그래서 (1)의 생산비를 사적 생산비, (2)의 생산비를 사회적 생산비라 하자.

그런데 사적 생산비로 보면 영국은 X상품에 비교우위가 있고 포르투갈은 Y상품에 비교우위가 있다는 것을 알 수 있다. 사적 생산비와 사회적 생산비에서는 비교우위가 역전되어 있다. 그런데 현실의 무역은 사회적 생산비가 아니라 사적 생산비에 의하여 이루어지고 있다. 이와 같은 경우에 자유무역이 이루어지면 양국 모두 본래의 비교열위의 산업을 확대시키고 본래의 비교우위의 산업을 축소시키는 결과가 발생한다. 이것은 양국 모두 자원배분상의, 말하자면 경제후생상의 손실을 입게 되는 것은 분명할 것이다.

■ <표 4-2> 외부경제와 외부불경제

(단위 : 노동량)

	나 라	X상품 (1단위)	Y상품 (1단위)
사적 생산비	영 국	80	120
	포르투갈	110	120
사회적 생산비	영 국	120	80
	포르투갈	110	120

이와 같이 외부경제에 의한 잘못된 특화의 손실을 방지하기 위하여 자유무역을 제한하여 국내생산을 보호할 필요가 있다. 이러한 논의가 바로 '외부경제에 의한 보호론' 이다.[21]

이를 위의 〈그림 4-10〉으로 설명해 보자. 그림에서 외부경제의 존재는 사적 생산비를 나타내는 사적 공급곡선과 사회적 생산비를 나타내는 사회적 공급곡선과의 괴리를 발생시킨다. 사적 공급곡선을 S_x와 S_y, 사회적 공급곡선을 S_x'와 S_y'

그림 4-10 외부경제 · 외부불경제

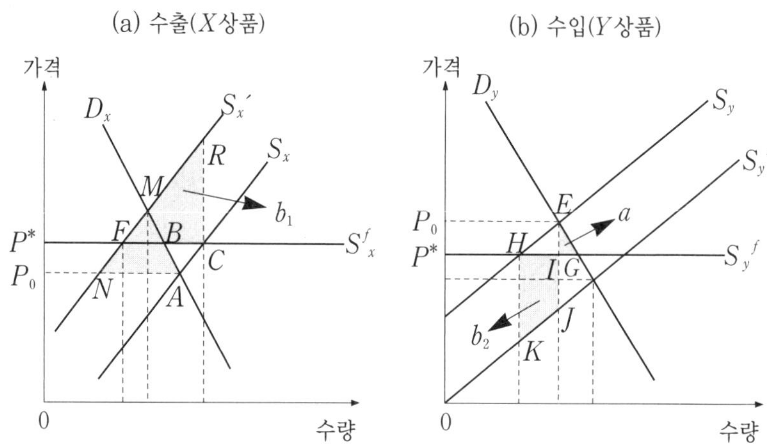

21) F. Graham, "Some Aspects of Protection Further Considered," *Quarterly Journal of Economics*, vol. 37(Feb. 1923), pp. 199~227.

로 표시하자. 앞에서 상정한 바와 같이 X상품은 외부경제의 혜택을 받는 부문이기 때문에 S_x는 S_x'보다 아래쪽에 그려져 있고, Y상품은 외부경제에 혜택을 주는 부문이기 때문에 S_y는 S_y'보다 위쪽에 그려져 있다.

이럴 때 자유무역에 의한 잘못된 특화의 손실을 어떻게 표시할 수 있을까. 이런 경우에도 무역은 사적 공급곡선으로 표시되고, 생산자잉여는 사회적 공급곡선으로 표시된다는 데 주의를 요한다. 여기서 Y상품의 변화는 앞 절의 임금격차에 관한 〈그림 4-9〉의 Y상품의 경우와 똑같다. 자유무역의 이익(보호화의 손실)은 a의 면적으로, 자유무역의 손실(보호화의 이익)은 b_2의 면적으로 표시되어 있다.

다음으로 X상품의 변화를 보자. 소비자잉여는 무역의 개시로 P^*BAP_0의 면적만큼 감소한다. 생산자잉여는 무역의 개시로 P^*FNP_0의 면적만큼 증가하지만, RCF의 면적으로 표시된 부(−)의 생산자잉여가 발생한다. 부(−)의 생산자잉여란 수출가격보다 생산비가 높은 부분이다. 이것이 자유무역의 손실이라는 것은 두말할 필요가 없다. 이들의 면적 가운데 P^*FNP_0의 면적 부분은 소비자잉여의 감소와 생산자잉여의 증가로 상호 상계되기 때문에 결국 $RCBAN$의 면적, 말하자면 b_1의 면적으로 표시되는 자유무역의 손실(보호에 의한 이익)이 발생한다. 따라서 이와 같은 외부경제가 존재하는 경우 X상품과 Y상품을 합해 보호에 의한 이익은 b_1과 b_2의 면적으로, 보호화에 의한 손실은 a의 면적으로 각각 표시할 수 있다. 그러므로,

$$a < b_1 + b_2$$

이면 자유무역은 불리하므로 보호가 필요하다. 이와 같은 조건은 그림과 같이 충족될 가능성이 매우 클 것이다. 그렇지만 "**조금이라도 a의 면적이 존재하는 한**"이라는 것은 Y상품에 대한 수요의 탄력성이 제로(0)가 아니기 때문에 이 조건이 반드시 충족되지는 않을 것이다.

그러면 외부경제 · 외부불경제를 고려하여 보호무역정책을 필요로 하는 것은 구체적으로 어떤 경우일까. 이와 같은 경우 주요한 것을 들면 다음과 같다.

① 새로운 산업 혹은 새로운 기술을 자국으로 도입하거나 다른 산업으로 기술전파를 서둘러 과학기술수준의 향상을 도모할 수 있는 경우

② 경제개발에 큰 효과가 있는 한 산업이 국제경쟁에서 타격을 받을 우려가

있거나 또는 일반적으로 저개발국에서 공업화를 위해 보호가 필요한 경우

③ 완전고용의 실현 혹은 심각한 실업의 방지를 위한 정책 대상이 무역가능 산업으로 향하지 않을 수 없는 경우

④ 구조적 불균형으로 국제수지의 개선이 어렵기 때문에 재정정책이나 금융정책의 폴리시 믹스(policy mix)로서는 해결될 수 없어 수입제한이나 수입대체 또는 수출산업의 육성을 필요로 하는 경우

⑤ 국제분업이익의 배분조건을 유리하게 하기 위하여 관세부과 등으로 교역조건을 개선하고자 하거나 또는 자유무역도 교역조건이 장기적으로 악화하여 수출상품의 엄청난 가격인하를 저지할 필요가 있는 경우 등이다.

오늘날 세계경제에 있어서 선진국 간 또는 선 · 후진국 간을 불문하고 성장격차의 근본원인의 하나로서 기술격차가 큰 문제로 되어 있다. 기술격차의 해소를 위해서는 물론 선진국과 후진국 모두 후발국의 과학기술진보를 위해 노력을 경주하지 않으면 안 되지만 선발국으로부터의 기술이전 및 국내에서의 기술개발에도 적극적인 대책이 필요하다. 기술면에서의 외부경제효과를 위해서는 때로는 그 상품에 대한 보호정책을 필요로 할지도 모르지만, 자본이나 기술 등 생산요소이동의 자유화가 더욱 바람직하다.

그러므로 외부경제론은 저개발국 공업화론의 중요한 이론적 근거의 하나이며, 개발전략의 정책기준이 된다. 외부경제효과가 큰 것은 1차산업보다도 공업이다. 공업화는 경제적 영역 내의 외부경제효과뿐만 아니라 사회의 근대화나 합리주의적 가치관에 대한 변화 등 경제사회개발을 위해 필요한 경제 외적 영역에도 영향을 미친다. 또 외부경제효과는 산업부문 간의 연관효과를 중시하는 균형성장론의 하나의 논거이기도 하다.

따라서 유치산업보호론이 미시적으로 개별산업에 대한 보호 · 육성의 문제에 중점을 두는 데 대하여, 외부경제론에 의한 보호무역론은 거시적으로 연관효과를 가진 산업군(産業群) 전체의 발전 혹은 공업화를 위한 보호에 중점을 두고 있다. 또 유치산업보호론이 일시적 보호밖에 인정하지 않는 반면, 외부경제론은 외부경제효과를 통하여 사회이익에 공헌한다는 이유에서 일시적 보호뿐만 아니라 영구적 보호가 필요한 경우도 인정하고 있다.

4. 교역조건론

1 관세와 교역조건

밀(J. S. Mill)은 "한 나라는, 다른 나라가 자국에 과세할 권리를 포기하지 않는 한, 다른 나라에 과세할 권리를 포기해서는 안 된다. 한 나라의 상품에 다른 나라가 수입관세(revenue duties)를 부과함으로써 입은 손실을 구제할 수 있는 유일한 방법은 다른 나라의 상품에 그에 상응하는 수입관세를 부과하는 것이다. 단지 주의해야 할 것은 이들 관세는 무역의 이익을 초과할 정도로 높아서는 안 되며, 그리고 상품을 국내에서 생산하도록 하거나 또는 외국시장에서 수입되는 것을 중단시키는 것이다"[22]라고 하였다. 이것은 관세가 수입국의 교역조건을 개선시키게 되면 그 나라의 경제적 후생을 높이게 된다는 것을 의미한다. 말하자면 관세가 과히 높지 않은 범위 내에서는 '교역조건의 개선=무역이익의 증가' 라고 간주하였으며 이를 고전학파의 명제라고 한다.

교역조건은 수입상품과 수출상품의 교환비율, 즉 제3장의 〈그림 3-6〉에서와 같이 오퍼곡선상의 주어진 점과 원점을 연결시킨 직선의 기울기로 표시된다. 여기에서 무역당사국의 공통되는 교역조건, 즉 균형교역조건은 양국의 오퍼곡선의 교점과 원점을 연결시킨 직선의 기울기로 나타낼 수 있다.

관세가 수입국의 교역조건을 개선시키게 되면 그만큼 수입국에 유리하게 된다. 수입품에 관세를 부과하여 그 상당 부분을 상대국인 수출국이 부담한다고 하면 수입국에서는 그 부담액만큼 유리하게 거래할 수 있어 교역조건은 유리하게

22) J. S. Mill, *Principles of Political Economy*, 1948, p. 550.

개선될 것이다. 이와 같이 관세를 부과함으로써 교역조건이 변화하는 효과를 관세의 교역조건효과(terms-of-trade effect)라 한다. 다시 말하자면 관세가 부과되면 과세국의 수입량이 감소하고 그 결과 수입가격이 인하될지도 모른다. 수입가격의 저하는, 다른 조건이 일정하다면, 과세국에서 교역조건이 개선되었다는 것을 의미한다. 왜냐하면 교역조건은 수출가격의 수입가격에 대한 비율이기 때문이다.[23)]

교역조건이 개선되느냐 아니면 악화되느냐는 것은 수입국이 부과하는 관세를 수출국이 부담하느냐 아니면 수입국이 부담하느냐에 따라 확실히 달라진다. 그러므로 관세가 수입국의 교역조건을 개선시키기 위해서는 최소한 다음의 두 가지 조건이 필요하다. 즉,

① 수입국이 국제시장에서 다소나마 독점력 또는 가격지배력을 가질 것, 즉 과세국은 대국일 것

② 수입국의 수입수요가 어느 정도 탄력적일 것

등이다. 이를 구체적으로 설명하자면 지금까지의 관세의 효과는 소국이라는 가정, 즉, 외국의 공급탄력성이 무한대라는 것을 가정하였다. 이와 같은 사정하에서 관세를 부과하면 수입국의 국내가격은 국제가격보다도 관세액만큼 높아져 국내소비자가 이를 전부 부담하게 된다. 이와 같은 경우는 수입국의 교역조건을 개선시킬 수가 없다.

먼저, 수입국이 국제시장에서 조금이라도 독점력을 갖는 경우에는, 관세는 국제가격을 어느 정도 인하시켜 교역조건을 개선시킬 수가 있다. 말하자면 관세액의 부담을 수출국에 전가시킬 수가 있다. 이런 경우에는 앞에서도 언급한 바와 같이 상대국인 수출국의 공급탄력성이 무한대가 아니라는 조건이 필요하다.

그런데 수출국의 공급탄력성이 작은 경우와 그것이 제로(0)인 경우가 있다. 여기서는 전자의 경우, 즉 수출국의 공급탄력성이 작은 경우를 그림으로 설명하고자 한다.

---

23) 교역조건에는 순(상품)교역조건, 총교역조건, 생산요소 교역조건 등이 있지만 일반적으로 가장 많이 이용되는 것은 순(상품)교역조건이다.

순(상품)교역조건지수를 산출하는 공식, $Tc = \frac{eP_1/eP_0}{iP_1/iP_0}$ 이다.

여기서 e는 수출, i는 수입, P는 가격이며, P_0는 기준연도의 가격, P_1은 비교연도의 가격을 말한다.

〈그림 4-11〉에서 횡축은 수입량, 종축은 가격이며, D_m선은 수입국의 수요곡

그림 4-11 관세의 교역조건효과

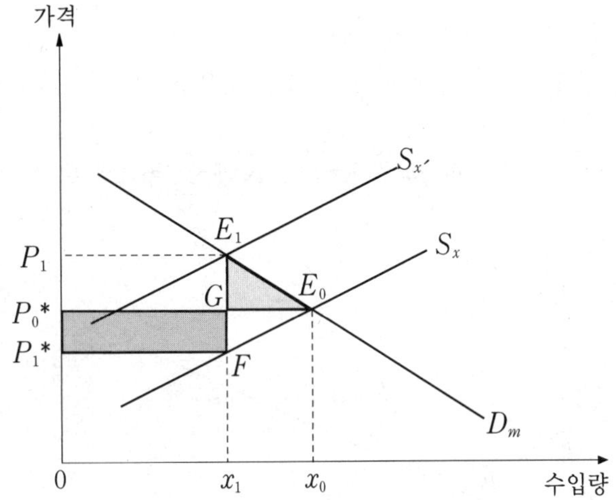

선, S_x선은 수출국의 공급곡선이다. 여기에 수입되는 상품에 관세를 부과한다고 하자. 관세의 부과로 S_x곡선을 관세액만큼 위쪽으로 이동시키게 된다. 이렇게 되면 관세부과 전의 무역균형점 E_0는 관세의 부과로 인하여 E_1로 이동되고 국제가격 P_0*를 P_1*로 인하시켜 수입량 $0x_0$에서 $0x_1$로 감소시키게 될 것이다. 관세액 P_1P_1*중 수입국의 부담액은 P_1P_0*가 되며, 수출국의 그것은 P_0*P_1*가 된다. 따라서 수출국의 부담액이 크면 클수록 수입국의 교역조건은 그만큼 유리해진다. 이와 같은 경우는 수출국의 공급탄력성이 작으면 작을수록, 다시 말하자면 수출공급곡선의 경사가 급하면 급할수록, 관세는 수입국의 교역조건을 보다 개선시키는 효과가 크다고 할 수가 있다. 이것이 앞의 가정에서 말한 수입국이 대국인 경우이다.

그러므로 수출국의 공급탄력성이 제로(0)인 경우에 관세는 수입국의 교역조건을 관세액만큼 개선시킬 수 있다. 말하자면 관세액 전부를 수출국에 부담시킬 수 있다. 이와 같은 경우는 수입국이 국제시장에서 완전독점력이 있을 때만이 가능하기 때문에 이와 같은 주장은 국제시장에서 조금이나마 독점이라는 왜곡이 있는 대국의 경우의 보호론이라고도 할 수 있을 것이다.

다음으로, 수입국의 수입수요가 어느 정도 탄력적이라는 가정이다. 수입국의 수입수요의 탄력성이 제로(0)인 경우에는 관세를 부과해도 수입량이 감소되지 않기 때문에 관세부과액은 전액이 수입국의 부담이 되므로 교역조건은 조금도 개선될 수 없다. 그러므로 수입수요의 탄력성이 제로(0)보다 크고 또 이것이 크면 클수록 수입국의 교역조건은 유리해진다.

이를 〈그림 4-12〉로 고찰해 보자. 이것은 앞의 〈그림 4-11〉과 같으나 D_m곡

그림 4-12 관세가 과세국의 교역조건을 개선시키는 경우

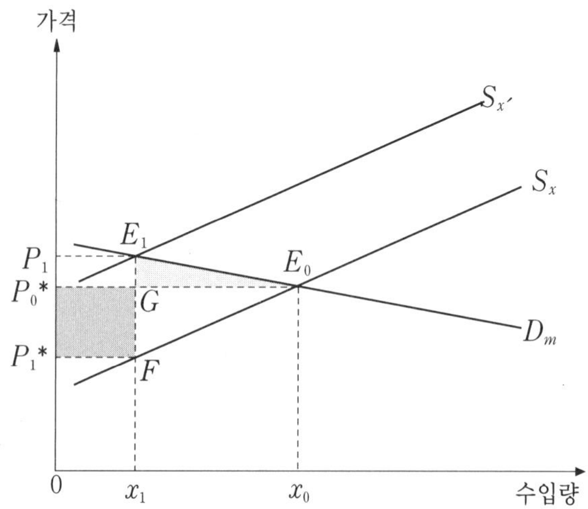

선, 즉 수입국의 수입수요의 탄력성이 큰, 말하자면 D_m곡선의 기울기가 보다 완만하게 그려져 있다. 그림에서 관세부과로 인하여 수출국의 공급곡선 S_x는 S_x'로 이동하여 관세부과 전의 무역균형점 E_0는 E_1으로 이동된다. 이 때 국제가격은 P_0*에서 P_1*으로 인하되어 결국 수입량은 $0x_0$에서 $0x_1$으로 감소될 것이다. 또 관세액 P_1P_1* 중 수입국의 부담액은 P_0*P_1, 수출국의 그것은 P_0*P_1*이 되므로, 그만큼 수입국의 교역조건을 개선시킬 수가 있다.

이상에서와 같이 관세가 수입국의 교역조건을 개선시킬 수 있는 것은 두 가지 조건하에서 이루어질 수 있다. 이로부터 '관세의 귀착(incidence of tariff)' 이라는 문제를 알아볼 수 있다. 일반적으로 관세의 귀착이란 부과된 관세가 최종적

으로 누구에게 부담되는가를 말한다. 관세가 수입국의 교역조건을 개선시켰다는 것은 관세액의 일부를 적어도 수출국에 부담시켰다는 뜻이다. 앞의 두 그림에서 관세의 부과로 수출국의 생산자는 지금까지 $0P_0{}^*$의 가격으로 판매하던 상품을 $P_0{}^*P_1{}^*$만큼 인하된 $0P_1{}^*$의 가격으로 판매하지 않으면 안 된다. 이것은 수출국의 생산자가 관세액 $P_1P_1{}^*$중 $P_0{}^*P_1{}^*$만큼 부담한다는 의미이다. 한편, 수입국의 소비자는 지금까지 $0P_0{}^*$의 가격으로 수입하던 것을 관세부과 후에는 $P_0{}^*P_1$만큼 인상된 $0P_1$가격으로 구입할 수 있게 된다. 이것은 수입국의 소비자가 관세액 $P_1P_1{}^*$ 중 $P_0{}^*P_1$만큼 부담한다는 것을 뜻한다. 이와 같이 관세의 귀착은 $P_1P_0{}^*/P_1P_1{}^*$만큼 수입국에, $P_0{}^*P_1{}^*/P_1P_1{}^*$만큼 수출국에 부담시킬 수 있다.

그러므로 수입국의 수요곡선 D_m의 탄력성이 크고 또 수출국의 공급곡선 S_x의 탄력성이 작을수록 수입국의 부담이 적고, 상대국인 수출국의 부담은 많아질 것이다. 또 이와는 반대로 수요곡선의 탄력성이 작고 수출국의 공급곡선의 탄력성이 클수록, 수입국의 부담은 많고 수출국의 부담은 적을 것이다.

2 관세와 오퍼곡선

지금까지 관세가 수입국의 교역조건을 개선시키기 위해서는 수입국이 국제시장에서 다소나마 독점력을 갖는 대국이라는 가정이 필요하며 이를 부분균형분석으로 설명하였다. 이와 같은 동일한 문제를 쌍방의 독점 모델을 가정하여, 말하자면 상호 무역하는 두 나라의 오퍼곡선 모델,[24] 즉 일반균형분석으로 고찰해 보고자 한다.

수입관세는 수입상품의 국내가격을 국제가격보다 관세를 부과한 금액만큼 인상시키게 된다.[25] 물론 이 경우는 소국의 가정하에서이다.

여기서 수입상품을 X, 수출상품을 Y, 국내가격을 P, 국제가격을 P^*로 하여

24) 오퍼곡선(offer curve)은 상호수요곡선(reciprocal demand curve) 또는 마셜곡선(Marshallian curve)이라고도 한다. 이것은 A. Marshall, F. Y. Edgeworth에 의하여 창출되었다.

25) J.E. Meade는 무역정책의 수단을 수입관세, 수출관세, 수입보조금, 수출보조금 등의 네 가지 형태를 들고 있다(J. E. Meade, A Geometry of International Trade, London Allen & Unwin, 1952, Chapter 6).

수입상품, 수출상품을 표시하는 데 첨자 x, y를 붙여서 표시한다. 관세율(종가관세)을 t라고 하면 다음의 공식이 성립한다.[26] 즉,

$$Py = (1+t)Py^*$$

이다.

이를 〈그림 4-13〉으로 고찰해 보자. 그림에서 횡축은 수출상품 X, 종축은 수입상품 Y이며, 자유무역하에서 이 나라의 오퍼곡선 TOC_A상에 임의의 점 a로

그림 4-13　관세와 오퍼곡선

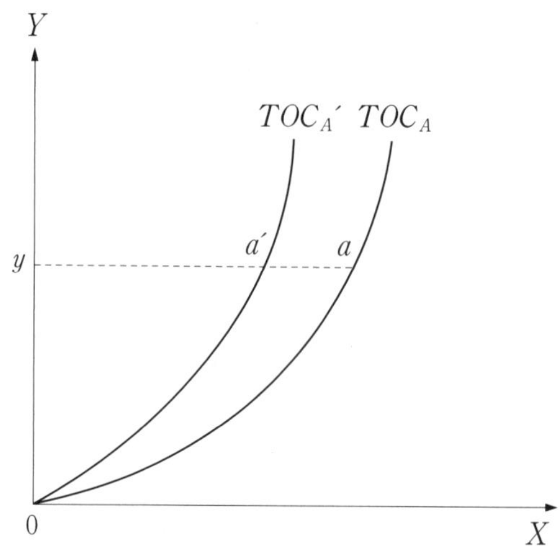

부터 종축에 수평으로 점선을 그려, 이것이 종축과 마주치는 점을 y라 한다. 선분 ay상에 한 점 a'를 취하면 항상

$$ay = a'y + aa'$$

26) 실물교환을 나타내는 오퍼곡선에 있어서 가격은 모두 실물표시의 상대가격, 말하자면 어떤 상품 1단위와 교환되는 다른 상품의 양으로 표시되어 있다. 따라서 상품의 가격은 X상품의 가격의 역수이다.

$$=\left(1+\frac{aa'}{a'y}\right)a'y$$

또는

$$\frac{ay}{0y}=\frac{a'y}{0y}+\frac{aa'}{0y}$$

$$=\left(1+\frac{aa'}{a'y}\right)\frac{a'y}{0y}$$

가 성립한다. 만약 $aa'/a'y$가 관세율 t와 같다고 한다면, 이 식은 앞의 수입관세의 경우의 공식과 틀림없이 같다.

〈그림 4-12〉에서의 소국의 가정을 대국의 가정으로 변경하면 A국의 국내경제상태의 변화는 상품의 국제가격에 영향을 미치게 된다. 이 가정의 변경으로, 소국의 경우에 관세의 부과는 항상 후생을 저하시키지만, 대국의 경우에는 후생수준을 증가시키게 되며, 이것은 소국의 가정과 상이한 매우 중요한 결론이다. 관세의 부과로 국내의 후생을 높일 수 있는 방법은 국내와 외국의 수요탄력성과 공급탄력성의 특별한 조합으로 Y상품의 국제가격을 상대적으로 저하시키는 순효과를 가져오게 한다. 이와 같은 특수한 조건하에서는 관세부과 전보다도 관세부과 후에 관세부과의 교역조건은 개선되어 경제적 후생이 증가된다.

〈그림 4-14〉는 2국 2상품의 간단한 관세효과의 일반균형 모델이다. 이 그림에는 A국의 오퍼곡선 TOC_A와 B국의 오퍼곡선 TOC_B가 그려져 있다. 자유무역하에서 양국의 오퍼곡선의 교차점은 E_0이다. A국의 관세부과는 자국의 오퍼곡선을 TOC_A에서 TOC_A'로 같은 비율로 이동시킨다. TOC_A'는 관세의 부과로 왜곡된 오퍼곡선이다. 자유무역하에서 A국은 $0x_0$의 수출상품과 E_0x_0의 수입상품을 교환한다. 관세가 부과되면 A국은 수입상품의 E_1x_1과 교환으로 수출상품의 $0x_1$을 제공하려고 하지만 E_1x_1가운데 E_1M_1은 국경에서 관세수입의 형태로 징수된다.

관세율(t)은 자유무역하에서 수입수요의 추가량을 수입량으로 나눈 것으로, $t=E_1M_1/M_1x_1$로 정의된다. 예를 들면, M_1x_1이 수입상품인 Y상품의 2단위와 같고 E_1M_1이 Y상품의 1단위와 같다고 하면 관세율은 50%가 된다. 관세의 부과로 왜곡된 오퍼곡선 TOC_A'는 같은 논의를 반복함으로써 얻을 수 있다. 예를 들면,

그림의 TOC_A'상의 E_1점은 방정식 $E_2M_2/M_2x_2=E_1M_1/M_1x_1$에서 유일한 미지수가 E_2M_2라는 데 주의하여 같은 방정식을 풀어 얻을 수 있다.

그림 4-14 대국에 있어서 상품에 대한 관세의 효과

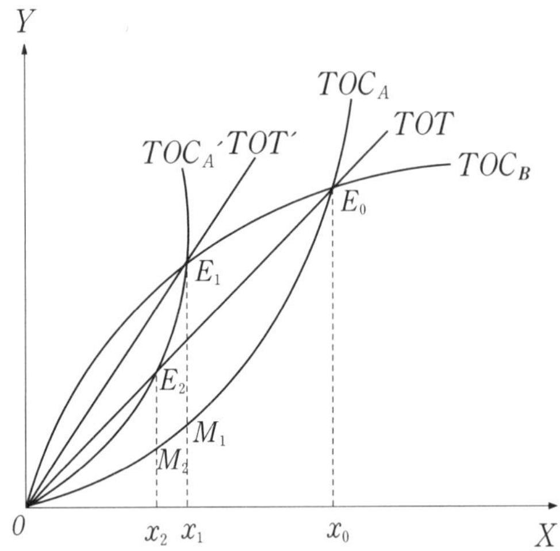

관세부과 후의 새로운 국제균형점은 A국의 오퍼곡선 TOC_A'와 B국의 자유무역시 오퍼곡선 TOC_B와의 교차점인 E_1점이다. 말하자면 A국에서 X상품의 수출량이 일정하다고 하면 관세부과 전보다도 Y상품을 보다 많이 수입할 수 있다.

이와 같이 국제가격이 A국에게 유리하게 될수록 A국은 보다 높은 후생수준에 도달할 수 있다.

이상의 이유로 관세부과는 A국의 후생을 높인다. 그러나 동일한 이유로 관세부과에 의한 A국의 후생증가는 반드시 B국의 후생을 저하시킨다는 것이 확실하다.

5. 최적관세론

1 최적관세

관세부과국이 그 나라의 후생을 최대로 하는 관세를 최적관세(optimum tariff)라 하며, 이 관세율을 최적관세율(optimum tariff rate)이라고 한다. 관세가 어느 적정수준에서 부과되면 관세부과국의 후생은 높아지지만, 그 수준 이상으로 높은 관세가 부과되면 오히려 후생을 저하시킨다. 따라서 관세를 부과할 때 후생을 최대로 할 수 있는 적정수준의 관세율이 있을 수 있다.

어느 나라가 수입품에 관세를 부과함으로써 자유무역에 비하여 관세부과국의 후생을 증가시킬 수가 있다는 명제는 처음 밀(J. S. Mill)에 의하여 주창되고, 비커다이크(C. F. Bickerdike)에 의하여 정식화되었지만, 최근에는 무역이론의 문헌에서 일반적인 승인을 얻기에 이르렀다. 그러나 만약 다른 나라가 보복수단으로서 관세를 부과하면 어떠한 사태가 발생할 것인가에 관하여 약간의 혼란이 남아 있다. 칼도(N. Kaldor)는 고전적인 이 명제를 다른 나라가, 예를 들어 보복수단을 취한다 해도 이 나라는 관세를 부과함으로써 이익을 얻는 경우가 있다고 하였다. 이러한 가능성은 일반적인 독점이론에서도 증명되고 있다. 이 가능성은 가끔 묵인되어 한번 보복이 있으면 자유무역의 경우에 비하여 당사국은 모두 불리하게 되지 않을 수 없다. 이러한 주장은 최적관세의 정리에 대하여 반론으로 인정되고 있으며 이 반론 가운데 대표적으로 씨토브스키(T. Scitovsky)의 이론[27]을 들 수 있다.

27) T. Scitovsky, "A Reconsideration of the Theory of Tariffs," *Review of Economic Studies*, vol. 9(2), 1941, pp. 89 ~110.

이를 다음의 〈그림 4-15〉로 알아보자. A국의 오퍼곡선을 TOC_A, B국의 오퍼곡선을 TOC_B라 하고 자유무역시의 양국간의 무역균형점을 E_0이라 하자. 여기서 A국이 Y상품을 수입하는 데 관세를 부과하게 되면, A국의 오퍼곡선은 TOC_A에서 TOC_A'로 이동한다.

이 경우에 A국의 오퍼곡선의 이동으로 무역균형점도 E_0에서 E_1로 이동하기 때문에 무역무차별곡선도 TI에서 TI'로 이동함으로써 관세를 부과한 A국의 후생은 높아질 수 있다.

그러나 여기서 다시 높은 관세가 부과되면 A국의 오퍼곡선은 TOC_A'이상으로 이동하게 되어 무역균형점도 E_1보다 왼쪽으로 이동하게 되고 무역무차별곡선도 TI'보다 아래쪽으로 이동하므로 A국의 후생은 낮아지게 될 것이다. 따라서 오퍼곡선 TOC_A를 TOC_A'까지 이동시키도록 하는 관세율은 관세부과국의 후생을 가장 높이는 관세율이 된다. 이와 같은 관세율을 최적관세율이라고 한다. 그러므로 그림에서 최적관세율의 무역균형점은 관세부과국의 무역무차별곡선이 상대국의 오퍼곡선과 접하는 점이라는 것은 분명할 것이다.

그림 4-15 최적관세

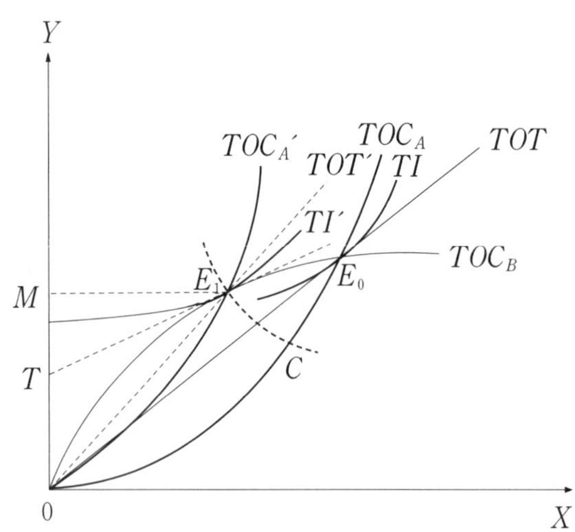

그러면 그림에서 최적관세율을 찾기 위해 최적관세가 부과되는 경우에 관하

여 고찰해 보고자 한다. 여기서 통상적인 최적상태는 당연한 것이지만 완전한 소비자 행동을 가정하고 있다. 따라서 E_1점은 국내소비균형점 C를 지나는 소득소비곡선 CE_1상에 위치하지 않으면 안 된다. C점의 국내가격비율은 E_1점에서 관세부과국의 무역무차별곡선의 접선의 기울기와 같으며, 또한 E_1점에서 상대국의 오퍼곡선의 접선의 기울기와 같다. 한편, A국이 관세를 부과한 동안에 존재하는 국제가격비율은 E_1점과 원점을 연결한 직선(TOT')의 경사로 표시된다. 국제가격비율과 A국의 국내가격비율은 A국에 수입되는 Y상품에 관하여 징수된 관세액만큼 분명히 달라지지 않으면 안 된다. 국제가격비율은 ME_1/OM이며, 국내가격비율은 ME_1/MT이다.[28] 이 두 개의 가격비율을 같도록 하는 관세율 t는,

$$(1+t)\frac{ME_1}{OM}=\frac{ME_1}{MT} \tag{1}$$

로 결정할 수 있다. 관세율 t는 (1)식을 다음과 같이 바꾸어 씀으로써 이것을 도출할 수가 있다.

$$(1+t)=\frac{ME_1/MT}{ME_1/OM}$$

그러므로,

$$t=\frac{OM}{MT}-1 \tag{2}$$

이다. 여기서 OM/MT은 분자, 분모를 OT로 제함으로써 $\frac{OM/OT}{MT/OT}$ 으로 전개할 수가 있다. 〈그림 4-15〉에서도 알 수 있는 바와 같이 $MT=OM-OT$이다.
여기서

$$\begin{aligned}\frac{OM}{MT}&=\frac{OM/OT}{MT/OT}\\&=\frac{OM/OT}{(OM-OT)/OT}\\&=\frac{OM/OT}{(OM/OT)-1}\end{aligned} \tag{3}$$

28) 국내가격과 국제가격간에는 t를 최저관세율로서 $P=(1+t)P^*$ 또는 $t=P/P^*-1$의 관계가 있다.

를 얻을 수 있다. 여기서 OM/OT이 오퍼곡선의 가격탄력성의 척도라는 것을 알고 있기 때문에 OM/OT은 ε이다.

그 위에 (3)식은

$$\frac{OM}{MT}=\frac{\varepsilon}{\varepsilon-1} \tag{4}$$

이 된다. 이것을 (2)식에 대입하면,

$$\begin{aligned} t &= \frac{\varepsilon}{\varepsilon-1}-1 \\ &= \frac{1}{\varepsilon-1} \end{aligned} \tag{5}$$

을 얻을 수 있다. 이것이 구할 수 있는 최적관세의 공식이다. 이 식은 엄밀히 말하면 상대국의 수출공급의 탄력성(ε_f)이 무한대(∞)라고 가정한 경우이며, 이 ε_f를 이 식에 도입하면,

$$t=\frac{\dfrac{1}{\varepsilon_f}+\dfrac{1}{\eta_f}}{1-\dfrac{1}{\eta_f}} \tag{6}$$

이 된다. 이것은 최적관세율의 대표적인 공식이다. 존슨[29]은 이 공식을 비커다이크 · 에지워스 · 칸 · 리틀 · 그라프공식(Bickerdike-Edgeworth-Kahn-Little-Graaff formula)이라 한다.

여기서 최적관세의 공식이 지니고 있는 몇 가지의 속성에 관하여 언급해 두고자 한다. 만약 상대국의 오퍼곡선의 탄력성이 무한대라고 하면 최적관세율은 제로(0)가 된다. 그림에서 상대국의 오퍼곡선이 오른쪽 위의 직선으로 된 경우에는 관세부과 후의 무역균형점은 관세부과국에 반드시 하위의 무역무차별곡선으로 이동하여 최적관세율이 없는 것과 같다. 때문에 이들 조건하에서는 그 나라가 바라는 어떠한 양도 무역할 수 있는 소국은 어떠한 관세라도 일체 부과하지 않는 것이 자국에 유리하다는 것을 알 수 있다.

또 상대국의 오퍼곡선의 탄력성이 1이라고 하면 관세부과국은 대개 무한대와

29) M. G. Johnson, *International Trade and Economic Growth ; Studies in pure Theory*, Allen & Unwin, London, 1958 (Chapter 2 and Appendix), pp. 31~61.

같은 관세를 부과하여야 한다. 그리고 마지막으로 상대국의 오퍼곡선의 탄력성이 1보다 작은 경우에는 최적관세의 공식은 부(−)의 값이 될 것이다. 이것은 외국의 오퍼곡선이 비탄력적인 경우 어떠한 최적관세도 존재하지 않을 것이라 생각할 수 있다. 때문에 관세를 부과하는 나라는 상대국의 오퍼곡선의 탄력적인 부분의 어딘가로 이동하는 것이 항상 유리할 것이다. 왜냐하면 이 나라는 그렇게 함으로써 보다 높은 무역무차별곡선에 도달할 수 있기 때문이다.

2 최대수입관세

관세는, 한편으로는 관세를 부과하는 수입국의 교역조건을 개선시키지만, 다른 한편으로는 무역량을 감소시킨다. 관세를 부과하는 나라의 후생을 최대로 하는 관세율을 규명하기 전에, 관세를 부과하여 최대로 징수할 수 있는 관세율은 어느 수준에서 결정되는가를 먼저 알아보고자 한다.

최대수입관세(maximum revenue tariff)란 과세국의 관세수입을 최대로 하는 관세를 말하며, 이 관세율을 최대수입관세율(maximum revenue tariff rate)이라

그림 4-16 최대수입관세

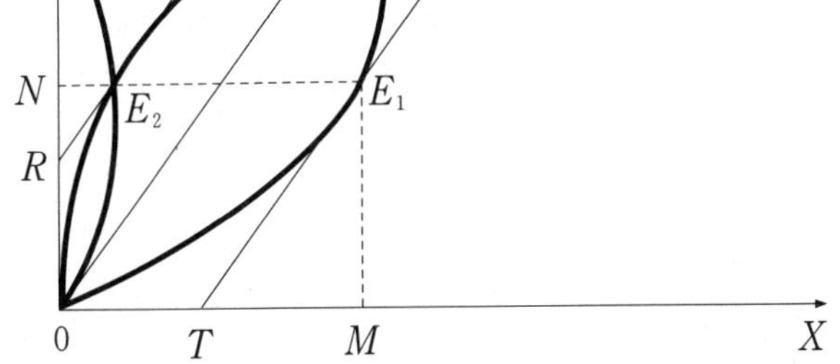

한다.

이를 위의 〈그림 4-16〉으로 설명하고자 한다.

관세를 부과하는 수입국(A국)에서 자유무역시의 오퍼곡선을 TOC_A로 하고, 관세부과 후의 그것을 TOC_A'로 하자. 자유무역시에 양국 간의 균형점은 E_0이고, 관세부과 후에는 E_2점에서 B국의 오퍼곡선(TOC_B)과 교차하도록 하자. 만약 어느 횡축과 나란한 선상에서 두 개의 오퍼곡선의 접선의 기울기가 똑같게 되면 두 개의 오퍼곡선의 좌우의 간격은 이 점에서 최대가 될 것이다. E_2와 E_1은 이와 같은 점이라고 하자. 여기서 관세의 부과로 오퍼곡선 TOC_A가 TOC_A'로 이동하는 경우 관세수입은 E_1점과 E_2점과의 간격의 길이로 표시된다. 이렇게 하면 이 간격은 최대가 되기 때문에 이와 같은 경우의 관세율을 최대수입관세율이라 할 수 있다. 그러므로 최대수입관세율이 되기 위한 조건은 TE_1선의 기울기와 RE_2선의 기울기가 같기 때문에,

$$\frac{TM}{E_1M} = \frac{NE_2}{NR}$$

로 볼 수가 있다. 또 이 경우 X상품으로 표시한 국내가격 P, 국제가격 P^*는,

$$P = \frac{OM}{E_1M}, \quad P^* = \frac{NE_2}{ON}$$

이며, 이 양자에는 $\bar{t}$를 최대수입관세로서 $P = (1+\bar{t})P^*$, 또는 $\bar{t}P/P^*-1$의 관계가 있기 때문에 이에 위의 식을 대입하면 최대수입관세율은,

$$\begin{aligned}\bar{t} &= \frac{OM}{E_1M} \cdot \frac{ON}{NE_2} - 1 \\ &= \frac{OM}{MT} \cdot \frac{ON}{NR} - 1 \\ &= E_d \cdot E_f - 1 \qquad (9)\end{aligned}$$

로 표시된다. 여기서 E_f는 수출국인 B국의 오퍼곡선의 탄력성, E_d는 수입국인 A국의 오퍼곡선의 탄력성이다. 이것을 양국의 수입수요의 탄력성으로 표시하면 최대수입관세율은 또,

$$\bar{t} = \frac{\frac{1}{\eta_f} + \frac{1}{\eta_f} - \frac{1}{\eta_f} \cdot \frac{1}{\eta_d}}{\left(1 - \frac{1}{\eta_f}\right)\left(1 - \frac{1}{\eta_d}\right)} \qquad (10)$$

가 될 것이다. η_f는 수출국인 B국의 수입수요의 탄력성, η_d는 수입국인 A국의 수입수요의 탄력성이다. 이들의 결과는 관세수입이 전액 수출상품에 지출되는 경우로 가정되어 있다. 관세수입이 전액 수입상품에 지출되는 경우는 양 오퍼곡선의 상하의 간격이 최대가 되는 데서 최대수입관세율이 결정된다. 따라서 관세수입이 수출상품에 지출되는 경우나, 수입상품에 지출되는 경우에도 최대수입관세율을 산출하는 공식은 동일하다. 또 최대수입관세율은 양 오퍼곡선이 탄력적인 범위 외에는 존재하지 않는다. 따라서 $E_f \geqq 1$, $E_d \geqq 1$, $\eta_f \geqq 1$, $\eta_d \geqq 1$이다.

3 최대수입관세와 최적관세와의 관계

앞에서 설명한 바와 같이 관세부과국의 후생을 최대로 높이는 관세를 최적관세라 하고, 관세부과국의 관세수입을 최대로 징수하는 것을 최대수입관세라 한다.

최적관세율(t)과 최대수입관세율($\bar{t}$)과의 크기를 비교해 보자. 최대수입관세율의 (10)식에서 최적관세율의 (7)식을 차감하면,

$$\bar{t}-t=\frac{\dfrac{1}{\eta_d}}{\left(1-\dfrac{1}{\eta_d}\right)\left(1-\dfrac{1}{\eta_f}\right)}$$

가 되어, 이 결과 $\bar{t} \geqq t$이라는 것을 알 수 있다. 말하자면 최대수입관세율은 최소한도 최적관세율과 같고, 통상 그것을 상회한다. 그러므로 $\bar{t}=t$가 되는 극한적인 경우에는 관세부과국의 수입수요의 탄력성이 무한대, 즉 $\eta_d=\infty$의 경우이다. 이것은 관세부과국이 대국으로 막대한 수요가 있을 때에는, 바꾸어 말하면 상대국이 소국일 때에는 관세부과국이 최대수입관세를 부과하면 반드시 최적관세가 실현된다는 것을 의미한다. 이에 대하여 관세부과국이 소국일 때에는 최적관세율은 제로(0)가 되어 최대수입관세율과 최적관세율의 차이는 클 것이다.

이와 같은 최적관세와 최대수입관세와의 관계는 다음의 의미에서 유용하다. 수입수요의 탄력성을 측정하기 어려워 최적관세율을 구한다는 것은 사실상 불가능에 가깝다. 최적관세율은 실제로 측정할 수 없기 때문에 정책적으로 사용이 가능한 개념이 아니라는 것은 널리 알려져 있다. 이에 대하여 관세수입이 어떻게 변

화하는가에 관한 측정은 비교적 가능할 것이다. 따라서 최대수입관세율은 수입수요의 탄력성에 의하지 않아도 근사치를 구할 수 있을 것이다. 그렇게 하면 위의 최적관세율과 최대수입관세율의 관계에서 최대수입관세율을 구할 수 있다고 한다면 그 관세율은 이미 최적관세율을 상회하는 것이며, 그러므로 관세부과국이 소국에 가까울수록 보다 큰 최적관세율을 상회한다.

4 관세율과 이익 · 불이익

한편, 관세에 의한 이익과 불이익이라는 측면에서 고찰해 보자. 관세의 부과는 관세부과국의 교역조건을 개선시킬 수 있는 반면, 수입량을 감소시킨다. 수입량의 감소는 경제후생상 불이익이기 때문에 관세부과에 의해 교역조건을 개선시켜도 반드시 이익을 가져오리라고 단언할 수 없다. 그러나 일정한 관세율을 적용하면 관세부과국의 교역조건이 유리한 경우도 있다.

그러면 관세에 관한 규범적(normative) 분석을 해 보자. 위의 〈그림 4-17〉과 같이 관세의 이익과 불이익을 소비자잉여와 생산자잉여의 합계가 되는 총잉여

그림 4-17 관세와 잉여

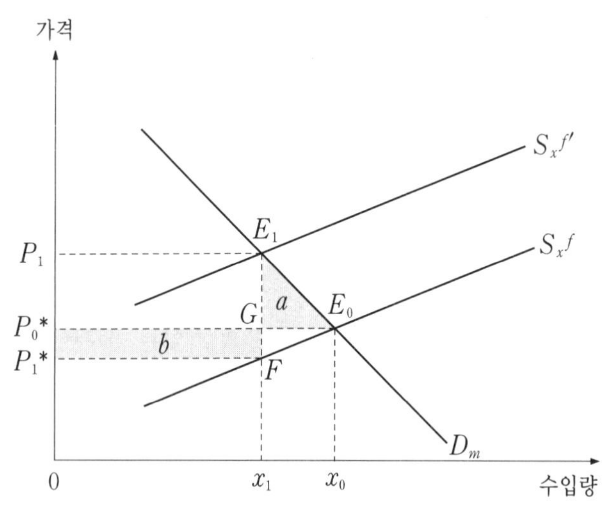

로 고찰하고자 한다. 그림에서 관세의 부과가 관세부과국의 수입상품의 국제가격을 $0P_0$*에서 $0P_1$*로 인하시킴으로써 수입량은 $0x_0$에서 $0x_1$으로 감소한 것으로 나타나 있다. 한편, 관세의 부과는 관세부과국의 수입상품의 국내가격을 $0P_0$*에서 $0P_1$으로 인상시킨다.

이들의 결과 관세의 부과는 관세부과국의 총잉여를 $P_1E_1E_0P_0$*의 면적만큼 감소시키는 반면, $P_1E_1FP_1$*의 면적만큼 관세수익을 징수할 수 있다. 여기서 관세수입이 소비자에게 배분되는 것으로 가정하면, 이 가정에 따라 관세부과국은 이익이 될 것이다. 이렇게 보면 관세의 부과는 P_0*GFP_1*의 b면적으로 표시된 이익과 E_1E_0G의 삼각형으로 된 a면적의 손실이 발생하게 된다. 여기서 a를 관세부과에 의한 총잉여의 감소(절대치)라 하고 b를 관세수입의 증가라 할 때, 교역조건을 개선시키는 관세의 부과가 관세부과국에 주는 순이익은,

$$b-a$$

로 표시된다.

따라서 순이익을 얻을 수 있기 위해서는,

$$a<b$$

라는 조건이 충족될 필요가 있다.

그러면 관세율의 인상과 a, b의 면적 간에는 어떤 관계가 있는가.

먼저, 관세율과 b면적과의 관계를 보자. 그림에서와 같이 관세부과국의 수입수요곡선(D_m)과 상대국의 수출공급곡선(S_x)의 상태가 불변일 때 관세율을 인상하면 균형점(E_0)은 S_x선을 따라 F점으로 이동한다. 그러므로 b의 면적만큼 관세를 상대국에 전가시킨다. 관세율을 계속 높여 극단적으로 금지적 관세일 때 관세수입 b는 제로(0)가 된다. 이처럼 관세수입은 관세율이 제로(0) 관세와 금지적 관세 사이의 어느 일정 수준에서 최대가 된다. 이와 같은 관세율과 관세수입인 b면적과의 관계는 〈그림 4-18〉에서 위쪽의 곡선(b)으로 표시되어 있다.

다음으로, 관세율과 a의 면적과의 관계를 보자. 초기의 무역상태인 E_0점에서 관세를 인상하면 E_0점은 D_m선을 따라 E_1점으로 이동한다. 따라서 a면적은 관세율이 높으면 높을수록 커진다. 이 관세율과 a면적과의 관계도 〈그림 4-18〉에서 아래쪽의 곡선으로 표시되어 있다.

그러면 관세가 관세부과국에 미치는 순이익 $b-a$는 b곡선에서 a곡선을 뺀 것이 된다. 이 때 a곡선과 b곡선은 위로 향한 凸형의 포물선이기 때문에 곡선도 마찬가지로 같은 방향의 포물선이 된다. 따라서 $b-a$곡선은 최대치를 가진다. 그림에서는 t_1의 관세율 수준에서 최대치를 가지며, 이것은 관세부과국의 순이익을 최대로 하는 관세율이 될 것이다. 이 관세율을 최적관세율이라 한다.

그림 4-18 관세율과 이익 · 불이익

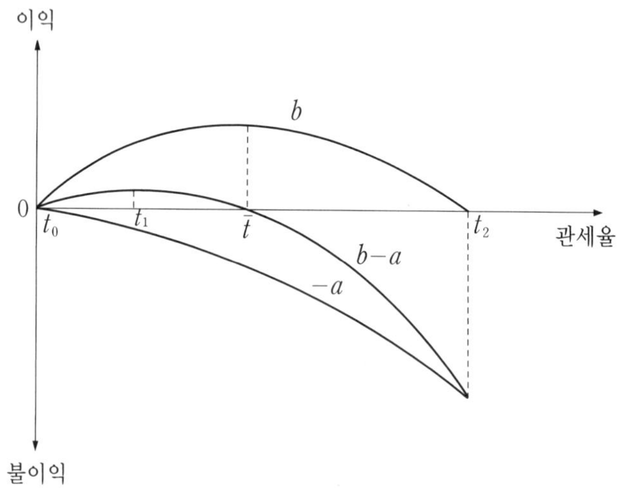

또 b곡선이 최대치를 갖는 관세율 $\bar{t}$는 관세수입을 최대로 하는 관세율이기 때문에 최대수입관세율이라 한다. 최대수입관세율과 최적관세율은 반드시 일치하는 것이 아니라 통상 전자가 후자보다 크다는 것은 그림으로 보아도 알 수 있다.

만약 최적관세율을 이와 같이 구할 수 있다면 최적관세율에 의한 관세정책은 자유무역정책보다도 바람직할 뿐만 아니라 국제무역에 있어서 가장 바람직한 정책이라 할 수 있을 것이다. 그렇지만 최적관세라는 것은 다음과 같은 문제점을 안고 있다.

첫째, 최적관세율은 현실적으로 구해질 수 없는 것이다. 왜냐하면 총잉여, 즉 소비자잉여와 생산자잉여를 그렇게 간단히 구할 수 있는 성질의 것이 아니기 때문이다.

둘째, 최적관세율이 가령 구해진다 해도 최적관세율은 상대국이 보복관세를 부과하지 않는다는 것을 전제로 하고 있다. 그러나 현실적으로 그와 같은 상황은 있을 수 없다. 한 나라가 수입품에 관세를 부과하면 상대국은 이 나라의 수출품에다 보복관세를 부과하게 될 것이다. 이것은 상호 무역의 축소를 가져오게 되며, 무역의 축소는 무역이익의 상실이다. 따라서 보복관세가 부과되면 최적관세의 이익은 크게 감소될지도 모른다. 이와 같은 이유에서 최적관세라 할지라도 관세정책이 자유무역보다도 유리한 정책이라고는 반드시 주장할 수 없는 것이다.

5 보복관세와 관세순환

(1) 보복관세

한 나라가 상대국으로부터 수입하는 상품에 대하여 관세를 부과하여 이익을 얻는다면, 그 상대국은 그에 상응하는 불이익을 입게 될 것이다. 그러므로 한 나라가 관세를 부과하면 불이익을 받는 상대국은 이에 대한 보복으로 자국의 수출상품에 관세를 부과하여 대항하게 될 것이다. 이와 같이 한 나라의 관세부과에 대한 보복으로 상대국이 관세를 부과하여 대항하는 관세를 보복관세(retaliative tariff)라고 한다. 그러므로 상대국의 보복관세 또는 자국이 부과한 관세보다 더 높은 관세로 보복을 받는 경우도 있을 것이다. 이와 같이 무역상대국이 상호 경쟁적으로 관세율을 인상시킴으로써 자유무역하에서 보다도 무역량은 축소되어 종국적으로는 무역이 없는 상태까지 비화할 것이다. 그러나 이와 반대로 무역당사국이 무역에 의한 이익을 찾아 상호 관세율을 낮추어 무역량을 증대시켜 자유무역을 발전시켜 나가는 경우도 있다.

이와 같이 관세율을 연쇄적으로 보복적으로 인상시켜 상호 불리한 상태가 되거나, 이를 인하시켜 무역확대에 의한 이익을 상호 향유하도록, 즉 양국이 고관세와 저관세 사이를 왔다갔다 하는 상태를 관세순환(tariff cycle)이라 한다.

보복관세는 씨토브스키(T. Scitovsky)[30]에 의하여 최적관세에 대한 하나의 비판으로서 논의되어 왔다. 그러나 존슨(H.G. Johnson)[31]은 상호 보복관세가 부과

30) T. Scitovsky, *op. cit.*, pp. 89~110.
31) H.G. Johnson, *op. cit.*, pp. 31~61.

그림 4-19 보복관세

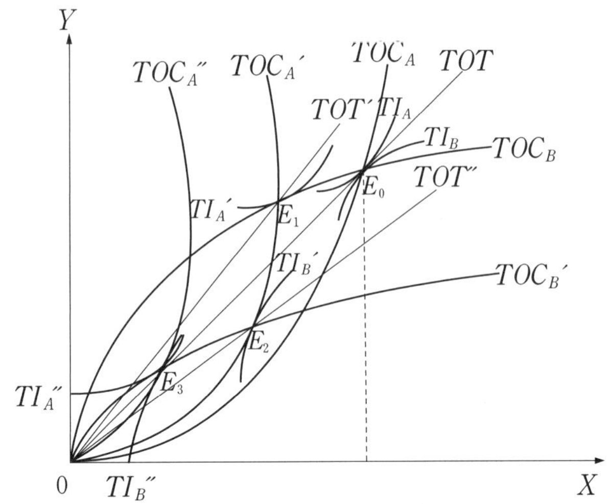

되는 경우라도 자유무역의 경우보다는 관세부과국이 이익을 얻을 가능성이 있다는 것을 분명히 하였다.

〈그림 4-19〉에서 A국의 오퍼곡선은 TOC_A, B국의 오퍼곡선은 TOC_B로 하여, 자유무역시에 양국 간의 무역균형점은 E_0점이라 하자. 여기서 A국이 먼저 B국으로부터 수입하는 Y상품에 최적관세를 부과하였다고 하자. 이 때 새로운 무역균형점은 A국의 오퍼곡선이 TOC_A에서 TOC_A'로 이동함으로써 E_1점이 될 것이다. 이 때 B국은 새로운 A국의 오퍼곡선(TOC_A')에 직면하여 스스로 최적관세를 부과하려 할 것이다. B국의 무역무차별곡선과 새로운 A국의 오퍼곡선과의 접점을 결정하는 동일한 절차를 걷게 됨으로써 B국은 최적관세를 찾는 것은 가능하며 그 오퍼곡선을 TOC_B'로 수정한다. 또다시 새로운 무역균형점은 E_2점으로 이동하게 된다. 이 E_2점에서 B국은 E_1점에 있어서보다도 높은 무역무차별곡선상에 있다.

(2) 관세순환

관세순환(tariff cycle)이란 무역당사국이 고관세와 저관세 사이를 왔다갔다 하는 상태를 말한다.

보복(retaliation)과 역보복(counter-retaliation)의 관세는 몇 번이고 반복될

수가 있다. 관세를 부과한 B국의 새로운 오퍼곡선에 직면하여 A국은 자신의 관세구조를 재검토하여 B국의 반작용에 비추어 그것을 개정하려 할 것이다. 이와 같이 반복되는 관세부과로 새로운 무역균형점은 그림에서와 같이 주어진 곡선이라고 하면 어느 것이라도 최적관세조건을 충족시키고 있기 때문에 상대국의 주어진 오퍼곡선과 자국의 무역무차별곡선과의 접점에 위치한다는 것은 분명하다.

그림 4-20 관세순환

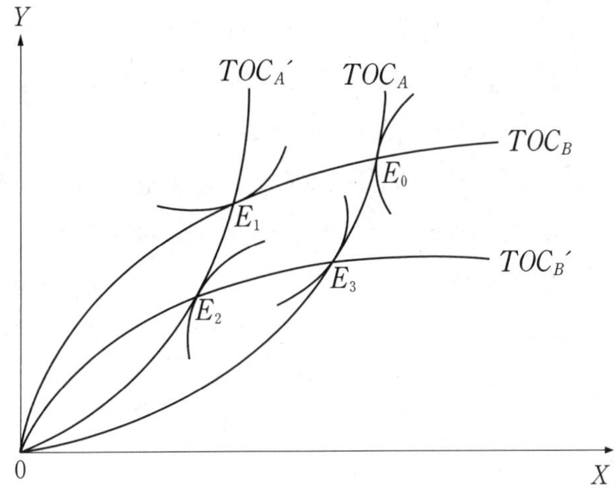

그러나 다른 나라의 관세정책에 대한 최적의 대항수단으로서 악용되는 각각의 보복관세가 무역당사국 간의 무역량을 점점 축소시키게 된다는 결과에 주목하여야 할 것이다. 〈그림 4-20〉에서 알 수 있는 바와 같이 자유무역하에서는 A국이 $0x$량의 X상품을 수출하고 그 대가로 E_0x량의 Y상품을 수입하던 것이, A국이 먼저 관세를 부과함으로써 무역균형점은 E_0에서 E_1으로, 여기에 B국이 보복관세를 부과함으로써 무역균형점은 다시 E_1에서 E_2으로 감소하게 된다.

이와 같이 보복과 역보복의 과정이 무한대로 진행되어 최종적으로 무역량이 제로(0)로 감소할 때까지 보복이 계속될 경우에는 무역 이전의 폐쇄상태로 되돌아가게 되는 심각한 문제가 발생하게 된다.

〈그림 4-20〉과 같이 무역무차별곡선과 오퍼곡선은 관세순환을 출현시키도

록 특수한 위치를 부여하고 있는지도 모른다.

이 그림에서 양국의 오퍼곡선인 TOC_A와 TOC_B가 교차하는 E_0점은 쌍방이 각각의 수입품에 약간의 관세를 부과하고 있는 초기상태라 하자. 여기서 A국은 최적관세를 부과함으로써 E_0점에서 E_1점으로 이동하는 것이 유리하다는 것을 알 수 있을 것이다. 그러므로 A국이 관세의 부과로 오퍼곡선을 TOC_A에서 $TOC_{A'}$로 이동시킨다. 이 새로운 오퍼곡선에 직면한 B국은 스스로 최적관세를 부과하여 오퍼곡선을 $TOC_{B'}$로 이동시켜 새로운 균형점 E_2에 도달하려고 할 것이다. 여기서 A국은 자국의 이전 움직임을 다시 고찰해 보자. A국 자신의 무역무차별곡선의 하나가 B국의 새로운 오퍼곡선 $TOC_{B'}$상의 E_3에 접해 있고, E_3점은 당초의 A국의 오퍼곡선상에 있기 때문에 A국은 자국의 원래의 관세로 복귀하려 할 것이다.

이러한 상태를 다시 고찰하고자 하는 것은 B국이다. B국의 무역무차별곡선의 하나가 A국의 오퍼곡선 TOC_A와 E_0점에서 접해 있는 것은, B국이 당초의 관세수준에 복귀하여 오퍼곡선 TOC_B에 따라 무역을 하고자 하는 것이다. 이것은 E_0점에로의 복귀를 의미한다. E_0점에서 A국은 다시 관세를 부과하는 것이 유리하다고 생각할 것이다. 이것은 다시 E_1점으로 이동하여 관세순환에서 새로운 순환이 개시된다.

실효보호관세

제 5 장

1. 실효보호관세의 의의

2. 실효보호율의 산출식과 관련 주제

3. 실효보호관세론과 연관구조

4. 실효보호관세의 정책적용

5. 실효보호관세론의 문제점과 평가

▶ 실효보호관세란 관세의 보호정책에 의해 창출되는 실질적인 국내부가가치의 증가를 말한다.

▶ 관세정책이 실제로 국내산업에 미치는 보호효과를 판단하기 위해서는 원재료 · 중간재가 국제무역에 점하는 비중을 감안할 때, 한 산업의 보호정도는 경쟁상품의 수입에 부과되는 명목관세율이 아니라 그 산업의 단위부가가치에 대한 보호율, 즉 실효보호관세율로 측정되어야 한다.

▶ 이런 관점에서 첫째, 실효보호관세의 의의, 개념, 특징, 연혁 등을, 둘째, 실효보호율의 산출공식과 연관된 주제, 그리고 실효보호율의 기하학적 모델을 설명한다. 셋째, 관세 구조, 즉 경사관세구조와 균일관세구조의 경제적 의의와 장단점을 비교하고, 관세구조와 관련된 정책사례와 논쟁을 소개한다. 넷째, 실효보호관세의 정책적용, 즉 필리핀의 관세정책을, 그리고 마지막으로 실효보호관세론의 문제점과 평가 등을 소개한다.

1. 실효보호관세의 의의

지금까지의 분석에서는 각국이 생산하고 무역하는 상품은 최종소비재라고 가정하여 왔다. 이 가정은 현실을 아주 단순화시킨 것이지만 여러 목적으로 볼 때 유용한 것이었다. 그러나 실제로 관세정책이 국내산업에 미치는 보호효과를 판단하기 위해서는 원재료 · 중간재가 국제무역에 점하는 비중을 간과해서는 안 된다. 오늘날 선진국이나 개도국을 불문하고 폭넓게 사용되고 있는 관세정책의 지침은 원재료 · 중간재에 대한 관세율을 가능한 한 낮은 율로 억제하고, 가공도가 높은 완제품의 수입에 대한 관세율을 높게 설정한다는 원칙을 세우고 있다. 이 원칙에 따른 정책운용의 결과로서 세계 각국의 관세구조(tariff structure)는 가공도가 높아짐에 따라 관세율도 높은 경사관세(tariff escalation)의 특징을 지니고 있다.

이러한 상황하에서 각 품목에 대한 실효보호의 정도는 그 수입에 부과되는 명목적인 관세율만으로는 판단할 수 없다. 실제로 가공도가 높은 산업에 대한 실효보호관세는 가끔 명목적인 관세율을 적용하는 것보다 훨씬 양호한 것이라 생각할 수 있다. UNCTAD에서는 이러한 관점에서 선진 제국의 경사관세가 개도국의 제품수출에 대하여 큰 장해가 되고 있다는 것이 지적되어 '원조보다는 무역을' 이라는 슬로건이 개도국들로부터 상당한 갈채를 받은 바 있다.

존슨(H.G. Johnson), 발라사(B. Balassa) 등[1)]의 비교적 초기의 연구에서 볼 수 있는 관세에 의한 한 산업의 보호 정도는 경쟁상품의 수입에 부과된 명목관세

1) H. G. Johnson, "The Theory of Tariff Structure with Special Reference to World Trade and Development," in H. G. Johnson and P. B. Kenen, eds., *Trade and Development, Geneva Librairic* Droz, 1965.
B. Balassa, "Tariff Protection in Industrial Countries An Evaluation," *Journal of Political Economy*, vol. 73, 1965, pp. 579～594.

율이 아니라 그 산업의 단위부가가치(unit value added)에 대한 보호율로 적절하게 표시한 것이 아닌가라는 사고에 입각한 것이다.

이 장에서는 지금까지의 모델을 확장하여 원재료 · 중간재무역을 고려하여 실효보호관세의 개념과 그 적절한 지표를 밝히고자 한다.

1 실효보호관세의 개념

먼저 실효보호관세(effective tariff of protection)의 개념을 명확히 해 둘 필요가 있다. 이를 위해 우선 보호(protection)의 개념을 확실히 해 두고자 한다.

제3장에서와 같이 부분균형분석의 여러 가지 가정에 의거한 관세이론[2]에 따르면 관세부과는 ① 생산효과, ② 소비효과, ③ 재정수입효과, ④ 재분배효과, ⑤ 소득효과, ⑥ 고용효과, ⑦ 국제수지효과와 ⑧ 교역조건효과 등을 유발한다. 이 중 생산효과란 수입상품에 관세를 부과하여 그 가격을 높임으로써 수입상품과 경쟁하는 국내생산품을 보호하는 효과를 의미한다. 이러한 보호를 다른 각도로 보면 국내생산의 부가가치를 증대시키는 것이라 할 수 있다. 이를 다음의 예로 설명하도록 하자.

먼저, 다음과 같은 가설의 예를 생각해 보자.

지금 관세가 전혀 없는 자유무역하에서 초콜릿이 해외로부터 1kg당 1,000원으로 일정량이 수입된다고 하자. 이 경우에는 국내의 초콜릿 산업도 1kg당 1,000원으로 일정량이 생산될 것이다. 여기서 국내의 초콜릿 산업을 보호하기 위하여 초콜릿의 수입에 대하여 30%의 관세를 부과한다고 하자. 그 결과 초콜릿의 가격은 국내에서 1kg당 1,300원이 될 것이다.

종래의 전통적인 방법에 의하여 이러한 관세에 의한 산업보호의 효과는 명목관세율 30% 그 자체로 측정할 수 있어 명목관세율이 높으면 보호의 효과도 그만큼 높아진다고 생각하여 왔다.

그런데 초콜릿을 생산하는 데는 여러 가지 투입재(원재료 · 중간재)가 사용되며, 이러한 투입재에도 관세가 부과되는 경우에는 이와 같은 방법으로 끝나는 것

2) 이를 통상 전통적 관세이론 내지는 명목관세론이라 한다.

일까. 예를 들면, 초콜릿 1kg을 생산하는 데 카카오두 2kg(1kg당 400원)을 투입하고 있는 경우, 이 카카오두에 대하여 관세율 10%의 관세가 부과될 때(카카오두의 국내가격은 1kg당 440원이 된다)와 20%의 관세가 부과될 때(카카오두의 국내가격은 1kg당 480원이 된다)에 초콜릿에 부과하는 관세의 산업보호의 효과는 모두 초콜릿에 대한 명목관세율이 30%일 때와 동일하다고 볼 수 있는가.

그리고 잼(1kg당 5,000원)에 관세가 30% 부과되고, 잼의 생산에 투입되는 설탕(1kg당 500원)에 일정률의 관세가 부과되는 경우 초콜릿과 잼에서 산업보호의 효과는 동일하다고 보아야 할 것인가(양자의 명목관세율이 동일할 때).

이상 가설의 예와 같이 투입재에도 관세가 부과될 경우, 수입되는 완제품(초콜릿)에 부과되는 관세율이 높고 여기에 투입되는 원재료(카카오두)에 부과되는 관세율도 역시 높으면 '수입되는 완제품과 경합되는 상품'을 생산하는 국내산업 ―수입경쟁상품을 생산하는 산업(국내 초콜릿 산업)―의 보호의 정도가 낮아지게 될까?

말하자면 종래와 같이 명목관세율의 크기만으로는 관세의 산업보호효과를 알 수 없으며, 그 효과를 정확하게 파악하기 위해서는 투입재에 부과되는 관세율도 함께 고려하지 않으면 안 된다.

여기에 코든(M. Corden)[3]은, 이러한 완제품(수입경쟁상품)의 가격에서 투입되는 상품, 즉 투입재(inputs)의 가격을 차감하여 구할 수 있는 부가가치에 착안하였다. 이 부가가치가 관세를 부과하기 전과 후에 어느 정도 변화하는가를 가지고 관세의 산업보호의 정도를 측정할 수 있다. 여기서 얻어지는 변화의 비율을 실효보호율(effective rate of protection)이라고 한다.

즉, 수입경쟁산업의 실효보호율의 값이 상대적으로 크다는 것은 관세의 부과에 의한 부가가치의 증가비율이 상대적으로 크다는 것을 의미한다. 따라서 관세를 부과하면 그러한 산업의 생산규모가 확대하여 그 산업에서 사용되는 노동·자본이라는 자원(제1차 생산요소)이 증가하는 것으로 예측할 수 있다.

반대로 실효보호율의 값이 상대적으로 작은 산업은 생산규모의 확대가 상대적으로 작아지든가 또는 그 규모가 축소하게 될 것이다. 이와 같이 수입경쟁산업

3) W. M. Corden, "The Structure of a Tariff System and the Effective Protective Rate," *Journal of Political Economy*, 1966.

에서 사용되고 있는 자원이 다른 산업으로 이동할 가능성이 있다고 생각할 수 있다. 결국 실효보호율은 자원이동의 방향을 예측시키는 것이라 할 수 있다.

그러면 앞의 가설 예에 따라 이를 구체적으로 설명해 보고자 한다.

① 완제품(초콜릿) 수입시 관세(30%)를 부과한 후의 국내 초콜릿 산업의 부가가치는,

㉮ 카카오두의 관세가 10%인 경우

〔1,300원−(440원×2kg)=420원〕

㉯ 카카오두의 관세가 20%인 경우

〔1,300원−(480원×2kg)=340원〕

로부터 각각 1kg당 420원과 340원이 된다.

② 완제품(초콜릿) 수입시 관세를 부과하기 전에 국내 초콜릿 산업의 부가가치는 200원, 즉 (1,000원−400원×2kg)이 된다.

따라서 국내 초콜릿 산업의 실효보호율은,

㉮ 카카오두의 관세가 10%인 경우

$$\left(\frac{420-200}{200}=1.1\right)$$

㉯ 카카오묘의 관세가 20%인 경우

$$\left(\frac{340-200}{200}=0.7\right)$$

로 각각 110%와 70%가 된다. 또 잼 산업에 부과되는 실효보호율은 잼 1kg을 생산하는데 설탕 5kg을 사용하는 것으로 상정하면 50%가 된다.

이와 같이 투입재에 부과되는 관세율의 크기 여하에 따라 실효보호율의 값, 즉 산업보호의 효과는 상이하게 된다. 앞의 가설의 예로 알 수 있는 바와 같이 잼 산업보다 초콜릿 산업이 그 생산규모가 상대적으로 확대하여 전자로부터 후자로 자원이 이동할 가능성이 있다고 예상할 수 있다.

이상의 실효보호율(g)을 간단한 식으로 표시하면 다음과 같다.

$$g=\frac{At_a-Bt_b}{A-B}$$

여기서 A는 완제품, B는 투입재의 가격, t_a는 수입되는 완제품에 부과되는 관세율이며, 그리고 t_b는 투입재(수입원료)에 부과되는 관세율이다.

구체적으로 초콜릿 산업의 예를 들면 다음과 같다.

$$g= \frac{(1,000 \times 30\%) - (800 \times 20\%)}{1,000-800}$$

이므로, 이 산업의 실효보호율은 70%이다.

경사관세(tariff escalation)란 제조업을 보호하는 관점에서 원재료에 부과하는 관세율을 낮게 하고 제품의 가공도가 높음에 따라 그 관세율을 높게 하는 제도인데, 이와 같은 실효보호율을 적용하면 이러한 제도의 성격을 명확하게 알 수 있다. 즉, 앞의 공식에서 알 수 있는 바와 같이 수입되는 완제품에 부과되는 관세율 t_a와 투입재에 부과되는 관세율 t_b가 동일한 값이라면(초콜릿과 카카오두에 부과되는 관세율이 동일하면) 실효보호율과 명목관세율의 값은 같아진다. 그렇지만 경사관세하에서 수입되는 투입재에 부과되는 관세율(t_b)이 낮으면(초콜릿보다도 카카오두의 관세율이 낮으면) 실효보호율은 명목관세율보다 크게 된다.

예를 들어 초콜릿과 카카오두에 관세율이 30%로 동일하면 초콜릿의 실효보호율은 같은 30%가 되지만, 초콜릿의 관세율이 30%이고 카카오두의 관세율이 20%의 경우에는 전술한 바와 같이 실효보호율은 70%가 되어 명목관세율보다 높아진다.

이러한 내용을 여러 가지 예를 들어 정리하면 다음의 〈표 5-1〉과 같다.

한편, 생산요소에 대한 보수(rewards)는 곧 부가가치(value added)이므로[4] 결국 보호라 함은 국내부가가치($A-B$)를 증대시킴을 의미한다. 즉, 이 경우 20%의 관세부과는 같은 비율만큼 국내생산의 부가가치를 증가시키게 된다.

이상의 예에서 우리는 완제품의 생산에 사용되는 국내원재료에 대해서는 전

4) 부가가치(value added)=총생산액(gross product)-(원재료비+감가상각비)=순생산액(net product)
한편, 부가가치는 다음과 같이 구성되어 있다.
부가가치=임금+지대+이자+순이윤
단순화를 위해 이윤을 무시하면 생산요소인 토지 · 노동 · 자본에 대한 보수인 지대 · 임금 · 이자의 증가는 곧 부가가치의 증가를 의미한다.

혀 고려하지 않았다. 만약 완제품의 가격이 일정할 때 국내원재료의 가격이 상승한다면 부가가치는 감소할 것이다.

■ <표 5-1> 실효보호율의 산출예

구 분 \ 산출예	Ⅰ	Ⅱ	Ⅲ	Ⅳ	Ⅴ	Ⅵ
1. 완제품(초콜릿)가격 : A	1,000	1,000	1,000	1,000	1,000	1,000
2. 수입원료(카카오두) 가격 : B	0	800	800	800	800	800
3. 완제품의 관세율 : t_a	30%	30%	30%	30%	30%	30%
4. 완제품 가격의 증가액 : At_a	300	300	300	300	300	300
5. 수입원료의 관세율 : t_a	0%	0%	10%	20%	30%	40%
6. 수입원료가격의 증가액 : Bt_a	0	0	80	160	240	320
7. 국내부가가치 : A-B	1,000	200	200	200	200	200
8. 국내부가가치의 증가액 : At_a–Bt_a	300	300	220	140	100	-20
9. 실효보호율 : At_a–Bt_a / A–B	30%	150%	110%	70%	30%	-10%

사실상 국내에서 완제품을 생산할 때, 투입되는 원료는 국내원재료뿐만 아니라 이 상품의 생산에는 수입원료도 사용되는데, 이에 대해 관세가 부과된다면 원료의 가격이 상승하게 되어 완제품의 가격이 일정할 때 부가가치는 감소하게 된다.

즉, 단위당 1,000원인 완제품 1단위의 국내생산에 800원의 수입원료가 사용된다고 하면 관세부과 전 부가가치는 200원(=1,000원-800원)이 된다. 이제 30%의 관세가 이 완제품에 부과되면 관세액은 300원이 되며, 이 금액은 완제품 수입가격의 증가액으로서 바로 부가가치의 증가액이 된다. 따라서 당초의 부가가치(200원)에 대한 증가율은 150%(300/200=1.5)가 된다. 즉, 완제품에 대해 30%, 수입원료에 대한 무(0)관세의 부과는 150%라는 국내부가가치의 증가를 가져온다는 것이다.

만약 수입원료 800원에 대해서도 완제품과 마찬가지로 30%의 관세가 부과된다면 수입원료의 가격은 1,040원이 되므로 완제품에만 관세를 부과하였을 때보다 부가가치는 40원만큼 감소하게 된다. 그러므로 국내부가가치의 증가율은 30%(=(300-240)/200)가 된다. 즉, 완제품과 중간투입재(수입원료) 모두 같은 비율의 관세를 부과하면 같은 비율의 국내부가가치의 증가율이 된다.

한편, 완제품에 대해 30%, 수입원료에 대해 40%의 관세율을 부과하면 국내 부가가치의 증가율은 -10%가 되어 국내부가가치의 증가율은 부(-)가 된다.

이상에서 본 바와 같이 관세의 보호효과를 단순히 완제품에 대한 명목관세율(nominal tariff rate)만 가지고 파악할 수 없음을 명백히 알 수 있다. 즉, 완제품에 대한 관세율뿐만 아니라, 완제품의 생산에 사용된 투입재의 관세효과도 고려해야 하며, 더 나아가 생산의 투입-산출구조(input-output structure) 등도 감안해야만 보다 정확한 관세의 보호정도를 알 수 있게 된다.

이와 같은 관세의 보호정책에 의해 창출되는 실질적인 국내부가가치의 증가를 실효보호(effective protection)라 하는데, 이는 완제품에 부과되는 관세만을 고려한 명목보호(nominal protection)와 대비되는 개념이다.

또한 이러한 관세의 보호정책에 의해 유발되는 국내부가가치의 변화율을 실효보호율(effective rate of protection)이라 하며, 이를 유효보호율 또는 실질보호율이라 할 뿐만 아니라 부가가치보호율(rate of protection of value added) 내지는 은폐된 보호율(implicit rate of protection)이라고도 한다. 이러한 실효보호율은 곧 명목보호율(nominal rate of protection)과 대비되는 개념이다.

한편, 실효보호는 관세에 의해서만 발생되는 것은 아니다. 가령 환율인상의 경우는 모든 상품에 관세를 부과한 것과 마찬가지이다. 그러므로 실효보호이론이 단순히 관세만을 고려한 이론이라고 보는 것은 잘못이다. 다만, 이 실효보호가 관세에서 원래 연유하였고 관세를 중심으로 다루어졌기 때문에 관세이론에서 다루어지고 있다.

따라서 실효보호율의 개념을 엄밀히 그리고 보다 광의로 정의하자면 관세를 포함한 각종 무역정책 및 보호구조(가령 내국세제나 환율 등)에 의해 유발되는 국내부가가치의 변화율이라고 해야 할 것이다.

2 실효보호관세론의 특징

경험적인 추계치를 통해 볼 때 무역의 대상인 대부분의 상품은 사실상 완제품뿐만 아니라 그 완제품의 생산을 위해 투입되는 원재료와 중간재의 비중이 상당히 높다 해도 과언이 아니다. 실제로 오늘날 세계 전체 무역량 가운데 중간재가 3분의 1 이상을 차지하고 있다. 이와 같은 이유 때문에 다음과 같은 주장이 대두되었다.

첫째, 전통적인 국제무역의 순수이론에서는 생산요소가 국제적으로 이동하지 않는다는 가정하에서 생산과정에 노동 · 자본과 같은 본원적 생산요소의 투입만을 고려하고 있다.

그 결과 대부분의 무역이론에서의 관심의 대상은 주로 완제품에 국한되어 왔기 때문에 바로 이 점이 무역이론의 한계 중의 하나라고 바그와티(J. N. Bhagwati)는 지적한 바 있다. 물론 이에 대해 켐프(M. C. Kemp)는 중간재의 존재를 무시하더라도 그 결과는 중간재를 고려할 때와 큰 차이가 없기 때문에 중간재는 주요 변수가 되지 못한다고 반박한 바 있다.[5)]

그러나 전통적인 명목관세이론이 순수무역이론의 여러 가지 가정에 따라 생산요소로 사용되는 중간재를 고려하지 않고 최종재만을 고려한 반면, 실효보호관세론은 순수무역이론이 도외시해 온 중간재무역에 대한 이론적 고찰을 하였다는 점이 특징이다.

둘째, 실효보호관세론의 특징은 소비측면(consumption side)보다는 생산측면(production side)의 관세이론이라는 점이다.[6)] 즉, 실효보호관세론에서는 보호의 정도가 부가가치의 변화율로 나타난다. 부가가치의 변화란 곧 생산요소에 대한 보수의 변화를 의미한다. 따라서 명목관세율이 아니라 실효보호율의 크기가 해당 상품의 순생산(net product)을 결정하며 자원의 이동방향을 암시해 주는 것이다.

그 결과 다수의 국가에서 산업정책을 개편할 때 관세정책조정의 기준을 명목관세이론에 의하기보다는 실효보호관세론에 의거하고 있는데, 이 점은 바로 실효보호관세론이 생산측면의 이론이기 때문이다.

셋째, 실효보호관세론은, 근대경제학이 주로 발전되어 온 선진공업국(미국, 영국 등)에서보다는, 소국 내지는 개도국에서 이론의 확정과 실증적 연구 및 정책

5) Bo Södersten, *International Economics*, St. Martin' s Press, Inc., 1980, pp. 211~212.
6) Wilfred J. Ethier, "General Equilibrium Theory and the Concept of the Effective Rate of Protection," *in Effective Tariff Protection*, ed. by H. G. Grubel and H. G. Johnson, Geneva, GATT, 1971, pp. 17~18.

적으로 많이 적용되어 왔다는 점이다. 즉, 캐나다, 오스트레일리아, 스웨덴, 이스라엘 등에서 일부 중요한 이론적 공헌이 있었으며, 브라질, 칠레, 멕시코, 파키스탄, 필리핀, 노르웨이 등에서 실증적 연구 및 정책적 적용이 다소 행해졌다.

이는 두 가지 관점에서 설명할 수 있다. 그 하나는 후술하는 바와 같이 이론이 소국의 가정(small country assumption)을 채택하고 있다는 점이며, 또 다른 하나는 전술한 바와 같이 생산측면의 이론으로서 산업정책의 입안기준을 제시하므로 특히 산업정책의 수립과 수정을 자주 요하는 개도국의 수요에 부응할 수 있기 때문이다.

넷째, 실효보호관세론은 명목관세이론과는 달리 특정한 품목이나 산업에 대한 개개의 관세를 설정하는 것보다는 전체적인 관세구조(tariff structure)를 강조하고 있다는 점이다.

3 실효보호관세론의 연혁

실효보호관세의 이론적 연혁을 살펴보자.[7)]

중간투입재(intermediate inputs)에 대한 관세부과가 이를 원료로 사용하는 산업의 보호효과를 감소시킨다는 점은 오래 전부터 인식되어 왔다. 이는 타우식(F.W. Taussig), 쉴러(R. Schüller), 하벌러(G. Haberler) 등의 국제무역에 대한 고전적 문헌에서 찾아볼 수 있다.

일찍이 타우식은 그의 저서인 「미국관세사」[8)]에서 모직물과 양모에 대한 관세의 관계에 대해 다음과 같은 수치 예를 들어 설명하고 있다. 즉, 모직물을 생산하는 데 드는 총비용 중 양모의 비용이 약 절반을 차지하는데 1816년의 경우 모직물에 대해서는 25%, 양모에 대해서는 15%의 관세가 부과되었기 때문에 순보호(net protection)는 17.5%〔=25%−(15%×0.5)〕이며, 1824년의 경우에는 모직물에 대해서는 $33\frac{1}{3}$%, 양모에 대해서는 30%의 관세가 부과되었기 때문에 순보호는

7) W. M. Corden, *The Theory of Protection*, Oxford University Press, 1971, pp. 245~249.
8) F. W. Taussig, *The Tariff History of the United States*, 8th ed., Capricorn Books, 1964, p. 75(초판은 1888년에 출간되었음).

$18\frac{1}{3}\%$ [$33\frac{1}{3}\%$-($30\% \times 0.5$)] 라는 것이다.

타우식보다 훨씬 뒤에 하벌러는 그의 저서인 「국제무역론」[9]에서 소위 '생산수단에 대한 수입관세'에 대해 언급하였다. 그 내용은 투입재에 대한 관세부과가 수출을 감소시키고 해당 완제품의 수입을 증가시킬 수 있으며 그 결과 국제수지의 개선에도 별로 도움이 되지 않는다는 것이다. 즉, 하벌러의 설명에 의하면 가령 면사에 대해 관세를 부과할 경우 그것을 사용하는 면포제조업자는 외국과의 경쟁력이 약화되어 생산을 감소시킬 수밖에 없다. 이 경우 면사의 수입은 사실상 감소하나 면포의 수입은 부득이 증가하게 되어 관세는 그 본래의 보호목적을 충분히 달성할 수가 없다는 것이다. 그러나 타우식이나 하벌러는 어디까지나 명목관세론의 관점에서 자신들의 논의를 전개하였으며, 엄밀한 의미에서 실효보호율의 개념을 표명한 것은 아니다.

한편, 래리(H.B. Lary)는 이와 관련한 또 다른 초기 문헌을 발견하였다.[10] 그것은 오스트리아의 경제학자인 쉴러(R. Schüller)의 저서이다. 쉴러는 1905년 그의 저서 「보호관세와 자유무역」[11]에서 관세부과로 인해 유발되는 실효보호의 개념을 수리적인 예로 제시하였다. 즉, 어떤 상품이 어느 정도 관세보호를 받는가를 알기 위해서는 그 상품의 생산에 사용되는 원료 및 반제품에 부과되는 관세도 고려해야 한다는 것이다. 그 예로서 면직물에 대하여 1미터당 100크로네(Krone)의 관세가 설정되어 있고 그 생산에 투입되는 면사의 관세가 30크로네라고 하면, 해당 면직물생산자는 그 면사를 30크로네만큼 저렴하게 구입할 수 있으므로 면직물생산에 대한 실질적인 관세보호는 70크로네에 이른다는 것이다.

그 외에도 보다 최근에 이르러 미드(J.E. Meade)는 수출입에 대한 과세 및 보조금의 분석에 있어 실효보호율의 개념을 분명히 인식하고 있었으며 적절한 수리적인 예를 제시한 바 있다.[12]

그러나 현재 우리가 인식하고 있는 것과 같은 실효보호이론을 처음으로 체계

9) Gottfried von Haberler, *The Theory of International Trade*, Hodge & Co., 1936, pp. 235~236.

10) H. B. Lary, *Imports of Manufactures from Less Developed Countries*, New York National Bureau of Economic Research and Columbia University Press, 1968, p. 119.

11) R. Schüller, *Schutzzoll und Freihandel*, Vienna und Leipzig n.p., 1905, pp. 149~150.

12) J. E. Meade, *Trade and Welfare*, London Oxford Univ. Press, 1955, pp. 157~163.

적으로 논술하고, 이것을 정책에 적용한 사람은 바버(C.L. Barber)이다.

바버는 1955년 자신의 논문인 「캐나다의 관세정책」[13]에서 '관세의 실효수준(effective level of tariff)' 이라는 용어를 최초로 사용하였다. 관세의 실효수준은 명목관세율과는 달리 수입원료가 차지하는 비율과 수입원료에 대한 관세율 여하에 따라 변화한다는 것을 명백히 밝혔다.

그 후 스웨덴관세위원회는 1956년 한 보고서에서 균일실효보호(uniform effective protection)를 기본으로 하는 자국의 관세개정을 제의한 바 있으며[14], 이것이 남미의 보호무역론자인 마카리오(S. Macario)에게 영향을 주었는데, 그도 1964년에 이와 유사한 제안을 한 바 있다.[15]

한편, 이스라엘에서도 1960년대에 실효보호율의 개념이 널리 통용되었다.[16]

특히 오스트레일리아에서는 코든(W.M. Corden)의 연구에 힘입어 이 개념이 1960년대에 전파되기 시작하였다.[17] 오스트레일리아 경제에 관한 버논(J. Vernon) 조사위원회는 관세로 인한 보호의 정도를 실제로 계측하는 것이 중요하다고 역설하였으며, 이러한 주장은 관세당국에 의해서도 받아들여졌다.[18]

그 밖에 험프리(D. Humphrey)는 1962년에 「미국과 공동시장」[19]이라는 저서에서 소위 '관세에 관한 몇 가지 경시된 면(some neglected aspects of tariffs)' 이라는 주제로 현재 우리가 실효보호라고 할 수 있는 내용을 다수 논한 바 있다.

이상과 같이 실효보호의 개념에 관한 이론적 연혁은 상당히 오래된 것이나, 실제로 실효보호율이 측정되고 응용되기 시작한 것은 1960년대 후반의 일이다.

---

13) C. L. Barber, "Canadian Tariff Policy," *Canadian Journal of Economics and Political Science*, 21(Nov. 1955), pp. 513~530.
14) Swedish Customs Tariff Commission, *Revision of the Swedish Customs Tariff*, Stockholm, SCTC, 1957.
15) S. Macario, "Protectionism and Industrialization in Latin America," *Economic Bulletin for Latin America*, 9(Mar. 1964), pp. 61~101.
16) N. Halevi, "Economic Policy Discussion and Research in Israel," *American Economic Review*, 59(Sep. 1969), pp. 92~95.
17) W. M. Corden, "The Tariff," in *The Economics of Australian Industry*, ed. by A. Hunter, Melbourne University Press, 1963.
18) J. Vernon et al., *Report of the Committee of Economic Enquiry*, Canberra, n.p., 1965, Chap. 13 and Appendix L(iv).
19) D. Humphrey, *The United States and the Common Market*, New York Praeger, 1962, pp.1~63.

즉, 레온티에프(W. W. Leontief)가 투입—산출분석(input-output analysis)을 창안하여 그것이 보급됨에 따라 투입—산출구조가 관세구조의 분야에 응용되었으며, 그 결과 각국의 투입-산출표의 작성이 실효보호율의 측정을 가능하게 하였다.

실효보호관세론에 관한 최초의 중대한 이론적인 연구는 1965년 존슨(H.G. Johnson)에 의해 이루어졌으며,[20] 최초의 두 가지 대규모 실증연구가 발라사(B. Balassa)[21]와 바세비(G. Basevi)[22]에 의해 이루어졌다.

또한 솔리고(R. Soligo)와 스턴(J. J. Stern)은 1965년에 파키스탄에 대한 실증연구에서 부(-)의 부가가치(negative value added)를 발견하였다.[23] 코든은 1966년에 비무역재, 대체성문제, 환율과의 관계 등과 같은 보다 복잡한 문제들을 최초로 다루었으며, 동시에 이 이론을 일종의 일반균형으로 확대한 바 있다.[24] 이후 이 이론에 관련한 수많은 논문이 나오게 되었다.

이상과 같은 실효보호이론에 관한 이론적 연구와 더불어 실증적 연구, 즉 실제적인 측정이 미국, 캐나다, EEC제국, 일본, 오스트레일리아 등 선진국[25]과 브라질, 칠레, 멕시코, 말레이시아, 파키스탄, 필리핀, 노르웨이 등 많은 개도국에서 행해졌으며,[26] 우리 나라에서도 다수의 실증연구가 있다.[27]

한편, 1970년 12월에는 GATT 주최로 제네바에서 이 이론에 관한 학술회의가

---

20) H. G. Johnson, "The Theory of Tariff Structure with Special Reference to World Trade and Development," in *Trade and Development*, ed. by H. G. Johnson and P. B. Kenen, Geneva, GATT, 1965.

21) B. Balassa, "Tariff Protection in Industrial Countries An Evaluation," *Journal of Political Economy*, 73(Dec. 1965), pp. 573~594.

22) G. Basevi, "The United States Tariff StructureEstimates of Effective Rates of Protection of United States Industries and Industrial Labor," *Review of Economics and Statistics*, 48(May 1966), pp. 147~160.

23) R. Soligo and J. J. Stern, "Tariff Protection, Import Substitution and Investment Efficiency," *Pakistan Development Review*, 5(Sum. 1965), pp. 249~269.

24) W. M. Corden, "The Structure of a Tariff System and the Effective Rate," *Journal of Political Economy*, 74(Jun. 1966), pp. 221~237.

25) B. Balassa, *op. cit.*, G. Basevi, *op. cit.* 등 다수.

26) B. Balassa et al., *The Structure of Protection in Developing Countries*, Baltimore, Johns Hopkings University Press, 1971.
I. Little, T. Scitovsky, and M. Scott, *Industry and Trade in Some Developing Countries*, London Oxford University Press, 1970 등 다수.

27) 한국무역연구소, 현행 관세율에 관한 연구, 한국무역연구소, 1969.
김광석, Ray A., E. 웨스트팔, 「한국의 외환무역정책」, 한국개발연구소, 1976 등 다수.

개최되어 그 결과를 발표한 바 있으며,[28] 코든과 존슨은 이 이론을 체계적으로 확립하였다.[29]

이후 실효보호이론은 보다 이론적 정치화(精緻化)를 추구하였으며, 동시에 엄격한 가정의 일부를 완화하여 일반화를 꾀하였다. 예를 들면, 실효보호율의 여러 가지 가정 중의 하나인 본원적 생산요소와 투입재 간 또는 투입재 상호 간의 엄밀한 비대체성의 가정을 철폐하여 대체성을 인정할 경우 실효보호율이 어떻게 변화하는가를 오스트레일리아를 대상으로 측정한 바 있다.[30] 또한 경제의 발전과 함께 산업구조도 변화하고, 그 결과 산업연관표상의 투입계수(input coefficient)가 필연적으로 달라지게 되므로 비록 명목관세율이 변하지 않더라도 실효보호율은 달라지게 되는데, 이러한 산업구조의 변화가 실효보호율에 대해 미치는 영향도 분석한 바 있다.[31]

최근의 실효보호이론에 관한 연구의 기본방향은 대체로 이 이론을 일반균형분석에 적용하는 경우와 가정의 일부를 완화하여 비무역재(non-traded goods)를 도입한 경우 및 생산에 투입되는 여러 투입재 간의 대체를 고려한 경우에 실효보호율이 어떻게 변화하는가에 관한 연구 등으로 나눌 수 있다.

---

28) H. G. Grubel and H. G. Johnson eds., *Effective Tariff Protection*, Geneva, GATT, 1971.

29) W. M. Corden, *The Theory of Protection*, Oxford Univ. Press, 1971.
H. G. Johnson, *Aspects of the Theory of Tariffs*, London, Allen and Unwin, 1971.

30) G. P. Sampson, "Effective Protection and the Substitution Problem The Australian Case," *Economics Record*, 51(Jun. 1975), pp. 249~252.

31) A. J. Yeats, "An Analysis of the Effect of Production Process Changes on Effective Protection Estimates," *Review of Economics and Statistics*, 58(Feb. 1976), pp. 81~85.

2. 실효보호율의 산출식과 연관 주제

1 가 정

실효보호율을 구체적으로 측정하기 위해서는 다수의 가정을 필요로 한다. 이러한 가정은 크게 두 종류로 분류할 수 있다.

첫째, 전통적인 무역이론에서 통상 설정되는 ① 가정으로서 국가 간 생산요소의 비이동, ② 국내시장의 완전경쟁, ③ 충분한 수요의 존재, ④ 수송비 등 기타 무역장애(trade impediment)의 비존재 등을 그대로 적용한다.

둘째, 실효보호관세론의 고유한 가정으로서 다음과 같다.[32)]

① 고정투입계수(fixed coefficient)이다.

즉, 어떠한 상품을 자국 내에서 생산할 때 관세부과 전후의 투입계수(input coefficient)는 항상 일정하다고 가정한다. 따라서 이 계수는 자국 내 모든 기업에 대해서도 동일함을 의미한다. 그러나 각국마다 생산함수(production function)가 다르기 때문에 이 계수도 각국마다 다를 수 있다.

이와 같이 투입계수가 일정하다는 가정은 달리 표현하자면 관세를 부과한다 해도 본원적 생산요소와 투입재 간 또는 투입재 상호 간에 대체가 이루어지지 않음을 뜻한다. 바꿔 말하면 본원적 생산요소와 투입재 간 또는 투입재 상호 간의 대체탄력성(elasticity of substitution)이 제로(0)임을 의미한다.

32) W. M. Corden, *op. cit.*, p. 29.

② 소국(small country)이다.

자국의 수입에 대한 외국의 공급탄력성(foreign supply elasticity for the country's imports)과 자국의 수출에 대한 외국의 수요탄력성(foreign demand elasticity for the country's export)이 무한대(∞)라는 가정이다. 바꾸어 말하면 완제품 및 투입재의 가격은 관세가 부과되는 해당 국가에 있어 일정불변이다. 즉, 관세부과국이 세계시장에서 독점력을 가지지 못한다는 가정이다.

③ 비무역재(non-traded goods)는 존재하지 않는다.

모든 상품은 수입가능재이며 순국내재는 존재하지 않는다고 가정한다. 따라서 완제품과 투입재는 모두 외국에서 수입이 가능한 상품으로 간주되며, 나아가 금융 · 통신 및 기타 협의의 서비스업 등은 물리적 성질상 실제적으로 무역이 불가능하지만 실효보호율의 개념에서는 이들도 무역이 가능한 것으로 가정한다.

④ 무역은 여전히 존재(trade remains)한다.

이 가정은 일명 비금지적 관세(nonprohibitive tariff)의 가정이라고도 하는데 관세부과 후에도 여전히 수입은 존재하는 것으로 가정한다. 바꾸어 말하면 관세는 수입을 금지시킬 만큼 높이 부과하지 않음을 뜻한다. 이 가정은 ③의 가정에 따른 당연한 귀결이다. 왜냐하면 만약 관세부과 후 수입이 제로(0)가 되면 가정 ③이 무너지기 때문이다. 또한 이 가정은 관세부과로 인해 야기되는 교역조건효과(terms of trade effect)나 무역역전(trade reversal)과 같은 현상은 일단 배제한다.

⑤ 기타의 가정은 다음과 같다.

위의 주요 가정 외에 묵시적 가정으로서 모든 생산요소는 수입가능 중간재(importable intermediate goods)와 본원적 생산요소(primary factors)로 구분되며, 본원적 생산요소의 가격은 불변이라고 가정한다. 또한 수요측의 제약조건은 모두 무시하고 생산측면만 고려한다. 따라서 상품의 가격은 코스트와 같고, 관세부과시 관세액만큼 코스트도 높아지며 가격 역시 인상하게 된다.

이상과 같이 실효보호관세율은 상당히 많은 비현실적인 가정을 설정하고 이론을 전개함으로써 다수의 비판을 받아왔다. 그러나 이론이 정치화(精緻化)됨에 따라 이들 가정을 일부 완화하는 방향으로 연구가 계속 진행되고 있다.

2 실효보호율의 기하학적 모형

이상의 여러 가정하에서 완제품과 투입재가 각각 하나로 구성되는 부분균형 모형을 〈그림 5-1〉과 같이 설명하고자 한다. 이 그림에서 설명의 편의상 완제품을 직물, 투입재를 실이라 하자. 직물과 실의 양은 횡축에 표시되어 있으며, 직물 한 단위를 생산하는 데 한 단위의 실을 투입한다고 가정한다.

직물과 실의 외국공급곡선은 소국이라는 가정하에서 각각 ff'_E와 $P^*P^{*\prime}$는 수평이 되므로 $0P_3^*$와 $0P^*$는 자유무역하에서 각각 CIF 가격이 된다.[33] 따라서 부가가치가 $P_3^*P^*$가 되며, 이 $P_3^*P^*$를 실효가격(effective price)이라고도 한다. 이 가격은 명목가격(nominal price), 즉 총체적인 직물 1단위의 가격인 $0P^*$와 대비되는 개념이다.[34]

(1) 관세부과와 실효보호율의 변화

1 완제품에만 관세를 부과할 경우

이제 직물에 대해서만 명목관세가 $P^*P_1/0P^*$만큼 부과되었다고 하자. 그러면 직물의 외국공급곡선은 P_1P_1'로 이동한다. 따라서 직물의 실효가격(즉, 부가가치)은 $P_3^*P^*$에서 $P_3^*P_1^*$로 상승하며 부가가치의 변화량은$P_1P^*(=P_3^*P_1-P_3^*P^*)$가 되어 실효보호율은 $P^*P_1/P_3^*P^*$가 된다.[35] 이 경우에는 명목관세의 부과에 비례하여 실효보호도 증가함을 알 수 있다.

33) CIF 가격인 것은 운송비 등과 같은 기타 무역장벽이 존재하지 않는다는 가정 때문이다.

34) 결국, 명목가격(nominal price)=실효가격(effective price)+중간투입재의 가격(원재료의 가격)이다.

35) 이미 설명한 바와 같이 실효보호율은 관세부과 전후를 비교하여 산출단위당 부가가치의 변화율로 정의된다. 즉, 실효보호율=(관세부과 후 부가가치-관세부과 전 부가가치)/관세부과 전 부가가치 이다.

그림 5-1 실효보호관세(부분균형분석)

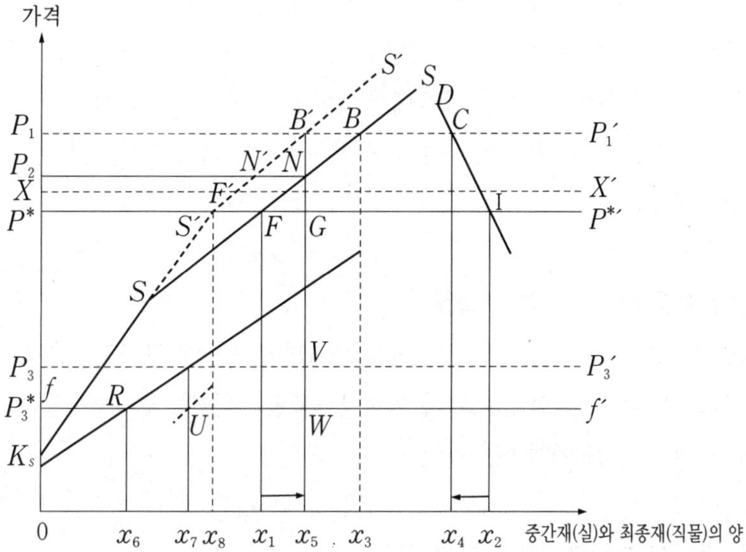

2 중간재에만 관세를 부과할 경우

실에만 관세를 $P_3{}^*P_3/0P_3{}^*$율로 부과하였다고 하자. 그 결과 실의 외국공급곡선은 ff'에서 $P_3P_3{}'$로 이동하며, 직물의 실효가격은 $P_3{}^*P^*$에서 P_3P^*로 하락한다. 따라서 부가가치의 변화량은 $-P_3{}^*P^*(=P_3P^*-P_3{}^*P^*)$이 되고, 실효보호율은 $-P_3{}^*P_3/P_3{}^*P^*$가 되어 부(−)의 값을 갖게 된다.

3 완제품과 중간재에 대해 동시에 관세를 부과할 경우

직물에 대해 $P^*P_1/0P^*$, 실에 대해 $P_3{}^*P_3/0P_3{}^*$만큼 관세를 부과하면 각각의 외국공급곡선은 $P_1P_1{}'$와 $P_3P_3{}'$로 이동하므로, 부가가치의 변화는 $(P^*P_1-P_3{}^*P^*)$이 되어 실효보호율은 $(P^*P_1-P_3{}^*P^*)/P_3{}^*P^*$가 된다. 따라서 실효가격의 증가 또는 감소 여부, 즉 실효보호율이 정(+)이냐 부(−)냐는 P^*P_1과 $P_3{}^*P_3$의 상대적인 크기에 달려 있다.

(2) 국내수요곡선 및 국내공급곡선의 도입시

앞의 〈그림 5-1〉에서 직물에 대한 국내수요곡선은 DD이며, 자유무역 하의 소비는 $0x_2$이다. 실의 국내공급곡선은 ss이고 자유무역하의 생산은 $0x_6$이다. 한편, 직물의 공급곡선 KSS는 실의 공급곡선과 직물의 부가가치생산(value added product)을 나타내는 공급곡선과의 수직적인 합계이다. 그런데 이것이 일직선이 아닌 것은 실에 대한 수요가 $0x_6$이상일 때는 국내공급에 의해서가 아니라 수입에 의존해야 하므로 실의 공급곡선이 R에서 꺾인 sRf'가 되기 때문이다.

위의 결과 자유무역하에서 직물의 생산은 $0x_1$이 되고 실의 생산은 $0x_6$가 되므로, 실의 수입은 x_6x_1이 되고, 직물은 소비가 $0x_2$이므로 수입량은 x_1x_2가 된다.

1 완제품에만 관세를 부과할 경우

직물에 대해 관세율이 $P^*P_1/0P^*$만큼 부과되면 직물의 공급곡선은 $KSBP_1'$가 되고, 직물의 국내소비를 $0x_4$로 줄이며, 새로운 직물의 국내생산량은 KSS와 P_1P_1'의 접점 B인 $0x_3$에서 이루어진다.

2 중간재에만 관세를 부과할 경우

관세율이 $P_3{}^*P_3/0P_3{}^*$율로서 실에만 부과되면 국내의 실의 생산은 $0x_7$로 증가하고, 아울러 실의 공급곡선은 sQP_3'로 상승시킨다. 그러나 직물에는 관세가 부과되지 않기 때문에 여전히 직물의 외국공급곡선은 $P^*P^{*\prime}$이므로 직물의 국내공급곡선은 $KSS'F'P^{*\prime}$가 된다. 따라서 직물의 국내생산량은 $0x_8$이 되어 자유무역시와 비교할 때 x_1x_8만큼 생산이 감소하고, 완제품인 직물에만 관세를 부과할 때에 비해서는 x_3x_8만큼 생산이 감소한다. 그러나 소비는 여전히 $0x_2$이므로 수입량은 x_2x_8만큼 증가하게 된다.

이와 같이 소비의 감소효과는 어디까지나 최종재인 직물에 대한 명목관세에 의해 좌우됨을 알 수 있다.

3 완제품과 중간재에 대해 동시에 관세를 부과할 경우

직물과 실에 대해 각각 $P^*P_1/0P^*$, $P_3{}^*P_3/0P_3{}^*$율로 관세가 부과되면 먼저 실의 공급곡선은 sQP_3'가 된다. 이를 실의 소비자인 직물생산자의 관점에서 볼 때, 실에 대한 관세는 투입재의 가격을 상승시켜 결국 완제품인 직물의 생산가격을 상승시킨다. 따라서 새로운 직물의 공급곡선은 점 S'이후에서 종전의 공급곡선에다 실에 대한 관세 $P_3{}^*P_3$을 합한 것이 되므로 $KS'S'$가 된다.

한편, 새로운 직물의 산출은 $0x_5$가 되어 자유무역시에 비해 산출이 증가하였는데, 이는 직물의 실효가격이 상승하였음을 의미하며, 결국 직물에 대한 단위당 관세 P^*P_1이 실의 관세 $P_3^*P_3$보다 크다는 것을 의미한다.

여기서 직물의 수입량이 x_2x_1에서 x_4x_5로 감소한 것은 관세부과로 인한 보호효과가 동시에 각각 〈그림 5-1〉에서 화살표 방향으로 나타났기 때문이다. 그러나 실의 수입량은, 국내의 실에 대한 수요와 공급이 모두 증가하였으므로, 증가될 수도 있고 감소될 수도 있다. 만약 직물에 대한 단위당 관세가 실의 그것보다 작아서 실효보호율이 부(-)로 나타난다면 국내직물생산은 감소할 것이며, 직물의 수입량은 증가 또는 감소할 것이다. 그러나 실에 대한 수요는 직물의 생산이 감소하므로 당연히 감소하고 그 결과 실의 수입도 감소할 것이다.[36)]

한편, 직물과 실의 수입에서 얻은 관세수입은 각각 $GB'CH$와 $UQVW$가 된다. 또한 $P_3^*P_3QU$는 실의 생산에 대한 보조금에 상응하는 것으로서, 이것과 실에 대한 관세수입($UQVW$)의 합계인 $P_3^*P_3VW$는 실에 부과된 관세에 의해 소비자(여기서는 직물생산자가 됨)가 부담하는 일종의 조세에 해당한다.

마찬가지로 직물생산에 지급하는 보조금에 상응하는 것이 $P^*P_1B'G$이며, 이것과 관세수입 $GB'CH$의 합계는 곧 소비자가 부담해야 하는 일종의 소비세(consumer tax)가 된다. 즉, 소비자의 소득 중 $GB'CH$만큼은 관세수입으로 정부에 귀속되고, 또한 일부는 생산자에게로 소득을 이전하게 되는데, $F'B'G$는 x_8x_5만큼의 완제품생산이 증가함에 따라 생기는 부대비용이므로 결국 $P^*P_1B'F'$만큼의 소득이 소비자로부터 생산자에게 재분배된다.

한편, 직물 생산보조금에 해당하는 $P^*P_1B'G$에는 실에 대한 소비세에 해당하는 $P_3{*}P_3VW(=P_2P_3B'N)$를 포함하고 있으므로, 직물의 순보조금 상당액은 P^*P_2NG로서, 실에 대한 관세가 없을 때 직물생산을 $0x_5$만큼 증가시키는 데 필요한 생산보조금이 된다.

여기에서 P^*P_2는 실에 부과한 관세 $P_3^*P_3$에 대한 직물에 부과한 관세 P^*P_1의 초과분(즉, $P^*P_2=P^*P_1-P_3^*P_3$)이다.

36) 〈그림 5-1〉에서 $P_3^*P_3 > P^*X$의 보조선 XX'를 생각해 보라.

(3) 완제품 실효보호율의 의의

앞의 기하학적 모델에서 알 수 있듯이 완제품의 실효보호율이 갖는 중요성은 다음 두 가지로 요약된다.

첫째, 소비가 일정할 때 완제품의 실효보호율은 완제품의 소비나 투입재의 생산과는 무관하다는 점이다. 즉, 완제품의 소비는 완제품에 대한 명목관세율에 영향을 받으며 투입재의 생산은 투입재에 대한 관세에 의해 영향을 받는다는 점이다. 물론 완제품에 대한 관세부과가 투입재의 수요량을 감소시키지만 투입재의 국내생산에는 영향을 미치지 못한다.

둘째, 완제품의 산출량의 증가는 실효보호율뿐만 아니라 부가가치생산의 공급탄력성(elasticity of supply of the value added product) 여하에도 달려 있다는 점이다.

3. 실효보호관세론과 관세구조

이미 설명한 바와 같이 실효보호관세론의 정책적 의의는 관련 정책변수로서 특정한 관세보다는 전체적인 관세구조(tariff structure)를 강조하였다는 점이다. 실효보호율의 산식에서 살펴본 바와 같이 가장 보호적인 관세구조는 완제품에 대해서는 무거운 관세를, 그리고 중간재에 대해서는 가벼운 관세를 부과하는 것이다.

관세구조는 크게 경사관세구조(tariff escalation structure)와 균일관세구조(uniform tariff structure)로 대별된다. 전자는 가공도가 낮은 상품일수록 저율의 관세를, 가공도가 높은 상품일수록 고율의 관세를 부과하는 관세구조를 말하며, 후자는 가공도와 관계없이 동일한 관세율을 부과하는 관세구조를 말한다. 즉, 이론상 경사관세구조는 가공도가 높을수록 명목보호뿐만 아니라 실효보호를 결과적으로 높게 부여하는 구조이며, 균일관세구조는 명목보호를 모든 상품에 균일하게 부여함으로써 결과적으로 실효보호도 균일하게 하는 관세구조이다.

양 구조의 경제적 의의와 장 · 단점을 먼저 비교해 보고, 다음으로 관세구조와 관련된 정책사례 및 논쟁을 소개하고자 한다.

1 경사관세구조

경사관세구조는 대부분의 국가의 관세구조에서 흔히 볼 수 있는 제도이다. 경사관세구조의 주목적은 원재료를 저가격으로 수입하고 동시에 고가공제품의 수입을 규제하여 가공제조업이 가급적 자국내에서 이루어지도록 하는 데 있다.

실효보호관세론에 의하면 일반적으로 중간투입재의 관세율이 낮아야 완제품의 실효보호율이 높다는 결론에 도달한다. 실제로 1960년대 선진국들의 관세구조는 전형적으로 수입원재료에 대해서는 관세를 면제하는 반면, 완제품의 수입에 대해서는 관세를 약간 부과하였기 때문에 그들의 관세구조가 겉보기보다는 오히려 보호주의적이었음을 지적한 것은 바로 실효보호관세론자들이었다.

이와 같이 대부분의 선진국들의 관세구조는 가공도가 높음에 따라 명목관세율도 높은 소위 'tariff escalation' 현상을 보이고 있다. 이와 같은 선진국들의 관세구조는 결과적으로 후진국의 공업화를 저해하는 장애가 된다는 지적이 있다.[37] 왜냐하면 후진국의 저가공수출품에 대한 실효보호는 낮으나 선진국 간에 무역되는 고가공상품에 대한 실효보호는 상대적으로 높기 때문에 후진국의 수출은 부가가치가 낮은 상품의 수출에 치중하지 않으면 안 되었기 때문이다.

한편, 후진국이 스스로 경사관세구조를 취할 때의 문제점으로는 소비재의 수입대체를 촉진하거나 또는 자본재와 고부가가치의 중간재를 필요로 하는 상품은 항상 해외에 의존하게 되어, 그 결과 국제수지의 악화를 초래하여 스스로 성장을 제한(self-limiting type of growth)하게 된다.

그러나 이미 설명한 여러 가정하에서는 명목관세율의 경사화가 바로 실효보호율의 경사화를 뜻할 수도 있지만, 일반적으로 투입비율이 각각 상이하고 투입방식이 다르므로 반드시 명목관세율의 경사화가 실효보호율의 경사화를 가져오는 것은 아니다.

이렇게 본다면 경사관세구조는 자원배분의 효율성을 저하시킬 수도 있다. 왜냐하면 과도한 경사구조로 인해 비효율적인 수입대체산업의 육성이나 중간재의 해외의존을 유발시킬 수 있기 때문이다.

2 균일관세구조

균일관세구조의 주목적은 수입상품에 대해서 관세상 차별을 두지 않음으로써 관세의 경제적 중립성을 유지하여 자원배분의 왜곡을 방지하고 자원을 자연적으로 배분되게 하여 비교우위산업으로의 자연스러운 특화가 이루어지도록 하는 데 있다.

37) H. G. Johnson, "The Theory of Effective Protection and Preference" *op. cit.*, pp. 337~339.

이러한 균일관세구조는 한때 오스트리아가 복잡한 수입수량제한과 모든 관세를 균일관세로 대체하여 가격기구에 맡겨 해결하자는 제안을 한 바 있는데 무엇보다 단순하다는 점이 가장 큰 설득력이 있다고 한다.[38)]

그런데 크루거(A. O. Krueger)는 균일관세구조를 채택하여 실효보호율을 균일화하자는 주장은 실제로 복잡한 경제구조하에서는 불가능하다고 지적한 바 있다.[39)] 즉, 관세 이외의 모든 보호구조(가령, 환율이나 내국세제 등)가 동일하여 실효보호율에 미치는 영향이 같을 때에 한하여 명목관세의 균일화가 실효보호의 균일화를 가져올 수 있을 뿐 일반적으로는 그렇지 못하다는 것이다. 그러므로 실효보호율을 균일화하기 위해서는 오히려 매우 복잡한 명목관세구조를 필요로 할 수 있다는 점을 주시해야 한다. 따라서 단순한 것은 실효보호율의 균일화를 목적으로 하지 않고 단지 실효보호에 있어서 과도한 격차를 피할 목적으로 명목관세구조를 균일화하는 것이다.

한편, 코든은 명목관세율의 균일화에 대해 실효보호율의 완전한 균일화를 달성하는 것을 목표로 하지 않고, 단지 과도한 실효보호율의 차이를 줄일 목적으로 몇 가지의 기본적인 명목관세율을 갖는 것이 때로는 최선일 수도 있다고 주장한다.[40)]

일반적으로 균일관세구조의 문제점은 장래 비교우위가 있는 유치산업이나 중소기업 등의 육성에 있으며, 원자재의 상대적인 가격상승에 따라 가격인상요인이 되므로 가격경쟁력이 약화될 수 있다는 점을 들 수 있다.

실제 균일관세구조를 채택하고 있는 나라는 칠레로서, 소위 'Uniform 10 Tariff System'을 수립하여 일부 소수 무세품목 및 자동차 등에 대한 고율관세를 제외하고 전 품목에 대해 1979년 6월말까지 일률적으로 10%의 관세율을 적용하도록 한 바 있다.

칠레가 균일관세제도를 채택한 이유는 그 나라의 산업구조의 특징에서 찾을 수 있다. 즉, 성장주도부문으로 1976년까지 광업이 큰 비중을 차지하고 있었고

---

38) W. M. Corden, *The Theory of Protection*, pp. 180~198.
39) 한국개발연구소, 「새로운 산업정책의 모색을 위한 국제심포지엄보고서」, 한국개발연구소, 1982, pp. 198~199.
40) W. M. Corden, *Trade Policy and Economic Welfare*, Oxford Univ. Press, 1974, pp. 375~378.

제조업은 주로 소비재생산이 50% 이상을 점하고 있었으며, 공업용 중간재 생산부문도 동 제련 및 가공을 중심으로 한 비철금속 1차 제품이 주로 차지하고 있었기 때문이다. 따라서 칠레의 산업구조는 특별히 보호해야 할 국내산업이 확립되어 있지 못하다고 볼 수 있었으며, 그 외에 불필요한 수입대체산업이 성행하였다. 동시에 식품, 소비재 및 원유의 수입비중이 약 50%를 차지하고 있어 기본적으로는 동·초석과 같은 1차 광산물을 수출하여 소비재와 연료 등을 수입하는 구조라 하겠다.

칠레가 균일관세제도를 시행한 결과 관세수입감소, 무역수지적자, 국제경쟁력이 취약한 산업의 도산이라는 단점과 함께 동, 광석, 원목 등 칠레의 고유한 부존자원을 바탕으로 하는 수출지향산업의 경쟁력이 제고되었으며, 기업의 합병 등을 통해 산업구조의 개편이 이루어져 전반적으로 성공을 거둔 것으로 평가되고 있다.

국제부흥개발은행(IBRD ; International Bank of Reconstruction and Development)은 칠레의 성공요인으로 ① 선진제국과의 원거리라는 칠레의 지리적 여건으로 인한 천연적 보호장벽[41]과 ② 과보호하의 산업시설이 고도로 전문화되지 못하였기 때문에 다른 생산부문으로의 전용이 가능하였으며, ③ 칠레의 국내시장규모로 보아 내수용 기술집약산업(skill intensive industry)이 생존할 수 있었고 일부 수출도 가능하였으며, ④ 비록 경쟁력이 약한 기업은 도산하였지만 재무구조가 건전한 기업은 국제경쟁에서 견딜 수 있었다는 점 등을 지적하고 있다.

---

41) 이는 곧 수송비라는 일종의 관세가 부과되는 셈이며, 실효보호관세론의 입장에서 볼 때 소위 '자연적 보호율(natural rate of protection)' 이라 할 수 있다.

4. 실효보호관세의 정책적용

1 관세율의 범위

이상에서 설명한 실효보호율은 이론적인 색채가 강하여 그 정책적인 의미(implication)도 실제적이지 못하다고 간주되는 경향이 짙지만, 개도국 가운데는 관세정책의 수립시 이러한 실효보호율의 개념을 도입하고 있는 나라를 찾아볼 수 있다. 예를 들면, 필리핀에서 행한 관세개정은 그 대상품목을 원재료, 중간재 및 완제품의 세 그룹으로 분류, 각각에 관계되는 관세율의 범위를 다음과 같이 정하였다.

이러한 기본적인 지침에다 100%까지 부과했던 관세율을 축소시키기 위해 관

- ① 원재료
  - ① 국내에서 생산되는 것
    - ① 자급되는 것 (10～20%)
    - ② 자급되지 않는 것 (10%)
  - ② 국내에서 생산되지 않는 것 (5～10%)
- ② 중간재 (20～30%)
- ③ 완제품
  - ① 자본재 및 생산재 (20～30%)
  - ② 소비재 (40～50%)

세율의 최고를 50%, 기본적인 관세율을 10%로 하는 규칙을 수립하였다. 또 관세의 세입 면, 국제수지와의 관련성 등도 고려하여 전체의 관세개정을 단행하였다.

실제로 실시항목이나 대상이 되는 산업의 범위를 4단계로 나누어 4년 동안 개정관세율을 실시한 바 있다. 그 결과 1978년 43%였던 평균관세율이 1981년에는 34%, 1985년에는 28%로 저하하였고, 또 세율의 범위도 종래의 10~100%로부터 10~50%로 되었다.

필리핀의 관세개정으로 실효보호율과 관련하여 중요한 것은 기본적인 지침이며, 이것은 소위 'tariff escalation'의 적극적인 도입이라고 할 수 있다. 즉, 전체의 관세수준을 인하하면서도 완제품에 관계되는 산업보호의 효과를 높이기 위해서는 원재료의 관세율을 낮춤으로써 전자에 관계되는 특정산업부문을 보호하기 위하여 실효보호율을 크게 할 필요가 있기 때문이다.

2 실효보호율의 세계

이상과 같이 정식화된 실효보호율이 그 대상으로 하고 있는 세계에 있어서는 제1절에서 설명한 바와 같이 다음과 같은 특색을 들 수 있다.

첫째, 실효보호율의 대상이 되는 나라는 소위 '소국'으로 그 무역량은 어느 상품에 있어서도 소량이기 때문에 무역량의 증감은 세계 전체의 수급관계에 영향을 미치지 못한다. 따라서 그 나라에서 무역거래되는 어떤 상품의 가격도 일정불변이라고 가정되어 있다. 이 가정에 의하여 제1절에서 예시한 바와 같이 초콜릿에 관세가 부과되면 관세분만큼 국내가격이 상승하여 1kg당 1,300원이 된다.

둘째, 생산되는 상품(초콜릿)에 사용되는 투입상품(카카오두)의 양의 비율(1kg의 초콜릿에 있어서의 카카오두)은, 투입상품의 가격이 변하여도 변하지 않는다고 가정되어 있다. 즉, 관세를 부과함으로써 카카오두의 가격이 440원이 되거나 480원이 되어도 원래의 400원인 때와 같이 2kg의 카카오두가 초콜릿 1kg의 생산시에 사용된다고 가정되어 있다(즉, 기술적 투입계수가 일정함).

셋째, 초콜릿과 같이 '수입되는 완제품'(이에 관하여 실효보호율이 측정된다) 및 카카오두와 같이 '수입되는 투입상품'(이는 산정시 공제된다)만이 고려되어 있다.

그러나 이와 같은 특색을 지닌 세계는 현실의 세계와는 상당한 거리가 있다고 생각된다. 즉,

첫째, 선진 제국에서 '소국' 이라는 가정을 만족시키고 있는 나라에 관한 것인데, 실제로 그러한 나라가 존재한다고 생각할 수 있는가.

둘째, 오일 쇼크에서 볼 수 있듯이 투입상품(예를 들면, 원유)의 가격이 현저하게 상승하면 다른 대체상품(석탄 등)을 사용할 것인가 혹은 그 사용량 자체를 감소시켜, 소위 에너지 절약이라는 방향으로 정책을 전환시킬 것인가.

셋째, '수입되는 완제품' 이나 '수입되는 투입상품' 외에도 무역거래의 대상이 되지 않는 소위 국내상품과 그리고 수출상품을 어떻게 취급할 것인가.

이상의 문제점 가운데 ① 무역거래의 대상이 되지 않는 투입상품을 어떻게 취급할 것인가, ② 무역거래의 대상이 되지 않는 완제품과의 관계는 어떠한가에 관한 두 가지 점에 관하여 설명하고자 한다.

(1) 무역거래의 대상이 되지 않는 투입상품의 취급

이미 설명한 바와 같이 실효보호율의 산정시 고려되는 것은 '수입되는 투입상품' 이다. 즉, 초콜릿의 실효보호율의 산정시 고려되는 것은 수입되는 카카오두이다. 그렇지만 초콜릿 생산시의 전기, 서비스와 같이 국내에서만 생산되는 투입상품이 사용되는 경우는 어떻게 하면 좋은가. 일반적으로 상품을 생산할 때는 '수입되는 투입상품' 만이 아니라 국내에서만 거래되어 무역거래의 대상이 되지 않는 투입상품(비무역투입상품)도 당연히 사용될 것이다. 따라서 실효보호율이 보다 현실적이고 일반적인 경우를 커버하기 위해서는 이러한 비무역투입상품을 고려할 필요가 있게 된다.

레이(A. Ray)에 의하면[42] 초콜릿 생산규모가 확대되면 그 상품의 생산시 직접 사용되는 자원의 양이 증대할 뿐만 아니라 그 상품의 생산시 투입되는 카카오두도 증대할 것이다. 따라서 카카오두의 생산 그 자체에 있어서도 당연히 자원이 사용된다. 이것은 초콜릿 측에서 보면 간접적인 자원의 사용이라고 할 수 있을 것이다.

여기서 초콜릿 생산의 규모가 확대되면 이러한 간접적인 자원의 사용도 증대된다.

---

42) A. Ray, "Nontraded Inputs and Effective Protection : A General Equilibrium Analysis," *Journal of International Economics*, 1973.

이 경우 '수입되는 투입상품(카카오두)'이 증가하게 되면 간접적인 자원의 사용이 증대하는 쪽은 외국이기 때문에 여기서는 고려에 넣지 않아도 좋을 것이다. 그렇지만 비무역투입상품(전기, 서비스 등)이 증대하면 국내에서 사용되는 자원이 간접적으로 증대하게 될 것이다.

그런데 실효보호율로 노동 · 자본이라는 자원의 이동방향을 예측할 필요가 있다. 여기서 실효보호율은 직접적인 자원의 이동뿐만이 아니라 간접적인 자원의 이동도 알 수 있다. 그 때문에 비무역투입상품을 자원과 같이 취급하여 노동 · 자본처럼 부가가치를 얻을 수 있다는 것을 알 수 있다.

말하자면 실효보호율의 산정시에는 비무역투입상품의 가액을 공제할 필요는 없다. 사실상 비무역투입상품이라도 투입재이기 때문에 부가가치의 계산시는 그 가액을 공제해야 한다고 생각할지도 모른다. 여기서 발라사 등은 비무역투입상품을 마치 관세율 0%로 수입되는 상품으로 취급, 부가가치의 산정시에는 그 가액을 공제해야 한다는 방법을 채택하였다.

그러나 앞서 설명한 레이의 방식에 따라 그와 같이 공제해 버리면 실효보호율은 간접적인 자원의 이동을 충분히 파악할 수 없어, 결국 자원의 적절한 이동방향을 파악할 수 없게 된다.

(2) 무역거래의 대상이 되지 않는 완제품과의 관계

정식화된 실효보호율의 대상이 되는 세계에서 취급되는 완제품은 초콜릿과 같은 수입경쟁상품이다. 그러나 현실의 세계에는 그러한 상품 외에도 무역거래의 대상이 되지 않고 국내에서만 거래되는 완제품(비무역생산상품－예를 들면, 찹쌀떡) 및 수출되는 완제품(수출상품－예를 들면, 완구)이 있다. 이들 상품과 수입경쟁상품의 관계를 어떻게 보아야 할 것인가.

이 점을 관찰한 돈부시(R. Dornbush)[43]는 수입경쟁상품과 비무역생산상품과의 상호관계를 해명하였다. 즉, 앞에서의 정식화된 경우에는 소국의 가정에 의하여 수입경쟁상품(초콜릿)에 관세가 부과되면 그 가격은 관세분만큼 인상하게 된다. 그러나 현실세계에는 어떤 상품의 가격이 상승하면 수요는 다른 대체적인 상품쪽으로 이동할 것이다. 또한 실효보호율이 대상이 되는 세계에는 실업자 및 유

43) R. Dornbush, "Tariffs and Nontraded Goods," *Journal of International Economics*, 1974.

휴자본이 존재하지 않도록 경제정책을 운영(즉, 완전고용 소득수준의 유지)하기 때문에 수요 그 자체가 감소하는 것이 아니고 다른 상품으로 수요가 이동하게 된다.

이 경우에 수요가 다른 대체적인 수입경쟁상품(예를 들면, 잼) 쪽으로 이동하면, 한편으로 초콜릿에 대한 수요의 감소에 의해 외국으로부터 수입되는 초콜릿의 양은 감소하지만, 다른 한편으로 잼에 대한 수요의 증가로 외국으로부터 수입되는 잼의 양은 증가하고, 또 수출상품은 아무런 영향을 받지 않으므로 결국 그 나라의 국제수지에는 아무런 변화도 일어나지 않는다.

이에 반해 수요가 대체적인 비무역생산상품(찹쌀떡) 쪽으로 이동하면 대외적으로는 수입경쟁상품(초콜릿)에 대한 수요가 감소하기 때문에 외국으로부터 수입되는 초콜릿의 양은 감소하게 될 것이다. 다른 수입경쟁상품 및 수출상품은 아무런 영향도 받지 않으므로 결국 그 나라의 국제수지는 흑자가 되어 환율이 평가절상하게 된다.

이와 같이 환율이 평가절상되면 수입경쟁상품(초콜릿) 및 수출상품(완구)의 국내가격이 인하된다. 바꾸어 말하면 비무역생산상품의 상대가격은 상승하게 된다. 그 결과 초콜릿에 대한 수요는 일부 회복되고 또 완구에도 수요가 일부 찹쌀떡으로부터 이동함으로써 세 가지 상품시장의 균형이 회복될 것이다.

따라서 관세부과에 수반하여 환율이 평가절상되면 그 상승분만큼 관세의 산업보호효과는 상계되어 버린다. 즉, 관세부과에 따른 초콜릿의 당초의 가격상승의 환율이 평가절상으로 일부 상계된다. 이러한 경우에는 실효보호율의 목적(자원의 이동방향을 예측시키는 것)을 확보하기 위하여 당초 산정된 실효보호율의 값에서 환율의 평가절상분을 공제할 필요가 있다.

3 참된 실효보호율

이상의 방식을 쇼스타와 클레먼츠(L.A. Sjaastad and K.W. Clements)[44]는 보다 일반적인 '참된 실효보호율'의 방식 및 '관세의 귀착'에 관한 이론을 전개하였다.

---

44) L. A. Sjaastad and K. W. Clements, *The Incidence of Protection : Theory and Measurement*, Discussion Paper, 1981. 6.

이를 앞의 예에 따라 설명하자면 초콜릿의 가격이 관세의 부과로 상승하면, 그것과 대체적인 비무역생산상품(찹쌀떡)의 상대가격도 상승할 것이다. 즉, 초콜릿 가격의 상승으로 찹쌀떡에 대한 구매력이 증가하므로 초콜릿의 수요는 상대가격 상승분만큼 저하하게 된다.

여기서 초콜릿 산업에 대한 관세의 참된 보호효과를 구하는 경우에는 투입상품(카카오두)에 부과되는 관세를 고려한 만큼의 실효보호율로는 불충분하므로, 비무역생산상품(찹쌀떡)에 대한 구매력의 저하도 고려할 필요가 있다. 이렇게 하여 구하는 실효보호율을 '참된 실효보호율'이라고 한다.

4 관세의 귀착계수

이미 언급한 바와 같이 수입경쟁상품, 비무역상품 및 수출상품의 세 가지의 상품이 존재할 때 수입경쟁상품에 관세가 부과되면 그 가격이 상승하여 수요의 이동으로 비무역상품의 상대가격도 상승한다. 이 경우 수출상품을 생산하는 산업에 대한 영향은 어떻게 될까.[45)]

수입경쟁상품의 산업에는 관세부과에 의한 가격상승(=구매력의 증가)이 일어나기 때문에 비무역상품의 명목가격이 상승해도 그 구매력의 증가분 가운데 그 일부가 상계되는 데 지나지 않는다. 한편, 수출상품의 산업에는 생산하는 상품의 가격은 불변이기 때문에 비무역상품 명목가격상승에 의한 구매력의 저하를 전부 부담시키지 않을 수 없게 될 것이다.

예를 들면, 수입경쟁상품에 대하여 30%의 관세를 부과함으로써 그 국내가격이 30% 상승하였다고 하자. 그 결과 수요의 변화 등으로 비무역상품의 명목가격이 20% 상승한다고 하자. 이 경우 관세부과로 수입경쟁상품을 생산하는 산업의 구매력은 30% 증가하여 비무역상품의 가격상승분 20%만큼 구매력이 감소하게 된다. 한편, 수출상품을 생산하는 산업에서 그 명목가격은 변화하지 않기 때문에 비무역상품의 인상분 20%만큼 구매력이 감소하게 된다.

45) 이것을 간단히 해명하기 위하여 환율의 평가절상이 없이 비무역상품의 명목가격의 상승만으로 조정이 이루어지는 경우를 상정해 보자.

수출상품을 생산하는 산업의 구매력 감소는 관세부과에 의한 것으로, 말하자면 관세부담의 일부가 사실상 수출산업에 전가 · 귀착하였다고 할 수 있을 것이다. 여기서 부과되는 관세(30%) 가운데 수출산업이 부담하게 되는 분(20%)의 비율(20/30=66.7%)을 관세의 귀착계수라고 한다.

위의 예에 관한 관세의 귀착계수에 대하여 GATT 사무국은 다음과 같은 논의를 전개하였다.[46]

첫째, 수입경쟁산업을 보호하기 위하여 수입경쟁상품의 수입에 대하여 관세를 부과하면 관세의 효과에 따라 당해 산업의 생산규모는 확대하게 된다.

둘째, 실제로 그 효과만이 아니라 생산이 축소되는 산업, 즉 관세의 전가 · 귀착되는 산업(수출산업)이 출현할 것이다.

셋째, 이상은 다음과 같은 이유에 의한 것이다.

① 수입경쟁상품(및 비무역상품)의 가격상승으로 당해 상품을 생산하는 산업의 이익이 증대하고 고임금의 지불이 가능하게 된다.

② 그렇지만 수출상품은 세계시장에서 다른 나라의 상품과 경쟁을 하지 않으면 안 된다. 이러한 이유로 이 상품의 가격을 인상시킬 수 없기 때문에 당해 산업이 다른 산업과 같은 수준의 임금을 지불한다는 것은 불가능하게 된다.

③ 그 결과 수출산업이 사용하고 있던 생산요소가 다른 산업으로 도피하게 된다.

넷째, 보호되는 산업(수입경쟁산업)에서는 생산확대로 고용량이 확대되는 한편, 생산이 축소되는 수출산업에서는 고용량이 감소하게 된다.

다섯째, 결국 산업보호정책을 실시하여도 기대되는 정(+)의 효과(생산 · 고용의 확대)를 얻을 수 없어, 경제 전체로서는 생산도 고용도 아무런 변화가 일어나지 않을 것이다.

여섯째, 거꾸로 현재 실시되고 있는 보호주의적 조치를 철폐하면 수입경쟁산업에는 부(-)의 효과가 나타날 것이지만, 수출산업에는 정(+)의 효과를 가져올 것이다.

일곱째, 결국 예를 들어 한 나라만으로 무역을 자유화시켜도 경제 전체에 디

46) GATT, *International Trade*, 1981~1982.

플레이션의 효과에 영향을 미치지는 않을 것이다.

이상과 같은 GATT 사무국의 주장에 의하면 기본적으로 다음과 같은 문제점이 있다고 하였다.

첫째, 이러한 논의의 진행방법이라면 무역자유화정책 또는 보호주의적 정책의 어느 것을 실시해도 경제 전체로 보면 무차별적이어서 결코 전자만을 채용해야 한다는 주장은 옳지 않다. 즉, 보호주의적 정책을 실시해도 경제 전체에는 정(+)의 효과(수입경쟁산업에)와 부(−)의 효과(수출산업에)가 상호 상계되고, 또 무역자유화정책을 실시해도 경제 전체에는 정(+)의 효과(수출산업에)와 부(−)의 효과(수입경쟁산업에)가 상호 상계된다. 따라서 어느 정책을 실시해도 순효과에 관하여 무엇이라고 단정할 수 없을 것이다.

둘째, 이러한 정(+)의 효과(한쪽 산업에 있어서 생산 · 고용의 확대)와 부(−)의 효과(다른쪽 산업에 있어서 생산 · 고용의 축소)와의 상호 상계는 실효보호이론의 가정 그 자체에서 도출된 것이 아닌가.

예를 들어 지금 한 나라의 경제가 불완전 고용하에 있고, 실업자 · 유휴자본이 존재한다고 하자. 이 경우에 수출상품에 대한 수요 자체는 수입경쟁상품에 대한 관세부과의 전후에 적어도 감소하는 일은 없다. 그리고 수입경쟁산업이 생산을 확대하여 노동 · 자본이라는 자원을 보다 많이 사용한다고 해도 실업자 · 유휴자본이 존재하기 때문에 임금 등에는 변화가 없을 것이다.

따라서 수입경쟁상품에 관세를 부과하면 그 일부가 수출산업에 전가 · 귀착한다 해도 수출산업은 그 생산을 축소하는 일은 없을 것이다. 본래 미사용의 자원이 존재하는 세계에서 자원이동의 방향을 예측시키는 실효보호율을 검토해도 별다른 의미가 없을 것이다.

한편, 경제가 완전고용하에 있고, 실업자 · 유휴자본은 없다고 하자. 그렇지만 이와 같은 가정하에 경제 전체의 '파이의 크기'가 일정하다면 당연히 한편의 정(+)의 효과는 다른 한편의 부(−)의 효과로 상호 상계된다고 할 수 있을 것이다.

5. 실효보호관세론의 문제점과 평가

지금까지 부분균형분석하에서 실효보호관세론을 살펴보았다. 엄밀한 의미에서 실효보호는 관세뿐만 아니라 환율이나 내국세제 및 기타 무역정책이나 보호구조를 고려하여 산출한 총보호(total protection)가 부가가치를 증대시킬 수 있다고 할 수 있다. 그러나 이것은 이론적으로는 만족스러우나 실질적인 가치가 별로 없다. 왜냐하면 이러한 개념만으로는 실제로 실효보호율을 측정하기 어렵기 때문이다.

그 결과 많은 나라에서 산업정책의 기준으로 삼고 있는 실효보호율은 부분균형분석하에서 일부 주요변수를 감안하여 도출한 것으로서, 이미 설명한 명목관세율로 나타낸 실효보호율의 공식이 일반적으로 이용되고 있다. 왜냐하면 바로 이 공식으로 실효보호율을 도출하기 쉽다는 점과 실제 계산이 보다 용이하다는 점 때문이다.

그렇지만 실효보호관세론의 주목적은 보호구조의 변화 내지는 상태에 따라 자원배분에 미치는 효과를 분석하는 데 있다. 그러나 그 기준이 되는 실효보호율의 공식은 여러 가정을 전제로 도출하였기 때문에 비현실적이라는 비판을 받고 있는데, 그 구체적인 비판 내용은 다음과 같다.

첫째, 실효보호율의 공식은 종합적인 산업정책을 무시하고 있다는 점이다. 즉, 관세 외에도 내국세, 환율변동, 시장구조의 차이, 수출입보조 등 여러 가지 보호정책도 고려해야만 보다 정확한 자원배분효과를 파악할 수 있다.

둘째, 실효보호율의 공식은 간접효과를 무시하고 있다는 점이다. 즉, 실효보호율의 조정을 위한 명목관세율의 조정은 다른 변수에 영향을 주어 부수적인 효과를 가져온다. 바꿔 말하면 보호로 인해 상품의 상대가격이 상승함으로써 비무역상품의 수요증대나 생산요소 간 대체와 같은 간접적 효과가 발생하는데, 이러한 경우를 고려할 때 정확한 실효보호율의 산출이란 사실상 불가능하다.

셋째, 실효보호율의 크기를 기준으로 한 산업별 등급이 과연 비교우위성을 나타내느냐 하는 점이다. 가령 실효보호율이 부(-)인 경우에도 그것이 반드시 비경제적임을 의미하지 않는다는 것을 탄(A. H. H. Tan)의 연구에서 알 수 있듯이 비교우위성의 지표로서 실효보호율은 부적합하다.

넷째, 실효보호율의 측정시 사용하는 투입-산출계수의 정확성에 문제가 있다는 점이다. 즉, 투입-산출계수는 경제의 발전추이와 보호구조의 변화에 따라 계속적으로 변화하는 것이므로 그 정확성을 기대하기란 사실상 어렵다.

다섯째, 실제로 산출된 실효보호율과 명목보호율 간에는 높은 상관관계가 있다는 점이다.[47] 따라서 굳이 실효보호율을 산출하기 위해 공을 들일 필요가 없다는 것이다.

여섯째, 실효보호율의 산출결과를 놓고 어느 정도가 적정한 보호수준인가에 관한 기준이 없다는 점이다.

이상과 같은 실효보호관세론에 대한 비판과 함께 다음과 같은 평가가 내려지고 있다.

바그와티는 오히려 명목관세론이 자원배분에 미치는 관세구조의 효과와 관련시켰을 때, 보다 의미가 있다고 보았다. 즉, 명목관세론에 의하면 관세가 가격변화를 가져오고 그 결과 산출량의 변화를 가져온다. 이 때 부가가치의 변화는 산출량의 변화와 동시에 발생하므로 당연히 수반되게 된다는 것을 지적하고 있다.[48]

한편, 보 쇠데르스텐(Bo Södersten)은 실효보호관세론이 이론 그 자체로서는 매우 값어치가 있으며 건설적이고 흥미로운 것이나 그 개념을 과대평가해서는 안되며, 또한 상이한 실효보호율을 나타내는 경험적 추계치는 그 나라의 특정 여건을 감안하여 조심스럽게 검토되어야 한다고 주장하고 있다.[49]

47) S. E. Guisinger and D. M. Schydlowsky, "The Empirical Relationship between Nominal and Effective Rates of Protection," in *Effective Tariff Protection*, ed. by H. G. Grubel and H. G. johnson, Geneva, GATT, 1971, pp. 269~286

48) J. N. Bhagwati and T. N. Srinivasan, *op. cit.*, pp. 126~131.

49) Bo Södersten, *op. cit.*, pp. 211~212.

제6장 비관세장벽

1. 비관세장벽의 의의
2. 비관세장벽의 판정기준
3. 비관세장벽의 분류
4. 관세와 비관세장벽의 효과 분석
5. 관세와 보조금의 병용

▶ 비관세장벽이란 "자유무역을 저해하거나 교란하는 관세 이외의 방법으로 정부가 자국 상품과 외국상품(또는 국내시장과 외국시장)을 차별하는 직접 · 간접적인 선별적 규제 '를 말한다.

▶ 비관세장벽의 종류는 무려 800여종(1968년 이후 GATT 사무국 조사)으로서, 그 대표적인 것이 수량제한, 수량할당, 수출자율규제, 관세할당과 '질서있는 시장협정' 등이 있다.

▶ 그 가운데 ① 수량제한, ② 생산보조금, ③ 내국소비세, ④ 관세할당에 관하여 기하학적으로 분석하며, 그리고 (1) 관세와 (2) 비관세장벽(① 수량할당, ② 생산보조금, ③ 내국소비세 등 세 가지)의 각 정책수단의 효과와, 효과별 순위를 비교 · 분석한다.

▶ 그리고 관세와 보조금을 병용할 때의 생산효과와 소비효과를 분석한다.

1. 비관세장벽의 의의

1970년대 이후 선진국들은 케네디 라운드의 협상과 일반특혜관세의 실시에 따라 관세의 수입규제기능을 발휘하가 어려워지자 무역정책의 방향을 서서히 보호무역주의로 전환시킴과 동시에 국내산업을 보하기 위하여 비관세장벽 (NTB ; non-tariff barriers)을 강화하는 방법을 채택하기 시작하였다.

비관세장벽은 매우 다양하고 그 종류도 많을 뿐만 아니라 그 내용을 정확히 파악하기가 용이하지 않다. 때문에 비관세장벽이란 무엇인가를 이 장에서는 비관세장벽에 관한 정의와 무엇이 비관세장벽인가 하는 판정기준 그리고 비관세장벽의 유형을 알아보고자 한다.

비관세장벽이란 **"자유무역을 저해하거나 교란하는 관세 이외의 방법으로 정부가 자국상품과 외국상품(또는 국내시장과 외국시장)을 차별하는 직접 · 간접적인 선별적 규제"**를 말한다. 이를 구체적으로 설명하면 다음과 같다.

첫째, **"자유무역을 저해하거나 교란하는 규제"**라는 것은 결국 세계자원의 최적배분을 저해하고 세계의 실질소득의 잠재적 저하를 가져오는 규제라고 해석할 수가 있다. 말하자면 무역에 대한 정부의 규제로 각국의 사적 비용과 사회적 비용의 괴리가 발생하여 사회적 총생산의 극대화가 저해된다고 해도 좋을 것이다.

둘째, **"정부가 자국상품과 외국상품 또는 국내시장과 외국시장을 차별하는 선별적 규제"**라는 의미에 관해서는 ① 규제의 주체로서 정부, 민간단체가 있으며, ② 정부(또는 민간단체)가 행하는 선별적(selective) 규제라는 것이 문제이며, 환율의 변경이나 재정금융정책 등 국제수지조정을 위해 취하는 전체적(overall)인 조정조치는 비관세장벽이 되지 않는다. ③ 따라서 자국상품과 외국상품, 또는 국내시장과 외국시장 그리고 어느 외국공급자를 선별하여 차별적으로 대우하게 되는지의 여부가 비관세장벽인지 아닌지의 중요한 판정기준이다.

셋째, 수입을 억제하고 수출을 촉진하기 위하여 무역에 대한 직접적인 개입 조치는 직접적인 비관세장벽임은 두말할 필요가 없다. 그밖에 무역 이외의 다른 정책목적을 위하여 도입된 규제가 지닌 파생적 결과로서 무역에 대한 저해가 발생하는 경우, 말하자면 간접적인 비관세장벽이 있다.

넷째, 규제를 도입한 정책목적을 어떤 다른 수단보다 합리적이고 대체적(alternative)인 수단으로 실현할 여지가 있는 경우에는 대체적 수단을 취해야 하며 그렇지 않은 경우에는 비관세장벽으로 인정해야 한다.

대체적 수단으로서는 ① 개별산업에 선별적으로 취하는 것이 아니라 전체산업에 무차별로 적용하는 전체적 조정정책이 있으며, 여기에는 환율정책, 재정·금융정책과 소득정책 등이 대표적이다. ② 모든 수입품에 대한 일률적인 관세 내지 일률적인 과징금과 모든 수출품에 대한 일률적인 과징금은 환율의 평가절하와 같은 효과가 있다.

다섯째, 무역을 규제하는 제도의 존속 자체가 문제이지만, 운영상 무역저해 효과를 초래하지 않는 규제제도의 존속 자체가 장해라고 볼 수 있다.

2. 비관세장벽의 판정기준

수입할당제와 같이 명백하게 직접적인 비관세장벽인 경우조차도 정책당국이 정책목적을 위해 실시하는 것은 무역개입이 아니라 국제수지개선이라든지 유치산업의 발전이라고 해석하게 되면 간접적 비관세장벽이라고 할 수 없을 것이다. 왜냐하면 비관세장벽으로 들고 있는 '인위적 규제'의 대부분은 무역을 제한하는 것을 주된 목적으로 실시하고 있는 것이 아니기 때문이다.

그러면 대체 어떠한 경우에 어떠한 기준으로 어떠한 범위의 것을 비관세장벽으로 보는가. 이에 대한 해답은 일정한 판정기준이 있어야 할 것이다. 그러면 어떤 규제 내지 정부조치가 비관세장벽인가 아닌가에 관한 판정기준은 그 규제가,

① 세계적인 자원의 최적배분이라는 관점에서 고려하여 정당화할 수 있는지의 여부

② 문제가 되는 규제의 정책목적이 합리적인지의 여부

③ 그 정책목적이 어떤 대체수단으로 실현될 여지가 있는지의 여부라는 것에 있다.

그렇지만 이와 같은 판정기준은 한 나라의 경제정책의 운영에 관한 종합적인 판단을 전제로 하여 비로소 성립될 수 있는 것이며 순수하게 객관적(과학적)인 분석만으로 도입될 수 있는 것이 아니다. 따라서 어떤 규제가 비관세장벽인지 아닌지에 관해서는 경제적으로 판단해야 하는, 말하자면 그 규제의 경제적 기능과 효과, 대체적 수단의 가능성 등에 따라 판단해야지 그 규제를 WTO, 기타 국제협정의 조항이나 2국 간 협정에 위반하는가 않는가 라는 합법성(legal status)의 여부에 따라 판단해야 할 문제는 아니다.

33. 비관세장벽의 분류

비관세장벽은 무역을 제한할 목적으로 명백하게 규정하거나 시행되는 직접적인 것과, 어떤 다른 정책목표를 위해 무역의 흐름에 영향을 미치도록 시행하는 간접적인 것이 있다. 또한 비관세장벽은 수입에 관한 것과 수출에 관한 것으로 분류할 수가 있다.[1)]

먼저, '직접적 비관세장벽' 이란 비관세장벽 규제의 주체(정부 또는 민간단체)가 대외거래와 대내거래를 차별적으로 취급, 무역을 실질적으로 억제하여 국내생

1) 1968년 이후 GATT 사무국에서 정리한 비관세장벽의 종류는 800여 종에 달하며 주요 항목별로 이를 세분한 내용은 다음과 같다.

구 분	통보항목	통보 항목수	구 분	통보항목	통보항목수
정부관여	정부원조	52	수출입 제 한	수입수량제한	144
	상계관세	3		수입허가제도	
	정부구매	26		수입금지 등	59
	제한적 상관행	12		영화필름에 대한 규제 등	24
	국영무역	31		외환관리	8
세관절차	반덤핑관세	12	수입 과징금 등	2국간협정	14
	관세평가	35		수출자율규제	6
	관세분류	5		기타 규제조치	15
	영사절차 · 수입서류	56		수입담보금	14
	상품견본	9		과징금 · 호만세 · 통계세	86
	세관절차	6		내국세 등	27
각종기준	공업규격	26		수입에 대한 신용공여 규제	8
	보건 · 안전기준	33		가변과징금	10
	품질기준	12		국경세조정	77
	포장 · 표시요건	23		긴급수입제한조치	4

산을 촉진하는 효과를 가져오게 하는 규제를 말한다.

다음으로, '간접적 비관세장벽'이란 본래 대외거래와 국내거래를 실질적으로 차별하는 것을 목적으로 하는 것은 아니지만, 어떤 다른 정책목적을 위한 규제의 부차적인 결과로서 자국상품보다 외국상품을 불리하게 하는 규제를 말한다.

이렇게 구분해 볼 때, 수입에 대한 직접적 비관세장벽으로서 수입할당, 관세할당, 잔존수입제한,[2] 수입과징금, 수입담보금, 국가무역 그리고 차별적인 무역금융제도 등을 들 수 있으며, 간접적 비관세장벽으로는 내국소비세, 정부구매, 관세평가, 수출자율규제, 반덤핑관세 및 상계관세 등을 들 수 있다. 그리고 수출에 대한[3] 직접적 비관세장벽으로서 수출금지조치, 수출수량할당, 보조금지급 등을 들 수 있으며, 간접적 비관세장벽으로는 수출금융지원, 수출감면세조치 등을 들 수 있다.

무역제한의 가장 일반적인 비관세장벽은 무역량에 관한 제한이다. 이들은 상품 단위수에 의해서든지 또는 수입품의 가격에 의해서든지 간에 일정 기간에 수입량을 제한하기 위하여 사용되는 수단이다. 이러한 방법은 직접적 수량제한(direct quantitative restriction) 또는 수량할당(quantitative quota), 수출자율규제(voluntary export restraints), 관세할당(tariff quota)과 질서 있는 시장협정(orderly marketing agreements) 등이 있다.

1 수량제한

직접적인 수량통제에 의한 수입의 규제는 때로는 가격 시스템, 즉 관세를 통하여 규제하는 한 방법으로 간주된다. 수량제한의 목적은 관세부과, 말하자면 보호관세나 재정관세를 부과하는 것을 정당화하기 위한 목적과 비슷하다. 보호적인 목적은 전적으로 관세의 경우와 유사하다. 즉, 국내공급자를 위하여 잠재적 시장

2) 수량할당, 수입금지 및 수입허가제 등의 수입제한조치는 WTO/GATT 제11조에 의하여 금지되어 있다. 그러나 이를 위반하여 행하는 수입수량제한을 잔존수입제한이라 한다.

3) 수출에 대한 비관세장벽에는 수출을 최적수준 이하로 억제하는 규제와 최적수준 이상으로 촉진하는 조치가 있다. 전자에 해당하는 것은 수출금지, 수출수량제한, 최저가격제 등이 있고, 후자에 해당하는 것으로는 수출보조금, 생산보조금, 수출금융, 수출감면세조치 등이 있다.

을 확대시키기 위해 수입의 양을 수량적으로 제한하는 것이다. 재정적인 목적은 재정수입을 증가시키기 위한 수입관세의 사용을 말하며, 수량제한에 있어서 재정적인 부과목적은 그 성질이 다르다. 만일 경쟁시장에서 수입허가권(licences to import)을 경매에 붙인다면, 아래에서 알 수 있는 바와 같이, 정부가 수량할당에 의해 재정수입을 증대시키는 것은 가능하다. 그러나 대개 수입허가권은 선택적인 수단으로 배분되어 재정수입이 직접적으로 증가되지 않는다. 그러나 가격할당제(price quota)는 다른 재정적인 목적을 가질 수 있다. 그것은 외화를 절약하기 위해 부과될 수도 있다. 만일 일정한 상품의 수입가격에 일정한 제한을 가한다면 정부는 어느 정도 확신을 갖고 그 부문에 대한 필요외화량을 예상할 수가 있다. 가격할당은 상품의 단위수를 제한하는 수량할당과는 그 의미가 다르다.

사실상 외국의 수출자가 단위당 가격이 비싼 상품에 특화하여 수입국의 수량제한에 대응하기 때문에, 수입국은 수량제한을 가한 후 일정한 수량의 상품수입에 대하여 필요한 외화가 증가하는 것은 보통 있을 수 있는 일이다.

다음으로 수량할당에 의한 경제적 효과를 보자.

수량할당에는 다음과 같은 세 가지 조건이 갖추어져야 한다.

① 수량할당의 대상이 되는 상품에 대한 외국의 수출산업이 완전경쟁하에 있다.

② 동 상품의 국내생산구조 역시 완전경쟁적이다.

③ 수량할당에 의한 수입권자(quota holders)간에 완전경쟁이 성립한다.

이와 같은 조건들이 충족될 때에는 관세와 동일한 경제적 효과를 갖는다. 이상의 조건 외에 관세의 경제적 효과에서 살펴본 가정, 말하자면 수량 할당을 실시하는 나라가 소국이며, 2국 2상품 2요소의 HOS 모형(Heckscher-Ohlin-Samuelson model)과 각국은 상대적인 요소부존량에 따라 특화하는 것으로 가정한다.[4)]

다음의 〈그림 6-1〉(a)에서 국내생산능력이 없는 가장 단순한 쿼터 부과의 경우를 보자. D는 수입품에 대한 국내수요를, S_f는 수입품에 대한 외국의 공급을 나타낸 곡선이다. 자유무역하에서 $0x_2$는 P^*의 국제가격으로 국내시장에서 수입되고 판매되는 양이다. 이제 어떤 사유로 인하여 최대수입량이 $0x_4$로 제한된다고 가정하자.

외국공급곡선이 전적으로 비탄력적인 점 Z가 되어 이제는 P^*ZQ로 표시되는

4) David Greenway, *International Trade Theory*, The McMillan Press Ltd. Chap. 7.

것을 알 수 있다. 그래서 쿼터로 제한된 수입량은 비제한적인 시장의 수입량보다도 더 적어야 한다. 초과수요를 제거하기 위해 수입품의 국내가격을 P^*에서 P_1으로 인상시켜 국제가격보다 높게 책정한다. 여기서 잉여라는 개념으로 보면 $a+b$로 인해 소비자잉여가 감소하는데 이 중 a의 부분은 소비자로부터 수입자에게 재분배되며 b의 부분은 소비자의 순손실로 나타난다.

그림 6-1 수량제한

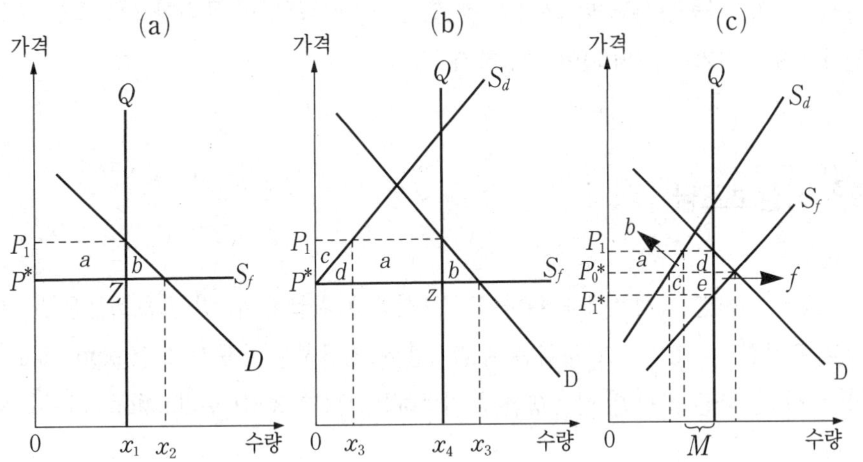

그리고 〈그림 6-1〉(b)에서는 수입품에 완전대체가 가능한 수입가능상품의 일정량을 국내생산자가 공급할 수 있는 경우이다. 분석을 단순화하기 위하여 국내공급곡선 S_d를 P^*에서 출발하여 수직선(Q)과 교차하게 그렸다. 따라서 자유무역시에 국내공급은 제로(0)이다. 그러나 만약 가격이 P^*에서 인상되면 자원은 다른 산업부문에서 수입대체부문으로 유인될 것이다. 다시 수입최대량이 부과되었다고 하자. 그림 (a)에서와 같이 국내가격이 P^*에서 P_1으로 인상되었을 때 외국공급곡선은 P^*ZQ가 되고, 수입은 x_2x_4가 제한되어 소비자잉여는 $a+b+c+d$가 감소하게 될 것이다. 소비자는 (a)의 경우와 같이 a부분은 수입자에게로 재분배되고, P_1과 같이 국내가격의 상승으로 국내생산자는 수입대체산업에 참여하기 때문에 소비자로부터 c부분의 잉여가 국내생산자에게 재분배된다. 그러므로 이러한 경우에 순후생효과는 삼각형 $d+b$의 합계가 되는데 d부분은 생산자손실이고 b부분은 소비자손실이 된다.

또한 교역조건에 미치는 영향도 비슷하나 〈그림 6-1〉(c)에서 S_f는 정(+)의 경사이기 때문에 외국의 공급탄력성은 무한대보다 작은 것으로 나타나 있다. 여기서 쿼터 부과의 주요한 차이점은 수입품의 국내가격이 P_0*에서 P_1으로 인상될 뿐만 아니라 외국의 수출가격이 P_0*에서 P_1*로 인하된다. 그러므로 수입품의 단위당 쿼터 이윤은 외국의 공급이 무한하게 탄력적인 (b)의 경우보다 더 크게 $(d+e)$ 되며, 사중손실도 더 크게$(b+c+f)$ 된다. 교역조건이 유리하므로 또한 수입권자에게 돌아가는 이익(e)이 발생하게 된다.

2 생산보조금

정부가 어떤 정책목적을 위하여 국내상품에 지급할 수 있는 보조금은 두 가지로 구분할 수 있다. 그 하나는 수출상품에 지급하는 수출보조금(export subsidies)이고, 다른 하나는 상품생산에 지급하는 생산보조금(production subsidies)이다.

이와 같은 보조금은 반드시 비관세장벽이라고 할 수 없을지 모르지만, 국내에서 상품의 수급관계에 영향을 미치며 또한 보조금이 지급되지 않는 경우에 비하여 수입을 감소시키든지 아니면 수출을 증가시키게 된다. 따라서 수출상품에 지급하는 수출보조금뿐만 아니라, 수출용과 내수용을 불문하고 생산 일반에 대한 보조금(말하자면 생산보조금)이라 할지라도 그것이 무역량(수출 또는 수입)에 영향을 미치는 것은 거의 확실하다. 생산보조금이 지급되는 가장 중요한 점은 다음과 같다.[5)]

첫째, 정부가 일정량의 국내생산을 증가시키든지 아니면 수입을 감소시킬 것을 목표로 하고 있다면 보조금이 관세보다도 그 효과는 높다. 그 이유는 소비자도 국제가격으로 상품을 계속 구입하여 관세의 특징인 소비자잉여의 감소도 발생하지 않기 때문이다. 소비자잉여와 마찬가지로 생산자잉여도 없다.

---

5) H. G. Grubel, *International Economics*, Richard D. Irwin Inc., 1977.

둘째, 생산보조금은 정기적으로 정부의 예산에 계상되지 않으면 안 되며, 경제조건이나 사회의 필요의 변화에 따라 정기적으로 점검된다는 사회적인 이점을 지니고 있다. 한편, 관세의 점검은 거의 행하지 않고 정부수입을 올릴 수 있어 정부의 예산편성이라는 입장에서 관세의 철폐보다도 그 존속을 요구하는 압력이 크기 때문에 일반적으로 관세보다는 보조금을 지급하는 데 찬성하고 있다.

그림 6-2 **생산보조금**

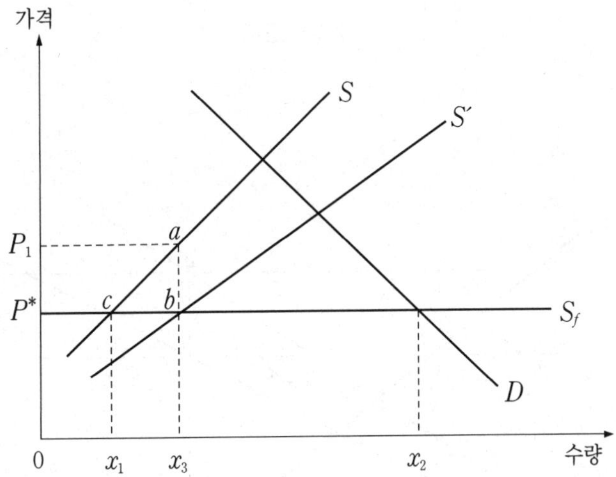

보조금의 경제적 효과를 〈그림 6-2〉로 설명하고자 한다. 자유무역하에서 x_1x_2만큼 수입됨으로써 국내에서 생산되는 양은 $0x_1$이다. 이 때 만약 관세를 부과하게 되면 외국의 공급곡선(S_f)은 수직상향으로 이동하게 되며, 그 이동범위는 관세율에 달려 있다. 그러나 관세는 정(+)의 관세(positive tax)인 반면에 보조금은 부(−)의 관세(negative tax)이기 때문에 공급곡선을 수직하향으로 이동시키는 효과가 있다. 말하자면 그 이동범위는 지급되는 보조금의 비율에 달려 있다.

물론 국내생산자에게 생산보조금이 지급됨으로써 당초의 국내공급곡선(S)은 S'로 이동하게 된다. 일정한 상품에 대하여 생산자가 받게 되는 가격은 소비자가 지불하는 가격을 초과하게 된다. 그러므로 P^*의 국제가격에서 국내생산자는 이제 $0x_1$보다는 오히려 $0x_3$만큼의 생산이 가능하게 되어 이를 공급하게 될 것이다. 소비자는 단위당 $0P^*$의 가격을 계속 지불하게 되나 국내생산자는 $0P^*$에 단위당 $P_1P^*(=ab)$의 보조금을 합친 $0P_1$을 받게 된다. 이와 같이 지급되는 보조금의 성과는 수입이 x_1x_2에서 x_3x_2로 감소되는 데 있다.

이미 제3장에서 설명한 관세의 효과에서 알 수 있었던 것은 관세에 의한 수입 감소의 효과는 생산과 소비의 양면에 미친다는 것이다. 그러나 수출보조금의 이론적 근거는 수입관세나 생산보조금의 지급으로 비교열위에 있는 산업을 유지시키기보다는 수출의 강화로 수입대체산업으로부터 자원을 재배분하는 데 있다.

그림 6-3 **수출보조금**

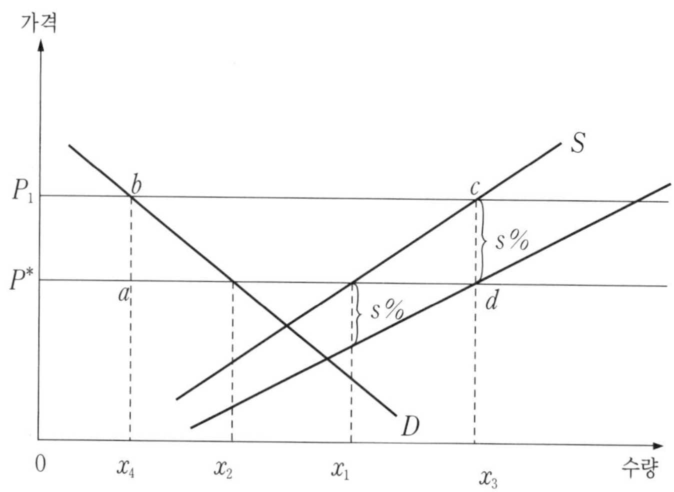

이를 〈그림 6-3〉으로 보면, 국내의 수요와 공급은 일반적으로 국제가격인 $0P^*$의 아래쪽에서 교차하며, 이 상품이 수출가능하다는 것을 나타내고 있다. 자유무역하에서 $0x_1$이 생산되어 국내소비자에 의해 $0x_2$가 소비되고 나머지 x_1x_2가 수출된다. 수출을 증가시키는 한 방법은 수출보조금의 지급일 것이며, 이 방법은 개도국의 경제개발을 촉진하는 데 정당한 것으로 인정되어 왔다.

그림에서 $s\%$의 보조금은 공급곡선을 S에서 S'로 이동시켜 그로 인해 수출은 x_1x_2에서 x_1x_3만큼 증가하여 총수출은 x_2x_3가 되어 수출을 증가시키는 효과가 있으나 이러한 효과는 보조금에 의해서만 나타나는 것은 아니다. 만약 국내가격이 계속 $0P^*$로 유지된다면 분명히 모든 생산은 수출될 것이다. 그러므로 생산의 일부분을 국내시장에서 얻기 위해서는 국내소비가 $0x_2$에서 $0x_4$로 줄어들어 국내가격이 $0P^*$에서 $0P_1$으로 인상되어야 한다. 그러므로 수출에 대한 순영향은 x_2x_1으로부터 x_4x_3로의 증가이다.

다음에는 이상과 같은 보조금이 수출입 양국 간의 무역에 미치는 영향에 관하여 다음의 〈그림 6-4〉로 간단히 설명하고자 한다.

그림 6-4　보조금이 수출입 양국에 미치는 영향

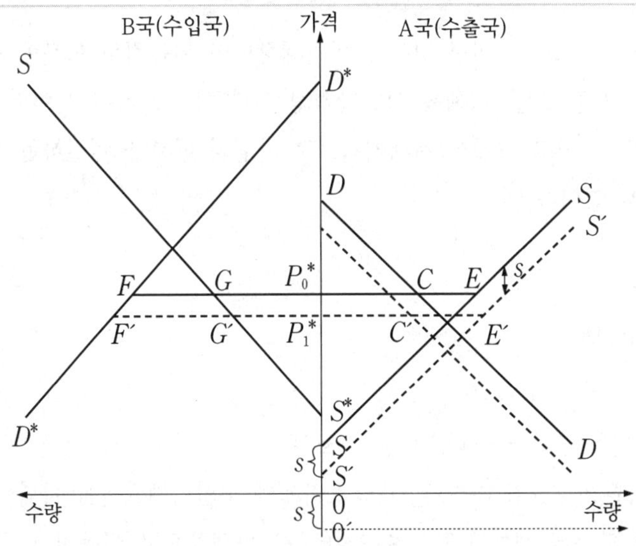

그림에서 0를 원점으로 하여 오른쪽에는 수출국(*A*국)을, 왼쪽에는 수입국(*B*국)을 나타낸 것이며, 특정상품에 관한 각각의 수요 · 공급곡선이 그려져 있다. 이 때 보조금이 지급되지 않는다면 균형가격은 *CE*와 *FG*가 동일하게 되는 P_0* 수준에서 결정되어 *A*국에서 *B*국으로 수출되는 양은 *CE*(=*FG*)가 된다. 지금 *A*국에서 생산량의 1단위당 *s*만큼의 보조금이 지급된다고 하자. 그 결과 수요곡선은 변함이 없지만 A국의 공급곡선은 *SS*에서 *s*의 크기만큼 아래쪽으로 이동하여 *S′S′*가 된다. 이 때 균형가격은 P_1*, 수출량은 *C′E′*(=*F′G′*)가 된다. 수요 및 공급곡선이 이와 같은 형태로 변하지 않는 한 생산에 대하여 보조금이 지급되는 결과로서 수출량은 반드시 증가한다.

이와 같은 생산보조금과는 달리 같은 1단위당 *s*만큼의 수출보조금이 지급되는 경우에는(양국 간의 운송비를 무시하면) 양국의 국내가격이 s만큼 괴리하게 된다. 이 경우는 A국의 원점을 0에서 0´로(00´=s) 이동시켜 분석하는 것이 편리하다. 원래의 그림과 비교하면 SS곡선만이 아니라 DD곡선도 s만큼 아래쪽으로 이동하게 되어 수출량은 생산보조금의 경우보다도 다시 증가하게 된다.

이상에서는 수출국에서 수출보조금이 지급되는 경우에 관한 분석이지만 수출국에서 생산 보조금이 지급되는 경우에도 이와 같이 분석할 수가 있다. 즉, 생산보조금이 지급되면 공급곡선은 보조금만큼 아래쪽으로 이동하여 수입량은 반드시 감소하게 된다.

그러면 생산보조금이 어떤 경우에 비관세장벽이 되는지의 여부에 관한 판단기준으로서 중요한 것은 '정책목적의 합리성'이다. 즉, 보조금이 어떠한 목적으로 지급되는가, 그리고 그것이 전세계적으로 자원의 배분을 개선하는 데 기여할 수 있는가 하는 점이다.

3 내국소비세

내국소비세의 부과는 국내소비를 감소시키게 될 것이므로 결국 수입이 억제될 것이다. 다음의 〈그림 6-5〉는 내국소비세의 수입억제효과를 나타낸 것이다. 내국소비세의 부과는 세액만큼 수요곡선(D)을 아래쪽으로 이동시켜 국내소비량을 $0x_2$에서 $0x_4$로, 말하자면 x_2x_4만큼 감소시킬 것이다. 그러나 국내의 생산효과, 즉 보호효과는 없다. 따라서 수입의 감소분은 국내소비량의 감소분 x_2x_4만큼 될 것이다. 또 수입효과는 관세의 경우와 같이 수입에 의한 부분만이 아니라, 국내생산에 의한 부분에도 과세되기 때문에 BCP^*P_1의 면적으로 나타낼 수 있다. 결국 내국소비세의 부과는 수입의 감소효과가 있는 반면 그에 따른 사중손실이 ΔABC만큼 발생하게 된다.

이에 관한 양국의 관계를 〈그림 6-6〉으로 설명하면 다음과 같다. 즉, 자유무역하에서 B국이 A국으로부터 어떤 상품을 수입할 때 무역량을 CE(=FG)라고 하자. 이 때 B국에서 이 상품에 대하여 1단위당 t만큼의 내국소비세를 부과하게 되면 그 효과는 수요곡선이 바로 세액만큼 아래쪽으로 이동하여 수입량이 $C'E'$(=

그림 6-5 내국소비세

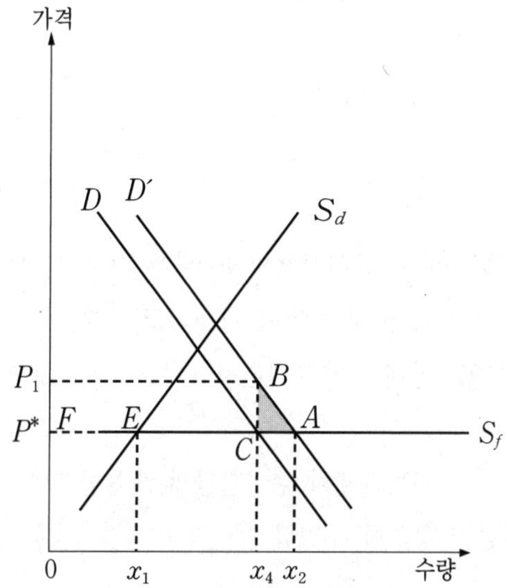

$E'G'$)만큼 감소되는 것은 앞의 〈그림 6-5〉와 같다.

그런데 내국소비세를 비관세장벽이라 할 수 있는지의 여부는 이와 같은 과세

그림 6-6 내국소비세가 수출입 양국에 미치는 영향

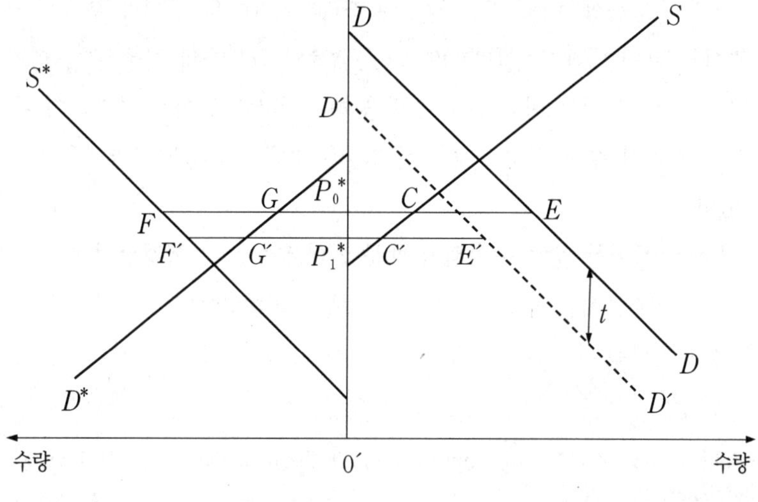

가 합리적으로 부과되는가, 그리고 수입비율이 높은 품목에 대하여 특히 높은 세율을 부과한다는 차별적인 요소가 있는지의 여부에 따라 판단해야 한다.

4 관세할당

관세할당(tariff quota)은 관세정책의 또 다른 하나의 방법이며, 이러한 관세할당을 적용하는 대상의 폭은 최근 더욱 확대되고 있다. 이것은 수량할당이나 수출자율규제와 같이 1970년대 보호무역론자들의 압력에 대한 하나의 대응책으로 등장하였다.

관세할당은 문자 그대로 관세와 수량할당의 혼합물이다. 롬(Michael Rom)은 관세할당을 다음과 같이 정의하고 있다.

"관세할당이란 일정 기간 동안 세관영역으로 수입되는 상품 총액의 최대를 규정하는 대신에 그 상품의 특정수량, 가치 또는 몫이 초과수입분보다 낮은 세율이나 무세로 수입되는 것을 말한다."[6)]

이것을 바꿔 말하면 수입품에는 관세가 부과되나 다양한 관세율이 적용되는 수입품의 수량(또는 가치)에 부과되는 쿼터와 함께 규정할 수도 있다. 그러므로 최초의 x단위 수입품에는 t% 또는 경우에 따라서는 0%의 관세가 부과되나, x단위를 초과하는 분에 대해서는 $(t+w)$%, 또는 w%의 관세율이 적용된다. 여기서 w는 $w>0$이다. 관세쿼터는 이와 같이 수량을 하나의 분기점에서 구분하여 두 가지의 관세율을 적용할 수도 있고 n개의 분기점에 의해 $(n+1)$개의 관세율을 적용시킬 수도 있다.

수량제한은 상이한 율로 구성되기 때문에 이에 따르는 행정상의 어려움이 있음을 곧 알 수 있다. 예를 들면, 관세쿼터가 배분(allocate)될 것인가 아닌가에 따라 그 성격이 달라질 수 있다. 가령 배분을 하지 않는다면 수출국의 입장에서는

6) Michael Rom, *The Role of Tariff Quotas in Commercial Policy*, Holmes & Meier Publisher, Inc., 1979.

먼저 수출을 하여 낮은 관세율을 적용받아 이익을 얻게 될 것이다. 그러나 만약 한 나라가 관세쿼터를 지리적으로 유리한 특정의 국가 또는 지역에 배분한다면 이들 국가 또는 지역은 낮은 관세쿼터의 몫을 차지하게 될 것이다.

또한 관세쿼터는 특정수출국을 수출자격에서 제외시키는 조치를 수반하는가에 따라 차별적 관세쿼터와 비차별적 관세쿼터로 구분할 수가 있다. 또한 차등관세(differential duties)를 상품의 제한수량에 적용하는 경우와 관세를 부과할 수 있는 총수입품의 일정 비율에 적용하는 경우로 나눌 수도 있으며, 또 적용되는 관세율을 종가세, 종량세 또는 복합세로 할 수도 있다. 따라서 이러한 것들과 다른 행정상의 문제점을 고려할 때 관세쿼터가 행정적으로 실효있게 실시되기 위한 필요조건은 국별 · 상품별 · 수량별 및 기타 정보에 대한 전산화가 이루어져야 한다. 이러한 조건이 충족된다면 관세쿼터는 수량할당이나 관세보다 훨씬 편리하다. 실제로 관세쿼터는 유럽 등지에서 무역정책의 하나의 유용한 도구로 이용되고 있다.

다음의 〈그림 6-7〉로 관세쿼터의 특성을 분석해 보기로 하자.

수입품에 대한 수요와 공급의 조건이 주어지고, 자유시장에서 $0P^*$의 가격하에서 $0x_1$량만큼 수입한다고 하자. 그리고 수입품에 대한 종가세의 부과로 외국공급곡선이 S_f로부터 S_f'로 이동하게 되어 수입량이 감소하면서 소비자는 보다 높은 가격 $0P_1$을 지불한다고 가정하자. 이 때 관세수입은 P_1JBA이며 이것은 결국 외국의 수출업자와 국내 소비자의 비용으로 충당되는 것이다.

그러나 어떤 상품이 무세로(또는 t%보다 낮은 관세율로) 수입되는 것을 허용하는 것이 바람직하다고 할 수도 있을 것이다. 일반적으로 어떤 국가로부터의 수입품이 국내시장에 대한 차별적 접근을 허용하고 있다. 예를 들면, 이것은 어떤 수입품에 대한 쿼터가 할당되는 개도국에 보다 높은 희생이 될 수도 있다. 쿼터 한도까지의 상품은 무세로 수입되는 반면 이를 초과하는 상품은 관세가 부과된다.

예컨대, 〈그림 6-7〉에서와 같이 Q의 쿼터를 설정하는 경우 $0x_3$단위는 무관세로 수입되고 이를 초과하는 분에 대해서는 t%의 관세가 부과된다. 쿼터가 부과되는 경우 수입품의 유효공급곡선(effective supply curve)은 $FGVS_f'$가 된다. 따라서 이 경우에 시장균형가격은 $0P_1$이 되고 총수입량은 $0x_2$가 될 것이다. 그러나 자유무역하에서 비교한 이익과 손실은 수량할당과 관세의 경우와는 다르다. 만약 쿼터가 별개로 이용된다면 국내가격은 P_2로 인상되고 수입자는 P_2NGM의 이익을 얻게 된다. 순수한 관세의 경우에는 가격과 수입량은 관세 쿼터와 같다. 그러나 후자(관세쿼터)의 경우 $0x_3$를 초과하는 수입품에만 관세가 부과되기 때문에 관세수입은 순수한 관세의 경우($RJBH < P_1JBA$)보다 작다. 수입자에 대한 쿼터 이윤의 요소가 있지만 가격이 순수한 쿼터의 경우보다 작다는 사실 때문에 쿼터 이익이 순수한 쿼터의 경우($P_1RGM \langle P_2NGM$)보다 또한 낮다.

그림 6-7 **관세할당**

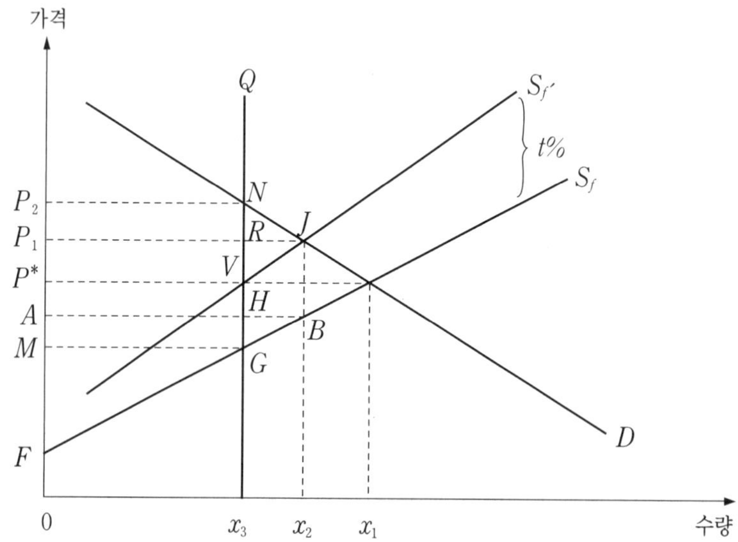

이상에서 알 수 있는 것은 중간방법이다. 세 가지의 방법, 즉 관세, 수량할당과 관세쿼터의 순후생효과에 있어서 사중손실(삼각형)은 같지만 재분배는 다르다. 극단적으로 단순화한 분석에서조차도 관세할당이 독립적으로 사용되는 관세나 수량할당보다도 훨씬 복잡한 제도이다. 이와 같이 이 제도의 실시에 따른 비교적 높은 행정적인 비용에도 불구하고 관세쿼터는 점차로 일반화되어 가고 있다.

이에 관한 한 가지 중요한 원인은 일반특혜관세제도(GSP)의 발전이다. 제9장에서 알 수 있는 바와 같이 GSP 협정의 세부사항이 특혜공여국에 따라 다르다 할지라도 GSP의 요지는 관세쿼터, 즉 지정된 나라로부터 수입되는 일정량의 상품에 대해서는 무관세로 수입되고 이를 초과하는 분에 대해서는 MFN 관세를 부과하는 제한조건이 있다는 것이다.

그러므로 관세쿼터는 선진국이 개도국에 대하여 그들의 시장에 대한 어떤 특혜적 접근을 확실히 제공할 수 있는 경우에는 편리한 방법이다. 그러나 우리는 GSP하의 관세쿼터가 개도국에 이익을 주는 정도에 관해 상당한 논쟁이 있다는 데 주의해야 할 것이다. 말하자면 관세쿼터는 선진국이 개도국에 대항하기 위한 수단으로서 이용하고 있다는 데 대하여 논쟁이 있다는 점에 주목할 필요가 있다.

4. 관세와 비관세장벽의 효과 분석

보호무역의 정책수단은 이미 언급한 바와 같이 ① 관세와 ② 비관세장벽으로 대별되며, 후자의 수단을 세분하면 수량할당, 생산보조금, 내국소비세, 관세할당, 수출자율규제 등이 있다. 이들 비관세장벽 가운데 세 가지만 들어 관세와 비교하고자 한다. 즉,

① 관세
② 수량할당
③ 생산보조금
④ 내국소비세

등에 관하여 그 효과를 비교해 보자.

관세는 관세선을 통과하는 상품에 대하여 부과되는 조세이다. 관세 중에는 그 목적에 따라 재정관세 등 여러 가지로 분류할 수 있지만 여기서 문제로 삼는 보호무역의 정책수단으로서 사용되는 것은 보호관세 및 육성관세이다. 보호관세 및 육성관세란 국내산업의 보호 및 육성을 목적으로 하여 경쟁수입품에 부과되는 관세이다.

수량할당은 직접적인 수입감소수단이다. 극단적인 경우에는 수입금지조치가 취해진다. 수입제한 가운데에는 할당제와 일정한 최고한도를 정해 두는 실링 방식과 같이 수량 면에서 수입을 제한하는 방법, 수입허가절차에 있어서 허가조건을 엄격히 하여 수입을 억제하는 방법, 또는 신용 면에서 억제하는 방법 등 여러 가지가 있다.

그리고 보호 · 육성을 위한 정책수단으로서 가끔 과세나 보조금이 이용된다. 무역자유화의 사조가 강한 시기에, 매우 높은 관세로 보호하는 것은 국제적으로 비난의 대상이 되기 쉽다. 국내경제의 왜곡으로 자유무역이 불리한 경우에는 관

세보다도 오히려 과세(내국소비세)나 보조금정책을 산업마다 적절히 적용하여 경제적인 왜곡을 시정, 자원의 최적배분을 도모하는 것이 유리할 것이다.

이 가운데 국내산업의 보호 · 육성의 수단으로서 관세와 보조금정책 가운데 어떤 수단을 어느 시기에 적절히 사용할 것인가는 다음의 점을 고려하여 판단하여야 할 것이다.

첫째, 관세의 보호효과는 가격 메커니즘을 통하여 간접적으로 영향을 미치는 데 반하여, 보조금의 효과는 기업의 채산에 직접적으로 영향을 미친다.

둘째, 관세가 경쟁상대국(대국의 경우)의 부담인 데 대하여, 보조금은 자국의 부담이 되는 것이 일반적이다. 따라서 납세자는 관세에 대해서는 별로 관심이 없지만, 보조금의 지출에 대해서는 일반적으로 관심이 높고 엄격하다. 강력한 보조금정책이 이용될 수 있는 것은 보호 · 육성에 의한 국민경제에 대한 공헌이 매우 크고 그 이익이 국민의 대다수에게 미치는 것이 아니면 안 된다.

셋째, 관세는 그 상품의 국내가격을 인상시키는 데 대하여, 보조금은 이를 인하시키는(부의 관세) 방향으로 움직인다.

유치산업보호의 경우에는 그것이 외부경제를 가진 경우, 관세에만 의존하기보다도 보조금정책을 적극적으로 활용하는 것이 유리할 것이다. 특히 기술전파에 관한 외부경제효과를 가진 경우 기술의 습득에는 일반적으로 코스트가 높은데, 관세는 이러한 지출을 하거나 또 습득한 기술의 전파와 같은 것은 보장해 주지 않는다.

유치산업의 보호를 위해서는 직접적인 효과가 좋고 생산요소에 대한 작용이 필요하다. 관세는 한 번 실시되면 폐지시키기 어려운 데 반하여 보조금은 폐지시키기 쉽다. 때문에 지나치게 많은 보조금을 필요로 할 때 보조금에만 의존하는 것은 부담이 지나치게 크므로 관세와 병용시킬 필요가 있을지도 모른다.

다음의 〈그림 6-8〉(a)는 제3장에서 설명한 〈그림 3-2〉와 비슷하다. 관세부과로 인해 소비가 $0x_4$로 감소함으로써 외국으로부터의 수입량은 $x_1x_3+x_2x_4$만큼 감소하게 된다. 수입량의 감소는 소국의 가정으로 수출입가격이 일정하기 때문에 수출량이 일정하다고 하면 국제수지가 개선되며 관세의 수입 〔$x_3x_4 \times P^*P_1$(수입상품 1단위당 관세액)$=BCHG$의 면적〕도 증가된다.

〈그림 6-8〉(b)는 수입수량을 제한한 경우의 변화이다. 그림의 Q가 수입할당량이며, 수입이 할당량에 일치하도록 수요가 조정되는 경우에는 수량제한은 관세

와 기본적으로 같은 효과를 가진다. 단, 다음의 두 가지가 관세와 다른 점이다.

그림 6-8 관세와 비관세장벽의 비교

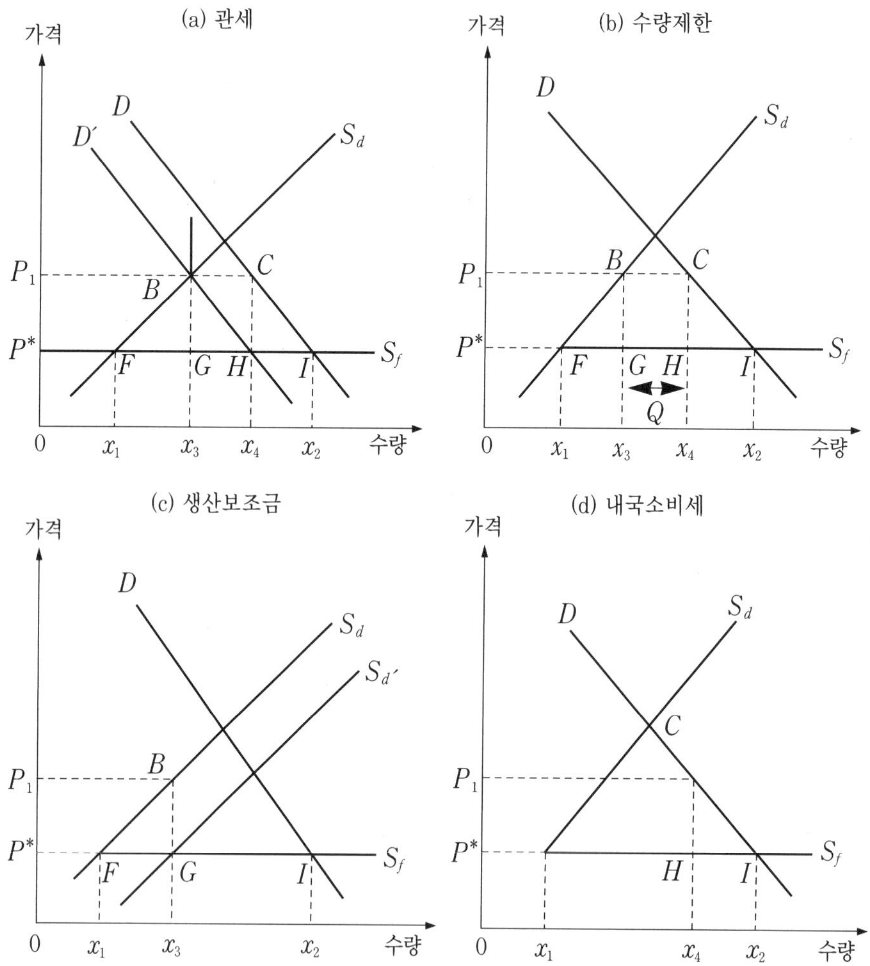

즉, 첫째는 수입효과가 없다는 것이고, 둘째는 수요와 공급의 탄력성이 작을 경우에는 관세는 비효과적이지만 수량제한은 효과적이다. 전자의 경우, 수입할당을 받은 수입업자는 $0P^*$가격으로 수입하여 $0P_1$가격으로 국내소비자에게 판매할 수 있어 수입업자의 초과이윤은 $BCGH$부분이 된다. 물론 이 초과이윤을 정부가 세금으로 흡수할 수 있다면 수량제한도 관세의 수입효과와 다를 바 없다. 후자의 경우, 국내의 수요공급곡선의 기울기가 급한 경우(필수품의 경우)에는 고율의 관세가 아니면 수입감소의 효과를 가져오기 어렵다. 그러나 이 경우 수량제한은 수입량을 얼마든지 정할 수 있기 때문에 바람직한 수준까지 수입을 분명히 줄일 수가 있다.

〈그림 6-8〉(c)는 생산보조금을 지급한 경우의 변화이다. 보조금의 지급은 국내생산자가 보조금만큼 싼 값으로 공급할 수 있기 때문에 S_d곡선을 보조금지급분만큼 아래쪽으로 이동시킨다. 때문에 관세의 경우와 마찬가지로 국내생산량을 $0x_1$으로부터 $0x_3$로, 즉 x_1x_3만큼 증가된다. 그러나 보조금도 소비효과는 없으며, 수입면에서는 보조금의 지출이기 때문에 BGP^*P_1만큼 오히려 부(-)의 효과가 나타난다.

끝으로 〈그림 6-8〉(d)는 내국소비세를 부과한 경우의 변화이다. 소비세의 부과는 관세의 경우와 같이 D곡선을 세액만큼 왼쪽으로 이동시키지만, 관세의 경우는 수입 부분만큼 이동시키는 데 대하여 국내생산에 의한 부분도 포함하여 모든 범위에 관하여 이동시키는 점이 상이하다. 때문에 내국소비세도 국내소비량을 $0x_2$에서 $0x_4$로, 결국 x_2x_4만큼 감소시키게 될 것이다. 그러나 국내의 생산효과는 없다. 따라서 수입의 감소분은 국내소비량의 감소분 x_2x_4만큼이 될 것이다. 또 재정수입 효과는 관세와 같이 수입에 의한 부분만이 아니라 국내생산에 의한 부분에도 과세되기 때문에 사각형 P_1CHP^*의 면적으로 표시할 수 있다.

이와 같은 내용의 설명으로 각각의 정책수단을 〈그림 6-8〉에 적용해 보자. 첫째, 수량제한의 경우에도 총잉여의 감소에서 수입업자가 얻는 초과이윤을 차감하여야 하기 때문에 정책의 코스트는 관세의 경우와 동일하게 된다. 둘째, 생산보조금의 경우에는 P_1CHP^*의 면적만큼 생산보조금의 지출로 부(-)의 항목이 되기 때문에 이 부분에서 생산자잉여의 증가분(P_1CHP^*)을 차감하면 BFG의 면적이 바로 코스트가 된다. 그리고 셋째, 내국소비세의 경우에는 P_1CIP^*면적이 소비자잉여의 감소분에서 P_1CHP^* 면적의 내국소비세의 수입을 뺀 CHI의 면적이 코스트가 된다.

그러나 이들 정책수단은 각각 코스트나 효과도 다르기 때문에 비교하기 어렵다. 그래서 일정한 목표를 달성하기 위해 어느 정책이 좋은가를 알기 위해서는 동일량의 효과를 얻는 데 얼마만큼의 코스트가 필요한가, 아니면 동일량의 코스트로 달성되는 효과가 얼마인가 하는 두 가지 방법 가운데 어느 하나로 비교하여야 할 것이다. 여기서는 전자의 방법, 즉 각 정책수단의 효과당 코스트를 비교해 보자.

각 정책의 우열을 고려해 보면 코스트가 적을수록 효과적이라는 의미에서 바람직한 정책수단이라 할 수 있을 것이다. 먼저 국내생산을 증가시키기 위한 목적이라면 생산보조금이 코스트가 적다는 의미에서 바람직하며, 관세나 수량제한은 뒤떨어진다. 소비를 감소시키기 위한 목적이라면 내국소비세가 바람직하고 관세나 수량제한도 뒤떨어진다. 수입감소가 목적이라면 네 가지 정책수단의 단위당 코스트가 모두 동일하게 된다. 그러나 수입량 그 자체의 감소효과를 고려하면 수량제한, 관세의 순이며 생산보조금과 내국소비세는 가장 뒤떨어진다. 그리고 재정수입의 증가를 목적으로 한다면 내국소비세가 바람직하며 관세는 뒤떨어진다. 수량제한은 직접적인 재정수입효과는 없지만, 만약 수입업자가 얻는 초과이윤을 간접적으로 세금으로서 흡수할 수 있다고 해도 관세보다는 역시 뒤떨어진다. 그리고 생산보조금은 수입이 아니라 지출이기 때문에 뒤떨어진다기보다 반대의 효과가 있다고 할 수 있다. 이상 무역정책의 네 가지 수단에 의한 효과를 정리한 것이 〈표 6-1〉이다.

■ <표 6-1> 각 정책수단의 효과

구 분	국내생산	국내소비	수 입	정부수입
(a) 관 세	$+x_1x_3$ (증가)	$-x_2x_4$ (감소)	$-x_1x_3, -x_2x_4$ (감소)	$+x_2x_4 \times P^*P_1$ (증가)
(b) 수량제한	$+x_1x_3$ (증가)	$-x_2x_4$ (감소)	$-x_1x_3, -x_2x_4$ (감소)	(불변)
(c) 생산보조금	$+x_1x_3$ (증가)	(불변)	$-x_1x_3$ (감소)	$-0x_3, \times P^*P_1$ (감소)
(d) 내국소비세	(불변)	$-x_2x_4$ (감소)	$-x_2x_4$ (감소)	$+0x_4 \times P^*P_1$ (증가)

여기서 알 수 있는 바와 같이 생산보조금과 내국소비세를 병용하면 관세와 동일한 효과를 얻을 수 있다. 예를 들면, 어느 상품에 10%의 생산보조금과 10%의 내국소비세를 부과하면 10%의 관세를 부과하는 것과 같다. 왜냐하면 관세의 사중부분인 두 개의 삼각형(BFG와 CHI)은 생산보조금의 사중부분(BFG)과 국

내소비세의 사중부분(CHI)을 합한 것과 같기 때문이다. 이와 같이 관세는 생산보조금과 내국소비세의 병용으로 대체시킬 수 있다.

이상의 결과를 종합정리한 것이 〈표 6-2〉이다. 즉, 각 정책수단은 그 목표에 따라 순위를 정할 수가 있다. 이 결과에서 목적에 따라서는 관세나 수량제한과 같은 전통적인 무역정책의 수단보다도 생산보조금이나 내국소비세가 좋다는 것을 알 수 있다. 특히 국내생산을 보호하기 위한 목적으로는 생산보조금이 관세나 수량제한보다도 코스트가 적다는 의미에서 바람직하다. 생산보조금이나 내국소비세는 최근 비관세장벽으로서 주목되고 있지만 원래는 국내정책이며, 관세나 수량제한과 같이 상대국을 자극시키지 않는다. 이런 의미에서도 가일층 바람직하다고 할 수 있다.

■ <표 6-2> 각 정책수단의 효과별 순위

효과 \ 순위	1위	2위	3위
보호효과	생산보조금	관세, 수량제한	내국소비세
소비효과	내국소비세	관세, 수량제한	생산보조금
국제수지효과 (수입효과)	수량제한	관 세	생산보조금, 내국소비세
재정수입효과	내국소비세	관 세	수량제한

오늘날 대부분의 나라, 특히 선진공업제국에서 무역정책을 실시할 경우 국내산업의 보호효과를 가장 많이 기대하고 있는 것이 아닌가 한다. 만약 국제수지상의 효과를 노린다면 환율정책이나 재정 · 금융정책이 오히려 유효할 것이다. 왜냐하면 무역정책은 개개의 상품 또는 산업에 적용시키므로 전체적인 국제수지개선을 위한 효과는 비교적 적기 때문이다. 또 관세는 오늘날 선진국에서는 평균적으로 저율이므로 재정수입의 효과는 매우 적다. 그러므로 소비억제 또는 소비자극을 위해 무역정책을 사용하는 것은 간접적인 방법이 될 것이다.

무역정책은 여러 가지 효과가 있지만 이 같은 이유 때문에 무역정책=보호정책으로 가끔 간주된다. 그리고 보호정책으로는 생산보조금이 관세나 수량제한보다도 바람직하다는 것은 두말할 필요가 없다.

5. 관세와 보조금의 병용

관세보호의 근거는, 최적관세론의 경우를 제외하면, 자유시장가격과 사회적 코스트가 괴리한다는 데 있다. 그것은 예를 들어 상품가격이 공해를 방지하는 코스트를 반영하지 못하는 상태에서 관세를 수입원으로 이용하고 있기 때문이다. 바그와티(Jagdish N. Bhagwati)[7]는 이 경우에 관하여 존슨(Harry G. Johnson)[8] 등이 분석한 2상품모형에 의한 일반균형분석 등을 일반화하였다. 이 이론의 결론은 생산자나 소비자 중 어느 한쪽에 대한 상대가격을 조정할 필요가 있지만, 동시에 양자를 조정할 필요는 없다는 것이다. 그 위에 사적 가치와 사회적 가치의 괴리가 존재하는 상품시장에 있어서만 필요한 방법으로 그 상품의 상대가격을 변화시켜, 다른 상품시장은 국제가격비율이 지배하는 대로 두는 것이 사회적으로는 최적이며, 그렇게 함으로써 생산자나 소비자는 국제적 생산특화의 이익과 국제무역의 이익을 얻을 수가 있다.

논의를 다음과 같이 대치할 수가 있다. 즉, 생산 혹은 소비의 사적 비용과 사회적 비용의 괴리가 존재하기 때문에 경제운영이 비효율적으로 이루어지고 있다면 유효한 해결방법은 괴리의 원인을 제거하는 것이어야지 외국무역부문에서의 왜곡을 증가시켜서는 안 된다.

이상의 결과는 〈그림 6-9〉와 〈그림 6-10〉을 이용하여 엄밀하게 표시할 수

7) J. N. Bhagwati, "The Generalized Theory of Distortions and Welfare"(J. N. Bhagwati, R. W. Jones, R. A. Mundell and J. Vanek eds., *Trade, Balance of Payments and Growth*, Amsterdam North Holland, Publishing Co., 1971).

8) H. G. Johnson, "Optimal Trade Intervention in the Presence of Domestic Distortions", 1965(R. E. Baldwin ed., *Trade, Growth and the Balance of Payments*, Chicago Rand McNally, 1965).

가 있다.

그림 6-9 바람직한 생산효과의 효율적 달성

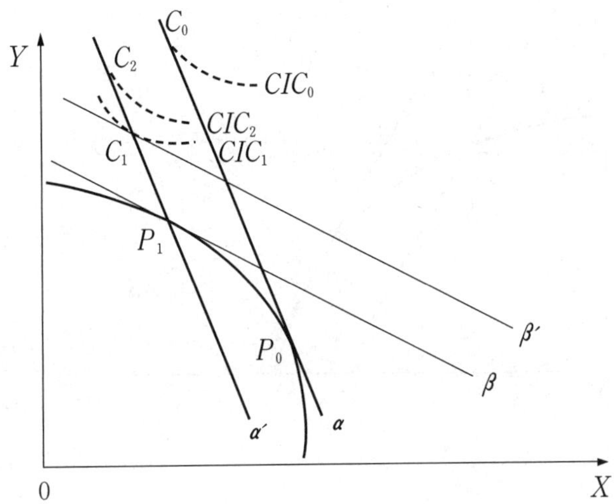

이 〈그림 6-9〉에서는 생산점을 P_0에서 P_1으로 이동시키기 위하여, 예를 들면 전시의 경우에 상품가격에 반영되지 않는 사회적 가치를 지닌 Y상품의 산출량을 증가시키기 위하여 관세가 이용된다. 소비자와 생산자에 대하여 관세부과로 왜곡된 국내가격 $\beta=\beta'$하에서의 균형점을 찾는 것은 일반적인 방법이지만 한편으로 비효율적인 방법이다. 이미 언급한 바와 같이 이 경우에는 후생수준이 CIC_0에서 CIC_1으로 저하한다. 효율적인 해결은 국제가격비율 α'로 소비자에게 양 상품의 구입의 조합을 결정시키는 것이며, 그림에서 소비균형점이 무차별곡선 CIC_2와 접하는 C_2점이 되도록 한다. 그림에서 알 수 있듯이 소비점이 CIC_2상에 존재하면 CIC_1상에 존재하는 것보다는 후생의 감소가 작다. 실제로 효율적인 해결을 위해 Y상품의 수입에 관세를 부과함으로써 국내가격비율을 β'로 바꾸고 동시에 Y상품의 국내시장의 소비에 대하여 보조금을 지급하여 소비자가 국제가격 α'하에서 소비가 가능하도록 하는 것이다.

〈그림 6-10〉은 관세부과에 의한 왜곡으로 Y상품의 소비가 $0M$에서 $0N$으로 감소하는 것을 제외하면 〈그림 6-9〉와 같다. 통상적인 관세부과의 방법에 의하

그림 6-10 바람직한 소비효과의 효율적 달성

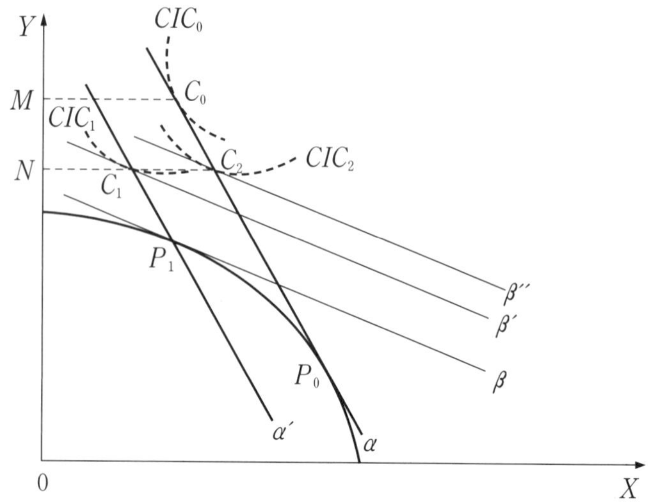

면 국내가격비율이 β'가 되도록 하는 관세율을 선택하여 생산점을 P_1으로, 소비점을 C_1으로 이동시킴으로써 Y상품의 소비는 $0M$에서 $0N$이 된다. 이와 같은 상태를 도출하는 효율적인 방법은 국내생산자에게 국내가격이 국제가격 α와 같게 생산점이 P_0에 멈추도록 하면서 Y상품에 소비세를 부과함으로써 소비자에게 국내가격이 $\beta''=\beta'$가 되도록 하고, 소비점을 C_2로 하여 후생수준을 CIC_2로 높이게 된다. 〈그림 6-10〉에서 알 수 있듯이 이와 같은 방법으로 Y상품의 소비는 $0N$이지만 X상품의 소비량은 증가하게 되어 관세의 수단보다 유리하다는 것을 알 수 있다.

제 7 장 관세동맹

▶ 관세동맹이란 지역적으로 인접해 있는 두 나라 또는 그 이상의 나라가 동맹을 결성하여 관세를 동맹국(A국과 B국)과 맹외국(C국)를 차별하는 것으로, 경제통합의 한 단계이다.

▶ 발라사(Bela Balassa)는 경제통합의 단계를 ① 자유무역지역, ② 관세동맹, ③ 공동시장, ④ 경제동맹과 ⑤ 완전한 경제통합 등 5단계로 분류하고 있다.

▶ NAFTA는 공동시장의 단계에, EFTA, LAFTA와 ASEAN은 자유무역지역의 단계에 있으며, EU는 완전한 경제통합의 단계로 발전하였다.

▶ 관세동맹에 관한 이론을 정태적 · 동태적인 분석으로 소개한다. 즉, 3개국 · 1상품 (3-1모델)을 예로 들어 관세동맹의 경제적효과, 즉 ① 무역창출효과와 ② 무역전환효과 를 부분균형으로 분석한 바이너(Jacob Viner)의 이론과, 오퍼곡선을 이용하여 일반균형으로 분석한 바네크(J. Vanek)의 이론을 소개한다.

1. 관세동맹이론의 성격

1 경제통합과 관세동맹

관세동맹을 논하기에 앞서 경제통합(economic integration)이 무엇인가를 알아볼 필요가 있다. 경제통합이란 지역적으로 인접해 있는 두 나라 또는 그 이상의 나라가 동맹을 결성하여, 이 동맹에 가입한 가맹국은 비가맹국과의 무역에 대하여 관세 또는 기타의 제약을 가하고 가맹국 상호 간의 무역에 대해서는 관세 또는 기타의 제약을 완화 내지 철폐하며, 또 이와 같은 경제적인 협조뿐만 아니라 정치 · 사회적인 면에서의 협조도 행하기 위하여 결성되는 것을 말한다. 이 경우 가맹국과 비가맹국 간을 구별하는 주요한 수단은 관세에 의한 차별화라는 무역장벽이기 때문에 경제통합은 관세동맹이 주축을 이루고 있다.

경제통합은 가맹국과 비가맹국 간의 차별화의 정도에 따라 아주 불완전한 것에서부터 가장 완전한 것에 이르기까지 여러 단계로 분류하여 설명할 수 있다. 즉, 하나의 상품에 대하여 가맹국 간에는 관세를 인하 또는 철폐하고 비가맹국에 대해서는 차별관세를 부과하는 아주 불완전한 것에서부터, 가맹국 간에는 모든 무역장벽을 제거하여 공통의 금융 · 재정정책을 실시하고 공통의 통화제도를 제정하고 또한 경제적인 통합뿐만 아니라 정치적인 통합도 결성시키는 가장 완전한 것에 이르기까지 많은 단계로 통합의 형태를 고려할 수 있다.

발라사(Bela Balassa)[1]는 이와 같은 차별화의 정도에 따른 경제통합의 단계를

1) Bela Balassa, *The Theory of Economic Integration*, London, 1961.

다음과 같이 분류하고 있다. 즉,

① 자유무역지역(Free Trade Area)

② 관세동맹(Customs Union)

③ 공동시장(Common Market)

④ 경제동맹(Economic Union)

⑤ 완전한 경제통합(Total Economic Integration)

등이다. 이를 구체적으로 설명하면 다음과 같다.

첫째, 자유무역지역이란 가맹국 간에는 관세 또는 수량 제한을 철폐하고 비가맹국으로부터 수입하는 상품에 대해서는 각 가맹국이 독자적인 관세를 부과하여 가맹국간의 공통관세를 설정하지 않는 초기의 경제통합 형태를 말한다.

둘째, 관세동맹이란 각 가맹국이 가맹국 상호 간에는 관세를 인하함과 동시에 대외적으로 공통관세를 설정하여 비가맹국으로부터 수입하는 상품에 대하여 동일한 관세를 부과하는, 소위 자유무역과 보호무역이 결합되어 있는 형태를 말한다.

셋째, 공동시장이란 비가맹국에 대하여 공통의 무역제한을 가할 뿐만 아니라 가맹국 간의 무역제한을 배제함은 물론 역내에서 생산요소의 이동을 인정하는 형태를 말한다.

넷째, 경제동맹이란 각 가맹국 간에 경제정책에 관한 협조가 이루어지는 형태를 말한다.

다섯째, 완전한 경제통합이란 가맹국 간의 금융 · 재정 · 사회정책을 공통으로 결정하는 기관을 가진 초국가적인 조직이 확립되어 있는 단계의 형태를 말한다.

이상에서 열거한 각 단계는 실제로 중복되는 경우도 있지만 어떠한 형태를 취하든 간에 공통적인 것은 가맹국 간에 무역을 자유화하고 비가맹국에 대해서는 각종의 무역제한조치를 강구하여 차별화를 계속한다는 것이다.

이렇게 볼 때 경제통합은 관세장벽으로 동맹국인 외국의 경제적 압력을 공동으로 방어하는 것을 목적으로 하여 결성되는 두 나라 또는 그 이상의 나라로 구성되는 지역적 그룹이라고 할 수 있다.

이와 같은 경제통합이 그 중요성을 갖고 등장하게 된 것은 제2차 세계대전 후 유럽 제국을 중심으로 한 시장재편성의 움직임 가운데 탄생된 유럽공동시장(EEC; European Economic Community), 유럽자유무역연합(EFTA ; European Free

Trade Association)과 개발도상국 상호 간에 결성된 라틴아메리카 자유무역연합(LAFTA ; Latin American Free Trade Association), 동남아국가연합(ASEAN ; Association of South East Asian Nations), 미국 · 캐나다 · 멕시코의 세 나라 간에 결성된 북미자유무역지역(NAFTA ; North American Free Trade Area) 등을 그 예로 들 수 있다. 이들 가운데 EEC는 그 후 유럽공동체(EC ; Europe Community)로, 다시 유럽연합(EU ; Europe Union)으로 발전함으로써 이미 경제동맹의 단계에 와 있으나, NAFTA는 공동시장의 단계에, EFTA, LAFTA와 ASEAN은 여전히 자유무역지역의 단계에 있다고 볼 수 있다.

이상의 내용으로 볼 때 경제통합이 어떠한 단계에서 결성되든 간에 여기서 공통적인 것은 가맹국 간에 무역을 자유화하는 한편 비가맹국에 대해서는 각종의 무역제한조치를 통하여 무역의 차별화를 계속하는 것이다. 따라서 경제통합은 ① 가맹국 간의 관세 및 기타 무역제한의 철폐, ② 비가맹국으로부터의 수입에 대하여 공통관세를 부과하는 것이다. 이렇게 볼 때 경제통합의 경제적 효과로서는 관세동맹의 경제적 효과에 관한 이론을 전개할 수 있다.

2 관세동맹이론의 성격

관세이론은 국제무역이론의 한 분야로서 또 자유무역이론에 대한 하나의 수정으로서, 어느 한 나라가 외국으로부터 수입하는 상품에 대하여 관세를 부과하는 경우 자유무역의 효과는 어떻게 변화하는가를 분석하는 이론이다. 따라서 관세이론은 무차별관세만을 다루고 있다. 즉, 같은 종류의 상품을 수입할 때에는 그것이 어느 나라로부터 수입하든 간에 동일한 관세율을 적용하는 경우만을 고려하고 있다. 이와 같은 관세이론은 어느 나라가 자유무역으로 각국의 경제에 생산패턴, 소비패턴, 교역조건, 국제수지, 경제성장 등의 이익을 가져온다는 자유무역정책을 포기하고 자국의 산업을 보호하기 위하여 보호무역정책을 채택하는 데 기초이론을 부여하는 것이다.

이와 같은 관세이론은 동일한 상품을 여러 나라로부터 수입할 때, 그 상품이 어느 특정국 또는 특정 그룹에 속하는 나라로부터 수입되는 경우에는 기타 나라로부터 수입하는 경우와는 달리 상이한 관세율을 적용하는 차별관세의 효과를 분석하는 것을 생각할 수가 있다. 차별관세의 효과를 분석하는 이론은 관세동맹의 효과를 분석하는 이론의 기초가 된다. 사실상 차별관세의 이론은 관세동맹의 가맹국이 비가맹국에 대해서는 공통관세를 부과하고, 가맹국 상호 간에는 관세율의 인하 또는 철폐에 동의한다는 가정하에서 전개하고 있다. 이와 같은 관세동맹이론은 클레멘트(M.O. Clement) 등에 의하면 두 가지 면으로 규정할 수가 있다.[2)]

즉, 하나는 관세이론의 한 분야로서의 이론이고, 다른 하나는 국제무역이론의 한 분야로서의 이론이다.

먼저, 관세이론에 한 분야로서의 관세동맹이론은 무차별관세만을 취급했던 관세이론에 차별관세를 도입함으로써 관세이론의 하나의 특수한 한 분야로 고려하여 한 나라에서 무역제한의 효과가 아닌 지역적인 무역제한의 효과를 분석하는 이론이다. 일반적으로 어느 나라의 관세체계를 보아도 관세율은 상품별로 차별화되거나 국별로 차별화되어 있다. 상품별 관세율의 차별화는 상이한 상품에 대하여 상이한 관세율을 적용하는 경우에 발생하는 데 반하여, 국별 관세율의 차별화는 동일한 상품에 대하여 수출국에 따라 상이한 관세율을 적용하는 경우에 발생한다. 여기서 관세동맹이론이란 무역에 관한 제한의 정도가 상대국이 상이함에 따라 상이한 효과를 분석하는 것으로, 대표적으로 이를 주장한 사람으로서 립시(R.G. Ripsey)[3)]를 들 수 있다.

다음으로, 국제무역이론의 한 분야로서의 관세동맹이론은 전통적인 무역이론이 취급하지 않았던 분야를 확장하여 전개한 이론이다. 즉, 전통적인 무역이론은 다수국을 분석한 사례는 보기 드문 거의 대부분이 2국 모델을 가정하여 전개하며, 또한 그것으로서 충분하다고 생각해 왔다. 그러나 관세동맹이론을 전개하기 위해서는 2국이 동맹을 결성한 동맹국으로서 제3국을 비동맹국으로 한 가장 간단한 모델을 구성한다 해도 최소한 3국 모델을 필요로 한다. 이러한 관점에서 바네크(J. Vanek)[4)]는 이 이론을 국제무역이론의 하나의 특수한 분야로서 전개한 것이

---

2) M.O. Clement, R.L. Pfister and K.J. Rothwell, "The Theory of Customs Unions," *Theoretical Issues in International Economics*, Chap. 4, Boston Houghton Mifflin Co., 1967.

3) R.C. Ripsey, "The Theory of Customs Unions : A General Survey," *Economic Journal*, Sep. 1960.

4) J. Vanek, *International Trade Theory and Economic Policy*, Richard D. Irwin Inc., 1962.

라고 주장하였다.

그러면 관세이론과 관세동맹이론은 어떻게 구별해야 하는가. 관세이론은 관세의 효과를 통한 국제분업의 원리라고 하지만 이를 한 나라를 기준으로 도입하는 한 이 원리는 세계 전체적으로 볼 때 오직 한 나라만의 입장에서 전개한 이론이라고 할 수밖에 없다. 그러나 관세동맹이론은 관세의 장벽이 한 나라뿐만 아니라 두 나라 또는 그 이상의 나라를 포함한 지역의 주변에 둘러싸이게 된다. 여기에서 국제분업은 ① 세계 가운데 당해 지역이라는 입장과, ② 그 지역의 내부에서 각국이라는 입장으로 생각하여야 할 것이다. 이와 같은 입장은, 한편으로는 관세의 효과를 추구한다는 점에서 관세동맹이론을 관세이론의 한 분야로서 다루며, 다른 한편으로는 국제분업원리의 하나의 수정으로 종래의 국제무역이론의 하나의 특수한 분야로서 다루고자 한다.

3 관세동맹결성의 근거

관세동맹이론의 목적은 관세동맹의 결성이 어떤 상태하에서 동맹국과 비동맹국에 대하여 어떤 경제적인 효과를 가져오는가 하는 문제를 해결하는 데 있다.

관세동맹은 ① 가맹국 간의 관세 및 기타 무역제한의 경감 또는 철폐와, ② 비가맹국으로부터의 수입에 대하여 공통관세율을 적용한다는 조건을 충족시킴으로써 성립한다. 이 조건으로부터 알 수 있는 바와 같이 관세동맹은 ① 가맹국 간의 무역장벽을 제거한다는 점에서 자유무역주의의 성격을 가짐과 동시에, ② 비가맹국에 대해서는 무역장벽에 의한 차별화라는 점에서 보호무역주의의 성격을 띠고 있다. 관세동맹이 경제적 효과에 미치는 영향을 분석하는 데는 이와 같이 모순되는 두 가지의 성격을 명확히 해명하는 것이 결정적으로 중요하다.

이렇게 보면 몇 개의 국가들만 동맹을 결성할 것이 아니라 세계 모든 나라가 결성하여야 할 것이다. 그러나 실제로 거기까지는 진전되어 있지 않다. 이것은 관세동맹의 결성이 무역의 자유화에 의한 이익과 함께 차별화에 의한 이익도 얻고 있다는 증거라는 것을 의미한다.

관세동맹의 결성에 의한 경제적 효과로서는 역내 여러 나라에 대한 무역자유화와 역외 여러 나라에 대한 무역차별화에 따라서 관세동맹의 결성을 정당화하는 근거는 대부분의 경우 무역의 자유화에 의한 가맹국 간의 역내분업의 촉진에서 찾을 수 있다. 그러나 관세동맹의 성격상 정당화의 근거를 용인할 수 있는 것은 어디까지나 그 값어치의 반에 지나지 않는다는 데 주의해야 한다는 것이다. 만약 무역의 자유화에 의한 역내분업의 촉진이 관세동맹 결성의 유일한 근거라면 그것은 한정된 인접한 일부의 국가에 의한 이익이 제일 먼저 강조되지 않으면 안 된다. 그러나 이와 같은 정태적 효과뿐만 아니라 대규모생산의 이익, 경쟁에 의한 기술진보, 불확실성의 감소에 의한 생산효율의 증가 등 동태적인 효과도 중시하지 않으면 안 된다.

2. 관세동맹의 경제적 효과

1 무역창출효과와 무역전환효과

관세동맹이론은 바이너(J. Viner) 이전까지는 관세동맹의 결성이 가맹국 및 비가맹국의 생산패턴에 영향을 미치고 그것이 각국에 자원의 재배분을 통한 생산의 효율에 어떠한 효과를 가져오는가를 고려하여 전개되어 왔지만, 이론으로서 확립되었다고는 볼 수 없었다. 그러나 바이너는 이러한 이론에다 관세동맹에 의한 무역창출효과와 무역전환효과의 두 가지 경제적 효과에 대한 핵심적인 개념을 도입하였다. 이들의 개념을 다음의 〈표 7-1〉로 설명할 수 있다.

■ <표 7-1> 3개국의 상품에 대한 생산비

(단위 : U$)

국 별	*A*국	*B*국	*C*국
생산비	35	26	20

〈표 7-1〉에서 *A*, *B*, *C* 3국의 운임과 기업이윤 등을 무시한 순전한 생산비를 예시하며 이 상품의 공급가격과 생산비의 차이는 관세부과에 의해 발생한다고 하자. *A*국이 *X*상품에 80%의 관세를 부과하게 되면 *X*상품은 전혀 수입되지 않아 국내생산자가 국내시장을 독점할 수 있다. 그리고 *A*국이 관세를 인하하여 50%의 관세를 무차별적으로 부과한다면 *A*국은 *X*상품을 가장 낮은 생산비로 생산하는 *C*국으로부터 *X*상품을 수입하게 되어 이 상품의 국내시장가격은 30달러가 될 것이다.

여기서 *A*국과 *B*국이 관세동맹을 결성하였다고 하자. 그렇게 되면 *A*국은 *X*상품을 B국으로부터 수입하게 되어 *X*상품의 국내시장가격은 26달러가 될 것이다. *X*상품의 수입은 저비용으로 공급하는 *C*국으로부터 고비용으로 공급하는 *B*국으로 전환된다. 이러한 현상이 무역전환의 예이다. 무역전환은 관세동맹으로 인하여, 상품수입이 보다 효율적으로 상품을 생산하는 나라로부터 보다 비효율적으로 상품을 생산하는 나라로 전환될 때 일어난다. 무역전환이 있게 되면 자원배분의 효율성이 저하되므로 후생수준은 하락하게 된다.

이상의 신고전학파적 분석은 완전고용을 전제로 하고 있기 때문에 주로 자원배분의 효과와 그 효과가 후생수준에 미치는 영향에 초점을 두고 있다. 이와 같은 분석에는 세 가지의 가능성이 있다.[5)]

첫째, 관세동맹을 결성하는 2국 모두 문제의 상품을 생산하지 않는 경우에는 아무런 의미가 없으므로 관세동맹 전의 제3국인 *C*국으로부터 이 상품을 수입해야 한다.

둘째, 관세동맹을 결성하는 2국 가운데 한 나라가 이 상품을 비효율적인 방법으로 생산하는 경우, 즉 최저비용으로 생산하지 않는 경우로서 관세동맹국 가운데 한 나라가 다른 나라로부터 이 상품을 수입하게 되어 무역전환이 일어난다.

셋째, 관세동맹을 결성하는 2국 모두 이 상품을 생산하는 경우에는 양국 가운데 한 나라가 더 효율적으로 이 상품을 생산하게 되어 양국의 국내시장은 그 상품을 보다 효율적으로 생산하는 산업에 의해 독점되어 무역창출이 발생한다.

이와 같이 관세동맹으로 인하여 주로 무역창출이 일어날 때는 후생수준이 상승하고 무역전환이 있을 때에는 세계의 후생수준이 하락하게 된다는 것을 알 수가 있다. 그러나 후자의 경우 제3국인 *C*국의 후생수준은 분명히 하락하게 되나 관세동맹을 결성한 *A*, *B*국의 후생수준도 하락하게 되는지는 불분명하다.

이상의 분석에서 관세동맹이 서로 보완적인 상품을 생산하게 되면 관세동맹으로 가맹국의 후생수준이 하락하는 반면, 가맹 양국이 관세보호하에 생산하는 상품수가 많으면 후생수준이 상승할 여지가 크다고 볼 수 있다. 이를 그림으로 표시하면 〈그림 7-1〉과 같다.

---

5) Bo Södersten, *International Economics*, 2nd edition, New York St. Martins Press, 1980(김창섭 역, 「국제경제학(Ⅰ)」, 비봉출판사, 1983, pp. 409~412).

그림 7-1 생산구조

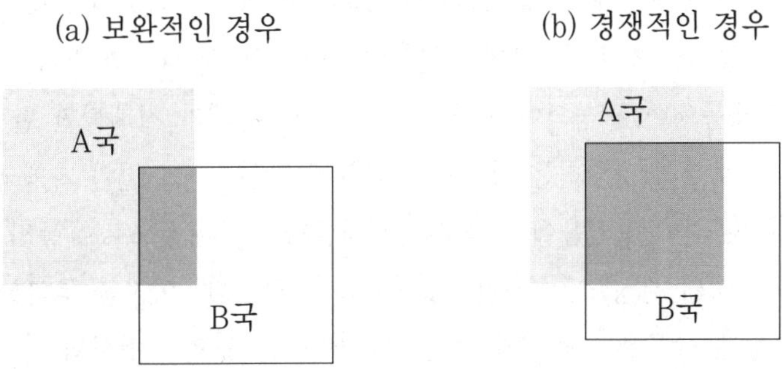

〈그림 7-1〉(a)는 *A*, *B* 양국이 서로 보완적인 상품을 주로 생산하는 경우로서 양국이 상호 겹치는 부분이 매우 적다. 그러나 양국이 서로 경쟁적인 상품을 주로 생산하는 경우 (b)에는 생산이 겹치는 부분이 매우 크게 그려져 있다.

직관적으로 농업국은 공업국과 관세동맹을 결성하는 것이 좋을 것이라 생각되지만 사실상 그렇지 않다. 농업국은 농업국끼리 그리고 공업국은 공업국끼리 관세동맹을 결성하는 것이 유리하다는 것을 알 수 있다. 왜냐하면 무역창출의 여지가 크고 자원배분이 개선되고 후생수준이 상승할 여지도 커지기 때문이다. 그리고 관세동맹결성 전에 생산하던 동일상품에 대한 생산비의 차이가 클수록 이익이 많다는 것도 알 수 있다.

따라서 바이너 이전에 관세동맹이 미치는 경제적 효과는 비교생산비의 원리에 의한 자유무역이 전세계적으로 자원의 최적이용을 가능하게 하여 세계의 후생을 최대화할 수 있다. 때문에 관세동맹은 가맹국 간에 관세 및 기타 무역제한을 철폐시키기 때문에 무역자유화로 전환하는 조치로 생각할 수가 있다. 따라서 관세동맹은 세계의 후생을 최대화할 수는 없다 해도 그것을 증대시키는 데 이바지할 것이다. 때문에 관세동맹이 바람직하다는 것이다. 그러나 이러한 주장은 확실히 관세동맹이 가지는 상호 모순되는 두 가지 성격의 하나만을 문제로 하고 있을 뿐이다.

그래서 바이너의 주요한 공헌은, 관세동맹이 갖는 상호 모순되는 두 가지 성격을 올바르게 이해하기 위해, 관세동맹의 결성이 반드시 유리한 경제효과만을 가져오는 것이 아니라, 경우에 따라서는 불리한 경제효과를 가져온다는 것을 해명한 점이다.

그러면 무역창출효과(trade creating effect)와 무역전환효과(trade diverting effect)란 무엇을 의미하는가. 이에 대한 바이너의 정의는 다음과 같다.

먼저, 관세동맹이 결성되어 가맹국 상호 간의 관세가 철폐되면 한 가맹국이 다른 가맹국으로부터 수입하는 상품의 가격은 하락한다. 그 결과 가맹국 간에 한 가맹국이 비교우위에 있었음에도 불구하고 지금까지 국제적으로 유통되지 않았던 상품이 관세동맹의 결성으로 역내에 유통되기 시작한다. 이것을 무역창출효과라 한다. 이와 같은 상품은 코스트가 높은 곳에서 낮은 곳으로 전환되고, 또 전반적인 자유무역이 실현되면 가장 낮은 코스트로 생산할 수 있는 곳으로 전환될 가능성이 있다. 따라서 이와 같은 이동은 자유무역론자들에 의하여 용인되어 왔다.

다음으로, 관세동맹이 결성됨으로써 가맹국 상호 간의 관세가 철폐되어 한 가맹국이 다른 가맹국으로부터 수입하는 상품의 가격이 비가맹국으로부터 수입하는 상품의 가격보다 상대적으로 높은 경우도 있으며, 절대적으로 높은 경우도 있을 것이다. 그런데 동맹의 결성으로 한 가맹국이 종래에 비가맹국으로부터 수입하던 상품을 가맹국으로부터 수입하게 된다. 이것을 무역전환효과라고 한다. 이와 같은 수입상품의 전환은 두 나라의 가맹국 간의 전환이 아니라, 저코스트의 비가맹국으로부터 고코스트의 가맹국으로의 전환이다. 때문에 이 주장을 보호무역론자는 용인하지만 자유무역론자에게는 이해될 수 없는 것이다.

이 두 가지의 효과를 립시는 숫자의 예를 들어서 다음의 〈표 7-2〉와 같이 설명하고 있다. 즉, 어느 특정상품의 단위당 생산비가 *A*국은 35달러, *B*국은 26달러 그리고 *C*국에서는 20달러라고 하자. 이들 생산비는 생산규모에 대한 불변이고 고정환율에 의한 공통화폐단위로 환산한 것으로 가정한다.

먼저, 관세동맹이 결성되기 이전의 상태에서, *A*국이 이 상품의 수입시에 100%의 관세를 부과한다면 이 나라는 수입보다도 국내에서 생산하는 것이 저렴하기 때문에 *A*국은 이 상품을 수입하지 않고 국내에서 생산하게 된다. 이 경우에는 관세부과로 인하여 이 상품의 생산은 완전히 보호하게 된다. 여기서 *A*국과 *B*국이 관세동맹을 결성하여 역내에서는 관세가 철폐되고 비가맹국인 C국에 대해서는 여전히 100%의 관세율이 적용된다고 하면 *A*국은 *B*국으로부터 26달러로 수입하게 된다. *C*국으로부터의 수입가격은 40달러이기 때문에 *A*국은 이 상품을 국내에서 생산하는 것보다 B국으로부터 26달러에 수입하는 것이 경제적이다. 무역창출효과는 이렇게 하여 발생한다.

■ <표 7-2> 무역창출효과

(1) 관세동맹 전 (단위 : U$)

구 분	A국	B국	C국
생 산 비	35	26	20
관세(100%)		26	20
수 입 가 격		52	40

(2) 관세동맹 후 (단위 : U$)

구 분	A국	B국	C국
생 산 비	35	26	20
관세(50%)			10
수 입 가 격			30

이 경우에 이 상품의 공급은 가장 낮은 생산비는 아니라 해도 동맹결성 전보다는 낮은 생산비의 B국으로 전환된다. 이렇게 하여 전체적으로 보아 자원의 재분배가 보다 효율적으로 이루어짐으로써 후생의 증대에 이바지하는 것으로 간주할 수 있다. 왜냐하면 A국이 이 상품의 1단위를 수입하는 기회비용은 26달러에 상당하는 수입품에 대하여, 만약 관세동맹을 결성하지 않으면 그 기회비용은 35달러에 상당하는 국내생산품이기 때문이다.

다음으로, 〈표 7-3〉의 예로써 무역전환효과를 알아보자. 관세동맹이 결성되기 이전의 상태에서 A국은 이 상품을 수입하는 데 50%의 관세를 부과한다고 하자. 이 경우에 A국은 이 상품을 국내에서 생산하지 않고 C국으로부터 수입하게 된다. 이 때 A국과 B국이 관세동맹을 결성하여 역내에서는 관세를 철폐하고 비가맹국인 C국에 대해서는 여전히 50%의 관세율을 적용하면 A국은 30달러의 C국상품을 수입하던 것을 26달러인 B국의 상품수입으로 전환하게 될 것이다. 이와 같이 무역전환효과가 발생한다.

이 경우에 이 상품의 공급은 가장 낮은 생산비로 생산되는 *C*국으로부터 그렇지 않은 *B*국으로 전환된다. 이와 같이 전체적으로 자원은 비효율적으로 재분배되어 세계 전체로서의 후생은 감소하게 된다.

■ <표 7-3> 무역전환효과

(1) 관세동맹 전 (단위 : U$)

구 분	*A*국	*B*국	*C*국
생 산 비	35	26	20
관세(50%)		13	10
수 입 가 격		39	30

(2) 관세동맹 후 (단위 : U$)

구 분	*A*국	*B*국	*C*국
생 산 비	35	26	20
관세(50%)			10
수 입 가 격			30

이상의 내용, 즉 관세동맹이 생산과 소비에 미치는 효과를 부분균형분석으로 고찰해 보고자 한다.

첫째, 관세동맹의 무역창출효과를 〈그림 7-2〉로 검토해 보자. 그림에서 D_A선은 *A*국의 수요곡선, S_A선은 *A*국의 공급곡선이며, S_B선과 S_C선은 각각 *B*국과 *C*국의 공급곡선으로 무한탄력적이라 가정한다. 여기서 *A*국이 관세동맹의 결성 전에는 수입상품에 100%의 관세율을 부과하였기 때문에 무역이 이루어지지 않았으므로 *E*점에서 국내의 생산과 소비는 균형이 이루어진다. 이 때 *A*국은 *B*국과 관세동맹을 결성하여 *B*국과는 관세를 철폐하고 비가맹국인 *C*국에게는 여전히 100%의 관세율을 적용한다. 따라서 *A*국은 *B*국으로부터 국내가격($0P_A$)보다 저렴한 가격($0P_B$)으로 상품을 수입하게 됨으로써 무역창출의 효과가 발생하게 된다.

국제무역의 개시로 무역창출이 발생하여 후생상의 이익이 발생하게 된다. 무역의 개시로 $0P_A$의 국내가격이 $0P_B$의 국제가격으로 하락하게 되어 x_1x_2의 수입량이 발생한다. 수입의 발생으로 생산자잉여는 P_AEFP_B만큼 감소하나, 반면에

그림 7-2 무역창출효과

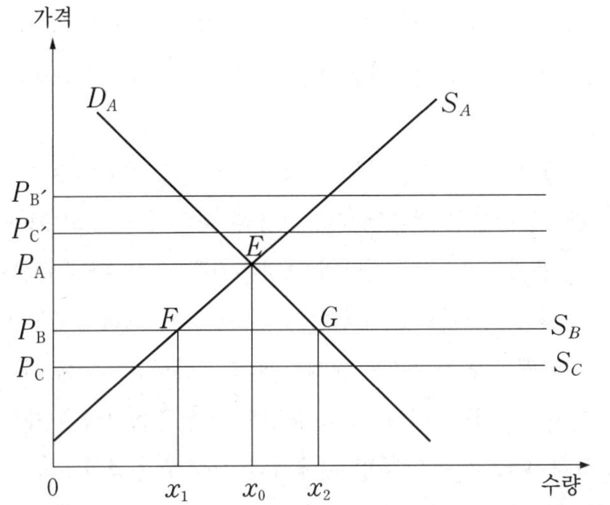

그림 7-3 무역전환효과

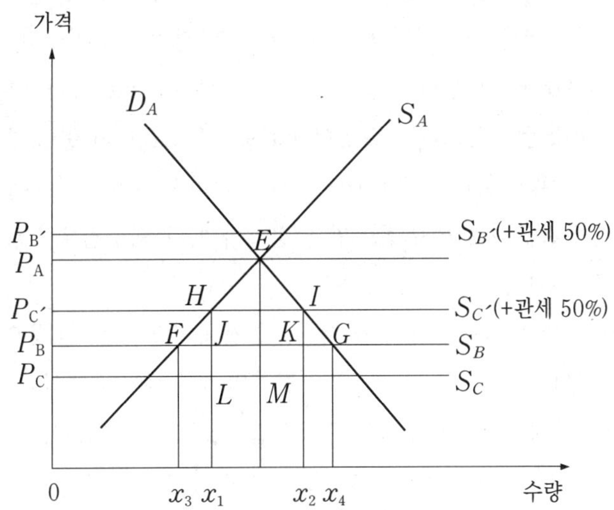

소비자잉여는 P_AEGP_B만큼 증가함으로써 이를 차감하면 삼각형 EFG의 순이익이 발생한다. 관세동맹의 결성 후 발생한 무역창출로부터 후생상의 순이익은 생

산효과와 소비효과의 결과로서 동맹국 상호 간의 관세철폐로 인한 소비자의 이익이 된다.

이들 후생효과의 크기는 주로 다음과 같은 여러 변수에 달려 있다. 즉, ① 동맹결성 이전의 관세의 높이, ② 공급곡선의 기울기 및 ③ 수요곡선의 기울기가 바로 그것이다.

둘째, 관세동맹의 무역전환효과를 <그림 7-3>으로 검토해 보자. 그림의 숫자 예에서 A국이 관세동맹결성 전에는 수입상품에 대하여 50%의 관세율을 부과하게 되면, B국의 상품가격은 $0P_{B'}$, C국의 그것은 $0P_{C'}$로서 A국은 국내가격 $0P_A$보다 낮은 C국의 상품을 x_1x_2량만큼 수입하게 될 것이다. 그러나 A국은 B국과 관세동맹을 결성하고 가맹국에만 관세를 철폐하게 되면 A국은 B국의 상품을 $0P_B$가격으로 x_3x_4량만큼 수입을 하게 된다. 결국 동맹의 결성으로 A국은 가장 효율적인 C국으로부터 수입하지 않고 단지 동맹 내에서의 가장 효율적인 B국으로부터, 바꾸어 말하면 세계 전체적으로 볼 때 비효율적인 B국으로부터 수입하게 된다. 이 결과 발생하는 것은 저비용 생산자로부터 고비용 생산자로의 무역전환이다.

그림에서 관세동맹의 결정 이전에는 A국의 소비는 $0x_2$량, 즉 $0x_1$량의 국내생산과 C국으로부터 x_1x_2량의 수입으로 A국의 관세수입은 $HIML$이다. 이 때 관세동맹의 결성으로 A국은 가맹국인 B국에는 관세를 철폐하여 지금까지 C국으로부터 수입하던 것을 B국으로부터 수입하게 되어 소비는 $0x_4$로 증가하게 된다. 왜냐하면 생산이 x_1x_3량만큼 감소하고 수입이 x_3x_4량, 즉 $x_1x_3+x_2x_4$량이 증가하기 때문이다. 관세철폐로 관세수입은 제로(0)가 된다. 따라서 소비자잉여는 $P_{C'}IGPB$만큼 증가하고 생산자잉여는 $P_{C'}HFP_B$만큼 감소하며, 관세수입은 $HIML(HIKJ+JKML)$만큼 감소한다.

이 $JKML$의 면적은 최초의 수입액(x_1x_2량)을 C국으로부터 B국으로 전환하여 얻어진 순손실이다. 이것을 바이너는 무역전환의 순손실이라 하였다.

그리고 생산자잉여($P_{C'}HFP_B$)와 관세수입손실의 첫부분($HIKJ$)을 소비자잉여($P_{C'}IGP_B$)에서 빼면 HJF와 IGK의 두 삼각형의 순이익이 남는다. 그러나 바이너의 결론과는 달리 이 두 삼각형을 관세수입의 둘째 부분($JKML$)과 비교하면 사회적으로 손실인지 이익인지를 알 수 있다.

만약 결과적으로,

$JKML > HJF+IGK$이면 사회손실이고,

$JKML < HJF + IGK$이면 사회이익이 된다.

2 무역창출과 무역전환의 순후생효과

관세동맹의 결성으로 무역창출은 관세장벽의 철폐로 인하여 자원의 효율적 배분이 이루어져 후생수준을 향상시킨다. 그리고 무역전환은 효율적으로 생산하는 비가맹국으로부터 비효율적으로 생산하는 가맹국으로 수입이 전환되어 자원배분의 효율성이 저하되므로 후생수준을 하락시킨다.

이와 같은 분석은 관세동맹의 결성 전후에 3개국에 있어 신고전학파의 이론과 같이 완전고용의 가정이 전제되어 있는 상태에서, 주로 자원배분의 효과와 그 효과가 후생수준에 미치는 영향에 초점을 두고 있음을 알 수 있다. 그러나 사실상 무역창출로부터 발생하는 자원배분의 효율상승이라는 이익과 무역전환으로부터 발생하는 자원배분의 효율저하라는 손실과의 비교는 그렇게 간단한 문제가 아니다.

이와 같은 문제의 분석에서 다음 세 가지의 가능성이 있을 수 있다.

첫째, 관세동맹을 결성하는 양국 모두 문제의 상품을 생산하지 않는 경우로, 이 경우에 관세동맹은 양국이 비가맹국인 제3국으로부터 계속 그 상품을 수입해야 하므로 아무런 의미가 없다.

둘째, 관세동맹을 결성하는 양국 중에서 한 나라가 그 상품을 비효율적으로 생산하는 경우, 즉 최저비용으로 생산하지 않는 경우로서 관세동맹국의 한 나라가 다른 나라로부터 그 상품을 수입하게 되어 무역전환이 일어난다.

셋째, 관세동맹을 결성하는 양국 모두 그 상품을 생산하는 경우로서 이 경우에는 양국 가운데 한 나라가 보다 효율적으로 그 상품을 생산하게 되어 양국의 국내시장은 그 상품을 보다 효율적으로 생산하는 나라에 의해 독점되므로 무역창출이 일어난다.

이러한 세 가지의 가능성으로 볼 때 무역창출이 일어날 때는 후생수준이 상승하고, 무역전환이 일어날 때는 후생수준이 하락하게 된다. 그러나 후자의 경우 비가맹국의 후생수준은 분명히 하락하게 되지만 관세동맹국의 후생수준도 하락하게 되는지의 여부는 앞의 그림에서도 알 수 있는 바와 같이 분명하지가 않다.

그러면 미드(J. E. Meade)의 방법[6]에 의한 예를 들어보자.

불변생산비의 가정하에서, 무역창출의 이익은 창출되는 무역량과 구 공급국과 신 공급국 간의 단위당 코스트의 차이와의 곱에 의하여 산출된다. 한편, 무역전환의 손실은 전환되는 무역량과 코스트의 차이와의 곱에 의하여 산출된다. 만약 한국과 일본이 관세동맹을 결성하는 경우에 1억 달러 상당의 컴퓨터 무역이 저 코스트의 미국으로부터 고 코스트의 일본으로 전환되고, 3천만 달러 상당의 철강무역이 저 코스트의 한국에서 고 코스트의 일본으로 창출되었다고 하자. 또 일본의 컴퓨터 생산비는 미국보다 50% 높고, 일본의 철강생산비는 한국보다 200% 높다고 하자. 이렇게 하면 관세동맹에 의한 컴퓨터 생산비의 손실은 5천만 달러(1억 달러에 대한 관세율 50%)임에 대하여, 철강생산비에는 6천만 달러(3천만 달러에 대한 관세율 200%)의 비용절감이 가능하다. 따라서 무역창출액이 무역전환액보다도 작음에도 불구하고 비용이라는 점에서 순절감이 발생하게 된다.

이러한 평가방법은 수요가 불변이라는 것과 공급이 완전히 탄력적이라는 것을 전제로 하고 있다. 지금 *A*, *B*, *C*의 3국이 모두 상품을 체증생산비하에서 생산하고, *A*국의 불변의 수요량이 일부는 국내공급으로 또 일부는 *B*국 및 *C*국의 수출로 충당된다고 하자. 이 때 *A*국과 *B*국이 관세동맹을 결성하면 *A*국의 국내공급은 감소하고 *C*국의 수출도 감소하지만 *B*국의 수출은 증가한다. *B*국으로부터의 수입증가의 일부는 고 코스트의 *A*국 국내공급의 이전이기 때문에 무역창출이며, *B*국으로부터의 수입증가의 나머지 부분은 *C*국의 생산을 이전시킨 것이기 때문에 무역전환이다. 이 경우 *B*국의 생산증가로 코스트는 상승하고, *A*국과 *C*국에서는 생산감소로 코스트가 저하하기 때문에 손실을 비교하는 것은 간단한 방법이 아니다.

단, 다음의 내용은 분명하다. 즉, ① *A*국의 공급탄력성이 크면 클수록 유리한 무역창출효과가 점점 커진다. 이것은 *A*국의 생산자가 관세동맹내에서 관세에 의한 보호를 상실하면 고 코스트의 국내생산은 크게 축소되기 때문이다. ② *C*국의 공급탄력성이 크면 클수록 무역전환은 크게 되어 생산효율에 미치는 불리한 효과가 크다. 즉, *C*국 생산자가 *A*국에 대한 수출감소로 *C*국의 상품가격이 저하할 때, 그 공급탄력성이 크기 때문에 *C*국의 생산감소는 커지기 때문이다.

---

6) J.E. Meade, *The Theory of Customs Unions*, Amsterdam North Holland Publishing Co., 1955.

첫째, 불변생산비의 경우에 무역창출로부터 발생하는 이익은 가맹국에게만 귀속하였다. 소비가 불변이라고 하면 비가맹국으로부터의 수입 및 비가맹국으로의 수출은 무역전환이 없는 한 불변으로 정지된다. 무역전환은 가맹국의 생산효율을 저하시킬 뿐만 아니라 비가맹국의 효율도 저하시킬 것이다. 그 결과 가맹국 내에서는 비가맹국의 산업에 비하여 비교열위에 있는 산업으로 자원을 이동시키게 되며, 한편 비가맹국에서도 비교우위의 정도가 낮은 상품의 생산에 자원을 이전시키게 된다.

둘째, 체증생산비의 경우에서도 무역창출은 가맹국에 이익을 가져온다. 왜냐하면 대개 무역전환이 일어나지 않고 무역창출만 일어난다고 하면 비가맹국의 무역도 후생도 변화하지 않기 때문이다. 이에 대하여 무역전환은 가맹국 및 비가맹국의 쌍방에 대하여 위와 같은 불리한 생산효과를 가져온다.

셋째, 체감생산비, 즉 규모에 대한 수확체증의 경우에는 무역창출이 가져오는 이익은 생산의 특화도를 높임으로써 한층 크게 되어, 무역전환으로부터 발생하는 손실은 생산의 특화도가 저하하기 때문에 한층 강하게 될 것이다.

3. 관세동맹의 동태적 분석

1 일반균형분석

바네크(J. Vanek)는 오퍼곡선을 이용함으로써 일반균형분석의 입장에서 관세동맹의 효과를 분석하였다.[7]

그림 7-4 관세동맹과 오퍼곡선(Ⅰ)

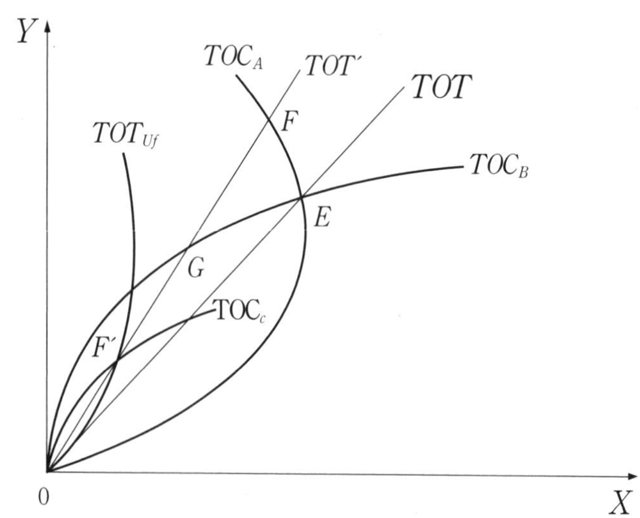

7) J. Vanek, International Trade : *Theory and Economic Policy*, Richard D. Irwin Inc., 1962.

그에 의하면 관세동맹결성의 효과를 3국 · 2상품 모델로 생산을 불변으로 가정하여 이질적 경제와 동질적 경제의 두 가지 경우로 나누어 고찰하였다.

첫째, 양 가맹국이 상호 무역을 하지만 가맹국 중 한 나라만이 비가맹국과 무역을 하는 경우이다. 말하자면 양 가맹국의 경제가 이질적인 구조를 가진 경우이다.

둘째, 양 가맹국이 동일상품을 비가맹국으로 수출함과 동시에 비가맹국으로부터 동일상품을 수입하는 경우이다. 말하자면 양 가맹국의 경제가 동질적인 구조를 가진 경우이다. 그러나 여기서는 이질적 경제 간의 동맹결성에 의한 효과를 논하고자 한다.

*A*국과 *B*국이 관세동맹을 결성하고 *C*국은 비가맹국으로 하며, *A*국은 *X*상품을 수출하고 *B*국은 *Y*상품을 수출한다고 하자. 그리고 완전고용, 완전경쟁시장이며, 외부경제 · 외부불경제는 없는 것으로 가정한다.

이러한 가정하에 다음의 〈그림 7-4〉에서 TOC_A 및 TOC_B는 각각 *A*국 및 *B*국의 오퍼곡선을 나타낸다. 이들 두 개의 오퍼곡선으로부터 가맹국 전체로서의 초과오퍼곡선을 도출해낼 수 있다. 지금 교역조건이 TOT라고 하면, 양국의 수출입이 균형을 이루기 위해 비가맹국으로의 수출은 일어나지 않는다. 그러나 교역조건이 *X*상품에 유리하면 *A*국의 무역벡터(vector)는 $0F$, *B*국의 그것은 $0G$이기 때문에, 벡터 $GF=0F'$의 대 비가맹국 무역벡터가 생긴다. 이와 같이 하여 초과오퍼곡선 TOT_{Uf}를 그릴 수가 있다. 만약 *X*상품의 상대가격을 변화시키면 같은 방법으로 위로 凸형의 오퍼곡선을 얻을 수 있다. *C*국의 오퍼곡선이 그림의 TOC_C와 같이 주어지게 되면 가맹국과 비가맹국과의 균형점은 F'가 되어 균형교역조건은 TOT'의 직선으로 나타낼 수 있다.

이상은 자유무역하에서 고찰한 것이지만 A국 및 B국이 관세를 부과한 경우에는 A국의(관세 포함) 오퍼곡선은 그림의 TOC_A곡선의 왼쪽에 위치하고, B국의 그것은 TOC_B곡선의 오른쪽에 위치한다.

이들 관세를 포함한 양국의 오퍼곡선으로부터 위의 〈그림 7-4〉와 마찬가지로 가맹국의 초과오퍼곡선을 도출해낼 수가 있다. 이것을 다음 〈그림 7-5〉에서 TOC_p라 하자. TOC_f는 앞의 그림에서 자유무역하의 초과오퍼곡선이며, TOT_t는 *A*국과 *B*국이 관세동맹을 결성한 후의 초과오퍼곡선이다. 이것은 제3국으로부터의 수입품에 대하여 부과되는 수입종가세율을 TOC_f곡선의 왼쪽으로 측정함으로써 구해질 수 있다. 그림에서는 관세동맹결성의 결과 *C*국의 교역조건은 TOT_p에서 TOT_t로 악화하였다. 동맹국간의 교역조건은 TOT_f로 공통관세율만큼 TOT_t와는 차이가 있다. 역내교역조건의 이동(shift)은 *A*국을 희생으로 하여 *B*국에 이익을 가져온다는 것은 *B*국은 동맹 전의 가격비율, 즉 TOT_p의 기울기로부터 동맹 후에는 TOT_f의 기울기로 향하여 B국의 수출품인 상품의 상대가격이 상승하기 때문에 교역조건이 개선되는 것이다. 균형점이 E_p에서 E_t로 이동하는 것은 *C*국에 대한 차별을 반영한 것으로 *C*국에 대한 무역의 축소를 표시하고 있다. 공통관세가 높으면 높을수록 차별도 크며, 따라서 무역전환도 크다. *A*국의 교역조건은 TOT_p에서 TOT_f로 악화되었지만 그러나 *B*국에 대한 수출의 증대로 이익을 얻을 수 있을 것이다.

그림 7-5 관세동맹과 오퍼곡선(Ⅱ)

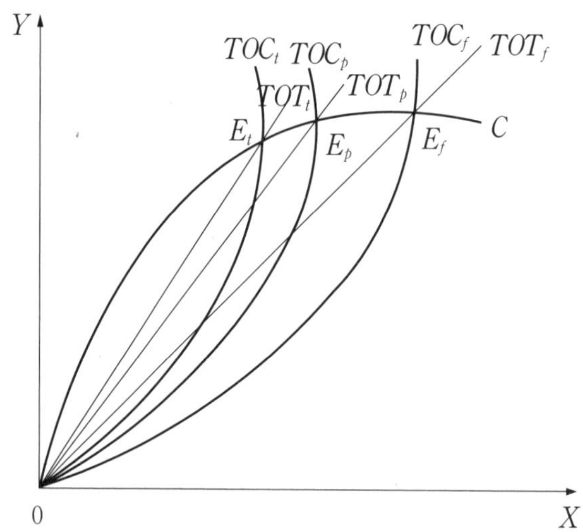

2 동태적 효과

관세동맹에 의한 정태적 효과는 무역전환 · 창출효과나 소비효과를 분석함으로써 자원의 재배분을 문제로 하였다. 이에 대하여 동태적 효과의 상승은 규모의 경제성을 작용시켜 동맹지역의 성장률을 높이는 작용을 할 것이다.

시장의 규모와 성장율과의 관계는 다음과 같은 경로를 통하여 작용할 것이다.

① 규모의 경제 – 특히 설비에 내재하는 경제

② 외부경제 – 기술적 · 경영적 숙련의 기초확대, 특화의 경제, 혁신의 산업간 파급 등

③ 경쟁이 심한 시장구조

④ 무역과 투자의 확대를 위하여 대외거래상의 위험과 불확실성의 제거

가 바로 그것이다.

과거의 연구에서는, 관세동맹의 정태적 효과가 비가맹국에 대하여 불이익을 준다고 하였지만, 가맹국의 정태적 이익에 의한 경제성장은 비가맹국에 대한 수입증가로 나타나 비가맹국은 이와 같은 정(+)의 동태적 효과를 가져오리라는 점이 강조되었다.

이에 대하여 크라이닌(M.E. Kreinin)[8]은 관세동맹이론이 중요한 동태적 요인, 즉 비가맹국에 미치는 직접적인 전환효과로 빠뜨렸다고 지적하고 있다. 그 내용은 다음과 같다.

시장을 확대시키는 것은 동맹에 있어서 무역장해의 철폐와 그것으로부터 발생하는 역내무역의 확대이다. 따라서 동태적 요인은 세 가지의 정태적 효과, 즉 시장규모를 확대시키는 무역창출, 무역전환 및 국민소득에 미치는 영향을 통하여 시장의 확대에 기여하는 교역조건의 개선상에 중첩되는 것이다. 그러나 무역창출은 비가맹국에게 불리한 대응상품을 갖지 못하지만, 무역전환과 소비효과는 필연적으로 비가맹국에게 불이익을 주는 대응상품을 갖는다. 비가맹국의 시장은 무역전환 및 교역조건 악화(이들은 소득을 저하시킨다)로 축소된다. 그러므로 직접적인 시장의 축소는 비가맹국의 성장률에 불리한 영향을 미칠 것이다. 말하자면 비가맹국은 직접적인 정태적 전환효과뿐만 아니라 직접적인 동태적 전환효과에도 영향을 받게 된다.

---

8) M. E. Kreinin, "European Integration and American Trade," *American Economic Review*, Sep. 1959.

제 8 장 WTO와 관세

1. 국제무역기구의 발족
2. GATT의 개요
3. 세계무역기구(WTO)의 창설
4. 세계무역기구의 분쟁해결양해

▶ GATT(관세 및 무역에 관한 일반협정)의 목적은 세계 각국의 관세를 인하하고 세계 무역에 있어 모든 제한을 점진적으로 완화 또는 폐지함으로써 무차별 · 평등 · 호혜의 자유무역체제를 확립하는 데 있으며, 1948년에 채택되었다.

▶ GATT의 기본원칙은, ① 수출입제한의 폐지, ② 관세의 인하 및 ③ 무차별최혜국대우의 원칙에 있다.

▶ GATT는 도쿄라운드까지 7차례의 라운드를 거쳐, 1993년 우루과이 라운드의 타결로 WTO(세계무역기구)로 확대 발전하였다. WTO는 기존의 GATT를 비롯하여 농산물협정 등과, GATS, TRIPS를 포함함은 물론 분쟁해결제도를 마련하여 명실공히 자유무역체제를 구축하였다

▶ 특히 분쟁해결제도의 특징으로서, 통일된 분쟁해결제도, 다자적 통제와 회원국의 개별적 개입, 일방주의의 제한, 시간구속적 분쟁해결절차, 패널보고서의 사실상 자동적 채택, 잠정검토제도와 상소제도 등이 있다.

1. 국제무역기구의 발족

세계 각국은 1929년의 대공황을 전후하여 자국산업의 활로를 찾기 위하여 다른 나라들의 수출기회를 봉쇄하는 소위 근린궁핍화정책(beggar-thy-neighbour policy)을 채택함으로써 국제경제질서는 붕괴되어 전세계적인 무역전쟁으로 돌입하게 되었다. 1930년대 미국은 보호무역체제를 강화하기 위한 관세법의 개정과 더불어 1933년 금본위제로부터의 이탈조치는 각국의 환율의 불안정화와 다각적 결제의 곤란을 초래함으로써 환율의 경쟁적인 평가절하를 유발시켰다.

국내산업활동의 활성화를 위해 취해진 관세인상, 수입수량제한, 외환관리제의 도입 등 일련의 보호주의적 조치는 수출국에서 과잉재고로 인한 덤핑과 환율의 평가절하로 인한 저가수출을 촉진시켰다. 이것은 다시 무역장벽을 구축케 하는 원인이 되었다. 그리하여 각국은 극단적으로 축소시킨 균형상태에서 국내산업을 보호하거나 특혜관세제도의 설립을 강화하는 한편, 2국간 청산동맹을 체결함으로써 자국의 경제권을 확보하려는 경제 블록화의 움직임이 싹트기 시작하였다.

이와 같은 무역전쟁을 종식시키기 위한 국제적인 노력은 제2차 세계대전 전에도 있었으나 무역자유화의 필요성에 대한 원칙만 주장되었을 뿐 그 실현을 위한 구체적인 협력방안은 마련되지 못하였다. 그러나 1944년 7월 연합국측 44개국은 미국의 브레턴 우즈(Bretton Woods)에서 회의를 갖고 국제경제질서에 관한 협의를 거듭한 결과, 각국 간의 상호협조 정신에 입각하여 적극적으로 상호의존관계를 창출해 감으로써 자유로운 경제교류를 도모하고 궁극적으로는 인간사회의 복지와 번영을 실현키로 하는 데 합의하였다.

이와 같은 광대한 목표를 달성하기 위해서는 지구상의 모든 국민의 생활수준의 향상, 완전고용의 달성, 그리고 세계경제의 확대와 균형을 실현시켜야 하며, 이를 뒷받침하기 위해 각국이 노력하지 않으면 안 된다는 것을 통감하게 된 것이다.

이러한 인식을 구체적으로 고찰해 보면, 세계대전 직후부터 약 10년간에 걸쳐 세계경제의 최대문제는 미국을 제외한 각국의 달러 부족에 있었다고도 할 수 있다. 세계대전 직후 각국의 현실경제는 이 문제의 해결 또는 이에 대한 대응책이 중심과제가 되어 근본적으로 위의 여러 가지 이념이 강하게 작용하여 여러 가지 정책이 수립되어 왔다는 것이 실상이었다. 많은 토의의 결과 세계경제번영의 길은 자유무역의 확대와 세계 규모적인 경제균형을 실현하는 것밖에 없다는 결론에 도달하였다.

이들 사항에 대한 각국의 요청이 1948년에 이르러 국제무역기구헌장(Charter of International Trade Organization 또는 ITO Charter)으로 결실을 맺어 53개국에 의하여 이것이 채택 · 조인되었다. 이 ITO헌장은 성립된 지명을 따라 아바나헌장(Havana Charter)이라고도 한다. 이 헌장의 제1조는 위의 3개 항목을 기본이념으로서 분명히 밝히고, 이어서 관세 · 무역정책, 완전고용정책, 상품협정 등에 관한 매우 광범한 내용을 포함하고 있다. 이 헌장에 일관된 이념은 비참하게 황폐한 세계경제를 회복시키고자 하는 당시의 각국 경제의 현실에 비추어 그 이상이 지나치게 높았기 때문에 제창국인 미국에서조차 의회의 비준을 얻을 수가 없었다. 다만, 겨우 오스트레일리아와 라이베리아 등 2개국의 비준을 얻는 데 지나지 않아 결국 이 헌장은 발효를 보지 못하였다.

이 ITO헌장이 채택되기 전에 미국에 의하여 개최된 제네바회의(1947년)에서 각 참가국은 상호 관세인하의 협상으로 각국의 관세양허표(tariff concessions)를 작성하였다. 이 관세협상의 결과를 확실하게 하기 위해 헌장초안 가운데 관세 및 무역에 관한 규정을 발췌, 이 양허표를 첨부하여 채택하였다. 이것이 '관세 및 무역에 관한 일반협정(General Agreement on Tariffs and Trade)', 즉 GATT이다(이하 일반협정이라 한다). 이것은 ITO헌장의 발효까지 중간역할을 수행하기 위해서 발족된 것이다. 그렇지만 그 후 헌장이 발효되지 못하게 됨에 따라 당시 잠정적이었던 일반협정의 여러 가지 규정이 헌장을 대신하여 영구적인 성격을 띠게 된 것이다.

일반협정은 1947년 10월 30일, 당초 조인한 가맹국이 23개국이며 그 다음해인 1948년 1월 1일자로 효력이 발생하였다. 그 후 가맹국은 매년 증가하여 1991년 10월 말 현재 정식회원국은 103개국, 준회원국은 29개국으로서 명실상부한 국제기구로 발전하였다. 우리 나라는 1967년 4월 14일에 정회원국으로 가입하였다.

일반협정이 조인되기 3년 전인 1944년 7월에 미국의 브레턴 우즈(Bretton Woods)에서 개최된 44개국의 연합국 국제통화회의에서 국제통화기금협정과 국제부흥개발은행협정이 조인되어, 전자의 협정하에서 국제통화기금(IMF ; International Monetary Fund)이 창설되었다. IMF는 1946년 3월 미국 서배너에서 제1회 총회를 거쳐 1947년 3월 1일부터 업무를 개시하였다. IMF의 가맹국은 발족 당시 29개국이었지만, 1992년 5월 말 현재 163개국에 이르며 구소련 내 공화국들이 가입절차를 밟고 있어 세계 모든 나라가 가맹되어 있다고 볼 수 있다.

전후의 세계경제는 일반협정과 IMF라는 자전거의 두 바퀴에 의하여 세계무역의 자유화체제를 추진하여 왔다고 할 수 있다. 전후 이와 같은 미증유의 자유화체제에 관한 구상은 확실히 세계적 규모로서의 공존공영의 길을 제시하는 것이기는 하지만 이 기구들이 현실적으로 고유의 기능을 발휘하기까지 상당한 시간이 소요되었다. 왜냐하면 제2차 세계대전이 세계의 경제는 물론 정치 · 사회 · 문화면에 예상외로 큰 타격을 주었기 때문이다.

2. GATT의 개요

1 일반협정의 설립목적과 성립배경

일반협정의 목적은 세계 각국의 관세를 인하하고 세계무역에 있어 모든 제한을 점진적으로 완화 또는 폐지함으로써 무차별 · 평등 · 호혜의 자유무역체제를 확립하는 데 있다.

일반협정은 ITO헌장의 분신으로서 영구적인 성격을 띠게 된 국제기구로서 그 근본목적은 협정의 전문에 명시되어 있는 바와 같이 무역 · 경제분야의 발전에 필요불가결한 목표사항이다. 그것은 ① 생활수준의 향상, ② 완전고용의 달성, ③ 고도로 증가하는 실질소득의 확보, ④ 유효수요의 확보, ⑤ 세계자원의 활용에 있어서 일층의 신장 및 ⑥ 상품의 생산과 교환의 확대라는 6개 항목을 초기(1947년)의 체약국인 23개국은 충분히 인식하고 있었다.

이와 같은 공통인식하에서 창설된 일반협정의 목적은 구체적으로

① 관세 및 기타 무역장해를 실질적으로 경감하고

② 국제통상에 있어서 차별대우를 배제할 것 등의 양자를 지향하면서

③ 상호적이고 호혜적인 약정을 체결함으로써 위의 6개 항목의 목표에 기여하려는 데 있다.

이와 같은 세계적 규모의 무차별 · 호혜주의에 입각한 무역이념을 제창한 전문(前文)을 받아 일반협정 제1조는 일반협정의 진수인 일반최혜국대우(General Most Favoured Nation Treatment)를 다음과 같이 규정하고 있다.

"수입 혹은 수출에 대하여 부과하는, 또는 수입 혹은 수출에 관련하여 부과되는, 또는 수입품 혹은 수출품의 지불수단의 국제이전에 대하여 부과되는 관세 및 어떤 과징금에 관하여 이와 같은 관세 및 과징금을 징수하는 방법에 관하여, 수입 및 수출에 관련하는 모든 규칙 및 절차에 관하여, 내지 제3조의 제2항 및 제4항의 범위 내의 모든 사항에 관하여 어떤 체약국이 다른 나라의 원산품 혹은 다른 나라로 선적되는 산품에 대하여 부여하는 이익, 특전, 특권 혹은 면제는 다른 모든 체약국의 영역에서 동종의 원산품 혹은 이들 체약국으로 선적되는 동종의 산품에 대하여 즉시 그리고 무조건으로 허용되지 않으면 안 된다."

제1조는 일반협정의 근본원칙으로서 무조건 최혜국대우를 체약국 상호 간에 부여한다는 것을 명확히 규정하고 있다. 무조건 최혜국대우란 2국 간 통상조약의 체약국인 일방이 제3국에 특혜를 부여하였을 때, 체약국의 어느 다른 나라에 대해서도 이 제3국에 부여한 것과 같은 권리 또는 이익대우를 무조건 그리고 즉시로 부여하는 원칙을 말한다. 이것은 체약국의 각국으로 하여금 통상상의 차별대우를 방지시켜 균등한 기회를 상호 간에 향유시키도록 하는 근대적 국제상호정신을 조약으로 표시한 것으로 한 나라가 다른 나라에 대하여 현재 또는 장래에 부여하는 대우 가운데 가장 유리한 대우를 상호 부여한다는 것을 의미한다.

위의 전문과 제1조에 규정된 바와 같이 일반협정은 종래의 2국간협정(bilateral agreement)을 개정하여 건전한 균형을 이룬 다국간협정(multilateral agreement)으로 발전시켜 상호주의의 원칙(principle of reciprocity) 내지 호혜주의의 원칙(principle of mutual advantage)에 바탕을 두고 있다. 또한 무역거래시 관세 기타의 여러 가지 장애를 상호 간에 완화 또는 제거하여 국제적으로 상품교환의 자유를 실현함으로써 최종목표로서의 모든 체약국이 경제의 점진적 · 평화적 발전을 촉진시키려는 의지를 표명하고 있다. 결론적으로 말하자면 일반협정의 경제적 의의는 전후의 국제무역상 무차별 · 평등 · 호혜의 이념에 기초한 자유무역체제를 수립하자는 데 있다.

일반협정의 높은 이상에서 빼놓을 수 없는 것은 일반협정이 국제법상의 소위 일반조약이다. 일반조약이란 물론 제3국에 대한 폐쇄적인 특수조약에 대립되는 개념으로서 모든 나라에 대하여 개방하고 모든 나라가 가입할 수 있는 조약을 의미한다. 일반협정이 일반조약으로서 세계의 모든 나라가 가입할 수 있도록 개방

된 결과, 가맹국은 해를 거듭할수록 증가하여 왔다.[1)]

일반협정은 명실공히 국제법상 실제로 발효한 세계통상협정이라고 할 수 있으며, 가맹국의 총무역량이 오늘날 세계무역량의 80% 이상을 점하기에 이르렀다.

이러한 일반협정 체제하에서 국제무역질서의 조류는 '자유무역기(1960년대까지) → 신보호무역기(1970년대) → 관리무역기(1980년대초) → 신무역질서모색기(1980년대 중반부터 1990년대 초까지)'를 거쳐 왔다. 일반협정은 이러한 시대상황에 대응하여 일곱 차례의 다자간무역협상을 타결시켜 국제무역을 보다 자유스러운 방향으로 진전시켜 왔다.

우루과이 라운드(Uruguay Round)는 1983년 5월 윌리엄스버그 경제정상회담에서 미국, 일본에 의해 처음 문제가 제기된 이후 1986년 9월 우루과이의 푼타델 에스테(Punta del Este)에서 개최된 일반협정 각료회의를 통하여 협상의 개시가 선언되었다. 그 후 7년 만인 1993년 12월 15일 제네바에서 타결된 '무역의 자유화'를 위한 제8차 다자간무역협상의 종합 · 결정체이다. 이 협정으로 탄생된 세계무역기구(WTO ; World Trade Organization)는 종래의 일반협정과는 달리 농산물, 서비스, 지적 재산권 등 새로운 분야를 포함하고 있을 뿐만 아니라 세계무역질서에 대한 규율을 획기적으로 강화하고 있어 해외의존도가 높은 우리 나라 경제의 입장에서 볼 때 심각한 도전에 직면하게 되었고, 모든 국민들의 일상생활에도 직접적인 영향을 미치게 되었다.

우루과이 라운드는 보다 자유로운 무역을 위해 출범하게 되었는바, 그 협상의 배경은 다음과 같이 요약될 수 있다.

첫째, 일반협정체제의 내부요인이다.

그 내부요인으로서, ① 일반협정이 국제기구가 아닌 단순한 협정이라는 데서 오는 국제룰로서의 한계, ② 만장일치제에 따른 의사결정상의 제약, 그리고 ③ 사법권 부재로 인한 분쟁해결능력의 부재 등으로 일반협정체제가 시간의 흐름에 따라 크게 흔들리고 그 기능이 약화되어 왔다는 점이다.

둘째, 일반협정체제의 외부요인이다.

1980년대에 두 차례에 걸친 석유파동으로 인한 세계경기의 침체, 유럽 지역

1) 준가맹국은 어떤 사유로 인하여 정식가맹국이 될 수 없는 나라로, 투표권이 없다는 점을 제외하면 일반협정상의 권리 · 의무에 관하여 정식가맹국과 실질적으로 차이는 없다.

의 높은 실업률, 과다한 외채 및 인플레이션으로 인한 개발도상국 경제의 침체, 선진국간 무역불균형의 확대가 심화되어 갔다. 그리고 미국의 재정 및 경상수지 적자의 누적 등으로 세계의 경제가 불균형국면으로 빠져 들면서 세계무역질서는 자국중심의 보호무역주의가 팽배하여 일반협정체제를 크게 위협하게 되었다. 특히 일반협정체제를 벗어난 수출자율규제와 질서 있는 시장유지협정 등 회색조치의 남발 및 반덤핑 · 상계관세제도의 남용 등이 일반협정의 위상을 위축시켰으며, 경제의 블록화가 진전되면서 보호무역적인 지역주의의 부작용에 대한 우려가 점증해 갔다.

한편, 미국 등 농산물수출국이 무역적자를 쌍무적으로 해결하고자 통상압력을 가하게 되어 국가 간의 무역마찰이 커져 갔다. 또한 경제의 서비스화 진전에 따른 서비스 무역의 중요성이 높아지고, 지적 재산권을 둘러싼 마찰의 증대에도 불구하고 그 동안 일반협정체제에 포함되지 않은 농산물, 서비스, 지적 재산권, 무역관련투자조치 등의 새로운 분야를 일반협정체제 안으로 흡수해야 한다는 요구가 미국, 유럽, 일본 등으로부터 제기되었다. 그 밖에 그 동안 일반협정 규정상의 많은 예외규정과 일반협정체제 밖의 예외질서의 존재로 인하여 무역질서가 문란해지자 이에 대한 시정이 일반협정의 중요한 과제로 부각되어 왔다는 점이다.

2 일반협정의 기본원칙

국제무역상 각종 장애의 경감 · 제거를 지향하는 일반협정이 가장 중점을 두고 있는 기본원칙은, ① 수출입제한의 폐지, ② 관세의 인하, ③ 무차별 최혜국대우의 확보에 있으며 이를 구체적으로 설명하면 다음과 같다.

(1) 수출입제한의 폐지

국제무역에 대한 장애 가운데 관세에 의한 것이 보편적이나 무역을 저해하는 효과가 관세보다도 직접적이며 강력한 것은 수출입제한이다.

일반협정은 이러한 제한을 폐지할 것을 대원칙으로 하고 있다. 무역제한에는 수입을 제한하는 것과 수출을 제한하는 것이 있다. 어느 쪽의 제한도 무역에 인위적인 제약을 가한다는 점에서 다를 것이 없으며, 일반협정은 이것을 같이 취급하고 있다. 그러나 현실적으로 무역저해효과가 크고 국제적으로도 문제가 되는 것은 수입제한이라는 것은 두말할 필요도 없다. 그렇지만 일반협정은 몇 가지의 예외를 인정하고 있다.

예외로 인정하는 주요한 사항만을 들면 다음과 같다.

① 국제수지상에 의한 제한
② 농수산물의 수입제한
③ 개발도상국의 경제개발을 위해 필요로 하는 수입제한
④ 국가무역기업에 의한 수입제한
⑤ 긴급조치조항에 의한 제한
⑥ 일반협정 총회에서 의무면제의 승인을 얻어 행하는 수입제한, 소위 웨이버(weiver) 규정에 의한 수입제한 등이 있다.

(2) 관세의 경감

무역상의 장애를 제거하기 위해 설립된 일반협정이 가장 성과 있는 일을 해온 것은 관세의 문제이다.

일반협정은 관세에 관하여 ① 가맹국 상호 간의 협상에 의하여 관세율을 가능한 한 인하하여 그 결과를 모든 가맹국에 균점시킬 것, ② 가맹국 간에는 일체 관세상의 특별대우를 하지 않을 것 등의 두 가지 원칙을 세우고 있다.

이를 위해 일반협정은 많은 가맹국 간에 2국 간 협상을 하여 그 결과 얻어진 각국의 관세인하의 효과를 다른 가맹국에도 미치게끔 하는 새로운 방식을 채택하였다. 또 케네디 라운드에서는 보다 대폭적인 관세인하를 하기 위해 일괄인하라는 새로운 방식을 채택하였다.

이들 협상으로 인하된 관세율을 양허세율(concession tariff) 또는 GATT세율이라고 하는데, 일반협정에서는 양허세율을 초과하는 관세를 부과하여서는 안 된다고 규정하고 있는 바와 같이 여러 가지 범위를 정해 양허의 안정을 도모하고 있다.

(3) 무차별 최혜국대우의 확보

일반협정 가맹국 간에는 일체의 차별대우를 하여서는 안 된다는 무차별대우는 관세나 수출입제한만으로는 불충분하다. 예를 들면, 다음과 같은 사항에 관하여 특정 상대국과의 무역에 무거운 부담을 가하게 되면 그 상대국은 무역상 불리한 입장에 서게 되어 관세나 수출입제한에 의하여 무차별대우가 부여되어도 그 효과는 심하게 상계되게 된다. 여기서 일반협정은 이들 사항에 관해서도 가맹국 상호간에 무차별대우를 부여할 것을 의무화하여 무역조건을 평등하게 할 것을 도모하고 있다. 즉,

① 수출입에 관하여 부과되는 관세 이외의 과징금 및 수출입의 대외결제에 관한 과징금
② 관세나 과징금을 징수하는 방법
③ 수출입에 관련되는 규칙 및 절차
④ 수출품에 대한 내국세
⑤ 수입품에 대한 직접 · 간접적으로 부과되는 내국세나 내국과징금
⑥ 수입국내에서 수입품의 매매 · 수송 · 분배 또는 사용에 관한 법률 · 규칙 또는 요건 등의 무역조건을 평등하게 할 것을 도모하고 있다.

또한 일반협정은 수입품에 대한 내국세 등에 관해서는 국산품에 대한 취급보다도 불리한 대우를 하여서는 안 된다는 내국민대우허용의 의무를 부과하고 있다.

3 GATT의 성과

(1) 협상의 성과

일반협정의 목적은 자유 · 무차별의 원칙에 입각하여 무역의 확대와 세계경제의 발전을 도모하는 데 있다. 그렇지만 국제무역을 행하는 경우 현실적으로 대부분의 나라에서 다수의 품목에 관한 장애요인이 존재하고 있다. 그 하나는 두말할 필요없이 관세이다. 관세장벽의 경감 · 철폐에는 일반협정도 지금까지 수 차례의 관세협상을 통하여 상당한 성과를 거두었다. 특히 1964년 5월에 개시되어 1967년 6월에 타결을 본 제6회 관세협상, 소위 케네디 라운드는 일률적으로 50%의 관세인하라는 전제로 추진되어 최종적으로 평균 35%가 인하되었다. 이러한 대폭적인 그리고 대규모적인[2] 협상은 획기적인 일로서, 그 결과 관세장벽은 대폭적으

2) 참가국 수는 46개국이다.

로 인하하였다. 여기서 다시 관세 이외의 무역장벽이 되는 비관세장벽이 크게 부각하게 되었다.

■ <표 8-1> 일반협정 무역협상의 성과

구 분	협상기간	참가국수	양 허 품목수	총양허액	평균 인하율	2국간 협정수	비고
제 1 차	1947.4~10	23	45,000	100억 달러	불명	123	성립협상
제 2 차	1949.4~10	32	5,000	불명	불명	147	
제 3 차	195.9~1951.4	24	8,000	불명	147		
제 4 차	156.1~5	22	3,000	25억 달러	불명	59	
제 5 차	1961.5~1962.7	23	4,400	49억 달러	7%	90	딜론 라운드
제 6 차	1964.5~1967.6	54	30,000	400억 달러	35%	불명	케네디 라운드
제 7 차	1973.9~1979.4	102	27,000	1,550억 달러	38%	불명	도쿄 라운드
제 8 차	1986.9~1993.12	117			33%		우루과이 라운드

* 도쿄 라운드상의 평균인하율 38%는 원자재 52%, 반제품 30%, 완제품 33%의 산술평균치(38.3%)를 말함.

자료 : UNCTAD, *Protectionism and Structural Adjustment*, 1982. 日本通産省, 「通商白書」, 1972.

또 관세장벽이 낮아진 결과 이것으로 무역규제를 효과적으로 행하는 것이 어렵게 되어, 그 대신에 관세 이외의 수단으로 무역을 규제하는 것에 주목하게 되었다. 따라서 관세 이외의 무역저해요인을 경감 · 철폐하지 않는 한, 지금까지의 관세인하의 효과도 상계되기 때문에 관세 이외의 비관세장벽의 철폐에 노력해야 한다는 국제적 분위기가 고조되기 시작하였다. 한편, 미국에서는 다수의 수입제한 법안이 의회에 제출되어 보호무역주의가 대두되어 일반협정으로서도 이러한 움직임을 견제할 필요가 있었다. 이것이 바로 도쿄 라운드에서 논의된 결과로 상당한 진전이 있었다.

이하에서 케네디 라운드(Kennedy Round) 및 도쿄 라운드(Tokyo Round), 우루과이 라운드(Uruguay Round)에 관하여 약술하고자 한다.

(2) 케네디 라운드

1 협상의 배경

그 동안 일반협정의 관세인하협상이 제5차(1960~1961년)에 이르기까지 상당히 효과적인 인하방식을 채택하였지만 시행을 거듭함에 따라 점차 소규모화되고 인하폭이 축소되는 경향이 짙어지는 등 여러 단점이 나타나기 시작하였다. 그것은

① 협상절차가 복잡하여 대규모적인 관세인하협상이 어렵게 되고,

② 협상시 고율의 관세국일수록 유리하게 되며,

③ 관세인하가 어려운 품목에는 강력한 반대자가 있다

는 등의 요인을 들 수 있다.

케네디 라운드 이전의 협상방식은 '국별 · 품목별 협상방식'이라는 방법이다. 그것은 어느 품목에 어느 정도의 관세를 인하할 것인가라는 2국간 협상을 일반협정에서는 동시 · 병행적으로 다수 행하는 방식이다.

이러한 방식은 여러 단점과 함께 당시 EEC의 역외수입규제의 확대와 일본의 대미무역출초, 미국의 국제수지 악화에 대한 미국의 우려가 팽배하게 되어 이러한 문제를 타개하고 무역을 증진시키기 위해서는 협상방식을 바꾸어야 한다는 주장이 강력하게 대두되었다.

그리하여 미국은 EEC의 블록 경제화의 방지와 자유무역의 확보를 위한 상호관세인하를 주내용으로 하는 통상확대법(Trade Expantion Act)을 1962년에 제정하였다. 이 법에 의하면 미국 대통령은 관세를 인하(5년간 5%)할 수 있는 일반권한과 세계수출액 중 8% 이상을 차지하는 품목에 대해서는 관세를 폐지할 수 있는 특별권한을 가질 수 있도록 하였다.

이와 같이 케네디 라운드는 EEC의 발족, 종전의 일반협정방식에 의한 관세협상의 한계, 그리고 미국의 통상확대법의 제정을 배경으로 하여 추진되었다.

2 협상의 과정

케네디 라운드는 1963년의 일반협정 각료회의에서 본격적으로 논의되기 시작하여 1967년 6월에 동 협상이 타결되었다. 동 각료회의에서는 관세인하협상의 원칙 및 절차를 다음과 같이 결정하였다.

① 최혜국대우 및 호혜주의원칙하에 1964년부터 무역자유화를 위한 대규모

협상을 개시한다.

② 협상의 대상품목은 공상품뿐만이 아니라 농산품도 포함한다.

③ 관세인하방식은 일괄인하방식 또는 선형삭감방식(linear reduction)에 의하며 최소한의 예외만을 인정한다.

④ 관세 이외의 비관세장벽도 협상의 대상으로 한다.

⑤ 참가국의 이해를 균형있게 보장하기 위해 선진국은 개도국에 대하여 호혜주의를 기대하지 않으며 개도국상품에 대한 무역장벽을 완화 · 철폐를 위해 노력한다.

⑥ 농산품의 수출확대를 위한 합리적 방안을 강구한다.

이러한 원칙하에 보다 구체적인 협상계획과 절차의 작성을 위해 무역협상위원회를 설치하고, 1964년 동 위원회 각료회의에서 관세인하폭을 일률적으로 50%로 결정하고 예외품목은 최소한의 범위 내에서 인정하기로 하며 예외품목 리스트를 제출(동년 9월 10일까지)하기로 확정하였다.

케네디 라운드는 미국과 EEC의 이해대립과 조정의 난항이 계속되었으나 이러한 과정을 거쳐 1967년 6월 30일, 즉 미국의 통상확대법의 만기일에 각국 대표의 최종의정서(Geneva Protocol to GATT)에 서명함으로써 성립하게 되었다.

3 협상의 성과

케네디 라운드 협상의 성과는 약 30,000개 품목에 대하여 평균 35%의 대폭적인 관세인하에 합의함으로써 일반협정이 추구하는 자유무역질서의 확립에 크게 기여하였다. 이를 구체적으로 설명하면,

첫째, 관세율을 평균 35% 인하시킴으로써 선진국의 공산품에 대한 관세는 약 10% 수준 이하로 크게 인하되었다.

둘째, 미국이 일부 화학제품에 적용하던 미국내 판매가격에 의한 관세평가제도(ASP ; American Selling Price)를 폐지하는 조건으로 EEC, 영국, 스위스 등의 화학품의 관세를 대폭 인하하였다.

셋째, 소맥의 최저가인상과 개도국에 대한 식량원조를 실시하기로 결정하였다.

넷째, 반덤핑국제규약을 제정하였다. 일반협정 제6조는 반덤핑관세와 상계관세에 관하여 정의, 과세요건, 과세한도 등을 규정하고 있지만, 규정에 구체성이 결여되어 있기 때문에 종래 수입제한의 목적에 남용되는 경향이 있다. 따라서 케

네디 라운드시에 일반협정은 제6조의 규칙으로서 반덤핑관세 부과의 요건, 덤핑의 판정기준, 손해의 판정기준, 조사절차 등을 포함한 소위 반덤핑 코드(Anti-Dumping Code)를 작성하여 1968년 1월 1일자로 발효시켰다.

이와 같은 협상 성과를 보인 케네디 라운드는 전후에 이어 1960년대에 미국의 이니셔티브로 추진되었다.

(3) 도쿄 라운드

1 도쿄 라운드의 배경

도쿄 라운드(Tokyo Round)라 함은 일반협정 성립 이후 제7차의 국제무역협상에 해당하는 일반협정 다자간무역협상(Multilateral Trade Negotiation)을 말한다. 이를 약칭 GATT/MTN이라 한다.

도쿄 라운드라고 명명된 이유는 일반협정 다자간무역협상의 기초가 된 협상의 기본원칙이 1973년 9월 도쿄에서 개최된 일반협정 각료이사회에서 도쿄선언(Tokyo Declaration)이란 명칭으로 협상원칙이 채택되었기 때문이다. 범세계적인 무역협상으로서 도쿄 라운드가 시작된 배경을 다음 몇 가지로 요약할 수 있다.

첫째, 국제수지방어를 위한 신보호주의의 대두이다. 달러 가치의 불안에 따라 국제통화질서가 크게 동요됨에 따라 국제수지 흑자국과 다국적기업은 과잉자금의 가치보상을 위하여 국제자원시장에 등장하여 국제적 상품을 매점 · 매석하여 실물공급을 경직화시킴과 동시에 국제 인플레이션을 더욱 자극하였으며 국제수지 적자국인 대부분의 국가는 국제수지를 방어하기 위하여 무역장벽을 계속 높여갔다.

특히 미국은 10%의 임시 수입부가세 발동을 비롯하여 상계관세, 반덤핑관세의 범위를 넓혀가고 밀즈법안, 버크 · 하트케법안 등 직접적인 수입규제법안을 강화하였다.

둘째, 지역경제간의 특혜무역이 성행하여 세계경제의 블록화 현상이 심화되었으며 일반협정의 '최혜국대우원칙'은 유명무실하게 되었다.

특히 EC에서는 역내의 무역장벽을 철폐하여 역내 여러 국가 간의 통상을 확대하는 한편, 역외에 대해서는 각종 수입제한 조치를 취하여 역내국가와의 무역을 크게 제한하였을 뿐만 아니라 구식민지 국가인 46개국과 특혜무역협정(Loine 협정)을 체결함으로써 이들 국가에서 수입되는 농산물 등에 대해서만 특혜를 부여하여 범세계적으로 자유로운 세계무역의 확대에 큰 위협이 되었다.

셋째, 개발도상국들의 지위향상과 단결력을 배경으로 개발도상국들이 UNCTAD 일반특혜관세제도를 실현시키고 그 여세를 몰아 선·후진국 간의 새로운 무역질서를 강력히 요구하였다.

특히 개발도상국들은 국제무역에서 공산품에 비하여 상대적으로 불리한 교역조건에 처해 있는 그들의 관심품목인 농산물, 열대산품 및 광산물에 대하여 특혜베이스의 무역을 강력히 요구하였다.

넷째, 케네디 라운드에 따른 관세인하가 1968년부터 5년 동안 연차적으로 실시되어 1972년에 막을 내림으로써 시기적으로 이를 승계할 새로운 국제 라운드를 모든 국가가 기대하고 있었다.

이러한 세계적인 과제를 해결하기 위하여 1972년 2월 미국, 일본, EC가 대규모의 무역협상을 하기로 원칙적으로 합의하는 '국제경제관계에 관한 선언'을 발표하였으며, 1972년 11월 일반협정 제28차 총회에서는 1973년부터 다자간무역협상을 준비할 것을 합의하였다.

제28차 일반협정 총회의 합의에 따라 1973년중에 세 차례에 걸친 준비위원회를 거쳐 1973년 7월 도쿄선언의 초안을 작성하였으며, 동년 9월에 99개국의 각료가 도쿄에 모여 일반협정 각료회의를 거쳐 도쿄선언에 서명함으로써 일반협정 다자간무역협상(이하 GATT/MTN이라 함)이 공식적으로 시작되었다.

2 도쿄선언

GATT/MTN의 기본방향과 협상계획은 1973년 9월 도쿄의 일반협정 각료회의에서 채택된 도쿄선언에 명시되어 있다. 도쿄선언(Tokyo Declaration)은 11개 항목으로 구성되어 있는데 주요내용을 살펴보면 다음과 같다.

(가) 협상목적(제2항)

협상의 목적은 세계무역 확대와 자유화를 촉진시키기 위하여 무역장벽을 완화하고 국제규범의 개선을 기하며 개발도상국의 수출증대와 다양화를 위하여 실질적인 무역환경을 개선한다는 데 있다. 도쿄선언이 지향하는 목적의 특색은 개발도상국 문제의 해결을 위한 수출증대와 공산품수출의 촉진을 위한 다양화가 협상의 목적에 명시되어 있다는 내용을 들 수 있다.

(나) 협상의 방법 및 목표(제3항)

① 관세 : 관세협상은 가능한 한 일반적 방식에 의한다.

② 비관세 : 장벽 자체의 철폐 내지 완화를 기하고 이것이 부적절한 경우에는 이들의 무역제한효과와 무역왜곡효과를 완화하기 위한 효율적 · 국제적 규제체제를 갖춘다.

③ 부문별 협상(sector approach) : 무역협상의 보조적인 방법으로서 특정산업 분야에 대해서는 관세 및 비관세장벽을 통합적으로 완화 내지 제거하는 방법을 취한다.

④ 긴급수입제한조치(safeguard) : 일반협정 제19조의 운용방식을 고려하여 다국 간의 보장조치의 적합성을 검토한다.

⑤ 농산물 : 협상의 일반목적에 따라 협상하되 이 분야의 특수성과 문제점을 고려한다.

⑥ 열대산품 : 특별우선순위 부문으로 협상한다.

(다) 협상원칙(제5항 내지 제7항)

① 상호양허와 호혜원칙 : 협상은 참가국이 전면적인 호혜원칙하에서 상호양허하며 상호이익이 되게 한다.

② 개발도상국의 특별우대원칙 : 선진국들은 개발도상국에 대하여 관세 및 비관세장벽 양허에서 상호주의 원칙을 요구하지 아니하며 개발도상국의 수출지원과 경제개발을 위하여 특별조치와 특별고려를 하며 GSP개선의 중요성을 인정한다.

③ 최후진국 특별고려 : 최빈국에 대해서는 특별고려의 필요성을 인정하며 협상에 있어서도 특별취급을 해야 함을 인정한다.

④ 국제통화질서의 고려 : 세계무역의 자유화정책은 질서 있는 통화기능의 유지가 동시에 이루어져야 함을 인식하고 협상중에 이에 대해서도 고려하여야 한다.

(라) 협상기구

도쿄선언을 고려하여 무역협상을 주관한 무역협상위원회를 설치하여 1974년

1월 1일 이전에 회의를 개최한다.

(마) 협상일정(제11항)

협상은 1975년 말까지 종결하도록 그 목표를 정한다.

이상의 도쿄선언에 따라 시작된 GATT/MTN 협상의 특징은 우선 협상참가대상국이 일반협정 회원국뿐만 아니라 비회원국에도 문호를 개방하였으며, 관세장벽뿐만 아니라 모든 비관세장벽도 협상대상으로 하였다. 특히 개도국에 대해서는 특별우대를 한다는 것을 협상의 기본원칙으로 채택했다는 데 중요한 의의가 있다.

도쿄선언에 서명한 나라는 우리 나라를 비롯해 볼리비아 등 Not Contracting Parties to GATT 26개국과 필리핀 등 Acceded Provisionally to GATT 3개국을 포함하여 총 99개국에 이른다.

(4) 우루과이 라운드

1 우루과이 라운드의 의의

우루과이 라운드(UR ; Uruguay Round)는 도쿄 라운드 이후의 세계무역현안을 정리하고 이에 대한 궁극적인 해결책을 모색하기 위한 협상으로 이해할 수 있다. 이러한 우루과이 라운드가 갖는 의의는 다음과 같다.

첫째, 우루과이 라운드는 세계무역이 빠르고 안정적으로 확대되는 과정에서 개최되었던 과거의 다자간무역협상과는 달리 세계경제가 저성장시대로 접어들면서 보호주의의 만연으로 세계무역환경이 악화일로에 있는 시점에서 개최되었다.

제2차 세계대전 이후 1970년대 중반까지 세계무역은 세계경제의(특히 선진국 경제) 지속적인 성장에 힘입어 확대를 계속하였다. 이처럼 무역과 경제성장이 상승세를 유지할 수 있었던 것은 당시 세계무역질서를 주도해 왔던 선진국들이 가졌던 자유무역 지향의 무역정책에 크게 힘입었다. 이는 또 자유무역확대를 지향하는 다자간무역협상이 순조롭게 추진되고 자유무역주의 · 무차별주의에 바탕한 새로운 세계무역 질서가 형성되는 데 크게 기여하였다.

둘째, 우루과이 라운드는 신보호주의, 즉 비관세장벽의 만연이라는 무역환경 속에서 추진되었다. 과거 수 차례의 다자간무역협상에 의하여 관세장벽이 상당수준 인하되었다는 점은 이미 지적된 바 있다. 그러나 수차례의 인하로 인하여 관세장벽이 더 이상 무역장벽으로 작용하지 않게 되자, ① 관세장벽 중 개도국의 관세장벽이 다자간협상에서 관심을 모으게 되었고, ② 비관세장벽이 관세장벽보다 더 주요한 무역장벽으로 등장하게 되었다.

셋째, 우루과이 라운드는 주요 경제권 간의 상대적 위치가 근본적으로 변화한 환경에서 추진되었다. 미국이 제2차 세계대전 이후 자유무역을 기본원칙으로 세계무역질서를 주도해 온 것은 주지하는 바와 같다. 그러나 일반협정 성립 이후 40여 년이 지난 1980년대에, 세계경제에서 미국의 지위는 상대적으로 약화되고 일본과 통일독일 등을 중심으로 경제력의 상대적 다극화가 이루어졌을 뿐만 아니라 신흥공업제국(NICs)을 중심으로 개도국권의 경제력이 부상함에 따라 세계경제는 구조적 변화를 초래하게 되었다.

넷째, 우루과이 라운드는 국제경제 현실의 변화를 포함하여 보다 일반적인 세계경제의 구조변화와 그것이 일반협정 중심의 다자간무역체제에 끼치는 영향을 분석하고 이에 의거하여 새로운 국제무역질서를 창출해내야 하는 기대 속에서 추진되었다. 이렇게 보면 우루과이 라운드가 갖는 의의는 서비스에 대한 국제협상이 이루어져야 한다는 점에서 찾을 수 있다. 서비스무역의 비중 증가와 그 중요성은 국제적으로 광범위하게 인식되어 있고 이에 대한 다자간 논의의 필요성은 충분히 성숙되어 있다. 일반협정은 상품를 취급하는 국제기구일 따름이며 서비스에 대한 어떠한 협상경험도 가지고 있지 않다. 그래서 이러한 일반적인 인식으로 인해 그 구체적인 협상에서는 많은 난관을 딛고 서비스 무역문제가 타결되었다.

2 우루과이 라운드의 배경

1986년 9월 우루과이의 작은 도시인 푼타 델 에스테(Punta del Este)에서 개최되었던 일반협정 각료회의에서 새로운 다자간무역협상의 개시를 위한 각료선언을 채택함으로써 우루과이 라운드(Uruguay Round)의 협상은 공식적으로 개시되었다.

그러나 협상개시의 선언 후에도 미국 · EC 간의 농산물문제 등 일부 분야에서 의견대립이 해소되지 않아 협상계획(work program) 수립의 당초 예정시한(1986년 12월 9일)을 넘겨 1987년 1월에야 비로소 스위스 제네바에서 92개 일반협정 회원국간에 14개 분야(서비스 제외)의 협상추진에 합의하게 되었다. 이에 따라 1987년 2월부터 4월에 걸쳐 각 협상분야별로 본격적인 협상을 개시하여 1993년 12월까지 7년간 진행되었다.

앞에서 언급한 바와 같이 1948년 일반협정체제가 출범한 후 각국은 케네디 라운드, 도쿄 라운드 등 7차에 걸친 국제무역협상을 통하여 관세율인하 및 세계무역의 자유화와 무역확대를 위한 노력을 계속하여 왔다.

그러나 1970년대 후반 이후 제2차 석유파동 등의 영향으로 세계경제가 침체되면서 각국은 자국산업의 보호와 실업의 구제를 위하여 보호무역주의를 더욱 강화함으로써 일반협정 원칙이 퇴조하는 양상을 보여왔다. 특히 1980년대에 들어와 보호무역의 대상이 종전의 사양산업중심에서 기간산업 및 전략산업에까지 확대되고 그 형태도 다양해져 수출자율규제, 시장질서협정 등 회색무역규제가 늘어났으며 서비스 무역의 자유화, 무역관련투자의 규제완화, 지적 소유권의 보호 등 기존의 무역규범만으로는 해결이 어려운 새로운 문제들이 대두하게 되었다.

이에 따라 일반협정의 자유무역 이념을 저해하는 보호무역주의의 확대를 억제하고 새로이 대두된 무역문제에 대처하기 위한 무역규범을 정립하기 위하여 새로운 국제무역협상의 개최 필요성이 제기되었다.

1983년 5월 윌리엄스버그 선진국정상회담에서 최초로 논의되기 시작한 뉴라운드 개최문제는 동년 11월 제39차 일반협정 총회에서 미 · 일 양국에 의해 정식으로 제안되었으나 각국 간의 이해상충으로 그 개최가 지연되어 왔다. 미국의 입장에서는 막대한 적자를 시현하고 있는 국제수지의 개선을 도모하고 의회 등의 보호무역 압력에 대처하기 위해 미국의 비교우위분야인 서비스 및 첨단기술 상품의 무역자유화와 무역관련투자에 대한 규제완화 등을 추진하기 위한 새로운 무역협상의 개최가 긴요하였다. 일본의 경우도 미국, 유럽 등으로부터의 시장개방압력을 완화하고 다른 선진국의 대일수입규제를 축소하기 위하여 뉴라운드의 조기개최를 적극적으로 주장하여 왔다.

반면에 유럽 제국은 상대적으로 완만한 경기회복과 고실업, 국내산업의 경쟁력약화 등으로 자유무역 확대를 위한 뉴라운드의 개최가 시기적으로 이르다는 입장이었으며, 특히 EC의 공동농업정책에 의해 보조금을 수혜하고 있는 프랑스, 이탈리아 등 일부 국가는 농산물 무역의 자유화를 논의하게 될 뉴라운드의 개최에 반대하여 왔다.

개도국의 경우도 뉴라운드에서 논의가 예상되는 서비스 무역의 자유화 등에서 이득을 기대할 수 없고, 특히 선발개도국은 개도국 우대조항에서의 졸업문제 등 직접적인 이해가 걸려 있으므로 새로운 무역협상의 개최보다는 기존 무역규제의 완화가 필요하다는 입장이었다.

그러나 1984년 이후 뉴라운드 토의를 위한 국제무역회의가 활발히 개최되고 선진국과 개도국의 공동이익을 위한 자유무역제도의 강화와 무역기회의 확대를 위해서는 뉴라운드의 개최가 불가피하다는 인식이 확산되면서 1985년 11월 제41차 일반협정 총회는 뉴라운드의 개최에 대한 원칙적인 합의에 도달하고 뉴라운드 준비위원회를 구성하여 협상의제 등 구체적인 논의방안을 결정, 1986년 9월의 각료회의에 제출하기로 하였다.

그러나 1986년 1~7월 중 11차에 걸친 동 위원회의 개최에도 불구하고 각국 간의 의견차이를 좁히지 못하고 단일안 작성에 실패함으로써 선진국과 대다수의 온건한 개도국이 지지하는 안과 강경한 개도국안, 그리고 양자의 절충안인 아르헨티나안 등 3개 안이 각각 각료회의에 상정되었다. 결국 미국 등 선진국이 개도국에 대한 우대조치를 강구하고 보호무역조치를 적극 억제하기로 하는 대신 강경한 개도국들이 서비스 무역 등 새로운 무역문제의 토의를 양해함으로써 '우루과이 라운드에 관한 일반협정 각료선언(Minister Declaration on the Uruguay Round)' 이 채택되었다.

3 각료선언문의 주요내용

1986년 9월 20일 일반협정 각료회의에서 채택한 각료선언문은 우루과이 라운드의 개시를 알리는 선언문과, 제1부 상품무역에 관한 협상, 제2부 서비스 무역에 관한 협상 그리고 협상결과에 대한 이행 등 4개 부분으로 구성되어 있으며 각 분야별 주요 내용은 다음과 같다.

(가) 선언문

다자간무역협상의 개시를 선언(UR ; Uruguay Round로 명명)한다.

무역협상을 실시하기 위한 무역협상위원회(TNC ; Negotiations Committee)를 설치, 10월 30일 이전에 첫 모임을 가진다.

협상은 4년 이내에 종결한다.

(나) 제 I 부(상품무역에 관한 협상)

① 목적 : 세계무역의 자유화를 촉진하며 일반협정 기능을 강화하고 변화하는 국제 무역환경에 대한 일반협정 체제의 적응성을 증대하며, 그리고 개별국과 국제적인 차원에서의 경제협력을 강화(특히 경제정책)한다.

② 협상원칙 : 협상은 모든 체약국이 보다 많은 혜택과 이익을 누릴 수 있도록 일반협정 원칙에 부합되도록 하여야 하며, 아울러 명확성(transparent manner)이 확보되도록 한다. 협상결과의 이행은 단일과제의 부분(parts of a single undertaking)으로 취급되어야 한다. 균형된 양허, 개도국에 대한 우대조항 적용 및 최후진국에 대한 특별배려를 한다.

③ 보호주의 조치의 동결(standstill)과 철폐(rollback) :
협상기간중 일반협정 위배조치를 동결하고, 협상이 종결되기 전 합의된 계획하에 일반협정 위배조치는 철폐하고 감시기구의 필요성을 인정하며 TNC가 감시 업무수행을 위한 제반체계에 대한 결정을 한다.

④ 상업의제 : ㉠ 관세, ㉡ 비관세장벽, ㉢ 천연자원산품, ㉣ 직물과 의류, ㉤ 농산물, ㉥ 열대산품, ㉦ 일반협정 규정, ㉧ MTN 협정, ㉨ 긴급수입제한조치, ㉩ 보조금 및 상계관세 조치, ㉪ 지적소유권의 무역관련 측면(위조상품 포함), ㉫ 무역관련 투자조치, ㉬ 분쟁해결절차 등이다.

⑤ 일반협정체제의 기능 : 일반협정의 감시기능을 강화하고, 기구로서의 일반협정에 대한 의사결정과 전체적 효율성(overall effectiveness)을 제고하며, 통화금융기구와의 협조를 통한 전세계적 · 경제적 의사결정에 대한 일반협정의 기능을 증대한다.

⑥ 협상참여 : 일반협정의 회원국, 잠정 가입국, 실제 적용국, 가입절차추진 개도국 등이다.

⑦ 협상의 조직 : GNG가 협상의 제반 문제점과 과정을 책임진다.

(다) 제Ⅱ부(서비스 무역에 관한 협상)

① 서비스에 대한 다자간무역원칙 및 규범을 설정하기 위한 협상개시를 결정한다.

② 일반협정절차와 관행(procedures and practices)이 서비스 협상에도 적용된다.

③ 서비스 협상 그룹(GNS)을 설치(TNC에 보고)한다.

(라) 제Ⅰ부와 제Ⅱ부 협상결과의 처리

모든 협상종료 후 특별각료회의를 개최하여 이행방법을 결정한다.

이 각료선언을 계기로 보호무역의 확대를 저지하고 자유무역의 기조를 회복하기 위한 국제 간의 노력이 본격화되었다는 것을 가장 큰 성과로 지적할 수 있다. 협상이 종결되기까지에는 오랜 시간이 소요될 것이지만, 다자간무역협상이 개시되었다는 사실 자체가 보호무역의 확대를 부분적으로 완화시킬 수 있고 협상의 타결로 새로운 무역규범이 정비될 경우 실질적인 세계무역환경의 개선을 기대할 수 있다.

선언문에 포함된 의제를 볼 경우에도 현재 현안으로 대두되고 있는 모든 문제가 망라되어 있어 협상의 성공적 타결에 대한 기대는 더욱 커진다. 그러나 이 각료선언문은 모든 체약국의 자발적이고 순조로운 합의에 의해 이루어진 것이 아니고, 미국의 강경한 협상자세와 선언문 채택의 실패가 가져올 바람직스럽지 못한 결과에 대한 우려 때문에 이루어진 것이므로 협상의 과정이 대단히 난관이었음을 주지한다.

4 항목별 평가

(가) 서비스 무역 자유화문제

서비스 무역의 자유화 문제가 각료선언문에 포함된 것은 앞에서 소개한 각료선언문의 주요내용에서 분명히 알 수 있다. 다시 말하면 서비스 무역문제는 우루과이 라운드의 협상의제로 채택된 것이다. 그러나 어떤 형태로 협상의제에 포함되었는지는 다소의 주의를 요한다.

첫째, 서비스는 상품무역에 대한 협상을 규정한 제Ⅰ부에 이어 제Ⅱ부로 규정되어 있고, 제Ⅰ부가 각료급의 체약국단 회의에 의하여 결정된 데 비하여 제Ⅱ

부는 단지 각료들(ad hoc meeting of ministers)에 의하여 결정되었다. 즉, 서비스를 협상의제로 포함시킨 것은 일반협정의 체약국단이 아니라, 각료회의에 참석한 각료들인 것이다. 이것은 서비스 협상이 일반협정체제와 연관을 가지면서도 일반협정체제 밖에서 이루어진다는 것을 의미한다. 나아가 일반협정의 절차와 관행(GATT procedures and practices)이 서비스 협상에도 적용되지만, 서비스 무역자유화에 대한 다자간 규범이 현재의 일반협정 규범들을 다 포괄하지는 않을 것이라는 점을 예견하고 있다.

둘째, 선언문에 포함된 사항들은 서비스 협상의 기본적인 목적만을 규정하고 있을 뿐, 제 I 부의 상품무역협상에 규정된 바와 같은 협상의 기본원칙, 방법, 대상에 대해서는 전혀 언급하지 않고 있다. 단지 일반협정 사무국의 기술적 지원만을 규정하고 있을 뿐이다. 그러므로 서비스 협상의 전도는 서비스 협상 그룹의 논의를 거쳐야 한다.

(나) 기존의 보호무역조치의 동결 및 철폐

개도국이 각료선언에서 얻을 수 있었던 가장 큰 성과가 보호주의 조치의 동결과 철폐에 대한 약속이다. 이러한 약속은 서비스, 지적 소유권, 투자문제 등이 의제에 포함된 반대급부의 인상이 강하기는 하지만 이 약속만 성실히 이행된다면 세계무역환경의 실질적 개선을 기대할 수 있다.

그러나 이 약속들의 대상이 개도국이 주장한 일반협정에 근거하지 않는 조치가 아니라 일반협정 규정과 일치하지 않는 조치로 규정됨으로써 이 약속의 효과는 반감되고 말았다. 나아가 동결과 철폐의 이행시기와 감시기구의 설치 등에 대해서 명확하게 규정되지 않음으로써 그 이행 여부에 대한 논란이 일어날 가능성이 상존하게 되었다.

여기서 동결(SS ; standstill)이란 일반협정 규정에 부합하지 않거나 일반협정 체제내 또는 일반협정 후원하에서 이루어진 협상에 따라 마련된 장치에 부합하지 않는 어떠한 무역제한 또는 왜곡조치를 취하지 않는 것을 말한다. 또한 철폐(RB ; rollback)란 일반협정 규정에 부합하지 않거나 일반협정 체재 내 또는 일반협정 지원하에서 이루어진 협상에 따라 마련된 장치에 부합하지 않는 모든 무역제한 또는 왜곡조치들이 협상의 공식적 종결시까지 합의된 일정에 따라 폐지하거나 일반협정에 합치되도록 하는 것을 말한다.

(다) 지적 소유권과 투자

지적 소유권의 보호 문제와 투자의 자유화 문제는 엄밀한 의미에서 일반협정의 권한사항이 아니라는 해석이 지배적이다. 각료선언문에서는 이러한 점을 고려하여 무역관련(Trade Related)이란 용어를 덧붙이고 있다. 그러나 이런 의제가 제 I 부 상품무역에 관한 협상에 포함되었다는 점에 주의할 필요가 있다.

이들 문제가 의제에 포함된데 대해서는 미국 등 선진국과 중남미 국가들의 견해가 엇갈렸으나, 일반협정 회원국의 의무를 강조하는 EC의 호소가 설득력을 발휘하여 다자간무역협상의 의제로 채택되었다.

무역측면에 국한되기 때문에 이들의 협상타결이 어떠한 방향으로 이루어질 것인지는 예측하기 어려우나, 현재의 주요한 무역현안을 일반협정이 취급하게 되었다는 점은 일반협정의 효율성 제고에 큰 기여를 한 것으로 평가된다.

(라) 농산물

농산물무역 문제가 일반협정에서 논의하게 되었다는 것은 무역자유화를 향한 큰 진전으로 평가된다. 그 동안 농산물무역 문제는 일반협정 규범의 예외로 인정되어, 미국, EC, 오스트레일리아 등 농산물 수출국 간의 분쟁이 지속되어 왔다. 그런데 이 선언문에 농산물무역 문제가 포함된 데는 농산물에 대한 보조금지급 문제도 논의의 대상으로 하기로 한 프랑스의 양보가 크게 작용한 것으로 보여진다.

5 협상구조와 협상대상분야

(가) 협상구조

우루과이 라운드의 협상계획은 각료선언에 따라 1986년 12월 19일까지 결정되도록 되어 있었다. 그러나 우루과이 라운드에 대한 각국의 이견이 근본적으로 해소되지 않았기 때문에 세부협상 계획수립은 난항을 거듭하였다. 이런 과정에서 일반협정 사무국의 중재안이 제출되었고, 이에 대한 협의를 거쳐 1987년 1월 28일 무역협상위원회(TNC ; Trade Negotiations Committee)를 두고 그 아래 상품에 대한 협상 그룹(GNG ; Group of Negotiation on Goods), 서비스에 대한 협상 그룹(GNS ; Group of Negotiation on Services)과 감시감독기구(SS/RB)를 두기로 합동회의에서 협상의 세부계획이 결정되었다.

상품에 대한 협상 그룹 산하에는 다시 14개 협상 그룹을 두며, 서비스에 대한 협상 그룹을 포함하여 15개 협상 그룹은 그 성격에 따라 ① 신협상분야, ② 시장 접근에 관한 분야, ③ 다자간 규칙에 관한 분야 및 ④ GATT 제도에 관한 분야 등 네 분야로 나눌 수 있다.

협상구조를 구체적으로 설명하면 다음과 같다.

① 협상기구 : 협상기구를 정리하면 〈표 8-2〉와 같다.

② SS/RB(standstill and rollback ; 보호주의 조치의 동결 및 철폐) : SS/RB의 이행을 위한 세부규정을 확인하고, SS/RB의 이행을 감시 · 감독하기 위한 감독기구를 설치하기로 합의하였다. 감독기구는 최소한 1년에 3번의 회합을 가지며,여기서 논의된 사항을 TNC에 보고하며, GNG에도 이 사항을 통고하기로 하였다. TNC는 감독기구가 보호한 사실에 의거하여 SS/RB의 이행상황, 협상에 미치는 영향 등을 정기적으로 평가하기 위하여 최소한 6개월마다 회의를 개최하기로 하였다.

③ GNG(상품에 대한 협상 그룹)의 협상구조와 협상계획 : GNG는 각료선언문에 규정된 13개의 협상의제에 'GATT체제의 기능'을 더한 14개의 협상의제를 9개의 협상 그룹으로 나누어 협상을 진행해 나가기로 하였다(〈표 8-2〉 참조). 14개의 협상의제는 각각의 의장을 둘 수 있고 의제마다 독립된 단위로 활동할 수 있다. 나아가 한 사람이 몇 의제의 의장을 겸임할 수 있으며, 각 협상 그룹은 필요한 경우 공동회의를 개최할 수 있다.

각 의제는 대체로 1987년중에 의제별 논의사항을 확인하는 초기단계를 거쳐 그 이후에 실질적인 협상을 벌이는 과정을 밟아왔다. 각 의제의 협상목표는 각료선언문에 명시된 협상목표와 동일하다.

④ GNS(서비스에 대한 협상 그룹)의 협상구조와 협상계획 : GNS는 당초 구체적 협상계획을 정하지 않고 협상목표에 비추어 1987년의 계획만을 결정하였다. 1987년에 논의하도록 되었던 서비스에 대한 기본요소는 다음과 같다.

㉠ 정의와 통계상의 문제

㉡ 서비스무역에 대한 원칙과 규칙을 결정하기 위한 폭넓은 개념

㉢ 서비스무역에 대한 다자간 규범이 포괄해야 될 범위

㉣ 기존의 국제협정 및 국제원칙

㉤ 서비스무역을 확대 혹은 저해하는 조치와 관행

■ <표 8-2> 우루과이 라운드의 협상기구

1. 초기의 협상체계

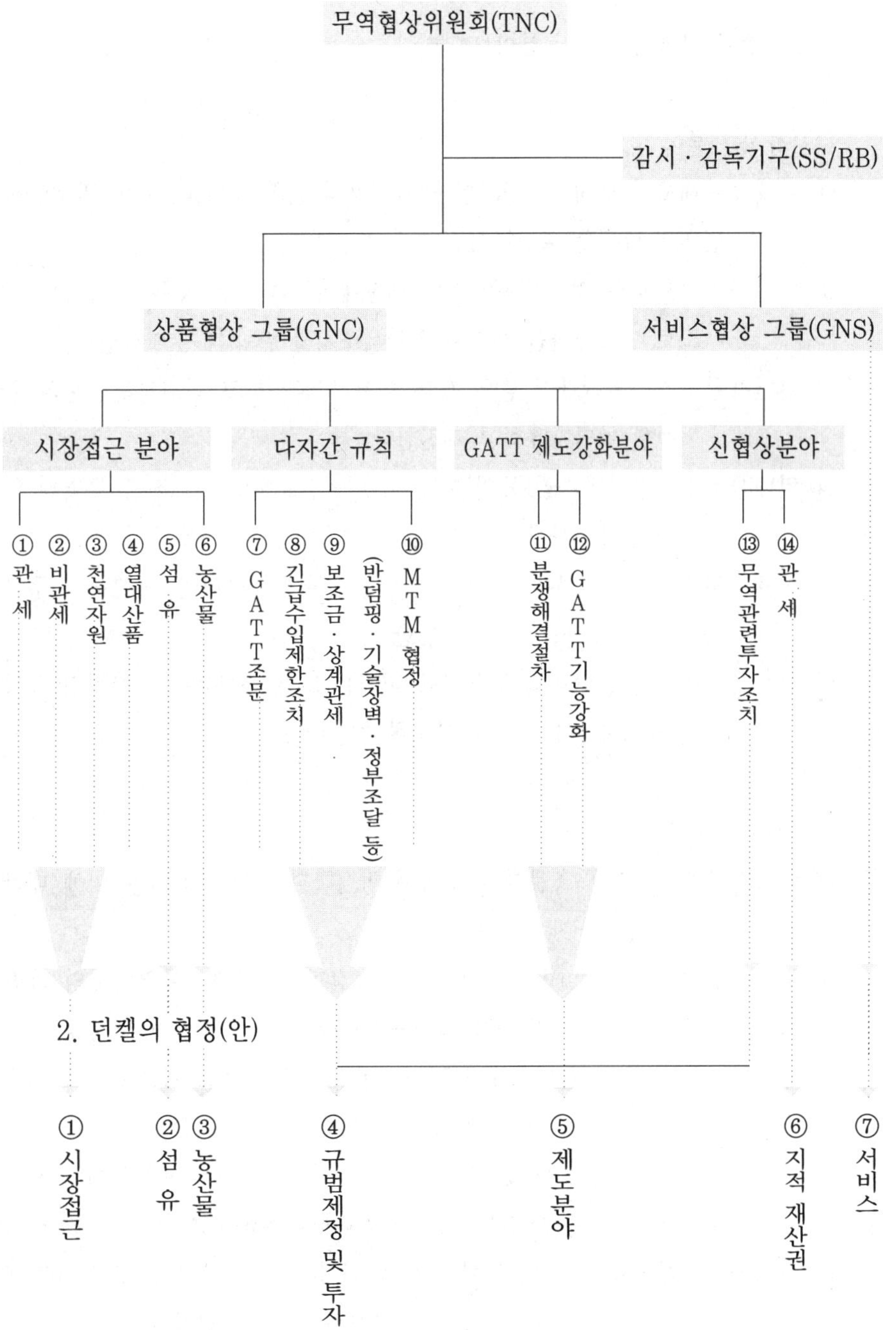

1987년중에 이러한 기본요소에 대한 논의가 끝나고 1988년에 서비스 무역에 대한 본격적인 협상에 들어갔다.

(나) 상품에 대한 협상대상 분야(14개)

시장접근 분야

① 관세 : 관세율의 인하, 가공도별 세율격차의 완화 내지 폐지 및 관세양허 범위의 확대를 추진한다.

② 비관세 : 보호주의 철폐약속이 이행과정에서 취해지는 모든 조치와는 별도로 수량제한을 포함한 비관세조치를 완화 내지 철폐한다.

③ 천연자원 : 가공 · 반가공 등의 형태 여부를 불문하고 천연자원산품의 완전한 무역자유화를 추진한다.

④ 열대산품 : 가공 · 반가공 등의 형태 여부를 불문하고 열대산품 무역의 완전한 자유화를 추구한다.

⑤ 섬유 : MFA 등 국제섬유무역협정을 일반협정에 통합시켜 동 분야의 무역을 보다 자유화할 수 있도록 한다.

⑥ 농산물 : 농산물의 수출입에 영향을 미치는 모든 조치들이 일반협정 규정 및 원칙에 따라 이루어지도록 추진한다.

다자간 규칙

⑦ GATT 조문 : GATT 조문을 검토하여 적절하다고 판단될 경우 이에 대한 협상을 개시한다.

⑧ 긴급수입제한조치 : 일반협정체제의 기능강화 및 다자간무역체제의 발전을 위하여 세이프가드에 대한 포괄적인 협정을 체결한다. 세이프가드 협정은 일반협정 기본협정에 기초를 두고 명료성, 조치의 객관적 기준, 점진적 완화, 보상 및 보복, 분쟁해결 등의 요소를 포함하여야 하며 동 협정은 모든 체약국에 적용하도록 한다.

⑨ 보조금 · 상계관세 : 국제무역에 영향을 미치는 모든 보조금 및 상계관세 조치와 관련된 일반협정규정을 개선한다.

⑩ 다자간협상(MTN) : 동경 라운드에서 타결된 각종 협정을 적절히 개선 · 확장시킨다.

GATT 제도강화분야

⑪ 분쟁해결절차 : 신속하고도 효과적인 분쟁해결을 위하여 일반협정의 분쟁해결을 위한 절차 및 규정을 개선 · 강화한다.

⑫ GATT 기능강화 : 각국의 무역정책이 서로 조화되도록 이를 주기적으로 검토한다.

신협상분야

⑬ 무역관련 투자조치 : 무역을 제한 또는 왜곡시키는 효과를 초래하는 각종 투자조치에 대하여 일반협정 규정의 적용을 검토하고 그러한 무역제한 또는 왜곡효과를 방지하는 데 필요한 규정을 제정한다.

⑭ 지적 소유권 : 지적 소유권의 국제무역을 왜곡 또는 저해하는 요인을 완화하는 동시에 지적 소유권 보호 그 자체가 무역에 대한 장애요인으로 작용하지 않도록 일반협정 규정을 명료화하는 동시에 필요한 경우 새로운 규정 및 원칙을 마련한다.

당초 협상시한이었던 1990년 12월 말까지 충분히 타결될 수 있었던 우루과이 라운드가 농산물 분야를 둘러싼 미국과 EC간의 충돌로 장기간 교착상태에 빠졌으며, 설상가상으로 개도국들의 불만 또한 고조되어 있었다. 그 이유는 협상 자체가 '강자의 논리' 에 지배되고 있다는 데 있었다. 미국은 자유롭고 공정한 무역을 주장하고 있으면서도 이른바 면책조항에 의해 면화, 낙농, 설탕, 땅콩 등 12개 품목의 수입규제조치를 계속 시행함은 물론 우루과이 라운드 협상에서 이를 양보하지 않고 상대국의 보호조치를 완화시키는 데 주력하였다.

이런 가운데서 회원국들은 1991년 12월 던켈(Arthur Dunkel) 사무총장이 종합정리한 최종협상안을 바탕으로 미국 · EC 간의 농산물분야에 관한 합의를 도출해냄으로써 '예외없는 관세화' 를 지향하는 우루과이 라운드 협상은 대단원의 막을 내리게 되었다.

그러나 우루과이 라운드의 출범 당시 설정되었던 협상타결 1차 시한인 1990

년 12월을 넘긴 이후 1991년 4월에 협상을 재개하면서 협상의 효율성을 높이기 위해 15개 협상그룹은 7개 그룹으로 통합되었다. 즉, ① 시장접근, ② 섬유, ③ 농산물, ④ 규범제정 및 투자, ⑤ 제도, ⑥ 지적 소유권, ⑦ 서비스 협상 그룹 등으로 재편성되었다.

1991년 12월 던켈 사무총장의 최종협정 초안이 제출된 직후 개선된 무역협상위원회에서는 그 동안의 7개 협상 그룹이 아래와 같이 4원협상 추진 방식(4 track approach)으로 개편되었으며, 또한 개별 분야별 논의가 아닌 전체 차원에서 진행되도록 바뀌었다.

4원협상 추진방식 ① 시장접근(농산물협상 포함) 양허협상
② 서비스 양허협상
③ 최종협정문의 법제화작업
④ 최종협정안에 대한 마무리작업(fine tuning)

특히 1993년 하반기부터 최종타결에 이르기까지 우루과이 라운드 협상은 농산물을 포함한 시장접근 및 서비스의 양허협상에 집중되었으며, 한편으로는 최종협정문의 법제화 및 최종 마무리작업과 함께 세계무역기구의 창설논의가 결실을 보게 되었다.

6 최종협정문 내용의 개요

다자간무역협상인 우루과이 라운드 협상의 타결결과인 최종협정문의 내용은 다음과 같이 구성되어 있다. 즉, 최종의정서(Final Act), 세계무역기구(World Trade Organization)의 설립협정 및 그 부속서로 첨부된 각종 다자간 및 복수국간 무역협정, 그리고 각료결정 및 선언(Ministerial Decisions and Declarations) 등이다.

(가) 최종의정서

최종의정서는 우루과이 라운드의 결과 및 앞으로의 절차 등에 대한 포괄적인 선언을 담고 있다. 이 의정서에는 최종협정문이 세계무역기구의 설립협정과 각료결정 및 선언으로 구성되어 있음을 언급하고 있으며, 협정의 발효목표시기와 각국의 협정수락절차 등에 대해서도 간략하게 규정하고 있다.

3. 세계무역기구(WTO)의 창설

1 세계무역기구 설립협정

세계무역기구(WTO ; World Trade Organization)는 모든 무역분야에서 자유무역질서를 확대 · 강화하고 이를 제도화하기 위한 목적에서 출범하는 기구로 명실공히 '세계경제의 UN' 또는 '세계경제의 헌법'이라고 할 수 있다. 이 기구의 설립협정에는 기능, 구조, 조직, 가입 및 탈퇴, 의결방법 등을 규정하고 있다.

그 동안의 협상결과물인 다자간 무역협정(MTA ; Multilateral Trade Agreements)과 복수국가간 무역협정(PTA ; Plurilateral Trade Agreements)을 부속서로 두고 있다. 부속서에는 총 24개의 다자간 무역협정(GATT 조문의 해석에 관한 양해각서 7개, GATT 1994에 관한 의정서 등을 포함)과 복수국간 무역협정 4개(항공기 · 낙농 · 우육 · 정부조달협정)가 포함되어 있다. 다자간 무역협정은 세계무역기구의 전회원국에 적용되며, 복수국간 무역협정은 별도로 동 협정에 가입한 일부 국가 사이에서만 적용된다.

이 협정에 부속된 협약들은 크게 두 가지가 있다. 그 하나는 자유화관련 협약이며, 다른 하나가 제도관련 협약으로, 이를 세분하면 다음과 같다. 전자에는, ① GATT 1994, ② 서비스무역에 관한 일반협정(GATS ; General Agreement on Trade in Services), ③ 농업협정(Agreement on Agriculture) 등으로 해당 분야의 시장개방을 내용으로 하고 있다. 후자에는, ① 무역관련 지적재산권협정(TRIPS ; Agreement on Trade Related Aspects of Intellectual Property Rights), ② 무역관련 투자조치협정(TRIMS ; Agreement on Trade Related Investment Measures),

③ 무역정책검토협정(TPRM ; Trade Policy Review Mechanism), ④ 분쟁해결규칙 및 절차에 관한 양해각서(DSU ; Understanding on Rules and Procedures Governing the Settlement of Disputes) 등이 있으며, 무역관련 제도정비를 그 내용으로 하고 있다. 자유화관련협약에는 각국의 개방약속과 양허조건을 담은 국별 양허표가 첨부되어 협약의 일부를 이루고 있다는 점이 제도관련협약과 다른 점이라고 할 수 있다.

(1) 세계무역기구의 조직

세계무역기구(WTO)는 과거의 일반협정이 가지고 있는 문제점, 즉 사법권의 부재로 실질적인 구속력이 없이 전원합의제(consensus)라는 의사결정방식으로 인해 무역문제의 해결능력이 부족하다는 한계를 극복하기 위하여 설립한 것으로 우루과이 라운드의 가장 중요한 성과 중의 하나이다.

■ <표 8-3> 세계무역기구(WTO)의 조직

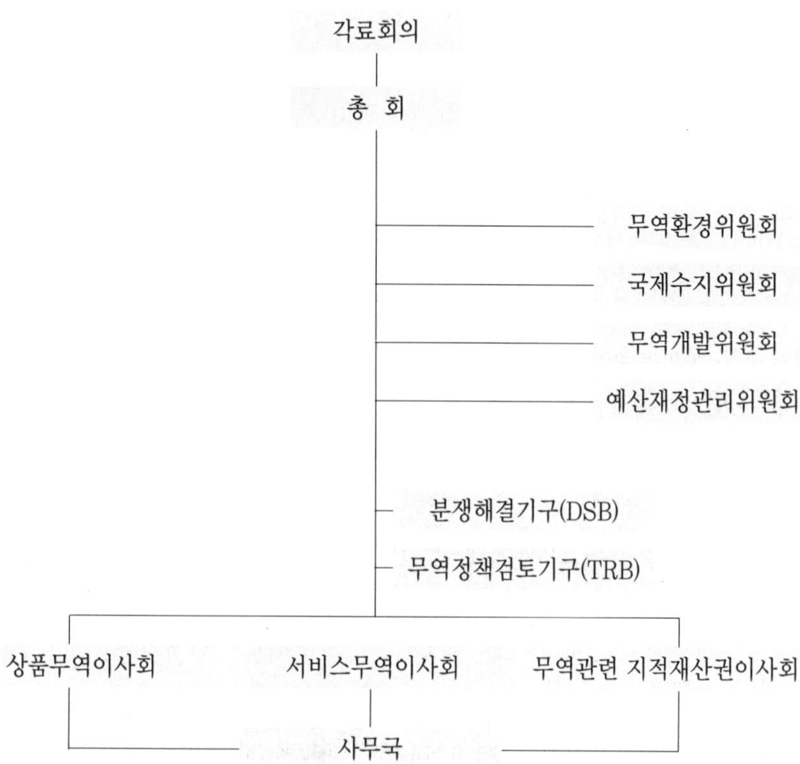

세계무역기구는 EC와 캐나다가 각각 1990년에 제안한 후 1991년 11월에 공동으로 제안하여 본격적으로 논의되기 시작하여 다자간무역기구(MTO ; Multilateral Trade Organization)라는 명칭으로 추진하였으며 협상 막바지까지 미국의 반대에 부딪쳤으나 협상타결을 위한 최종 무역협상위원회에서 미국의 제안으로 세계무역기구(WTO)로 개칭되었다.

세계무역기구의 설립협정은 우루과이 라운드협상에서 각 분야별의 모든 협정문을 부속서로 두고 있어 우루과이 라운드 최종협정문의 근간을 이루고 있으며, 국제무역질서를 기존 GATT 체제에서 WTO 체제로 전환시키는 데 핵심적 역할을 하게 되었다. 세계무역기구의 조직(안)은 앞의 〈표 8-3〉과 같다.

이 기구의 최고의결기구로 2년마다 1회 이상 개최되는 각료회의(Ministerial Conference)가 있고, 그 아래 총회(General Council)가 있다. 총회 산하에는 무역환경위원회, 국제수지위원회와 무역개발위원회, 예산재정관리위원회 등 특별위원회가 있으며, 이 총회에서 분쟁해결기관(Dispute Settlement Body)과 무역정책검토기관(Trade Review Body)으로서의 기능도 수행하고 있다. 또한 이 총회 산하에는 상품무역이사회, 서비스무역이사회와 무역관련 지적재산권이사회가 있으며 그 아래 사무국을 두고 있다.

이 기구에서 의사결정은 각국이 한 표를 행사하며 단순 다수결이 요구되나 협정문의 유권해석, 회원국의 의무이행 면제승인시에는 4분의 3의 다수결을 요구하고 있는 것이 기존 일반협정체제와 다른 점이다.

(2) 세계무역기구 체제의 특징

세계무역기구체제의 특징으로서 ① 규범성, ② 포괄성, ③ 진보성, ④ 발전단계별 고려 등을 들 수 있다.

첫째, 규범성이다. 이 체제의 가장 커다란 특징은 소위 '규칙보전(rule integrity)'을 강화하고 있다는 점이다. 이 체제는 일반협정체제와는 달리 회원국의 협약불이행에 대하여 분쟁해결절차를 통해서 강력한 제재를 가할 수 있게 함으로써 국제경제사회에서 '법의 지배'를 실현하고자 하는 데 있다.

둘째, 포괄성이다. 이 체제는 기존의 일반협정체제하에서 배제되어 왔던 서비스무역, 지적재산권 분야를 포함하고 있을 뿐만 아니라 상품무역 분야에서 예외로 취급했던 농산물 · 섬유 분야를 이 체제에 포함시키는 등 무역에 관한 거의 대부분의 분야와 문제들을 망라하고 있다.

셋째, 진보성이다. 이 체제는 관세를 포함한 모든 무역장벽을 획기적으로 축소 · 철폐하고 무역정책검토기구에서 각국의 무역정책과 관행을 주기적으로 감시하게 함으로써 국경 없는 무역(borderless trade)을 향한 획기적인 진전을 이룩하는 데 있다.

넷째, 발전단계별 고려이다. 이 체제는 발전단계가 낮은 국가들의 협약시행상의 어려움을 고려하여 개발도상국, 저개발국에 대해서는 그에 상응하는 협약시행 유예기간을 부여함으로써 모든 후진국들의 참여를 유도하고자 하고 있다.

(3) 세계무역기구 체제의 기본원칙

세계무역기구 체제에는 다음 네 가지의 기본원칙이 있다.

첫째, 최혜국대우(most favoured nation treatment)의 원칙이다.

최혜국대우의 원칙이란 특정국가에 대하여 다른 국가보다 불리한 무역의 조건을 부여해서는 안 된다는 원칙으로 세계무역기구 체제의 모든 분야에서 요구되는 핵심원칙이라 할 수 있다. 서비스무역에 관한 일반협정은 각국이 이 원칙에 대한 예외를 최혜국대우 일괄목록에 기재하도록 함으로써 예외를 인정하고 있다.

둘째, 내국민대우(national treatment)의 원칙이다.

내국민대우의 원칙이란 외국인과 내국인을 똑같이 대우해야 한다는 원칙으로 무역관련 지적 재산권협정(TRIPS)에서는 이 원칙의 무조건 적용이 요구되나, 서비스 무역에 관한 일반협정(GATS)에서는 내국민대우의 원칙 적용에 대한 구체적인 약속을 국별 양허표에 기재하도록 하고 있다.

셋째, 시장접근(market access)보장의 원칙이다.

시장접근보장의 원칙이란 관세나 조세를 제외한 상품 · 서비스의 공급에 대한 일체의 제한을 철폐해야 한다는 원칙으로 내국민대우의 원칙과 함께 시장개방의 양대요소를 이루고 있다. 서비스 무역에 관한 일반협정(GATS) 등에서는 국별 양허표에 분야별로 구체적인 시장접근범위를 정하도록 하고 있다.

넷째, 투명성(transparency)의 원칙이다.

투명성의 원칙이란 각국의 행정 · 사법기관의 의사결정이나 법령적용, 제도운용이 합리적이며 예측 가능하여야 하고 결정에 관한 이유가 고지되어야 하며, 그러한 결정의 기초가 되는 모든 법령 및 자료들이 공개되어야 한다는 원칙으로 개방의 실질적인 요소라 할 수 있다. 이 원칙은 세계무역기구 체제의 일관된 원칙이나 국가안전보장에 관계되는 내용, 법집행에 위해가 되는 사항, 영업상의 비밀 등 특정한 경우에는 예외를 인정하고 있다.

(4) 세계무역기구 체제의 3대 협약

이 체제에는 다음과 같은 3대 협약이 있다. 즉, 관세 및 무역에 관한 일반협정(GATT 1994), 서비스무역에 관한 일반협정(GATS), 그리고 무역관련 지적재산권 협정(TRIPS) 등이다. 이들을 차례로 설명하면 다음과 같다.

1 관세 및 무역에 관한 일반협정(GATT 1994)

(가) GATT 1994의 구성

우루과이 라운드 협상의 타결로, 1947년에 체결되고 7차에 걸친 라운드를 통해 수정 · 추가되어 온 관세 및 무역에 관한 일반협정의 규범 전체가 세계무역기구 체제에 편입하게 되었다. 1947년의 기존 GATT 협정과 세계무역기구 체제의 GATT 체제를 구분하기 위해 전자를 'GATT 1947'로, 후자를 'GATT 1994'로 표시하기로 하였다. 따라서 'GATT 1994'는 세계무역기구에 편입된 기존 GATT 규범과 우루과이 라운드에서 새로 추가되거나 개정된 GATT 규범으로 구성되었다.

(나) 신분야

이번에 새로이 세계무역기구 체제에 포함된 협정으로는 농산물협정, 식품위생 및 동식물검역 조치협정, 섬유류협정, 무역관련투자 조치협정, 선적전 검사협정, 긴급수입제한 조치협정 등이 있다.

(다) 기존 협정의 강화

우루과이 라운드 협상에서는 일반협정에 관련된 기존협약들 중 기술무역장벽에 관한 협정, 관세평가협정, 수입면허절차협정, 반덤핑협정, 보조금 및 상계관세협정 등의 내용을 대폭 강화하였을 뿐만 아니라 GATT 1994로 편입함으로써 종전에 개별협정에 가입한 국가에 대해서만 선별적으로 적용해 오던 것을 세계무역기구 가입국 전부에 대하여 적용하게 하였다.

2 서비스 무역에 관한 일반협정(GATS)

서비스무역에 관한 일반협정은 정부가 구매하거나 제공하는 서비스를 제외한 모든 서비스무역을 규율하고 있다. 우루과이 라운드의 서비스 업종분류표는 서비스를 사업, 통신, 건설, 유통, 교육, 환경, 금융, 은행, 건강, 여행, 오락, 운송, 기타 등 12개 분야로 대별하고 있는데, 법무 서비스는 사업 서비스 중 전문 서비스로 분류되어 있으며 다음 분류표 중 가장 앞에 위치하고 있다. 서비스무역에 관한 일반협정은 다른 자유화관련 협약들과 마찬가지로 국별 양허표가 협정의 부속서로 첨부되어 있다. 이 국별 양허표는 각국의 개방약속을 담은 표로 시장접근과 내국민대우의 적용분야 및 적용조건을 명시하고 있다. 서비스무역에 관한 일반협정은 서비스무역에 반드시 수반되는 자본거래나 서비스 관련 인력의 출입국에 대해서도 규율하고 있다.

■ <표 8-4> 우루과이 라운드 최종협정문의 구성

Ⅰ. 최종의정서(Final Act Emboding the Results of Uruguay Round of Multilateral Trade Negotiations)

Ⅱ. 세계무역기구 설립협정 (Agreement Establishing the World trade Organizaion)

1. 부속서 1A : 상품무역협정

(1) GATT 1994

① 제2조 1b(양허표상의 기타 과세 및 부과금) 의 해석에 대한 양해각서

② 제17조(국영무역기업)의 해석에 대한 양해각서

③ 국제수지(BOP)조항에 대한 양해각서

④ 제24조(관세동맹 및 지역협정)의 해석에 대한 양해각서

⑤ 제25조(웨이버)의 해석에 대한 양해각서

⑥ 제28조(관세양허재협상)의 해석에 대한 양해각서

⑦ 제35조(협정의 부적용)의 해석에 대한 양해각서

(2) GATT 1994에 대한 UR의정서(관세양허이행)

(3) 농산물협정

(4) 식품위생 및 동식물검역조치협정

(5) 섬유류협정

(6) 기술장벽협정

(7) 무역관련투자조치협정

(8) 제6조(반덤핑)의 이행에 대한 협정

(9) 제7조(관세평가)의 이행에 대한 협정

(10) 선적전 검사협정

(11) 원산지규정협정

(12) 수입허가절차협정

(13) 보조금 · 상계조치협정

(14) 긴급수입제한조치협정

2. 부속서 1B : 서비스무역 일반협정 및 부속서

3. 부속서 1C : 위조상품무역을 포함한 지적 재산권의 무역관련 측면에 대한 협정

4. 부속서 2 : 분쟁해결규칙 및 절차에 대한 양해각서

5. 부속서 3 : 무역정책검토제도

6. 부속서 4 : 복수국간 무역협정

(1) 민간항공기협정

(2) 정부조달협정

(3) 국제낙농협정

(4) 우육협정

7. 서명(117개 국가 및 EC의 서명란)

Ⅲ. 각료결정 및 선언(Ministerial Decisions and Declarations)

1. 최빈국 우대조치에 대한 결정

2. 경제전반의 정책결정에 대한 세계무역기구의 공헌에 대한 선언

3. 통고절차에 대한 결정

4. 관세평가

(1) 공표된 금액의 진실성 또는 정확성을 의심할 만한 이유가 세관 당국에 있을 경우에 대한 결정

(2) 국영무역기업에 의한 수입 및 최소금액에 관한 협정

5. 기술장벽

(1) 세계무역기구 · 국제표준화기구의 표준정보 시스템에 대한 양해각서 제안

(2) 국제표준화기구 · 국제전자기술위원회 정보 센터 출판의 검토에 대한 결정

6. 식량 순수입 개발 도상국 및 최빈국에 대한 개혁정책의 부정적 효과에 관련된 조치에 대한 결정

7. 서비스무역 일반협정

(1) 서비스무역 일반협정을 위한 기구에 대한 결정

(2) 서비스무역 일반협정을 위한 특정 분쟁해결절차에 대한 결정

(3) 제14조 문단 (2)에 관한 결정

(4) 기본 통신협상에 대한 결정

(5) 금융 서비스 이행에 대한 양해각서

(6) 금융 서비스에 대한 결정

(7) 전문직 서비스에 대한 결정

(8) 자연인의 이동에 대한 결정

8. 정부조달협정 제24조의 2의 이행에 대한 결정

9. 분쟁해결의 규칙 및 절차에 대한 양해각서의 적용 · 검토에 대한 결정

10. GATT분쟁해결규칙 및 절차의 개선에 대한 결정

11. GATT 1994 제6조의 이행에 대한 협정

(1) 우회금지에 대한 결정

(2) 분쟁해결 패널의 검토기준에 대한 결정

12. GATT 1994제6조의 이행에 대한 협정 또는 보조금 · 상계조치협정 1994 제5부에 따른 분쟁해결에 대한 결정

자료 : GATT TNC, THE URUGUAY ROUND (MTN/FA), 1993.12.15.

3 무역관련 지적 재산권협정(TRIPS)

원래 이 협정은 해적상품의 유통을 방지하기 위한 단순한 목적에서 출발하였으나 결과적으로는 모든 지적 재산권 분야를 망라한 지적 재산권에 관한 포괄협정이 되고 말았다. 무역관련 지적재산권협정은 '국제협약 플러스 접근방식'을 채

택함으로써 파리협정 등 기존 국제협약을 최저 보호수준으로 하고 전반적으로 보호수준을 대폭 강화하였다. 따라서 이 협약은 지금까지 등장한 어떠한 협약보다 더 강력하고 포괄적인 보호기준을 제시하고 있다. 이 협약이 지적재산권에 관한 종전의 국제적 협약들과 다른 점 중의 하나는 상세한 집행규정을 두고 있다는 점이라 할 수 있다.

(5) 분쟁해결절차(DSU)

세계무역기구의 분쟁해결절차는 우리 나라의 행정소송절차와 비슷하다. 협의는 전심절차에, 3명 내지 5명의 패널리스트로 구성된 분쟁해결 패널의 심리가 1심에, 임기 4년인 7명의 판사로 구성된 상설항소기구의 심리가 상고심에 각각 해당한다고 할 수 있다. 상설항소기구는 법률심이다.

이 기구의 분쟁해결절차에서는 소위 역만장일치제(reverse consensus system)를 도입함으로써 과거의 만장일치제로 인한 분쟁해결절차의 지연이나 방해를 시정하였고 각국의 일방적인 무역보복조치에 대한 배제선언을 통해 다자체제(multilateral system)를 강화하였다.

(6) 복수국가간 무역협정(plurilateral trade agreement)

세계무역기구 설립협정의 부속협약에는 복수국가간 무역협정(PTA)과 다자간 무역협정(MTA)이 있다. 그 차이점으로 복수국가간 무역협정은 세계무역기구 설립협정 가입시 자동적으로 가입되나, 다자간 무역협정은 별도로 가입한 국가에 대해서만 적용된다는 점이다. 다자간 무역협정은 세계무역기구 설립협정에 부속되어 있기는 하지만 설립협정과는 독립된 협정이라고 할 수 있다.

부속협약 중 민간항공기협정, 정부조달협정, 낙농제품협정, 우육협정 등 4개의 협약만이 복수국가간 무역협정이고 나머지 협약은 모두 다자간 무역협정이다.

2 세계무역기구 체제의 출범

GATT체제를 확대 · 개편하기 위한 새로운 무역규범의 필요성이 대두되어 1986년 9월 우루과이의 푼타 델 에스테 각료선언을 통해 새로운 다자간 무역협상,

즉 우루과이 라운드(UR) 협상을 시작하여 약 7년 이상을 끌어온 끝에 1993년 12월 15일 협상참가 117개국이 제네바에서 최종협정문에 조인하고 1994년 4월 15일 모로코 말라케쉬에서 공식적으로 채택함으로써 1995년 1월 1일자로 세계무역기구 체제의 탄생을 위한 법적 기초가 마련되기에 이르렀다.

GATT가 주로 공산품분야의 관세 및 비관세장벽의 완화에 중점을 둔 데 반하여 UR는 공산품 이외에도 농산물과 서비스 및 지적소유권 분야까지 규율대상을 확대하고 종래 남용될 소지가 있는 반덤핑, 상계관세, 긴급수입제한조치 기능과 같은 조치의 적용을 위한 보다 구체적이고도 객관적인 규범을 마련하였다. 그뿐만 아니라 체계적인 분쟁해결절차를 도입함으로써 세계무역의 증대와 그 공정성의 확보를 위한 포괄적인 국제규범의 틀을 완비하고자 하는 데 그 목적이 있다.

국제무역체제에서의 세계무역기구는 다음과 같은 두 가지의 큰 의의를 갖는다.

첫째, 세계무역기구는 역사상 유례를 찾아볼 수 없는 국제무역에 대한 방대한 실체법 규범을 근간으로 활동하게 되었다는 점이다. 즉 1948년 GATT가 발표된 이후 40여 년 동안 발전되어 온 상품무역에 관한 국제규범에 더하여 1994년 공식적으로 종결된 우루과이 라운드 다자간 무역협상에서 채택된 서비스무역과 무역관련 지적재산권 등 새로운 국제무역분야에 관한 국제규범이 세계무역기구의 관할에 속하게 된 것이다.

둘째, 세계무역기구는 역사상 유례를 찾아볼 수 없는 국제무역에 대한 보다 충실한 분쟁해결제도를 근간으로 활동하게 되었다는 점이다. 세계무역기구 활동의 근간이 되는 국제무역규범은 세계무역기구 회원국의 권리와 의무에 관한 것이며, 따라서 그 적용과 해석에 대한 분쟁의 가능성이 상존한다. 실체법인 국제무역규범을 통한 국제무역질서의 법적인 안정성(stability)과 예측가능성(predictability)이 보장되기 위해서는 이러한 분쟁이 완벽하게 해결되어야 한다.

3 세계무역기구 협정의 내용

국제무역분쟁을 방지 · 해결하기 위하여 세계무역기구 설립협정의 부속서 1A에 수록된 반덤핑과 보조금 · 상계조치협정 등의 내용을 살펴보면 다음과 같다.

(1) 반덤핑협정의 체제

1 반덤핑협정의 의의

우루과이 라운드의 최종의정서를 수락한 회원들간에 덤핑문제를 규율하게 되는 반덤핑규범은 1994년 GATT 제4조 및 동조의 이행협정에 해당하는 반덤핑협정(이하에서 단순히 '협정'이라 하면 이를 의미한다)으로 구성되며 여기서는 이를 UR 반덤핑법제로 총칭하고자 한다. 이러한 UR 반덤핑협정의 제반 규정을 ① 덤핑의 결정, ② 국내산업에 대한 실질적인 피해 등의 결정, ③ 반덤핑절차 일반, ④ 반덤핑조치, ⑤ 기타 분쟁해결절차 등으로 재구성하여 검토하고자 한다.

한편 UR 반덤핑협정에 있어서 반덤핑조치의 발동을 위해서는 ① 덤핑사실이 존재할 것과, ② 이러한 덤핑으로 인해 국내산업에 실질적인 피해가 발생하였을 것 등 두 가지 요건이 요구되고 있다.

먼저 이 두 가지 요건의 구체적인 내용부터 살펴보기로 한다.

2 덤핑의 결정

(가) 덤핑존재(existence of dumping)의 결정

이 협정에서 덤핑이란 한 나라에서 다른 나라로 수출된 물품의 수출가격이 수출국에서 소비되는 동종물품에 대한 정상적인 거래에 있어서의 비교가능한 가격보다 낮을 경우를 말한다. 즉, 정상가격보다 낮은 가격으로 다른 나라의 상권에 반입된 것으로 규정하고 있다. 여기서 반덤핑조치의 발동요건의 하나인 덤핑의 존재(existence of dumping)를 결정하기 위해서는 먼저 이러한 반덤핑협정상 덤핑의 정의에 따라 수출된 물품의 수출가격과 수출국 내의 동종물품에 대한 정상적 거래에서의 비교가능한 가격(정상가격) 간의 비교가 선행되어야 한다. 그 결과 수출가격이 정상가격보다 낮은 경우, 바꾸어 말하면 정상가격에서 수출가격을 뺀 차액을 의미하는 덤핑차액(dumping margin)이 정(+)의 값을 가지는 경우에 비로소 덤핑의 존재가 인정된다. 요컨대, 덤핑존재의 결정은 결국 반덤핑조치의 부과에 있어서 기초가 되는 덤핑차액의 산정문제로 귀결된다.

(나) 수출가격(export price)의 결정

한 나라에서 다른 나라로 수출되는 물품의 수출가격은 정상가격과 대비되는 개념이다. GATT 1961년 보고서에 의하면 수출가격이란 당해 물품이 수입국에

반입되는 시점에서의 가격이 아니라 당해 물품이 수출국을 떠나는 시점에서의 가격을 말한다. 또한 1947년 GATT에서는 수출가격을 공장도가격으로 환원시키기 위한 가격조정을 함에 있어 판매조건의 차이, 과세상의 차이 및 가격의 비교에 영향을 미치는 그 밖의 차이에 대해서도 각각 타당한 고려를 하여야 한다고 규정하고 있다.

(다) 정상가격(normal price)의 결정

위와 같이 수출가격이 결정되면 다음에는 이와 비교하여야 할 정상가격을 결정해야 한다. 이 협정에서는 이러한 정상가격의 결정기준으로 다음과 같은 세 가지 기준(방법)을 제시하고 있다. 첫째, 수출국에서 소비되는 동종물품에 대한 정상적인 거래에 있어서의 비교가능한 가격이다. 둘째, 적절한 제3국으로 수출되는 동종물품의 비교가능한 대표적 가격이다. 그리고 셋째, 원산지국에서의 생산비용에 합리적인 관리비, 판매비와 기타 비용 및 이윤을 합산한 가격, 즉 구성가격(c-onstructed value)이다.

이 협정에서 수출가격과 비교되는 정상가격을 결정함에 있어서는 수출국에서 소비되는 동종물품에 대한 정상적인 거래에서의 비교가능한 가격이 존재하는 경우에는 이를 이용하도록 한다. 만약 이러한 비교가능한 가격이 존재하지 않거나 부적절한 예외적인 경우에 한하여 이 협정에 규정된 두 가지 결정기준을 이용하도록 한다. 이 점에서 전자를 원칙적인 결정기준이라 한다면 후자의 두 가지 기준을 대체적인 결정기준이라고 할 수 있다.

첫째, 원칙적인 결정기준의 적용과 관련하여 그 요건이라 할 수 있는 '동종물품' 및 '정상적인 거래'라는 개념에 대한 정의가 선결되어야 한다. 먼저 이 협정에서 '동종물품(like product)'이라 함은 고려대상인 물품과 모든 면에서 같은 물품, 즉 동일한 물품이거나 그러한 물품이 존재하지 않을 경우에는 비록 모든 면에서 같지는 않지만 고려대상인 물품과 매우 유사한 특성을 가진 다른 물품을 의미한다. 이는 1979년 반덤핑규약의 관련 규정을 그대로 수용한 것이다. 다음으로 '정상적인 거래(ordinary course of trade)'란 상당기간 상당량을 생산비 이하로 판매하는 것은 정상적인 거래로 간주될 수 없다는 일종의 예시적인 규정만을 두는 데 그쳤다.

둘째, 원칙적인 기준인 비교가능한 가격, 즉 정상가격을 이용할 수 없게 된 경우에는 이러한 비교가능한 가격 대신에 앞에서 언급한 ① 적절한 제3국으로 수출되는 동종물품의 비교가능한 대표적 가격이나, ② 원산국에서의 생산비용에 합리적인 관리비, 판매비와 기타 비용 및 이윤을 합산한 가격, 즉 구성가격을 이용하여 덤핑차액을 결정하도록 하고 있다. 이와 같은 대체적인 결정기준을 이용하려면 다음의 하나에 해당되는 경우이어야 한다. 즉, ① 수출국 국내시장에서의 정상적인 거래에 있어 동종물품이 전혀 판매되지 않음으로 인해 비교가능한 국내가격이 존재하지 않거나, ② 수출국 국내시장에서의 '특별한 시장상황'이나 '적은 판매량'으로 인해 양 가격 간에 적절한 비교를 할 수 없게 된 경우이다.

이상 두 가지의 대체적인 결정기준 가운데 다른 하나로서 구성가격을 들 수 있다. 이 협정에 의하면 이는 원산국에서의 생산비용에 합리적인 관리비 및 판매비와 기타의 비용 그리고 이윤을 합산한 가격을 말한다. 이러한 관리판매 비용과 기타의 비용 및 이윤의 금액은 조사대상 수출업자나 생산자의 정상적인 거래에서 동종물품의 생산 및 판매에 관한 실제자료를 근거로 산출하도록 한다.

그리고 두 가지의 대체적인 결정기준을 적용함에 있어 필요한 비용의 산출과 관련하여 이 협정에서는 조사대상 수출업자나 생산자가 관리하는 기록이 수출국에서 일반적으로 채택하는 회계원칙에 따른다. 조사대상 물품의 생산 및 판매와 관련된 제반 비용을 합리적으로 반영한 경우에는 통상 그러한 기록을 근거로 비용을 산출하도록 한다. 또한 당국은 조사기간중 수출업자나 생산자가 제시한 증거를 포함하여 비용의 적절한 할당에 관해 이용가능한 모든 증거를 고려하도록 한다.

3 반덤핑관세의 부과

수입국이나 관세영역 당국은 반덤핑관세의 부과를 위한 모든 요건이 충족된 경우에 당해 관세의 부과여부 및 부과액을 결정할 권한을 가진다.

(가) 비차별의 원칙

어느 물품에 대해 반덤핑관세를 부과하는 경우에는 덤핑 및 피해긍정판정을 받은 모든 수입원으로부터의 당해 물품의 수입에 대해 각 사건별로 적절한 금액의 반덤핑관세를 비차별적으로 징수해야 한다.

(나) 반덤핑관세액이 소급적 기초에서 평가된 경우

반덤핑관세가 소급적 기초(on a retrospective basis)에서 평가된 경우에는 반덤핑관세의 납부책임에 관한 최종판정은 반덤핑관세액의 최종평가 청구일로부터 통상적으로 12개월 이내에 가능한 빨리 내려야 하며 어떠한 경우에도 18개월을 초과하여서는 안 된다. 환급은 즉시 하여야 하며, 어떠한 경우에도 납부책임에 관한 최종 판정일로부터 90일 이내에 하여야 한다.

(다) 반덤핑관세액이 장래의 기초에 평가된 경우

반덤핑관세가 장래의 기초(on a prospective basis)에서 평가된 경우에는 청구에 따라 덤핑차액을 초과하여 납부한 반덤핑관세에 대해서는 즉각적인 환급을 준비하여야 한다. 실제의 덤핑차액을 초과하여 납부한 반덤핑관세액에 대한 환급은 통상적으로 12개월 이내에 하여야 하며 어떠한 경우에도 18개월을 초과해서는 안 된다.

(라) 덤핑차액 결정을 합리적인 범위로 제한할 경우

덤핑차액 결정을 위한 조사대상에 포함되지 아니한 수출업자나 생산자에 대한 반덤핑관세는, ① 선정된 수출업자나 생산자에 대해 확정된 덤핑차액의 가중평균이나, ② 반덤핑관세 납부책임이 장래의 정상가격을 기초로 산정된 경우에 있어 선정된 수출업자나 생산자의 가중평균 정상가격과 개별적으로 조사받지 아니한 수출업자나 생산자의 수출가격 간의 차액을 초과하여서는 안 된다.

(마) 소급적용

피해자의 최종판정이 내려진 경우나 또는 피해의 위협에 대한 최종판정에 있어 잠정조치가 취해지지 아니하였다면 덤핑수입의 영향으로 피해긍정판정이 내려졌을 경우에는 잠정조치가 있었다면 이 조치가 적용되었던 기간에 대해 반덤핑관세를 소급하여 부과할 수 있다. 이와 관련하여 확정반덤핑관세(definitive anti-dumping duty)가 이미 납부하였거나 납부해야 될 잠정관세나 담보물가액보다 높을 경우에 그 차액은 징수하지 아니한다. 거꾸로 전자가 후자보다 낮을 경우에는 사안에 따라 그 차액을 상환하거나 관세를 재산정해야 한다.

결론적으로 이 협정에서는 1979년 규약과 동일하게 반덤핑관세는 피해를 야기한 덤핑을 상계하는 데 필요한 기간 및 범위 내에서만 효력이 있다고 규정하고 있다. 이와 관련하여 당국은 적절한 경우 자발적으로 또는 확정반덤핑관세가 부과된 이후 합리적인 기간이 경과하고 심사필요를 입증하는 자료를 첨부한 이해당사자의 청구가 있을 경우에는 반덤핑관세의 지속적인 부과의 필요성에 대해 심사하여야 하고, 이러한 심사의 결과 반덤핑관세의 부과가 적절하지 아니하다고 당국이 결정할 경우에는 이 관세를 즉시 철회해야 한다. 또는 모든 확정반덤핑관세는 원칙적으로 그 부과일부터(또는 이에 관한 가장 최근의 심사일로부터) 5년 이내에 소멸된다. 다만 당국이 당해 관세가 소멸되기 전에 자발적으로 또는 국내산업이나 그를 대표한 자의 정당한 청구에 따라 개시된 심사에서 이 관세의 만료가 덤핑 및 피해의 지속이나 재발을 초래할 가능성이 있다고 결정하는 경우에는 그러하지 아니하다고 규정함으로써 양측의 입장을 절충하여 규정하였다.

(2) 보조금 및 상계조치협정의 주요내용

1 보조금협정의 특징

보조금(subsidies)이란 정책당국이 특정한 정책목표를 달성하기 위하여 산업 및 기업 활동에 제공하는 각종 지원을 의미한다. 어떤 상품 전체의 국내생산물에 대한 보조금을 생산보조금 또는 국내보조금이라 하며, 수출에만 전적으로 지급되는 보조금을 수출보조금이라고 한다.

그러나 UR보조금 · 상계조치협정(이하 '협정'이라 한다)에서는 보조금의 종류를 성격과 피해의 구제방법에 따라 명확히 구분하고 있다. 즉, ① 금지보조금(prohibited subsidies), ② 조치가능보조금(actionable subsidies), 그리고 ③ 허용보조금(nonactionable subsidies) 등 세 가지로 분류하고 있다. 이 세 가지 분류는 소위 교통신호등식 접근방식(traffic light approach : red-yellow-green)을 채택하고 있으며 각각에 대한 분류기준과 의무위반시의 구제조치를 규정하고 있다.

보조금의 특징은 크게 세 가지로 대별할 수 있다.

첫째, 이전의 규정과 비교해 볼 때 전반적으로 보조금에 대한 규율을 크게 강화하였다. 예컨대 수출보조금을 전면적으로 금지한다든가, 금지의 위반시 보복조치를 강화한다든가, 그 동안 비교적 광범위하게 허용되어 온 국내보조금의 허용범위를 대폭적으로 축소한다든가, 그리고 금지보조금의 사용은 피해 여부의 정도에 관계없이 그 자체로서 보복조치의 대상이 된다라는 것 등이다. 조치가능보조금의 경우에 있어서도 다른 나라 산업에 대한 객관적인 피해뿐만 아니라 광범위하게 적용될 수 있는 불리한 영향이 있을 때에도 보복조치가 가능하도록 하였다. 또한 종전에는 수출보조금과 국내보조금으로 구분하여 상이한 규율을 적용했으나 이 협정에는 각 보조금에 대한 법적 효과를 중시하면서 균형적 접근을 하였다.

둘째, 새로운 추가규정을 도입하였다. 예를 들면 보조금이 어떤 기업이나 산업에 대해 특정하여 주어졌는지 여부를 판단하는 기준인 특정성 조항을 새로이 도입하였다. 이 특정성이 존재하는 어떤 보조금에 대하여 보조금지급 물품의 수입국은 일정한 요건이 충족되는 경우 상계조치 및 기타의 대응조치를 취할 수 있도록 하였다.

셋째, 그 동안 각 규정이 명확성과 명료성의 미비로 인하여 국가 간의 분쟁이 되어왔던 점을 중시하여 명료성이 상당히 증대되었다. 예를 들면 종전의 코드에서는 보조를 받은 수입품에 상계관세를 부과하는 전제조건으로서 국내산업에 대한 실질적인 피해(material injury)가 있음을 요구하였다. 그렇지만 실질적인 피해가 무엇을 뜻하는지에 대해서는 아무런 정의가 없었다. 그러나 이 협정에서는 심각한 손상(serious prejudice)에 대해 구체적인 정의를 내리고 있다. 이와 같이 정의된 보조금은 '특정성' 이 있는 경우에 한하여 금지보조금 조항과 조치가능보조금 조항 그리고 상계관세부과 조항의 적용을 받는다고 규정하고 있다. 구체적인 내용은 다음과 같다.

2 보조금의 정의 및 특정성

이 협정에서 가장 큰 변화 중의 하나는 이제까지 합의되지 않았던 보조금의 정의에 관한 규정이 마련되었다는 점이다. 즉 이 협정에 의하면, ① 직접적 자금이전(무상지원, 대출, 지분참여 등), 잠재적 자금이전 또는 채무부담(대출보증), ② 정부세입의 포기(세액공제와 같은 조세혜택 등), ③ 정부에 의한 일반 사회간접자본 이외의 상품과 용역의 제공 및 상품의 구매, ④ 정부의 자금공여기관에 대한 자금지원 또는 민간기관에 대하여 위의 ①~③의 역할을 수행하도록 하는 위임이나 명령 등과 같이 정부나 공공기관에 의한 재정지원이 행해지거나 혹은 GATT 1994에 의한 모든 형태의 소득 또는 가격지원이 있고 이와 같은 재정지원이나 소득, 가격지원에 의하여 혜택이 주어지는 경우에는 보조금이 존재하는 것으로 간주된다고 규정하고 있다.

이와 같이 보조금의 개념을 명시적으로 정의한 것은 두 가지 의미를 갖는다. 그 하나는 해석상의 갈등을 회피하거나 적어도 그것을 감소시킬 수 있게 되었다는 것이고, 다른 하나는 조치가능한 보조금에 관하여 과도하게 광범위한 개념을 채택하여 이러한 개념을 자의적으로 해석하여 온 국가들(특히 미국)의 행동범위를 감소시킴으로써 보조금에 관한 국제적 규율의 신뢰를 회복할 수 있게 되었다는 것이다.

(3) 서비스 무역협정

우루과이 라운드 협상의 타결로 처음 등장하게 된 '서비스 무역에 관한 일반협정(GATS ; General Agreement on Trade in Services)' (이하 '서비스 협정' 이라 한다)의 일반적인 구성은 GATT 협정문 체제와 비슷한 면이 있다. 그러나 그 내용은 상품무역과 서비스 무역과의 근본적인 차이로 인하여 상당히 다르다. 법률적으로 볼 때 이 서비스 협정은 세계무역기구 체제하에서 기존협정을 강화하고 새로운 분야를 추가한 GATT, 지적재산권 협정(TRIPS)과 함께 세계무역질서를 구성하고 있는 3대 지주라고 할 수 있는 중요한 협약이다.

1 협정의 구성과 내용

서비스 협정은 서문, 본문 및 부속서로 구성되어 있다. 그 서문에는 협정의 기본목적, 앞으로 협상의 진행 및 고려사항 등을 제시하고 있다. 이 서비스 협정의 서문 자체는 법적으로 구속력을 갖는 것은 아니다. 그러나 그 내용은 서비스 협정의 기본 목적과 협상참가국들의 의지를 반영하고 있기 때문에 서비스 협정을 해석 · 평가하는 지침으로 활용할 수 있다. 그뿐만 아니라 장래 계속될 후속협상에서 방향을 제시해 줄 수 있는 지침으로 사용될 수 있다는 점에서 그 의미는 매우 크다고 할 것이다.

이 서비스 협정 서문의 주된 내용을 살펴보면, 공개주의와 점진적인 서비스 무역자유화를 지향하면서 동시에 참여국들의 국내정책목표들의 존중과 이를 위한 신규규제조치의 도입 허용, 전체 참여국들의 상호 호혜적인 이익 증진, 권리와 의무의 균형확보 등을 목적으로 하는 다자간의 협상을 계속할 것을 명시하고 있다. 특히 개발도상국들을 이 서비스 협정의 협상 테이블로 끌어들였던 요인들을 그대로 유지하여 개발도상국들의 국내 서비스 공급능력과 효율성 및 경쟁력의 강화를 통한 서비스 수출의 확대를 고려하고 있다. 그리고 최저개발국들의 특수한 경제상황과 개발, 무역 및 재정 등에 있어서의 어려운 상황들을 고려한다고 규정하고 있어 서비스무역구조상 열등한 지위에 있는 개발도상국들의 입장과 이해관계가 어느 정도 서비스 협정에 반영되고 있다.

2 서비스 협정의 범위 및 서비스 무역의 정의

이 서비스 협정의 범위는 서비스 협정의 적용을 받는 대상을 '서비스무역에 영향을 미치는 회원국들의 제반조치' 로 규정하고 있다.

첫째, 이 서비스 협정은 규율대상인 서비스의 범위를 최대한 '포괄적' 으로 규정하고 있지만 서비스 자체에 대한 개념정의를 내리지 않고 있다. 따라서 특정 산업분야가 협정문상의 서비스에 해당하는지 여부는 구체적인 사례에 따라 판단할 문제로 남게 되었다.

둘째, 이 서비스 협정의 적용을 받는 '조치' 에는 법률, 규칙, 절차, 결정, 행정행위 등 그 형태를 불문하고 회원국에 의하여 취해지는 모든 형태의 조치를 의미한다.

셋째, '정부권한의 수행상 공급되는 서비스' 는 서비스 협정의 적용대상에서 제외하고 있는데, 정부권한의 수행상 공급되는 서비스란 상업적 차원에서 공급되지 아니할 뿐만 아니라 다른 서비스 공급자와 경쟁관계에 있지 않은 서비스를 말한다.

이 협정문은 서비스무역의 정의와 관련하여 네 가지 유형의 서비스 공급으로 정의하고 있다. 즉, 서비스무역의 정의를, ① 한 회원국의 영토로부터 다른 회원국의 영토 내로의 서비스 공급(서비스의 국경이동), ② 한 회원국의 영토 내에서 다른 회원국의 서비스 소비자에게로의 서비스 공급(해외소비), ③ 한 회원국의 서비스 공급자에 의한 다른 회원국 영토 내에서의 상업적 주재를 통한 서비스 공급(상업적 주재), ④ 한 회원국의 서비스 공급자에 의한 다른 회원국 영토 내에서 자연인의 주재를 통한 서비스 공급(자연인 주재)으로 보고 있다.

3 일반적 의무 및 규율

이 서비스 협정의 일반적 의무 및 규율 부분은 각국의 양허표에 다른 자유화의 추진계획과 관계없이 서비스 협정이 규율하는 모든 서비스 분야에 적용된다.

일반적 의무사항으로서는 최혜국대우, 공개주의(제3조), 개발도상국의 세계무역에의 참여 증진(제4조), 경제통합(제5조), 국내규제(제6조), 외국자격의 인정(제7조), 독점 및 배타적 서비스 공급자(제8조), 영업관행(제9조), 긴급 수입제한조치(제10조), 지급 및 이전(제11조), 국제수지 옹호를 위한 제한조치(제12조), 정부조달(제13조), 예외(제14조 및 제14조의 1), 그리고 보조금(제15조)에 관한 규정 등이 있다. 이를 간략하게 살펴보면 다음과 같다.

여기서 최혜국대우 원칙(most favoured nation treatment)이란 내국민대우 원칙과 함께 WTO체제에서 가장 중요한 원칙이다. 이 협정문(제2조 제1항)에서도 "각 회원국의 특정 서비스 분야에 관하여 한 회원국에게 부여한 대우보다 불리하지 아니한 대우를 다른 회원국들에게 즉시, 그리고 무조건적으로 부여하여야 한다"라고 최혜국 대우규정을 명시함으로써 최혜국대우 원칙이 서비스 무역의 가장 중요한 원칙임을 천명하고 있다.

(4) 지적재산권협정

전통적으로 지적재산권(Intellectual Property Rights)의 보호는 각국 정부와 세계 지적재산권기구(WIPO ; World Intellectual Property Organization)나 국제연합 교육과학문화기구(UNESCO)가 관장하는 사항으로 인식되어 왔다. WIPO나 UNESCO는 지적재산권 보호기준에 관한 여러 가지 국제조약을 감독하여 왔다. 지적 재산권의 보호가 국제무역에 미치는 영향이 크기 때문에 지적재산권의 보호에 관한 통일적인 협정의 마련이 절실히 요구되는 점을 감안하여 세계무역기구의 무역관련 지적재산권협정(TRIPS ; Agreement of Trade Related Aspect of Intellectual Property Right, 이하 '협정'이라 한다)에서는 이 분야에 대한 강력한 협정을 추진하게 된 것이다.

지적재산권은 아이디어에 대한 법적인 권리를 뜻한다. 그 대표적인 예가 저작권, 특허권, 상표권이다. 지적재산권은 또한 컴퓨터 소프트웨어, 집적회로 및 기술진보로 등장하는 모든 창조적인 노력에 의한 결과를 포함한다.

지적재산권이 저작권만을 지칭하고 특허권이나 상표권은 산업재산권으로 분류했던 과거의 관행과는 달리 이 협정의 지적재산권 개념은 모든 창조적인 노력의 결과를 지칭하고 있다. 이 협정은 이렇게 좁은 의미의 지적 재산권과 공업소유권을 하나의 다자간 협정으로 규율함과 동시에 국제적인 지적재산권의 보호수준을 획기적으로 향상시키게 될 것이다.

1 기본원칙

이 협정은 세 가지의 이념에 입각하고 있다.

첫째, 기술혁신의 촉진이다. 지적재산권 제도를 통해 권리자에게 독점권을 부여하는 주된 이유는 기술개발을 촉진하기 위한 것이라고 할 수 있다. 많은 시간과 비용이 소요되는 지적재산의 경우에는 투자비용을 회수하는 제도적인 장치가 마련되지 않고서는 누구도 시간이나 비용을 투자하지 않을 것이다.

둘째, 기술이전이나 전파의 촉진이다. 기술개발을 통해 사회발전에, 나아가 인류의 발전에 기여하기 위해서는 이를 공개하고 적절히 전파하지 않으면 안 된다.

셋째, 기술지식의 생산자와 이용자 간의 상호이익의 증진이다. 권리자의 보호를 증진하는 것이 주요 내용이기는 하지만 이 협정의 이념 전부가 아니라는 점에 주의할 필요가 있다.

이 협정은 국제무역의 왜곡과 장애를 줄이고, 지적재산권의 유효하고 적절한 보호를 촉진하며, 지적재산권의 보호가 정당한 무역에 대한 장벽이 되지 않도록 지적재산권법의 시행을 위한 수단과 절차를 확보하고 있다. 또한 각국 법제의 차이를 최대한 고려하고 있으며 정부간 분쟁의 다자간 해결과 예방을 촉진하기 위한 특별한 규칙을 두고 있다. 이 협정은 협상의 결과에 대다수 국가가 참여하도록 하기 위해 시행유예기간 등을 두는 방안을 마련하고 있다.

지적재산권은 개인적 권리임을 인정하고 위조상품의 국제무역을 억제하고 있다. 또한 연구 및 기술개발을 포함하여 국가의 지적재산권 보호제도의 주요 정책목표를 존중하며, 건전하고 실행가능한 기술적 기반의 창출이 가능하도록 하기 위해 법령과 규칙의 국내시행에 있어서 최대한의 융통성을 확보해야 하는 최빈국의 특수한 요구를 최대한 반영하고 있다. 이러한 주요 목적을 달성하기 위하여 GATT 등 관련 국제협정과 WIPO와의 상호협력을 추진하도록 하고 있다.

이 협정은 지적재산권을 정의하지 않고 저작권 및 저작인접권, 상표권, 지리적 표시권, 공업의장권, 특허권, 반도체 배치설계권, 영업비밀권을 지적재산권의 예로 들고 있다.

그리고 이 협정은 다른 체약국의 국민에 대하여 적용된다. 다른 체약국의 국민은 지적재산권에 대하여 파리협정(1967), 베른협정(1971), 로마협정 그리고 집적회로에 관한 국제지적 재산권조약(IPIC)의 보호적격요건을 충족시키는 자연인 또는 법인을 포함한다. 로마협정의 규정을 원용하고자 하는 체약국은 그 조항에 따라 이 협정위원회에 통고해야 한다.

2 일반원칙

이 협정은 협상시에 소위 '국제협정 플러스 방식'을 채택하였다. 즉, 국제협정을 최저 보호수준으로 하여 보호수준을 향상시키자는 취지이다. 따라서 체약국은 국내법으로 이 협정을 위배하지 않는 범위 내에서 더욱 강화된 보호를 실시할 수 있다. 강화된 보호를 하는 것은 각국의 재량사항이다. 체약국은 자신들의 고유한 법제도나 관행을 토대로 해서 이 협정의 모든 규정을 이행하는 적절한 방법을 자유롭게 결정할 수 있다고 규정하고 있다.

각 체약국은 지적재산권의 보호에 관하여 자국민에게 부여하는 것과 똑같은 대우를 다른 체약국의 국민에게 보장하여야 한다.

그리고 다른 체약국의 국민에게 파리협정, 베른협정, 로마협정 및 IPIC에서 규정하고 있는 예외조항들을 적용할 수 있다. 저작인접권에 관하여는 TRIPS에 규정되어 있는 권리에 한하여 내국민대우가 적용된다. 또한 사법 또는 행정절차에 관하여는 예외가 인정된다.

4. 세계무역기구의 분쟁해결양해

1 서 론

이 분쟁해결의 개선은 우루과이 라운드 협상의 가장 중요한 내용이다. '1994년 분쟁해결에 관한 규칙과 절차에 관한 양해(Understanding on Rules and Procedure Governing the Settlement of Disputes, 이하 '분쟁해결양해' 라 한다)는 1947년 GATT가 채택한 이후 발전되어 온 분쟁해결의 관행을 결집하고 경제 · 사회적 이해관계의 조화를 목적으로 분쟁해결제도를 개선시킨 UR협상의 야심적이고 중심적인 내용이라고 볼 수 있다. 종전의 GATT체제에서의 분쟁해결제도의 근간은 도쿄 라운드의 타결시 1979년에 채택된 '1979년 분쟁해결양해' 이다. 세계무역기구체제의 분쟁해결양해가 종전의 GATT체제에서의 분쟁해결제도와 가장 큰 차이는 GATT체제는 오로지 상품의 무역에 대해서만 적용되었지만, 세계무역기구체제는 상품뿐만 아니라 서비스무역과 무역관련 지적재산권에도 적용된다는 점이다.

(1) 분쟁해결양해의 법적 성격

세계무역기구 체제에서 분쟁해결의 원칙과 절차는 분쟁해결양해에 규정되어 있다. 특히 UR협상의 다른 결과물이 조약인 '협정(agreement)' 의 형식을 취하고 있는데, 분쟁해결은 '양해(understanding)' 라는 특별한 형식을 취하고 있는 점에서 조약과는 구별되어야 하는 법적 성격의 존재가능성이 있는 것처럼 보일 수 있다. 세계무역기구 체제의 분쟁해결에 관한 분쟁해결양해는 그 형식에서 조약과 마찬가지라고 생각된다. 세계무역기구 창설협정이 조약의 지위를 갖는다면, 세계무역기구 창설협정의 일부분인 분쟁해결양해도 당연히 조약의 지위를 갖게 된다. 이 점에서 분쟁해결양해는 모든 세계무역기구 회원국들에게 적용되어야 한다. 따라서 분쟁해결양해가 비록 양해의 명칭을 가졌지만, 법적으로 구속력이 없다고 볼 수 없다. 실제로 조약의 한 종류로서의 양해는 일반적으로 기본이 되는 조약의 특정문제를 해석하기 위하여 채택된다.

(2) 분쟁해결양해의 주요내용

분쟁해결양해는 다음의 세 부분으로 분석할 수 있다. 첫째, UR협상 이전의 GATT의 관행을 단순히 정리한 내용, 둘째, UR협상기간 동안 잠정적으로 적용될 분쟁해결절차의 개선내용 그리고 셋째, 전혀 새로운 내용 등이다. 내용상으로 UR협상 이전의 GATT의 관행이 여전히 중심이 된다. 그러나 분쟁해결에 관한 법제도의 발전이라는 측면에서 특히 중요한 내용은 UR협상을 통하여 분쟁해결양해에서 새로이 도입된 내용들일 것이다. 특히 분쟁해결의 단계마다 부여된 시간적 제한과 상설적인 상소기관의 설치 및 운영은 앞으로의 검증이 필요하겠지만, 분쟁해결제도에 대한 회원국들의 신뢰를 증대시킬 것으로 기대된다.

세계무역기구의 분쟁해결제도의 가장 큰 특징은 다음과 같이 분쟁해결에서 법·제도적인 비중을 높인 점이다. 첫째, 회원국 사이의 분쟁이 발생한 경우에 분쟁해결을 위하여 적용되어야 할 보다 상세한 절차가 마련되었다. 둘째, 분쟁해결절차의 보다 엄격한 시간적 제한이 부과되었다. 셋째, 총의에 의해서만 분쟁해결절차의 진행이 중단됨으로써 보다 자동적인 분쟁해결절차의 진행이 보장되었다. 넷째, 패널 구성원과 상소기관위원회의 자격요건으로 국제무역법의 전문성 등이 요구되었다. 그리고 다섯째, 분쟁분야의 전문가로 구성된 상설적인 상소기관의 설치로 세계무역기구 체제의 분쟁해결제도의 통일성이 확보될 수 있어 회원국들의 세계무역기구 체제에 대한 신뢰성이 증대될 수 있게 된다.

(3) 분쟁해결양해의 적용범위

분쟁해결양해가 적용되는 범위는 다음과 같다.

1 세계무역기구 창설협정에 관한 분쟁

세계무역기구 창설협정은 분쟁해결양해가 적용되는 대상협정(covered agreement)의 일부이다. 분쟁해결양해는 동 양해의 부록 1에 수록된 대상협정의 협의와 분쟁해결 규정에 따라 제기된 분쟁에 적용된다. 또한 분쟁해결양해는 세계무역기구 창설협정 및 이 양해의 규정상 또는 다른 대상협정과 결합하여 세계무역기구 창설협정 및 이 양해의 규정상 권리와 의무에 관한 회원국 간의 협의 및 분쟁해결에 적용된다. 따라서 세계무역기구 체제에 관련된 모든 분쟁은 분쟁해결양해가 구성한 통합체제(integrated system)의 적용을 받게 된다.

2 분쟁해결양해와 개별적 대상협정과의 관계

분쟁해결양해상의 일반적인 분쟁해결에 관한 규칙과 절차는 동 양해의 부록 2에서 확인된 대로 대상협정에 규정된 분쟁해결에 관한 특별 또는 추가적 규칙과 절차를 조건으로 적용된다. 예컨대, 대부분의 대상협정은 GATT 제17조 및 제18조와의 연계를 규정하고 있어서 경우에 따라서는 이들 GATT규정이 대상협정상의 협의와 분쟁해결에 그대로 적용될 수도 있을 것이다. 보조금협정은 분쟁해결에 관한 보다 정교한 규정을 두고 있다. 반덤핑협정은 특별히 규정된 경우를 제외하고 분쟁해결양해가 적용됨을 규정하고 있다. GATT는 국제무역의 분쟁해결절차를 발동하기 전에 관련 이중과세협정상의 분쟁해결절차의 소진을 규정하고 있다.

분쟁해결양해와 대상협정과의 상이함에 따른 일관성의 결여에 관하여 다음과 같은 원칙이 적용된다.

첫째, 분쟁해결양해의 규칙과 절차가 부록 2에 규정된 특별 또는 추가적 규칙과 절차와 상이한 경우에 부록 2의 특별 또는 추가적 규칙과 절차가 우선한다.

둘째, 둘 이상의 대상협정에 대한 분쟁이 발생한 경우에 이들 대상협정의 분쟁해결에 관한 규칙과 절차가 서로 다를 수 있다. 분쟁 해결양해는 이 경우에 적용될 원칙을 다음과 같이 규정한다.

또한 대상협정상의 별개의 분쟁해결에 관한 규칙과 절차에 따른 세계무역기구 체제의 분쟁해결에 관한 일관성의 결여는 국제법의 해석에 관한 원칙에 따라 해결될 수 있을 것이다. 실제로 분쟁해결양해는 '국제법 해석에 관한 관습법규칙' (Customary Rules of Interpretation of Public International Law)에 따른 분쟁해결을 규정하고 있다. 궁극적으로 이러한 일관성의 결여문제는 세계무역기구의 유권해석에 따라 해결될 수 있을 것이다. 세계무역기구 창설협정이 발효하면서 분쟁해결에 관한 분쟁해결양해가 새로이 적용될 때 GATT체제에서 세계무역기구 체제로 전환하는 과정 가운데 진행중인 과도기분쟁(disputes in transition)의 처리가 문제된다. 진행중인 분쟁은 다음과 같은 상황에서 발생한다. 첫째, 패널 절차중인 분쟁, 둘째, 패널 보고서가 채택되지 않은 분쟁, 그리고 셋째, 패널 보고서가 이행되지 않은 분쟁 등이다.

3 지방정부에 대한 적용

대상협정의 분쟁해결규정은 회원국 영토 내의 지역 또는 지방정부나 당국이 취한 조치로서 대상협정의 준수에 영향을 주는 조치에 대하여 발동될 수 있다.

2 분쟁해결제도의 일반원칙

분쟁해결양해는 세계무역기구 체제의 분쟁해결에 적용될 일반원칙을 별도로 규정하고 있지만, 다음과 같은 원칙이 특히 중요하다.

(1) GATT체제 분쟁해결제도의 승계 및 발전

회원국들은 분쟁해결양해의 더욱 발전되고 수정된 규칙과 절차는 물론 GATT 1947의 제17조와 제18조에 따라 지금까지 적용된 '분쟁의 관리원칙'을 엄수할 것을 다짐한다.

세계무역기구 체제에서의 분쟁해결에 GATT 제17조와 제18조의 연계는 다음과 같은 의의를 갖는다. 첫째, 대부분의 GATT체약국인 회원국들에게 보다 친숙한 GATT체제의 분쟁해결제도의 전통을 수용한다는 역사적 계속성이 확인된다. 둘째, GATT의 두 조문에 근거를 두고 발전되어 온 분쟁해결에 관한 법체계가 세계무역기구 체제에서도 여전히 유효하다는 중요성이 확인된다. 이 점에서 세계무역기구체제의 출범에도 불구하고 GATT 출범 이후 40여 년 동안 축적된 분쟁해결에 대한 지식의 유용성이 확인되며, 세계무역기구 체제의 연구에도 GATT의 분쟁사례의 연구가 근간이 됨을 알 수 있다.

(2) 다자간 체제의 강화

1 세계무역기구 분쟁해결절차의 우선적 사용

회원국이 의무의 위반 또는 대상협정상 이익의 다른 무효화, 침해 또는 대상협정의 목적달성에 대한 장애의 시정을 시도하는 경우에 분쟁해결양해의 원칙과 절차를 사용하고 준수하여야 한다. 회원국은 세계무역기구 창설협정을 포함한 대상협정에 관련된 분쟁에 관하여 일방적인 보복조치를 취하기보다는 분쟁해결양해상의 다자간 분쟁해결절차에 따라야 한다.

2 분쟁해결을 통한 다자간 체제의 강화

분쟁해결의 다자간 통제를 위하여 회원국들은 의무위반 등의 결정, 분쟁해결기구(DSB ; Dispute Settlement Body)의 권고의 이행 및 보복조치에 관하여 다음과 같은 원칙을 준수하여야 한다. 첫째, 회원국은 분쟁해결양해의 원칙과 절차에 따른 분쟁해결에 의존하는 경우를 제외하고는 위반이 발생하고, 이익이 무효화 또는 침해되고, 또는 대상협정의 목적달성이 저해되었다는 취지로 결정할 수 없으며, 그러한 결정을 분쟁해결기관이 채택한 패널 또는 상소기관 보고서의 평결 또는 분쟁해결양해에 따라서 주어진 중재판결에 합치시켜야 한다. 둘째, 회원국들은 해당 회원국이 권고와 결정을 이행하는 데 필요한 합리적 기간의 결정을 위한 절차를 따라야 한다. 셋째, 회원국들은 관련 회원국이 주어진 합리적 기간 내에 권고와 결정을 이행하지 못함에 대하여 대상협정상의 양허 또는 다른 의무를 정지하기 전에 양허 또는 다른 의무의 정지수준의 결정을 위한 분쟁해결양해상의 절차에 따르며, 이에 관련한 분쟁해결기관의 허가를 얻어야 한다.

세계무역기구 체제의 분쟁해결제도는 국제무역제도의 역사상 가장 강력한 이행력이 있는 법제도라고 볼 수 있다. 더욱이 세계무역기구 체제의 적용범위가 종래의 상품무역에서 서비스무역과 무역관련 지적재산권을 포함하게끔 대폭 확대됨으로써 미국이 종전처럼 GATT분쟁해결절차의 불비성을 이유로 일방적 무역조치를 취하기는 어렵게 될 것이다. 특히 세계무역기구 체제에서는 미국 등이 적어도 세계무역기구 체제에서 규율되는 분야에 대하여 과거와 같이 국내절차에 따라 일방적인 보복조치를 취하지는 못할 것이다. 그만큼 WTO의 다자무역체제가 보다 발전될 것으로 기대한다.

(3) 분쟁해결절차의 남용제한

회원국은 분쟁해결양해상의 분쟁해결절차를 통하여 자신의 이익을 보장받게 되어 있다. 이러한 본래의 분쟁해결제도의 목적이 왜곡되어 분쟁해결제도가 남용될 수 있다. 분쟁해결양해도 이러한 점을 인식하고 있다. 즉, 사건을 제기하기 전에 회원국은 이들 절차에 따른 조치가 이익이 되는지에 관한 판단을 하도록 하고 있다. 분쟁해결장치의 목적은 '분쟁에 대한 긍정적 해결'의 확보여야 하기 때문이다. 따라서 분쟁당사국들이 상호간에 수락할 수 있고 대상협정과 합치하는 해결이 명백히 선호된다.

분쟁해결절차의 남용은 GATT관행을 통하여 제한되고 있었다. 즉 전통적으로 GATT에서는 특정체약국을 괴롭힐 목적으로 근거가 불충분한 제소를 제한하고, 또한 국제무역상 체약국 이익의 균형유지를 훼손하는 결과를 야기할 제소를 제한하였다. 이 같은 '잘못된 사건'의 제기를 억제하는 것은 엄격한 법적 측면에서는 바람직하지 않다고 볼 수 있다. 그러나 GATT체제와 마찬가지로 세계무역기구 체제는 법적인 권리와 의무의 체제를 근간으로 정치 · 경제적 요인들이 추가된 복합적인 구조이다. 따라서 법적인 권리와 의무만의 궁극적 추구가 관련 회원국은 물론이며 세계무역기구 체제의 발전에 반드시 유익하다고는 판단되지 않는다. 정치 · 사회 · 경제적 여러 요소들을 참작하면서 세계무역기구 체제상의 권리와 의무의 이행이 세계무역기구의 규범체제의 효율성과 위상의 확보에 도움이 될 수 있기 때문이다.

(4) 해석을 통한 분쟁해결의 한계

분쟁해결양해는 세계무역기구 체제의 분쟁해결제도가 '국제법의 해석에 관한 관습법규칙'에 따라 대상협정상의 회원국들의 권리와 의무를 보존하고, 이들 협정의 기존사항을 명확하게 하는 역할을 인정한다. 세계무역기구 체제의 분쟁해결제도가 해석에 관한 국제법 원칙에 근거하는 것은 어떤 점에서는 GATT의 전통적인 실용주의적 해석과 상충할 수도 있는 획기적인 시도라고 볼 수 있다. 이 점에서 GATT의 분쟁해결과 GATT의 전반적인 운용에 관한 법규범에 근거한 법지향주의와 힘에 근거한 실용주의와의 대립에서 세계무역기구 체제가 보다 법지향적인 방향으로 들어설 것임이 예고된다고 볼 수 있다. 국제법에 근거한 분쟁해결이 가능하게 됨으로써 분쟁해결기관의 사법기관으로서의 성격이 강화되며, 세계무역기구를 중심으로 한 국제무역체제는 보다 안정적이고 확정적이고 예측가능하게 될 것을 기대할 수 있다.

(5) 개발도상회원국을 위한 특별대우

세계무역기구 창설협정이 발효된 후에 협의가 요청된 분쟁은 분쟁해결양해상의 분쟁해결절차를 따르게 되어 있다. 그러나 이러한 원칙에도 불구하고 개발도상회원국에게는 특별대우를 부여한다. 즉, 개발도상회원국이 선진회원국에게 대상협정에 근거하여 제소하는 경우에 제소국은 분쟁해결양해의 제4조(협의), 제5조(주선, 조정 및 중개), 제6조(패널의 설치) 및 제12조(패널 절차)의 규정 대신에 1966년 4월 5일의 결정(Decision of 5 April 1966)에 상응하는 규정을 적용할 권리를 갖는다.

(6) 최빈회원국을 위한 특별대우

분쟁해결에 있어서 최빈회원국은 개발도상회원국보다 더욱 특별한 대우를 받는다. 우선 최빈회원국이 관련된 분쟁의 원인결정과 분쟁해결절차의 모든 단계에서 최빈회원국의 특수한 상황에 특별한 고려가 주어져야 한다. 이 점에서 회원국들은 최빈회원국이 관련된 분쟁해결절차에서 문제의 제기를 충분히 자제하여야 한다.

최빈회원국이 관련된 분쟁해결사건에서 협의의 과정을 통하여 만족스러운 해결이 발견되지 않을 경우 세계무역기구 사무총장 또는 분쟁해결기관 의장은 최빈회원국의 요청으로 패널이 요청되기 전에 당사국들의 분쟁해결을 지원하기 위하여 주선, 조정 및 중개를 제공하여야 한다.

3 분쟁해결기구

세계무역기구의 분쟁해결제도는 세계무역기구 창설협정에 따라 창설되는 분쟁해결기구가 관장한다. 세계무역기구의 최고의사결정기구인 각료회의의 회기사이에 각료회의의 기능을 대신 수행하는 일반이사회가 필요에 따라 분쟁해결기구는 기능을 수행한다. 즉 분쟁해결기구는 다름 아닌 일반이사회의 분신(alter ego)이다. 분쟁해결기구는 모든 회원국의 대표들로 구성된다.

분쟁해결기구가 분쟁해결양해의 규칙과 절차에 따라 의사결정을 하는 경우에 총의에 의한다. 분쟁의 주된 대상은 세계무역기구 창설협정을 포함한 대상협정조항의 해석이 된다. 분쟁이 발생하기 전에 회원국은 각료회의와 일반이사회에게 문제가 된 조항의 유권해석을 요청할 수 있다. 이 경우에 각료회의와 일반이사회는 세계무역기구 회원국 4분의 3의 다수결에 따라 결정을 내리게 되어 있다.

4 분쟁해결제도

(1) 패널 이외의 절차

GATT체제에서와 마찬가지로 세계무역기구 체제에서의 분쟁해결제도의 가장 중요한 기능은 패널이 수행한다. 그러나 분쟁당사국들은 패널 절차를 발동하기 전에 협의절차를 통하여 분쟁을 해결하려고 노력하여야 한다. 이 외에 주선과 중재 등의 분쟁해결절차가 세계무역기구 체제의 분쟁해결절차의 중요한 내용이 된다.

1 협의(consultation)

분쟁해결을 위한 분쟁당사국들 사이의 협의는 분쟁해결방법 중에서 가장 기본적인 방법이다. 분쟁은 제3자의 개입 없이 분쟁당사국들 스스로가 해결하는 것이 가장 기본적이고 원칙적인 것이기 때문이다.

대상협정에 따라 협의를 요청받은 회원국은 달리 상호 간에 합의되지 않는다면 요청의 수령 후 10일 내에 응답하여야 하며, 상호 간에 만족스러운 해결에 이르기 위하여 그 요청의 수령 후 30일 내에 성실하게 협의를 개시하여야 한다. 회원국이 협의요청의 수령일 후 10일 내에 응답하지 않거나 요청의 수령일 후 30일 내에 또는 상호 간에 달리 합의한 기간 내에 협의를 개시하지 않는다면, 협의를 요청한 회원국은 직접적으로 패널의 설치를 요청할 수 있다. 협의의 요청수령 후 60일 내에 협의에 의한 분쟁해결이 실패하면 제소국은 패널의 설치를 요청할 수 있다. 협의당사자들이 협의에 의한 분쟁의 해결이 실패하였음을 공동으로 판단한 경우에 제소국은 상기 60일의 기간 중에도 패널을 요청할 수 있다.

2 주선(good offices), 조정(conciliation) 및 중개(mediation)

세계무역기구의 분쟁당사국들은 원하는 경우에 주선, 조정 또는 중개를 통하여 그들의 분쟁을 해결할 수 있다. 협의의 요청 수령 후 60일 내에 주선 등의 절차가 개시되면, 제소국은 패널설치의 요청과 협의의 요청 수령 사이에 60일 기간을 허용하여야 한다. 분쟁당사국들이 주선 등의 과정을 통한 분쟁해결이 실패하였다고 공동으로 판단하면, 제소국은 60일의 기간 중에도 패널의 설치를 요청할 수 있다. 분쟁당사국들이 합의하면, 주선 등의 절차는 패널 절차가 진행하는 동안에도 속행될 수 있다.

3 중재(arbitration)

중재는 세계무역기구 체제의 기본적인 분쟁해결장치는 아니다. 중재는 손해배상액이나 보상액의 산정과 같은 특별한 문제의 해결에 채용되기 때문이다. 따라서 중재는 세계무역기구 체제에서 분쟁해결의 대체수단이다. 세계무역기구 체제내의 신속한 중재는 양 분쟁당사국들이 명확하게 정의한 문제들에 관한 일정한 분쟁의 해결을 용이하게 할 수 있다. 중재는 양허의 정지수준이 이익의 무효화 또는 침해의 수준에 상응하는가의 문제를 해결하는 데 명시적으로 채용된다.

(2) 패널 절차

1950년대 중반부터 GATT 분쟁해결제도의 핵심적인 역할을 수행한 패널의 궁극적인 임무는 세계무역기구 체제에서 발생한 분쟁에 대한 패널 보고서의 작성이다. 패널 보고서는 그 자체로서 법적 의미를 갖지는 않지만 분쟁해결기구가 패널 보고서를 채택함으로써 법적인 의미를 갖게 된다.

패널을 중심으로 한 세계무역기구 체제의 분쟁해결절차는 다음과 같은 세 단계로 구분할 수 있다.

첫째 단계는, 정치적 단계로서 패널이 설치되고 위임사항이 결정된다.

둘째 단계는, 준사법적 단계로서 패널 보고서가 작성된다.

셋째 단계는, 또다시 정치적 단계로서 분쟁해결기구가 패널 보고서를 채택하게 된다.

분쟁해결양해는 패널의 설치에 대한 세계무역기구 회원국의 권리를 인정하고 또한 표준화된 위임사항을 규정함으로써 상기 패널 절차의 첫째 단계는 상당히 사법적인 성격을 갖게 되었다고 볼 수 있다. 셋째 단계에서 분쟁해결기구의 패널 보고서 채택은 정치적 과정이라고 볼 수 있지만, 분쟁해결기구는 패널 보고서의 내용에 대하여 영향력을 행사할 수 없다. 또한 분쟁해결양해는 패널 보고서의 채택에 대한 의사결정방법을 수정하여 패널 보고서가 거의 자동적으로 채택되도록 하였다. 따라서 셋째 단계에서의 정치적 성격은 상당히 감소되었다고 볼 수 있다.

패널의 기능은 분쟁해결기구가 분쟁해결양해와 대상협정상의 책임을 완수하도록 지원하는 것이다. 이를 위하여 패널은 분쟁에 관한 사실관계의 객관적 평가 및 관련대상 협정의 적용가능성과 동 협정과의 합치성을 포함하여 패널이 담당한 사안을 객관적으로 평가하여야 하며, 분쟁해결기구가 대상협정에서 규정된 권고나 결정을 주는 데 도움이 될 평결(findings)을 주어야 한다.

1 패널의 설치

제소국이 요청하는 경우에 패널의 설치요청이 분쟁해결기구 의제에 상정된 첫번째 분쟁해결기구 회의에서 총의로서 패널을 설치하지 않기로 결정되지 않는 한 늦어도 그 첫 분쟁해결기구 회의의 다음 회의에서 패널이 설치된다. 패널의 설치요청은 회원국 개인이 하는 것이 아니라 회원국 자신이 하여야 하는 것임에 유의하여야 한다. 제소국이 요청하는 경우에 패널의 설치결정을 위한 분쟁해결기구

■ <표 8-5> 세계무역기구의 분쟁해결절차

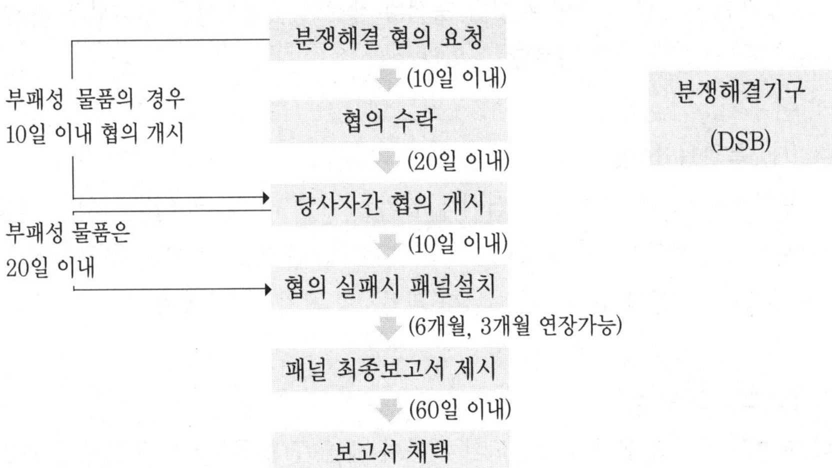

회의는 최소한 10일 간의 사전통고가 주어진 후, 요청일로부터 15일 내에 개최되어야 한다.

패널의 설치거부는 총의에 의하여 결정되므로 패널은 제소국의 요청에 따라 사실상 자동적으로 설치될 수 있다. 그럼에도 불구하고 제소국이 패널 설치의 권리를 갖는 것은 아니다.

패널 설치의 요청은 서면으로 한다. 패널의 설치요청서면은 분쟁당사국간 협의가 개최되었는지 여부를 명시하고, 문제가 된 특정조치를 명시하고, 문제를 분명하게 제시하기에 충분한 제소의 법적 근거에 관한 개요를 명시하여야 한다.

2 패널의 위임사항

패널은 세계무역기구 체제에서 발생한 분쟁의 해결을 위하여 분쟁해결기구를 보조하는 기능을 수행한다. 따라서 패널은 자신의 활동범위에 대한 명령(mandate)을 부여받아야 한다. 이러한 활동범위를 정하는 명령을 위임사항(term of reference)이라고 한다.

(가) 표준위임사항

1989년 분쟁해결개선에서 도입된 표준위임사항은 다음과 같은 의미를 갖는다. 첫째, 분쟁은 제소국이 결정한 조건에 따라 패널에 부탁된다. 즉, 제소국이 일방적으로 분쟁의 내용을 결정할 수 있다. 둘째, 패널은 GATT 등 대상협정의 관련 조문에 따라 자유롭게 제소를 검토할 수 있게 된다. 즉, 패널은 분쟁당사국이 특별히 제기한 조문에 더하여 자신이 분쟁의 해결에 관련된다고 결정한 다른 어떤 조문에 따라서도 분쟁을 검토할 수 있다.

(나) 특정위임사항

분쟁당사국들은 달리 그들 사이에 합의된 위임사항을 결정할 수 있는 패널의 설치시에 분쟁해결기구는 분쟁해결기구 의장이 표준위임사항에 관한 규정에 합치하여 분쟁당사국들과 합의하에 패널이 위임사항을 작성하도록 허가할 수 있다.

(3) 패널의 구성

패널의 독립적 활동이 보장되기 위하여 패널 구성원은 정부대표 또는 기관대표가 아닌 개인자격으로서 임무를 수행하여야 한다.

1 패널 구성원의 자격

패널은 다음과 같이 충분한 자격을 갖춘 정부 또는 비정부 인사로 구성된다. 즉, 패널 구성원으로 활동하거나 패널에 분쟁을 제시한 경험이 있거나, 회원국 또는 GATT 1947의 체약국 대표로서, 대상협정 또는 그의 전신인 협정(선행협정)의 이사회 또는 위원회의 대표로서, 또는 사무국에서 일한 경험이 있거나 국제무역법 또는 국제무역정책을 가르치거나 저술한 경험이 있거나 또는 회원국의 고위 무역정책 관리로서의 경험이 있는 자이다.

2 패널 구성원의 수

패널은 3명 또는 5명으로 구성된다. 패널은 패널의 설치로부터 10일 내에 분쟁당사국들이 5명으로 구성된 패널에 합의하지 않는 한 3명의 패널 구성원으로 구성된다. 회원국들은 패널의 구성을 신속하게 통고 받아야 한다. 이렇게 패널이 3명 또는 5명으로 구성될 수 있지만, 그 동안의 GATT분쟁해결 사례를 검토할 때 3명으로 구성된 패널이 더 많이 설치되었음을 알 수 있다. 3명으로 구성된 패널이 선호되는 이유는 그 설치와 회동의 용이한 점도 있지만, 패널 구성원 상호간의 이해, 타협 및 총의의 형성이 자연스럽게 이루어지기 때문이다. 개발도상회원국과 선진회원국 사이의 분쟁에서 개발도상 회원국이 요청하는 경우에 패널 구성원 중 최소한 1명은 개발도상 회원국 출신이어야 한다.

(4) 패널 절차

패널이 설치되고 위임사항과 패널 구성원이 결정되면 패널 절차는 확실히 결정된 일정표에 따라 진행된다.

1 패널 절차의 개요

패널 절차는 두 번의 서면입장(written submission)과 구두심리(oral hearings)로 구성된다. 제1차 서면입장은 패널이 달리 결정하지 않는 한 제소국이 피소국보다 먼저 제출한다. 제1차 서면입장 후에 제출되는 서면입장은 동시에 제출된다. 패널이 설치될 때 자신이 이익을 선언한 제3국도 의견을 제출할 수 있다. 패널의 심리에는 보통 분쟁당사국들의 외교관, 법률가, 행정부 공무원 및 전문가들이 참석한다.

2 패널 절차의 원칙

패널은 분쟁당사국들과 협의한 후 달리 결정하지 않는 한 분쟁해결양해의 부록 3에 규정된 작업절차를 준수하여야 한다. 특히 패널 절차의 단계별 시한의 준수는 중요하다.

(5) 상소제도

패널의 평결에 대한 상소제도는 세계무역기구 체제에서 새로이 도입된 제도이다. 상소제도 역시 미국이 제안한 것이다. 상소제도는 법률문제의 해석상 확실성을 확보하기 위한 제도이다. 상소기구는 패널의 법적 평결과 결론을 지지하거나 수정하거나 파기할 수 있다. GATT체제에서 유사한 사안에 대한 상호 모순적 패널 보고서가 채택되었던 전례에 비추어, 세계무역기구 체제에서의 상소제도는 법적 문제에 대한 통일적인 분쟁해결을 통하여 회원국들의 법률관계가 안정될 것이다. 이렇게 법적 문제에 대한 상소기구의 일관된 입장이 정리됨으로써 국제무역에 관한 세계무역기구 협정의 선례(precedents)가 형성될 수 있을 것이다. 또한 만의 하나 패널 보고서상의 잘못된 평결이 상소기구에서 교정될 수 있는 기회가 제공됨으로써 세계무역기구 체제의 분쟁해결제도에 대한 회원국들의 신뢰가 강화될 수 있을 것이다.

(6) 권고와 결정의 이행감독

분쟁해결기구의 권고(recommendation) 또는 결정(rulings)의 신속한 이행은 모든 회원국들에게 이익이 되도록 분쟁의 효과적인 해결을 보장하는 데 필수적이다. 분쟁해결기구는 채택된 권고 또는 결정의 이행을 지속적으로 감독하여야 한다.

패널 또는 상소기관의 보고서가 채택된 후 30일 내에 개최된 분쟁해결기구 회의에서 해당 회원국의 분쟁해결기구의 권고와 결정의 이행에 관한 자신의 의도를 분쟁해결기구에 통고하여야 한다. 권고와 결정을 즉시 이행하는 것이 비현실적인 경우에 해당 회원국은 그 이행을 위한 합리적인 기간을 가져야 한다. 합리적인 기간은 다음과 같다. 첫째, 해당 회원국이 제안하고 분쟁해결기구가 승인한 기간이며, 둘째, 분쟁해결기구의 승인이 없는 경우에는 권고와 결정의 채택 후 45일 내에 분쟁당사국들이 서로 합의한 기간이며, 셋째, 그러한 합의가 없는 경우에는 권고와 결정의 채택 후 90일 내에 강제적인 중재(arbitration)를 통하여 결정된 기간이다. 패널 또는 상소기관의 권고이행을 위한 합리적 기간이 패널 또는 상소기관보고서의 채택일로부터 15개월을 초과하지 말 것이 이러한 중재의 중재관에 대한 지침이어야 한다. 그러한 특별한 사정을 참작하여 그 기간은 단축될 수도 있고 연장될 수도 있다.

(7) 보상 및 양허의 정지

분쟁해결기구의 권고와 결정을 이행하지 않게 되면 결국 보상 및 양허의 정지 문제가 제기된다.

1 보상 및 양허의 정지 성격

보상(compensation) 및 양허(concession) 또는 다른 의무의 정지는 분쟁에 대한 분쟁해결기구의 권고와 결정이 합리적 기간 내에 이행되지 않을 경우에 사용될 수 있는 임시조치이다. 양허 또는 다른 의무의 정지는 임시적이며, 대상협정에 위반한다고 판정된 조치에 제거되거나, 또는 권고나 결정을 이행하여야 하는 회원국이 이익의 무효화 또는 침해에 대한 해결을 제공하거나, 또는 상호 간의 만족스러운 해결이 이루어질 때까지만 적용된다.

2 보상 및 양허의 정지 허가

분쟁해결기구는 요청에 따라 합리적 기간의 만료 후 30일 내에 양허 또는 다른 의무의 정지를 허가하여야 하나, 총의로서 그 요청의 거부를 결정할 수 있다. 분쟁해결기구가 총의로서 제소국의 양허 또는 의무의 정지요청을 거부할 수 있는 것은 분쟁해결기구가 사실상 제소국의 그러한 요청을 자동적으로 허가하는 결과를 갖게 한다.

3 보복조치의 실행

제소국은 피소국에 대하여 보복조치를 취하기 위하여 다음과 같은 절차를 밟아야 한다. 첫째, 패널은 피소국이 대상협정 규정에 위반하였음을 결정하며, 둘째, 의무위반으로 판정된 피소국은 분쟁해결기구의 결정과 권고를 합리적 기간 내에 이행하지 않았으며, 셋째, 합리적 기간의 만료 후 20일 내에 만족스러운 보상이 합의되지 않아야 한다. 분쟁해결기구가 허가한 양허 또는 다른 의무의 정지 수준은 무효화 또는 침해의 수준과 동등하여야 한다. 이러한 단계를 거쳐 보복조치가 허가되면, 제소국은 다음과 같은 보복조치의 실행에 관한 조건을 충족하여야 한다.

첫째, 어떤 양허 또는 다른 의무를 정지시킬 것인지를 고려할 때 제소국은 다음의 원칙과 절차를 적용하여야 한다. 제소국은 먼저 패널 또는 상소기관이 위반 또는 달리 무효화 또는 침해라고 판정한 동일한 분야에 대한 양허 또는 다른 의무의 정지를 시도하는 것이 일반원칙이다. 제소국이 동일한 분야에 대한 양허 또는 다른 의무를 정지하는 것이 비현실적 또는 효과적이지 않다고 판단하면, 동일한 협정상의 다른 분야의 양허 또는 다른 의무의 정지를 시도할 수 있다. 제소국이 동일한 협정상의 다른 분야에 대한 양허 또는 다른 의무를 정지하는 것이 비현실적 또는 효과적이지 않고 또한 상황이 충분히 심각하다고 판단하면, 다른 대상협정상의 양허 또는 다른 의무의 정지를 시도할 수 있다.

둘째, 보복조치로서 정지할 양허 또는 의무의 결정에 관한 상기 원칙의 적용 시 제소국은 다음을 참작하여야 한다. 즉, 패널 또는 상소기관이 위반 또는 달리 무효화 또는 침해라고 판정한 분야 또는 협정하의 무역과 그러한 무역의 제소국에 대한 중요성, 무효화 또는 침해에 관련된 광범위한 경제적 요소와 양허 또는 다른 의무정지의 광범위한 경제적 결과 등이다.

보복조치에 관한 이들 원칙은 제소국이 무제한적인 보복의 권리를 가진 것이 아님을 암시한다. 이러한 교차보복(cross retaliation)의 가능성은 특히 개발도상국들에게는 큰 도움이 될 것이다. 이미 개방 폭이 심화된 상품무역에 관해 GATT에서 더 이상 보복조치를 취할 수 없는 개발도상국들은 선진국들이 깊은 이해를 갖고 있는 서비스무역에 관한 일반협정(GATS)이나 무역관련 지적재산권에 관한 협정(TRIPS)에서 보복조치를 취할 수 있기 때문이다.

셋째, 제소국이 동일 대상협정상의 다른 분야나 다른 대상협정상의 양허의 정지에 관한 규정에 따라 양허 또는 다른 의무의 정지를 위한 허가를 요청하기로 결정한 경우에 그 요청사유를 명시하여야 한다. 제소국은 그 요청을 분쟁해결기구에 전달함과 동시에 관련 이사회와 관련 분야별 기관에도 전달하여야 한다.

승소국의 보복조치는 피소국이 세계무역기구 협정을 준수하지 않는 경우에 실효성이 있는 대안이 된다. 더욱이 보복조치의 허가는 즉시 결정된다. 다만, 패널 평결의 이행이 다년간 지속되어야 하는 경우에 초기에는 잘 이행되다가 후기에 이행되지 않는 경우는 문제가 된다. 이 경우에는 합리적 기간 내의 불이행으로 간주되어 보복조치가 실행되어야 할 것이다.

승소국의 양허의 정지를 통한 보복은 다음과 같은 이유로 세계무역기구 분쟁해결에 도움이 될 것이다. 첫째, 세계무역기구 내에서 보복조치가 허가되든 아니든 국제무역상 보복조치는 불가피한 것으로 이해된다. 특히 미국이나 EU와 같은 초강대국은 어떤 경우든 보복조치를 실행하려 할 것이다. 이 같은 일방적인 자구행위로서의 보복조치는 일단 다자체제인 세계무역기구 체제의 발전을 훼손시킬 것이다. 따라서 일방적인 보복조치가 불가피한 것이라면 세계무역기구 체제 내에서 보복조치를 허용함으로써 최소한 보복조치에 대한 다자적 통제가 가능하게 될 것이다. 둘째, 규정된 절차에 따라 실행된 보복조치는 공정한 것으로 이해될 수 있다. 세계무역기구 협정을 위반하였다고 판정된 패소국으로 하여금 세계무역기구협정 위반의 상황을 계속하게 하는 것은 다자무역체제인 세계무역기구 체제의 발전에 도움이 되지 않기 때문이다. 셋째, 보복조치는 세계무역기구 협정 위반인 조치의 제거에 효과적이다. 보복조치는 분쟁이 되는 문제에 대한 해결의 협상을 가능하게 하기 때문이다. 미국과 EU가 보복조치의 실행을 즐겨 위협하는 것은 보복조치의 유효성을 인식하기 때문일 것이다.

5 분쟁해결제도의 특징

세계무역기구 체제의 분쟁해결제도에 관한 대표적인 특징은 분쟁해결제도의 법제도로서의 성숙된 발전이다. 구체적으로는 다음과 같은 특징을 요약할 수 있다.

(1) 통일된 분쟁해결제도

분쟁해결양해는 세계무역기구 체제의 분쟁해결에 관한 모든 문제를 하나의 일관된 법 체제로 조문화한 체계적 노력의 산물이다. 사실 1979년의 도쿄 라운드에서 채택된 덤핑 등 분야별 협정은 각각의 독자적인 분쟁해결제도를 가지고 있어서 세계무역기구 체제의 출범 전까지는 분쟁해결제도가 분야별로 분열되어 있었다. 'GATT 1947' 과는 비교조차 할 수 없이 복잡한 내용과 방대한 분량의 세계무역기구 협정내용에 비추어 세계무역기구 체제 일반에 적용되는 단일의 효과적인 분쟁해결제도의 마련은 다자간 무역체제의 발전에 고무적이라고 하겠다. 따라서 분쟁해결양해의 가장 큰 의의는 세계무역기구의 출범과 함께 분쟁해결제도가 통일된다는 점이다.

(2) 다자적 통제와 회원국의 개별적 개입

분쟁해결양해상의 분쟁해결제도의 또 다른 특징은 분쟁해결제도의 다자적 통제가 강화되면서도 여전히 분쟁해결제도에 대한 회원국들의 개입가능성이 잔존하고 있는 점이다. 예컨대, 분쟁당사국의 패널 설치의 권리, 패널 보고서의 사실상 자동적 채택 및 패널 보고서 평결의 이행감독 등은 분쟁해결제도의 다자적 통제 강화의 예가 된다.

(3) 일방주의의 제한

다자적 통제의 강화를 통한 세계무역기구 체제의 개선된 분쟁해결제도는 미국의 통상법 제301조의 발동 등 일방적 무역조치의 사용을 제한할 것으로 기대된다. 그러나 세계무역기구 창설협정에 규정되어 있지 않은 사안에 대하여는 미국의 통상법 제301조에 근거한 일방조치의 적용을 적어도 법적으로 금지하지는 못할 것이다.

(4) 시간구속적 분쟁해결절차

GATT체제의 분쟁해결절차에 대한 큰 불만 중의 하나는 분쟁해결에 장기간의 시간이 소요된다는 점이다. 이 점에서 세계무역기구 체제에서의 분쟁해결은 과거 어느 경우보다 신속하게 이루어질 수 있을 것이다.

(5) 패널 보고서의 사실상 자동적 채택

GATT체제에서는 패널 보고서 채택에 분쟁당사국들을 포함한 총의가 요구되었기 때문에 특정 분쟁당사국의 반대에 부딪혀 패널 보고서 채택이 지연되거나 채택되지 않는 경우도 있었다. 세계무역기구 체제에서는 패널 보고서가 '소극적

총의' 에 따라, 즉 총의에 의하여 거부되지 않는 한 사실상 자동적으로 채택되어 패널 보고서의 채택으로 분쟁해결절차가 완료된다는 점에서 궁극적인 분쟁해결이 가능하게 되었다.

(6) 잠정검토제도

패널 보고서 초안의 기술적 부분에 대한 분쟁 당사국들로부터 의견을 수렴하기 위하여 설정된 기간이 경과한 후에, 패널은 기술적 부분과 패널의 평결 및 결론을 포함한 잠정보고서를 당사국들에게 제출한다. 패널이 설정한 기간 내에 분쟁당사국은 최종보고서가 회원국들에게 회람되기 전에 잠정보고서의 특정측면을 패널이 검토할 것을 서면으로 요청할 수 있다.

(7) 상소제도

분쟁 당사국은 패널 보고서 채택에 대한 거부권의 상실로 발생하는 손해를 보상받기 위해 패널 보고서에 대한 상소권리가 인정되었다.

이상으로 검토한 바와 같이 세계무역기구 체제의 분쟁해결제도는 다자무역체제의 안정성과 예측가능성을 부여하는 중요한 요소이다. 이러한 분쟁해결제도는 UR협상에서 채택된 분쟁해결양해에 따라 운영될 것이며, 과거 GATT체제의 분쟁해결제도보다는 여러 점에서 많이 개선된 것이 사실이다. 우선, 과거의 상품무역에 관한 일반협정(GATS)은 물론 무역관련 지적 재산권에 관한 협정(TRIPS)을 포함한 보다 광범위한 적용범위를 갖는 세계무역기구 체제에서 분쟁해결제도가 통일된 점은 일관성 있는 분쟁해결체제 구축에 큰 도움이 될 것이다. 또한 상설적인 상소기관이 활동함으로써 보다 통일된 세계무역기구 체제에서 분쟁해결제도의 사법적인 성격이 강화될 것이다. 또한 GATT체제에서처럼 분쟁당사국 일방에 의한 분쟁해결제도 운영의 정지와 같은 어려움은 사라질 것으로 기대된다. 그러나 분쟁 당사국들에 의한 패널 보고서의 잠정검토와 분쟁해결기구에 의한 패널 보고서의 최종적인 채택은 세계무역기구 체제의 분쟁해결제도가 여전히 정치적 또는 외교적 성격을 갖게 됨을 의미한다. 따라서 세계무역기구 체제의 분쟁해결제도에는 정치적 성격과 법적 성격이 병존하고 있다고 보아야 한다.

이와 같은 세계무역기구 체제의 분쟁해결제도의 특성을 고려할 때 세계무역기구 체제의 분쟁해결제도의 성공적인 운영에는 다음과 같은 두 가지 문제가 고려되어야 할 것이다.

첫째, 세계무역기구 체제의 분쟁해결제도를 그 자체로서만 독립적으로 고려하여서는 안 될 것이다. 세계무역기구 체제의 분쟁해결제도는 세계무역기구의 창설 이후 4년 이내에 전면적인 검토를 받게 되어 있다. 특히 상소기관의 역할과 일부 회원국에 의한 일방적 무역보복조치의 존속 및 GATT, GATS 및 TRIPS 분야 간의 교차보복 등이 주로 검토될 것으로 예상된다. 그러나 세계무역기구 체제의 분쟁해결제도의 성공은 그 근간인 분쟁해결양해 자체의 성공적인 운영에만 의존하지 않게 됨을 유의하여야 한다. 분쟁해결양해가 적용될 세계무역기구 체제의 분쟁이 주로 회원국 간의 권리와 의무에 관한 실체법적인 GATT, GATS 및 TRIPS의 해석과 적용에 대한 다툼이 일어난다면, 세계무역기구 체제의 분쟁해결제도의 성공은 적용되는 GATS와 TRIPS의 실체법적인 명확성의 정도에 의존하게 될 것이기 때문이다. 따라서 세계무역기구 체제의 분쟁해결제도의 성공적인 운영은 분쟁해결제도 자체의 문제보다는 그 대상이 되는 GATT, GATS 및 TRIPS의 실체규범의 발전에 크게 좌우될 수 있다는 점에 유의하여야 할 것이다. 세계무역기구 체제의 권리와 의무에 관한 실체법의 한 축과 분쟁해결에 관한 절차법의 또 다른 축이 균형되게 발전함으로써 세계무역기구 체제의 분쟁해결제도는 물론 세계무역기구 체제 그 자체의 성공이 보장될 수 있을 것이다.

둘째, 세계무역기구 전 회원국의 정치적 의지가 여전히 중요하다. 세계무역기구 체제 분쟁해결제도는 여전히 정치적 성격을 내포하고 있다. 과거 GATT체제에서보다 더욱 발전되고 개선된 분쟁해결제도가 마련되기는 하였지만, 여전히 분쟁의 발생부터 해결에까지 분쟁당사국들 스스로가 중요한 역할을 수행하게 되어 있다. 이 점에서 분쟁당사국들 모두가 세계무역기구 체제의 분쟁해결제도를 적극적으로 수용한다는 정치적 결의를 새롭게 가져야 할 것이다. 이렇게 함으로써 일부 국가의 일방적 무역보복조치 등에 의한 다자적 세계무역기구 체제의 안정적 발전이 훼손되지 않을 것이다. 예컨대, 앞으로 환경과 무역에 관한 국제규범이 어떻게 조화되어 발전하게 될지는 시간을 두고 지켜보아야 하겠지만, 적어도 세계무역기구를 중심으로 국제무역체제가 안정적으로 발전하여야 한다면 모든 회원국의 세계무역기구 체제에 대한 전폭적인 신뢰와 분쟁해결제도를 포함한 세계무역기구 체제의 적극적인 활용에 대한 정치적 의지가 또다시 강조될 수밖에 없다.

제9장 UNCTAD와 관세

▶ UN의 상설기구인 UNCTAD는 1964년 제네바에서 개최된 제1차 회의에서 「프레비시 보고서」 가운데 **'원조보다는 무역을'** 통하여 개도국의 물질적인 부의 증대에 기여할 수 있는 국제무역정책을 확립하려는 데 그 목표를 두고 있다.

▶ 개도국들이 대망하고 선진공업국에 의하여 도입된 일반특혜관세제도(GSP)의 목적은 특혜관세라는 형태의 원조로 개도국의 수출소득을 높이고 공업화를 촉진하여 경제성장률을 높이는 데 있다.

▶ GSP는 1971년 7월부터 20개국 이상의 선진공업국이 순차적으로 개도국에 적용하였다.

▶ GSP의 경제효과로 정태적 효과(무역창출효과와 무역전환효과)와 동태적 효과가 있다.

▶ 그리고 GSP의 평가와 그 전망을 한다.

개요

1. UNCTAD의 성립배경

개도국들이 대망하던 일반특혜관세제도(GSP ; Generalized System of Preferences)가 1971년부터 많은 선진공업국에 의하여 도입되었다.

GSP하에서 선진공업국들이 개도국들로부터 수입하는 제품 · 반제품에 부과하는 관세는 개도국 이외의 나라로부터 수입하는 상품에 부과하는 최혜국관세에 비하여 특혜에 의한 관세경감이 인정된다.

이러한 새로운 계획은 1964년 제네바에서 개최된 제1회 UN무역개발회의(UNCTAD ; United Nations Conference on Trade and Development)에서 정식으로 제안되었다. 이 회의의 목표는 '원조보다는 무역'을 통하여 개도국의 물질적인 부의 증대에 기여할 수 있는 국제무역정책을 확립하려는 데 있다.

UN무역개발회의(이하 UNCTAD라 함)[1]는 전후 세계에 있어서 가장 긴급한 문제의 하나가 된 저개발국의 경제개발문제(소위 남북문제)에 초점을 맞추게 됨으로써 세계의 주목이 집중되어 명실공히 UN의 상설기구로 되었다.

UNCTAD는 개도국의 무역문제를 다루는 전진의 무대가 되었다. 전후 세계무역의 구조는 식민지주의의 유산이며, 또 그 종속적 무역관계는 경제 부흥에 대한 노력의 부산물이었다. 국제무역을 지배하는 오늘날 여러 규범은 선진국의 필요에 따라 선진국에 의하여 도입된 것이다. 사실상 많은 이유에 의하여 개발도상제국의 무역상태는, 전후 기간을 통하여 실제로 악화된 것은 의심의 여지가 없다. 그 내용은 다음과 같다.

첫째, 당연한 것이지만 선진 제국은 생산 면에서 비교우위에 있는 상품, 즉

1) UN총회는 1964년 12월 30일자 제1995(XIX)호 결의에 의하여 UNCTAD를 하나의 영구기관으로 설치하였다. UNCTAD의 회원자격은 UN전문기구 및 IAEA의 가맹국으로 하며, 총회는 적어도 3년에 1회 개최하도록 하였다.

공산품의 시장을 급속히 확대시키는 데 주력하였다. 개도국은 이와 같은 공산품을 생산할 능력이 거의 없으므로 국제무역이 자유화되어도 무역이익이 배분될 수 없었다.

둘째, 미국의 경제적 지배에 대하여 심각한 우려를 하게 된 유럽 제국은 각국의 영향력에 한계가 있다는 것을 알고 두 개의 실질적인 무역블록(EEC와 EFTA)을 결성하였다.

셋째, 제2차 세계대전 이후 대규모적인 경제부흥은 공업제국의 내부에 심각한 구조적인 문제를 초래하였다. 경제적인 유인이 농촌에서 도시의 공업중심지로 대량의 인구이동을 촉진하였다. 그러나 노동력의 숙련도는 근대공업의 요구에 적합하지 못하였다. 국제무역의 확장, 기술혁신이 결국 경제적으로 불리한 부문에 배분되는 것과 같이 여러 나라 정부에 대한 압력을 가중시켰다. 이리하여 경제의 어느 한 부문에 수입경쟁으로부터 보호할 필요성을 느끼게 되었다.

넷째, GATT의 관세협상은 의심의 여지없이 개도국의 무역이익을 옹호할 수 없는 선진제국의 관세구조였다. 선진국의 관세구조는 전형적인 피라미드형이다. 즉, 공업원료품에는 무관세 혹은 저관세를, 비전통적인 반제품이나 가공도가 높은 제품에는 누진적인 관세를 부과하였다. 선진국에서는 이미 비교우위가 상실된 노동집약적인 제품을 수출하는 개도국은 매우 높은 관세를 부담하지 않을 수 없는 그런 관세구조였다.

한편, 개도국의 무역이익을 무시하거나 현실적으로 불이익을 초래하는 이와 같은 선진국의 정책 이니셔티브 이외에도 개도국의 교역조건을 악화시키는 요인들이 많았다. 그것은 ① 주로 농산품이나 공업원료 등 개도국의 주요 관심 수출품목에 대한 세계적인 수요의 완만한 성장률, ② 개도국이 생산하는 공업원료에 대체되는 합성제품을 선진국이 개발하는 경향, ③ 1차산품 가격의 변동추세에 따른 수익의 불확실성, ④ 개도국이 자본설비나 기타 제품의 수입에 지불하는 대가에 비하여 수취하는 수출대가에 불이익을 초래하는 관계, ⑤ 만성적인 국제수지의 적자, ⑥ 세계적인 경기후퇴와 인플레이션의 결과, 개도국의 수출 · 수입에 있어서 실질가치의 저하 등을 들 수 있다.

이상과 같은 많은 문제점들도 확실히 중요하지만 여기서 중점적으로 취급하고자 하는 것은 원래 선진제국에 의하여 제기된 여러 가지 협상과 적극적인 정부 이니셔티브의 결과로서 전개된 기존의 국제무역협정을 바로잡는 특혜무역의 역할이다.

2. UNCTAD의 기본성격

1 대세의 흐름

UNCTAD는 개도국의 경제발전을 촉진하는 주된 목적 아래 세계적인 무역원조의 문제를 검토하는 중요한 국제회의장이다. 한편, UNCTAD는 UN헌장의 범위 내에서 총회의 결의에 따라 설치된 기구이므로 이 기구의 기본적인 성격도 UN의 범위 내에서 벗어날 수 없기 때문에 각국의 무역, 원조, 경제개발정책에 관하여 법적인 구속력을 수반하는 결정은 할 수가 없다. 이러한 점에서 볼 때 UNCTA D가 단지 토론의 무대에 지나지 않는다고 볼 수 있다. 그러나 여기서 이루어지는 논의 혹은 이것을 기초로 하여 작성된 권고나 결의가 선진국의 구체적인 대외경제정책과 직접적으로 관계가 없다는 결론을 내린다는 것은 적절치 못하다.

일부 선진국에 의하여 운영되어 온 세계경제의 질서가 개도국에는 불리하게 작용하고 현재 개도국 경제의 정체를 가져오는 하나의 요인이 되었음을 부정할 수 없다. 따라서 '남'의 개도국이 '북'의 선진국과 직접적으로 그리고 대등한 대화를 통하여 개도국의 이익을 확보할 수 있도록 새로운 국제무역 · 금융의 룰(규칙)을 만들고자 하는 개도국의 강력한 요구로 UNCTAD가 태동하게 된 것이다.

이와 같은 개도국의 요구는 남북 간의 경제력에 현격한 격차가 있다는 측면에서 보면 전적으로 비현실적이라는 의견이 있다. 개도국의 구체적인 요구 가운데는 반드시 합리적이라고 생각할 수 없는 점도 있다는 것은 사실이다. 그러나 현실적으로 국제정치 · 경제의 동향은 기본적으로 서서히 움직이면서 세계경제의 현상에서 변화를 요구하고 개도국측의 요구를 어느 정도 정당화하는 방향으로 진전되고 있다는 점도 부인할 수 없는 사실이다.

이와 같은 국제정치 · 경제의 동향은 선진국과 개도국 간의 경제력 격차 이외에 복잡한 요인이 개재되어 있다. 예를 들면, 동서 간의 대립으로 쌍방이 개도국을 자기 진영에 끌어들이려는 것, 신생 독립국의 증가로 국제회의에서 수적으로 개도국의 발언권이 증가하였다는 것은 논의의 여지가 없다. 그러나 근본적으로 제2차 세계대전 후 세계의 식민지가 일제히 독립하기 시작한 것은 어쩔 수 없는 역사의 흐름이었던 것과 같이 UNCTAD에 집약된 개도국의 경제개발촉진에 대한 요구도 진정한 '대세의 흐름'이라고 해야 할, 속도는 느리지만 멈출 수 없는 큰 국제적 조류라고 보아야 할 것이다.

이런 의미에서 UNCTAD는 이 '대세의 흐름'에 일정한 이론적 근거를 부여하여 그 방향을 결정하는 국제여론을 형성하는 무대로서 고도의 정치적 성격을 띠고 있다. UNCTAD의 무대에서 형성된 원칙이나 권고는 그 자체가 법적 구속력은 없다 할지라도 GATT, IBRD, IMF 혹은 특정의 국제 상품협정과 같은 구속력이 있는 다수국 간의 무대에서, 또 2국간의 정치 · 경제에 관한 외교관계에서도 이들의 요구를 반영할 수 있는 성질의 것이라고 생각하지 않으면 안 된다.

2 글로벌리즘

아바나 헌장(Havana Charter)이나 브레턴 우즈 체제의 기본적 사고방식인 소위 글로벌리즘(globalism)－블록화를 피하고 세계경제의 발전을 전세계적 견지에서 생각하고자 하는 어프로치－은 GATT, IBRD, IMF와 같은 국제경제기구로 구체화되어 전후 세계경제를 지배해 온 것은 주지의 사실이다. 그러나 지역주의(regionalism)에 대한 뿌리 깊은 고정관념이 존재하고 있다는 것도 또한 사실이다. 이 글로벌리즘 아니면 리존널리즘이라는 문제는 단지 선진국 상호 간의 무역관계만이 아니라 남북 간의 경제관계에서도 커다란 쟁점이 되기 시작하였다.

따라서 UNCTAD의 기본적인 성격의 하나는 글로벌리즘이다. 즉, 제1회 UNCTAD 이래 개도국측이 UNCTAD의 무대에서 주장하고자 하는 것은 무역장벽의 제거, 상품협정, 특혜, 원조라는 주요 문제에 관하여 국제적으로 공통의 룰이나 메커니즘을 만들어, 문제를 해결하려는 것이다. UNCTAD는 남북문제에 있어서 어디까지나 글로벌리즘으로 대처하려는 데 있다.

이에 대하여 나라마다 발전단계의 차이, 일부의 선진국과 일부의 개도국 간의 특수한 글로벌리즘으로는 효과적인 개발대책을 모색할 수 없으므로 문제의 해결을 선진국과 후진국 간의 수직적인 지역주의에서 찾고자 하는 움직임이 있다는 점도 간과해서는 안 된다. 이와 같은 수직적 지역주의는 세계경제의 블록화로 통하는 것이며, 세계경제의 원활한 발전에 대하여 큰 문제를 안게 된 것이다.

3 UNCTAD 권고가 지닌 의미

UNCTAD는 오늘날 세계경제, 특히 남북문제 가운데 매우 중요한 위치를 점하고 있는 기구이므로 그 자체만으로 볼 때 개도국이 UNCTAD에 대한 기대는 상당히 크다. 그러나 선진국 쪽은 UNCTAD가 선진국의 입장을 무시하고 개도국의 요구를 일방적으로 선진국에 밀어붙이는 무대로 되지 않을까 하는 경계심을 갖고 있다. 제1회 UNCTAD에서 압도적 다수를 포용하고 있는 개도국이 취한 태도는 이와 같은 선진국의 경계심을 어느 정도 정당화시켰다는 것은 부정할 수 없는 사실이다.

이와 같이 선진국과 개도국 간의 상반된 주장은 이 기구의 발족 후 TDB나 각 위원회의 토의에서 상당히 표면화되었다. 특히 권고가 지닌 의미에 관하여 쌍방 간의 해석이 대립되었다. 즉, 개도국측은 UNCTAD에서 채택된 많은 권고가 그 후 조금도 실시되지 않았다면서 기회 있을 때마다 선진국에 대하여 권고의 조기 실시를 강요하는 동시에 UNCTAD의 무대에서 선진국의 권고실시 상황을 정기적으로 검토할 것을 주장하였다. 이에 대하여 선진국측은 UNCTAD의 권고가 법적 구속이 없는 이상 그 실시는 각국의 자주적 판단에 맡겨야 할 문제라고 주장하였다. 또한 UNCTAD가 선진국의 정책을 심사하여 권고의 실시를 사실상 강요하는 일을 해서는 안 된다는 명백한 태도를 취하였다.

권고가 지닌 의미에 관한 선진국과 후진국이 주장하는 차이는 간단히 해소될 수 있는 성질의 것은 아니지만, UNCTAD의 활동이 올바른 궤도에 오르기 위해서는 이 점에 관한 쌍방의 기본적인 합의가 어떻든 간에 필요한 것이다. 법적 구속력이 없다는 이유만으로 찬성한 권고를 언제까지나 실시하지 않는다는 것은 어떻게 보면 무엇 때문에 권고를 작성하였는지가 의심스럽다는 것은 당연하다. 이런 뜻에서 선진국이 찬성한 권고는 성의를 다하여 가능한 한 실시하지 않으면 안 될 것이다.

한편, 권고를 실시하기 위한 수단으로서 UNCTAD를 선진국의 권고실시 성적을 채점하는 대결의 무대로 이용하는 것은 오로지 남북 간의 대립을 심화시켜 상호의 의사소통을 곤란하게 할 뿐이다. 이 점에 관해서는 개도국측도 UNCTAD의 역할을 GATT나 IBRD, IMF라는 실제 구속력이 있는 결정을 행할 수 있는 무대를 통하여 실시하도록 하는 구체적인 시책을 입안하기 위한 지침을 만들어 이것을 수시 점검하는 데 있다고 이해해야 할 것이다. 그리고 각 선진국의 정책에 관해서는 권고를 통하여 형성되는 국제여론이 각국 정부로 하여금 그 실시를 촉진하도록 하는 데 기대를 걸어야 할 것이다.

3. 일반특혜관세제도

1 일반특혜관세제도

일반특혜관세제도(GSP ; Generalized System of Preferences)란 모든 선진국이 모든 개도국으로부터 수입하는 제품이나 반제품에 대하여 아무런 대가를 요구함이 없이, 관세를 철폐하거나 또는 저관세를 부과하는 것을 말한다. 이 제도는 과거 영연방과 같은 기존 특혜와는 달리, 새로운 특혜는 일반적 · 무차별적 · 비상호주의적인 특혜이다.

개도국은 이와 같은 개도국 산품에 대한 우대조치를 1970년대 초기부터 실시하고자 요구하였고, 선진국도 특혜관세를 개도국에 제공한다는 기본적인 방향에는 의견의 일치를 보았다. 그러나 어떤 형태의 특혜제도를 만들 것인가라는 데서 개도국의 요구가 클 뿐만 아니라 이에 대응하는 선진국의 의견도 각양각색이다.

2 일반특혜관세제도의 창설

일반특혜관세제도는 앞에서도 언급한 바와 같이 원칙적으로 모든 선진국이 모든 개도국의 산품에 대하여 특별히 저관세를 무차별적으로, 그리고 일방적(비호혜적)으로 공여하는 제도이다. 이 제도를 일반특혜관세제도 또는 약칭 GSP라고도 한다. 선진 20개국은 이 새로운 특혜제도를 1971년 7월 이후 순차적으로 실시하였다.

일반특혜관세제도의 목적은 특혜관세라는 형태의 원조에 의하여 개도국의 수출소득을 높이고 공업화를 촉진하여 경제성장율 높이는 데 있었다. 당시 이와 같은 새로운 제도의 창설을 특히 필요로 한 것은 소위 심각한 남북문제의 대두였다. 이러한 문제의 해결을 위해서는 단순히 경제원조만이 아니라 세계무역상으로도 어떠한 혁신적인 정책의 실시가 개도국으로부터 강하게 요구되지 않으면 안 되었다.

소위 남북문제가 '북'의 선진국과 '남'의 개도국 간에 경제격차가 확대되어 전후 세계경제의 중요한 문제로서 제기된 것은 1950년대 중반경이었다. 예를 들면, 제1회 아시아 · 아프리카(AA) 회의가 인도네시아의 반둥에서 개최된 것이 1955년이었다. 개도국의 무역문제가 GATT(이하의 이 절에서는 일반협정이라 한다)체제하에서 발생한 중요한 과제로서 처음 일반협정 총회에서 거론된 것도 그 2년 후인 1957년 가을이었다. 그 다음해인 1958년의 일반협정 총회에서는 유명한 「하벌러보고서(Trends in International Trade)」가 제출되었지만 심의의 결과 제3위원회가 설치되어 일반협정으로서 개도국의 무역확대 문제를 처음 본격적으로 논의하게 되었다.

이와 같이 '무역과 관세'를 수비범위로 하는 일반협정이 서서히 대두하게 된 남북문제를 일찍이 무역문제로서 거론, 그 해결을 위한 검토를 다른 국제기구에 앞서 시작한 것은 그 후의 일반특혜관세제도 창설의 근거를 명확히 하였다는 데에 특히 주목해야 할 것이다.

문제의 개도국에 대한 특혜관세가 일반협정에서 처음 정식으로 거론된 것은 다시 5년 후인 1963년 가을 일반협정 각료회의였다. 그 사이 1961년에는 제16회 UN총회에서 'UN개발의 10년(United Nations Development Decade)'이 결의됨과 함께 일반협정 각료회의에서도 개도국의 무역촉진에 관한 획기적인 공동선언이 채택되었다. 특혜관세 문제는 이 선언을 구체화하기 위한 '실행계획(action programme)'의 하나로서 제기된 것이다.

일반특혜관세제도는 1964년 3월부터 개최된 제1회 UNCTAD에서 프레비시(Rául Prebisch)사무국장의 「개발을 위한 새로운 무역정책을 향하여(towards a new trade policy for development)」라는 소위 프레비시 보고서 가운데 '원조보다는 무역을' 요구하는 한 방안으로서 제안되었다. 여기에 일반특혜의 채택이 세계적인 과제가 되어 그 실현을 위해 노력하기 시작하였지만, 최종적인 일반특혜실시안에 관하여 남북 쌍방이 합의한 것은 그로부터 6년 후인 1970년 10월이며, 실제로 실시되기 시작한 것은 그 다음해인 1971년 7월 이후의 일이었다.

이와 같은 일반특혜의 정식제안으로부터 실시까지 7년이라는 긴 세월이 걸린 것은 뒤에 설명하는 바와 같이 제도 자체에 복잡하고 곤란한 문제를 안고 있었기 때문이다. 그 이유는 첫째, 당시 일반협정에서 케네디 라운드의 대협상이 준비되어 추진되고 있었고(1964년 5월~1967년 6월), 그 협상성과가 개도국의 무역에 큰 효과를 가져올 것이라 기대하고 있었다는 특수한 사정도 생각할 수 있다. 그렇지만 협상의 성과는 개도국의 기대에 미흡하였다. 둘째, '개도국을 위한 개도국 라운드를' 이라는 요구를 보다 강화하게 된 것이다.

당초 선진국 가운데는 일반특혜에 대한 부정적 태도를 강하게 보였다. 특히 미국은 케네디 라운드에 의한 관세의 대폭인하를 근거로 하여 강력하게 반대하였지만 협상타결 2개월 전인 1967년 4월 돌연 푼타 델 에스테 성명을 발표하여 특혜공여의 자세로 크게 전환하였다. 이를 계기로 하여 선진제국의 대세가 결정되고 특혜공여의 방향이 정해졌다고 볼 수 있다.

일반특혜에 관한 선진국 공통의 기본적인 협상원칙 내지 공여방침은 1967년 12월 OECD각료이사회에서 결정되었지만, 구체적인 특혜공여안이 작성된 것은 2년 후인 1969년 말이었다. 그 개선실시안이 남북 쌍방 간에 최종적으로 합의 · 결정된 것은 다시 1년 후인 1970년 말이었다. 이와 같이 선진국이 공통의 공여원칙을 결정하고서 최종실시안의 합의에 이르기까지 3년이 걸린 것은 남북이 각각 특혜공여안을 둘러싼 이해의 대립이 격화하여 보조가 맞지 않았던 것이 큰 이유라고 할 수 있다.

사실 개도국측에서는 개발단계의 차이에 따라 조기에 특혜실시를 주장하는 신흥공업국(NICs)과 신중을 기하는 일반도상국, 다시 수익확보의 특별조치를 요구하는 후발개도국(LLDC)의 대립을 볼 수 있었다. 또 선진국측에서도 당초부터 공여에 앞장선 EC제국과, 기본적으로 반대하던 미국, 일본, 스위스, 스웨덴 등과의 대립이 있었다. 그 위에 공여안의 작성에 있어서 전 공여국의 공통된 안(scheme)을 작성하고자 주장하는 미국과, 이에 반대하는 일본 등과의 대립이 있었다. 그 밖에 이 대립이나 공여국 간 부담의 공평화를 둘러싼 실링 방식과 면책조항(Escape Clause)방식과의 대립이 최종단계까지 계속되었다. 이 때문에 결국 통일된 견해를 정리한 문서에 각국의 개별적인 안을 첨부하여 제출하도록 되었지만 각국 모두 탄력적인 운용으로 안 간의 조화를 도모한다는 조건으로 최종적인 타협이 이루어졌다.

이와 같이 특혜안의 작성을 둘러싸고 상당한 대립을 보였는데도 불구하고 결국 남북 쌍방의 최종적인 합의가 성립된 것은 첫째, 선진국측이 이 최종공여안(substantive documentation)의 결정과 함께 결속을 공고히 하여 그 실현을 위해 강력한 협상자세를 관철하였기 때문이며, 둘째, 이와 동시에 개도국측도 협상의 진전에 따라 당초의 이상적이고 급진적인 요구를 완화하여 현실적으로 대화의 자세로 전환하였기 때문이다.

3 일반특혜와 GATT의 무차별원칙

일반특혜관세제도는 일반협정 범위 안에서가 아니라 그 밖에서 신설된 UNCTAD에서 마련된 것이지만 이 제도의 성격 내지 특색을 선명히 나타내고 있다. 개도국의 뿌리 깊은 일반협정 불신이 이와 같은 결과를 초래한 것은 확실하다. 사실 「프레비시 보고서」에서는 일반협정의 결함으로서 다음 다섯 가지 내용을 지적하고 있다. 이 보고서에는,

① 일반협정의 정식가맹국은 61개국에 지나지 않아(제1회 UNCTAD 참가국은 121개국) 세계적인 기구라고 할 수 없다.

② 무역문제가 개발이라는 종합문제의 일부로서 취급되어 있지 않다.

③ 일반협정은 공업국 간의 무역문제를 취급하는 데는 유효하지만 개도국과 공업국 간의 무역에는 유효하지 않았으며 개도국 간의 무역확대에도 노력하지 않고 있다.

④ 일반협정은 정부 간 무역을 예외로 하기 때문에 일부 사회주의국의 무역이 제외되어 있다.

⑤ 1차 산품에 관한 협정이나 활동의 대부분이 일반협정 밖에서 협상되어 상호 간의 조정도 이루어지지 않고 있다는 내용이 열거되어 있다.

프레비시는 이들 결함을 근거로 일반협정의 범위 밖에서 '새로운 국제무역기구'를 설치할 필요성을 느끼게 되었다. 확실히 일반협정에는 이와 같은 많은 결함이 있지만 이것은 일반협정 그 자체가 자유 · 무차별 · 호혜주의라는 자유무역의 기본원칙하에서 구축되었기 때문이다. 이 대원칙은 일반협정 제1조의 일반최혜국

대우(General Most Favoured Nation Treatment)에서 어느 한 가맹국이 관세나 수출입규칙 등에 관하여 가장 유리한 최혜국(MFN)대우를 다른 모든 가맹국에 대하여 **"즉시 무조건으로 부여하지 않으면 안 된다"**라는 문구로 규정되어 있다.

그러나 일반특혜관세제도는 원칙적으로 모든 선진국이 모든 개도국에 대하여 MFN관세보다 대폭적으로 낮은 특혜관세를 무차별 그리고 일방적으로 부여한다는 것이다. 이와 같은 관세상의 특혜적 대우를 각 선진국이 다른 선진국에는 부여하지 않으면서 개도국에게만 일방적으로 부여하는 것은 확실히 차별적이며 비호혜적인 대우이다. 더욱이 이러한 대우를 모든 선진국이 모든 개도국에 부여하므로 차별의 규모는 세계적(global)이다. 이런 점에서 지역적(regional)인 기존특혜와는 전적으로 다르다. 이런 뜻에서 일반특혜는 확실히 일반적(generalized)이지만 동시에 차별대우의 규모도 또한 세계적이고 일반적이 된다.

미국과 일본을 중심으로 한 선진제국이 당초 일반특혜에 대하여 절대 반대라는 입장을 취한 것은 케네디 라운드의 성과를 기대한다는 사정도 있었다. 그러나 기본적으로는 이 일반협정 제1조 위반의 새로운 특혜가 일반협정 체제 그 자체를 위태롭게 한다는 위기감이 있었기 때문이라고 할 수 있다.

그렇지만 일반협정은 그 발족 당시에 특혜관세제도의 신설을 금지하고 있다. 그러나 영연방특혜 등 많은 기존특혜를 폐지하지 않고 제1조의 예외로서 일정한 조건을 붙여 그 존속을 인정하고 있다(제1조 제24항). 그리고 일반협정은 같은 지역적 차별을 초래하는 관세동맹이나 자유무역지역의 신설도 일정한 조건부로 인정하고 있다. 사실 이 규정하에서 유럽경제공동체(EEC)가 1958년에, 그리고 유럽자유무역연합(EFTA)이 1960년에 설립되는 등 이와 유사한 기구가 수많이 설립되었다. EEC가맹제국이 일반특혜관세제도의 창설에 관하여 당초부터 상당한 관심을 보인 것도, EEC 자체가 일반협정상의 관세동맹이라는 입장에 있었다는 것과 구식민제국으로서 역사적으로 깊은 관계가 있는 아프리카 제국 등에 대한 대규모적인 기존특혜가 있었다는 것과 결코 무관한 것은 아니다.

4. 일반특혜관세제도의 내용

1 일반특혜관세제도의 주요 내용

일반특혜관세(GSP)의 주요 목적은 특혜관세율로 부여할 수 있는 인센티브로 특혜공여국측이 개도국으로부터 공산품을 수입토록 장려함으로써 개도국들의 수출 및 수입(收入)을 확대하는 데 있다. 그러나 GSP의 유효성을 평가하기에 앞서 이 프로그램을 다음과 같이 전망함과 동시에 그 위치를 규정해 두고자 한다.

첫째, GSP는 관세정책이다. 그러므로 관세를 부과하는 상품만이 수출증대에 공헌할 수 있다. GSP의 범위 내에서는 MFN 기준으로 하여 무세로 특혜공여국측으로 흘러 들어오는 상품의 수출까지 지원할 필요는 없다.

둘째, GSP가 개도국들에 대하여 지금과는 다른 수출수입원(輸出收入源)을 제공할 수 있다. 지금까지 개도국들은 농산물 및 공업용 원재료의 수출에 크게 의존함으로써 여러 가지 문제가 제기되어 왔다. 말하자면, 하나는, 순환적인 시장조건이 통상 상품가격에 대폭적인 변동을, 따라서 수출수입에 대폭적인 변동을 가져왔다. 다른 하나는, 구조적인 조건으로 농산물에 대한 낮은 소득탄력성과 공업용 원재료에 대신하는 합성대체품의 개발로 이들 상품에 대한 수요의 비교적 완만한 확대밖에 가져오지 못하였다. 이와는 대조적으로 공산품수요는 급속히 그리고 착실하게(1980년대 초의 세계적인 경기후퇴의 시기를 제외하면) 확대되어 왔다. 그리고 경기후퇴의 시기에도 공업용 원재료에 대한 수요는 공산품 수요보다도 감소하였다.

이와 같이 GSP의 주요 목적은 개도국들의 생산노력을 1차산품 생산에서 공산품생산으로 전환하기 위한 자극에 있었다. 공산품과 1차산품에 대한 이러한 분법은 특혜관세를 공산품에만 적용한다는 합의하에 GSP에 포함시켰다. 이 합의를 실시함에 있어 특혜공여국측은 제품 및 반제품만을 공산품에 포함하는 것으로 해석하였다. 가공 내지 반가공의 농수산물은 GSP의 대상 밖으로 간주하였다. 이러한 농수산물은 선진국 내의 농업보호정책－예를 들면 미국의 가격지지제도와 수입수량할당제, 혹은 EEC제국 내의 비교적 높은 농산물 가격을 보증하기 위한 수입품에 대한 변동과징금제도－으로 뚜렷한 영향을 받게 된 것이다.

동시에 대부분의 개도국은 비농산물만을 대상으로 하는 GSP로써는 혜택을 받을 수가 없다는 것이 판명되었다. 이들 개도국을 달래기 위하여 농산물 리스트가 처음부터 포함된 것이다. 농산물에 대한 GSP대우가 기대한 만큼 성과를 얻지 못한 것은 특혜관세마진이 매우 적다는 데 있다.

EEC제국이 처음 GSP안을 도입하였을 때 농산물은 평균 4%의 관세인하를 인정하였다. 결국 관세는 16%에서 12%로 인하되었을 뿐이다.

2 GSP제도의 기본구성

최종적인 특혜공여안은 결국 각 공여국마다 독자적으로 작성되었기 때문에 각국 특혜안의 구체적인 내용에는 상당한 차이점을 찾아볼 수 있다. 그러나 선진국은 특혜제도의 주요한 항목에 대하여 원칙적인 합의를 하였기 때문에 각국 특혜안의 기본적인 구성요소는 대개 동일하다. 여기서 기본적인 구성요소에 관한 주요한 여러 가지 항목의 개요는 다음과 같다.

(1) 특혜대상품목의 범위

GSP는 특혜공여국이 관세를 부과하는 상품에만 개도국의 수출을 장려할 때 효력이 미칠 수 있는 관세정책이다. 첫째, 특혜공여국이 개도국으로부터 수입하는 상품의 절반 이상은 무세이다. 둘째, GSP는 처음부터 개도국들의 제품수출을 장려하기 위한 정책으로 채택된 것이므로 특혜공여국측은 이 제품수출을 공산품이라 해석하여 왔다. 따라서 주로 농산물은 GSP에서 제외되어 있다. 셋째, 특혜공여국측은 국내의 생산자 및 노동자집단을 보호하기 위하여 개도국들이 확실히 수출에 관심있는 대부분의 수입민감품목(주로 섬유제품, 피혁제품 및 석유제품 등)은 제외하여 왔다. 이들 세 가지 품목만이 GSP의 범위를 실질적으로 제한하게 되었다.

결국 GSP의 실시는 개도국의 수출소득증대, 공업화의 촉진을 목적으로 하고 있다. 때문에 공산품에 대하여는 Negative List System을 채택하여 예외품목(exception)을 제외한 모든 공산품에 대하여 무세수입을 허용하고 농산품(CCCN 124류)에 대해서는 Positive List System을 택하기로 합의함으로써 특혜대상품목을 제한하고 있다.[2)]

GSP 범위에 관한 추계는 특혜공여국 정부가 컴퓨터 테이프를 기초자료로 제공된 1970년의 데이터를 이용하여 UNCTAD사무국이 작성하였다. 이 계산에는 각 상품 그룹에 주어진 관세대우에 따라 각 특혜공여국이 모든 GSP수입국으로부터 수입을 누적해 가는 작업이 필요하다.

여기에는 다음 세 가지 누적이 계산되었다. 즉, ① 총수입액, ② GATT 최혜국대우하에서 관세를 부과하는 상품의 수입액, 및 ③ GSP안에서 지정된 상품의 수입액 등이다. 각 특혜공여국이 대상으로 하는 수익개도국, MFN관세를 부과하는 상품 및 GSP안에 포함되는 상품은 각각 다르다.

이들 데이터는 모든 특혜공여국 전체에서 총수익국 무역의 경우 12%가 여러 가지 GSP안에 포함되어 있는 상품에 관련되어 있다는 것을 명확히 해준다.

(2) 특혜공여국과 수혜국

특혜공여국이란 당초부터 전 선진국이 아니라 실제의 특혜공여국은 다음의 19개국뿐이다. 즉, 미국, 일본, 캐나다, 오스트레일리아, 뉴질랜드의 태평양권 5개국, 유럽의 EEC 6개국과 영국, 아일랜드, 스위스, 오스트리아, 북구 4개국(덴마크, 스웨덴, 노르웨이, 핀란드) 등이다. 또한 선진 각국은 공여국의 검토작성시 선진국 그룹이라는 소위 OECD를 이용하였다. 그 중 그리스, 포르투갈, 스페인, 터키 등 4개국은 공여국이 되지 못하였을 뿐만 아니라 오히려 아이슬랜드는 특혜수익국이 되었다.

2) 그러나 미국, EEC, 뉴질랜드는 공산품 대상품목에 관해서도 Positive List System을 채택하였다.

특혜수익국에 대해서도 당초부터 전 개도국이라는 양해가 성립되었지만, 현실적으로 개발도상에 있는 나라로 판정할 수 있는 객관적 기준이 없다. 때문에 결국 수익을 희망하는 나라가 신청한다는 자기선택의 원칙(self-election), 소위 거수방식으로 합의를 보게 되었다. 당시 UNCTAD 가맹국은 136개국이었지만 그 가운데에서 자기선택을 한 나라는 아시아 · 아프리카의 77개국, 라틴 아메리카의 22개국, 동구의 2개국 그리고 서방측 선진국의 6개국 등 총 101개국이었으며 나머지 35개국은 자기선택을 하지 않았다.

그러나 선진공여국은 자기선택국을 모두 수익국으로 인정하는 것은 아니다. 왜냐하면 수익국을 승인하는 현실적인 기준은 각 공여국에 따라 다르기 때문이다. 예를 들면, 미국은 기존특혜의 수입개도국이면서 반대로 선진국에 대하여 특혜(소위 역특혜)를 부여하는 약 35개국을 제외할 방침이었다. 그리고 UNCTAD 비가맹국도 6개국이 있었으며 독립국 이외의 지역이나 속령도 다수 있었다. 따라서 공여국의 방침이 일치되어 있지 않다. 실제로 특혜수익국은 각 공여국마다 다르며 특혜 실시 이후도 상당히 변해 가고 있다.

그러면 여기서 미국의 경우 특혜수익국을 어떻게 지정하고 있는가를 살펴보기로 하자.

1 미국

개도국들이 호혜주의를 적용하기 위해 GSP를 이용하는 가장 적극적인 사례는 미국의 특혜안의 조항 가운데서 찾아볼 수 있다. 미국의 특혜관세법에는 GSP 대우를 향수할 수 있는 수익대상이 명기되어 있지 않다. 그 대신 수익국을 지정하기 위한 검토시에 대통령에게 지침을 부여하는 일련의 기준이 규정되어 있다. 또이 법률은 장기적인 수익국의 지정문제를 취급하고 있으며, 특정국은 경우에 따라 수익국으로서의 지위를 정지당하는 경우도 있다. 반대로 지금까지 비수익국이었던 개도국이 그 후 수익국으로 지위를 획득하는 경우도 있을 수 있다. 따라서 특정국이 GSP대우를 계속 향수할 것인지(혹은 새로이 향수할 것인지)의 여부를 정기적으로 결정할 때에 미국은 장기적으로 개도국의 행동을 고려의 대상으로 하고 있다. 확실히 이러한 조건을 붙인 의도는 미국의 국제경제적 및 정치적 이해에 합치되는 경제 · 정치적 행동을 개도국측으로부터 끌어내려는 데 지나지 않는다.

또한 이 조건은 일반적으로 어느 특정의 개도국이 수익국으로 지정될 수 없는 여러 가지 조건을 명기한 데 지나지 않으므로 수익대상국의 지정에 관한 기준은 소극적이다. 이들 몇 가지는 GSP에 관한 지금까지의 협상과정에서 미국이 반복하여 주장해 온 것이며, 일관된 미국의 정책을 표방한 것에 지나지 않는다. 그러나 그 후 UNCTAD의 협상에서 보다 중요한 새로운 몇 가지 조건이 추가되었다. 이들 새로운 조건은 매우 엄격하며, 다른 GSP안 아래에서 수익국으로서의 지위를 향수하고 있는 대부분의 개도국이 미국의 특혜안 아래에서는 수익국이 될 수 없게 되어 있다. 이 기준은 다음과 같다.

① 공산권제국

② OPEC와 같은 국제상품 카르텔에 참가하고 있는 나라

③ EEC제국에 대하여 역특혜를 인정하고 있는 나라, 말하자면 미국으로부터 수입하는 것 보다도 훨씬 유리한 대우로 EEC 제국으로부터 수입하는 것을 인정하고 있는 나라

④ 적절한 보상을 하지 않고 미국시민 내지 미국기업이 소유하는 재산을 국유화 내지 강제수용해 온 나라

⑤ 마약밀무역 소탕작전에서 미국에 협력하지 않은 나라

⑥ 국제투자분쟁으로 발생하는 미국시민 내지 미국기업에 유리한 중재재정(仲裁裁定)을 존중 내지 실행하지 않은 나라

등이다.

그러나 만약 대통령이 이러한 행동이 국민경제적 이익에 합치한다고 결정하게 되면 이 법률은 ④, ⑤, ⑥의 세 가지 기준을 철회할 수 있도록 인정하고 있다.

다음에는 이러한 조건을 구체적으로 검토하고자 한다.

(가) 수익국으로 지정될 수 없는 여러 가지 기준

첫째 기준은, 공산권제국에 관한 것으로,

① 공산권제국이 미국으로의 수출이 최혜국대우를 향수하고 있지 않은 경우

② 공산권제국이 GATT의 체약국이 아니며 그리고 IMF의 가맹국이 아닌 경우

③ 그 나라가 국제공산주의에 의하여 지배되고 있는 경우

에는 미국이 부여하는 특혜대우의 향수를 사전에 제거한다.

둘째 기준은, OPEC에 속하는 나라와 중요한 국제상품의 무역을 억제하고 그 가격을 부당하게 높은 수준으로 인상하거나 세계경제의 중대한 파탄을 초래할 수

있는 다른 카르텔 협정에 참가하는 나라를 대상으로 하고 있다.

그러나 이 기준에는 하나의 예외규정이 있다. 만약 미국 및 그 상대국이(위반하지 않는) 국가간 내지 다자간 무역협정의 회원국으로 미국의 경제적 수요에 중요하고 미국이 국내수요를 만족시킬 만큼 필요한 국내생산능력을 가지지 못하거나 쉽게 개발할 수 없는 국제상품의 공급에 대한 정당한 가격(reasonable prices)으로 공정하고 평등한 접근을 미국에 보장하게 되면 대통령은 이 조항에 해당하는 나라에 대해 수익국의 지위를 부여할 수가 있다는 것이다.

셋째 기준은, 역특혜(逆特惠)라는 문제에 관련된 것이다. 통상법은 다음과 같은 개도국에 대하여 대통령이 수익국으로서 지정할 수가 없음을 규정하고 있다.

"만약 대통령이 1976년 1월 1일 이전에 역특혜 관세대우가 철회된다는 만족할 만한 보증 혹은 1976년 1월 1일 이전에 중대한 마이너스의 영향을 미치지 않도록 보장하는 어떤 행동을 실행한다는 보증을 얻을 수 없다면, 미국의 무역에 중대한 마이너스의 영향을 현재 미치고 있거나 혹은 앞으로 미칠 가능성이 있는 특혜관세대우를 미국 이외의 선진국의 제품에 대하여 부여하는 나라이다."

역특혜가 문제로 처음으로 대두된 것은 그것이 주로 야운데 협정(Yaounde Agreement) 및 알사 협정, 그리고 알제리, 튀니지 및 모로코 무역협정을 통하여 EEC제국과 연합하고 있는 미국의 개도국들에 관련된 것이었다.

그래서 GSP에 관한 협상과정에서 미국은 시종일관 역특혜에는 반대하여 왔고, 역특혜를 받거나 주는 개도국들은 처음부터 미국의 특혜관세대우의 대상에서 배제될 것이라고 끊임없이 공언하여 왔다. 그 후 서서히 미국의 입장은 훨씬 유연하게 되었다. 1974년 통상법의 전신, 말하자면 1973년의 통상개혁법(Trade Reform Act of 1973)하에서 어떤 개도국은 특혜관세대우를 향수할 수 있었지만 1976년 1월 1일까지 역특혜가 제거된다는 보장을 하지 않는 한 역특혜를 부여할 수가 없었다.

1974년의 통상법의 마지막 문언은 이 자유화를 다시 2보 전진시켰다.

첫째, 1976년 1월 1일까지 역특혜를 완전히 제거한다라는 조건은 역특혜가 미국의 무역에 중대한 마이너스 영향을 미치지 않도록 행동하겠다는 보장이 없는 한 개도국에게 GSP특혜관세대우를 부여할 필요가 없다는 것이다.

둘째, 제2의 주요한 자유화와 관련된다. 역특혜는 미국의 무역에 '중대한 마이너스 영향'을 현재 주고 있거나 앞으로 줄 가능성이 있는 경우에만 문제가 된다. 중대한 마이너스 영향은 ① 미국이 세계시장에서 국제경쟁력을 가지고 있고 역특혜의 대상이 되는 상품의 검토, ② 역특혜 무역의 양, 및 ③ 미국의 수출상품에 불리하게 작용하는 특혜관세마진을 기초로 하여 결정한다. 역특혜문제에 관계되는 대부분의 개도국은 대개 미국 상품에 결코 주요한 시장이 아니므로 역특혜의 기준을 이와 같이 수정하면 그 기준에 따라 특혜관세대우의 공여를 거부받는 개도국의 수는 현저하게 줄어들 것이다.

(나) 철회가능한 여러 가지 기준

철회가능한 세 가지 기준(① 강제수용, ② 마약밀무역, 및 ③ 투자분쟁에 관한 중재재정에 관련되는)은 만약 대통령이 수익국의 지정이 미국의 국민경제적 이익에 합치한다고 결정하게 되면 철회가 가능하다. 만약 대통령이 이 철회조치를 행사하려고 하면 자신의 결정을 그 결정의 근거가 되는 사유와 함께 의회에 보고하지 않으면 안 된다. 따라서 의회가 국민경제적 이익에 의하여 철회조치를 정당화하는 결정을 할 때에는 대통령이 어떠한 사실을 이용하였는가를 정확히 파악할 필요가 있다. 말하자면 철회조치가 극히 일반적인 '국민적 이익'보다는 '국민경제적 이익'이라는 근거하에 이루어졌을 때에 주목하지 않으면 안 된다. 사실상 정치적 내지 외교정책상의 이해만으로 철회조치를 정당화하는 것은 불충분하다.

철회가능한 첫째 기준은 다음과 같은 행동을 실시하는 개도국들에게 적용된다.

① 미국시민이 소유하는 재산, 미국계 기업, 미국시민이 50% 내지 그 이상의 지분을 소유하고 있는 합병기업 등을 국유화, 강제수용, 기타의 수단으로 소유권 또는 지배권을 탈취하는 경우

② 국유화, 강제수용, 기타의 수단으로 소유권 또는 지배권을 탈취할 목적으로 기존의 계약 또는 협정을 파기 내지 무효화하는 조치를 강구하는 경우

③ 국유화, 강제수용, 기타의 수단으로 소유권 또는 지배권을 탈취할 목적으로 세금 또는 기타의 과징금, 제한적인 유지관리, 조업조건 또는 기타 조치를 강제하는 경우

이와 같은 행동을 취한 나라는 만약 대통령에 다음과 같은 취지의 결정을 내려 바로 의회에 그 결정을 통고하지 않는 한 미국의 특혜관세조치의 혜택을 받을

수 없을 것이다.

① 바르고 적절하고 유효한 보상이 이루어졌거나, 현재 이루어지고 있다.

② 이러한 보상을 주는 선의에 따른 협상이 진행중이든가 채무를 이행하는 기타의 수단이 취해지고 있다.

③ 투자분쟁은 '투자분쟁 해결에 관한 조약'의 조항에 따라 중재재정에 위임되어 있거나 혹은 다른 상호 간에 합의한 협상의 무대로 위임하고 있다.

는 등의 취지이다.

철회가능한 두번째 기준은 미국에 불법으로 유입되는 마약류의 밀무역을 저지하는 소탕작전에 개도국의 협력을 요구할 것을 목적으로 하고 있다.

철회가능한 세번째 기준은 투자분쟁으로 발생하는 중재재정이다. 이 내용은 1974년의 통상법에 다음과 같이 기술되어 있다.

"만약 어느 나라가 관계당사자로부터 그 투자분쟁을 위임받은 중재재판을 통하여 미국측에 유리한 중재재정이 되도록 구속력이 있는 것으로 인정하거나 혹은 강제적으로 실시할 때에 선의로 행동하지 않으면 대통령은 그 나라를 수익개도국으로 지정할 수가 없다."

이 기준은 확실히 미국시민이 소유하는 재산의 국유화 내지 강제수용에 관한 앞의 기준과 관련이 있다.

(3) 특혜의 실시기간

특혜의 실시기간에 관해서는 「프레비시 보고서」(10년으로 하되 예외적으로 연장할 것을 주장), 77그룹의 알지에 헌장(20년으로 하고 최종연도에 연장여부 결정)과 제4차 특혜특별위원회가 각각 그 기간을 달리하고 있다. 그러나 특혜특별위원회에서는 특혜의 실시기간을 10년으로 일단 정하고 최종연도에 이어 연장여부를 검토하기로 합의하였다.

그리고 특혜의 실시기일에 관해서는 1971년의 가능한 한 빠른 시기라고 합의되었지만 각 공여국이 실제로 실시한 기일은 〈표 9-1〉과 같이 상당한 차이가 있다. 가장 먼저 실시한 나라는 EEC이며 미국은 이보다 무려 4년 이상이나 늦게 실시하였다. 또 오스트레일리아는 일반특혜의 합의성립 이전의 1966년부터 독자적으로 소규모적인 특혜제도를 실시하고 있었지만 1974년 1월에 GATT의 면책조항에 따라 새로운 안을 제시하였다.

또한 EEC는 1973년 1월 EC로 개편됨에 따라 1974년 1월에 영국, 아일랜드, 덴마크가 신 EC안에 통합되었으며 또 그리스는 1981년 1월 EC에 가맹함으로써 20번째 공여국이 되었다.

■ <표 9-1> 각 공여국의 특혜실시기일과 안(스킴)수

실시연월일	공여국	국수누계	스킴수계
1971. 7. 1	ECC(6개국)	6	1
8. 1	일본	7	2
10. 1	노르웨이	8	3
1972. 1. 1	영국, 아일랜드, 덴마크, 핀란드, 스웨덴, 뉴질랜드	14	9
3. 1	스위스	15	10
4. 1	오스트리아	16	11
1974. 1. 1	오스트레일리아, EC 9개국	17	9
7. 1	캐나다	18	10
1976. 1. 1	미국	19	11
1981. 1. 1	그리스, EC 10개국	20	11

3 원산지제도

(1) 원산지제도

일반특혜관세는 '특혜수익국의 상품'에 대하여 공여되는 것이기 때문에 공여국은 모든 수입품의 '원산지'를 확인할 필요가 있다. 원산지 규칙(rules of origin)이란 이와 같은 원산지를 판정하는 기준(criteria)이나 절차 등을 규정한 것이다. 이 규칙의 결정에 따라 특혜효과도 크게 좌우되므로, 원산지규칙은 특혜제도의 운영상 매우 중요한 지위를 점하고 있다.

이 원산지규칙에는 원래 각국에서 정한 일반적인 규칙과 기존특혜에서 채택되고 있는 특혜제도였지만 일반특혜제도하에서 적용되는 규칙은 당연히 기존특혜의 원산지규칙을 토대로 하여 이것을 수정하는 형식으로 작성되어 있다. 이를 위한 국제적 협의는 OECD와 UNCTAD에서 1969년부터 개시되어 통일적인 규칙을 작성하기 위해 계속적인 노력이 있었으며, 1970년 12월 UNCTAD의 제3회 전문가회의에서 11개 항목의 기준(guide line)이 합의되었다. 이 기준은 규칙작성을 위한 지도원칙적인 것이며 각 공여국은 이 기준에 따라 각국의 국내법을 정비하게 되었다.

합의된 기준은 ① 완전생산품목 리스트, ② 최소한 가공, ③ 직접운송, ④ 전시품의 취급, ⑤ 원산지증명서, ⑥ 증명의 확인, ⑦ 상호협력, ⑧ 벌칙, ⑨ 소액화물, ⑩ 원산지증명상의 단위, ⑪ 포장의 취급 등 11개 항목이다.

이와 같은 규칙은 만약 다른 나라에서 생산된 상품이 당해 수익수출국(受益輸出國)에서 실질적으로 가공되지 않는 한, 당해 수익국이 그 상품의 재수출을 불가능하게 하기 위한 일련의 필요요건으로 되어 있다.

일반적으로 이들 규칙은 GSP특혜대우를 받을 자격이 있는 상품을 수출하기 전에 갖추어야 할 조건으로서 다음과 같은 세 가지 조건이 명기되어 있다.

① 수출되는 상품은 중간가공이 되지 않고, 제3국의 중개를 거치지 않으며, 또 수익개도국으로부터 특혜공여국으로 직접 선적되지 않으면 안 된다(직접운송 원칙).

② 수출되는 상품에는 GSP특혜대우를 받을 자격이 있다는 것을 증명하는 적절한 서류를 첨부하지 않으면 안 된다.

③ 당해 상품은 수익개도국에서 최소한의 가공을 받지 않으면 안 된다.

이들 조건을 구체적으로 설명하면 다음과 같다.

(가) 직접운송 원칙

해당 상품이 특혜공여국으로 직접 운송되었다는 것으로 간주되기 위해서는 이들 상품은 다른 어떠한 영토도 통과하지 않고 수익개도국으로부터 직접 수송되지 않으면 안 된다. 그러나 어떤 수익국은 이러한 요건을 갖춘다는 것은 불가능하다. 특히 내륙국은 제3국을 경유하여 수출상품을 환적하지 않으면 안 된다. 이러한 내륙국의 편의를 도모하기 위하여 직접운송 원칙은 당해 상품이 세관의 통과

관리하에 두고, 제3국에서 매매 내지 소비되지 않는 한 상품의 환적을 인정하고 있다. 통과관리 중에 당해 상품은 적하, 재선적, 분할선적 내지 당해 상품의 품질을 좋은 상태로 유지하기 위해 필요한 기타 작업을 제외하면 가공, 포장, 기타 추가적인 작업을 받지 않는다. 가끔 이와 같은 환적은 지리적인 이유 내지 전적으로 수송상의 필요에만 관련된 조건에 따라 정상적이라고 인정되는 경우에 한하여 허용되고 있다.

직접운송 원칙의 유일한 목적은 GSP대우의 공여를 요구하는 상품의 신원확인이 최초의 수출공급원으로까지 거슬러 올라가 조사하는 것을 보증하는 것이다.

(나) 서류상의 증거

서류상의 증거원칙은 GSP대우 하에서 통관절차를 위해 제시되는 상품이 실제로 그러한 특혜대우를 받을 자격이 있다는 것을 보증할 것을 목적으로 하고 있다. 이 서류(원산지증명서 내지 '서식 A')에는 당해 상품이 특정 수익개도국으로부터 수출되었다는 것이며, 당해 수출국에서 상당히 가공한 것이라는 필요요건을 갖춘 신청서에 구체적으로 입증하는 정보가 포함되어 있다. 원산지증명은 수익수출업자가 준비하고 수익국 정부가 미리 지정한 기관이 이를 증명한다.

(다) 최소한 가공원칙

GSP대우하에서 통관수속을 받는 당해 상품이 단지 선진국으로부터 수입되어 재수출되는 것이 아니라 실제로 수익수출국에서 생산된 것이라는 것을 보증하기 위하여 최소한 가공원칙이 각 특혜공여국에 의하여 확립되었다. 그러나 이들 원칙은 개도국들의 생산공정이 가끔 수입원재료 내지 부품으로 생산하는 것을 인정하고 있다. 일반적으로 최소한 가공원칙은 '어느 한쪽'의 테스트로써 표현되고 있다. 말하자면 GSP대우를 받기 위하여 제시되는 상품은 ① 당해 수익개도국에서 완전 국내 생산되거나, 혹은 ② 수입원재료 및 부품으로 가공되거나 어느 하나에 해당되지 않으면 안 된다.

완전 국내 생산되는 상품의 정의는 이론적으로 명확하다. 완전 국내 생산되는 상품은 수입원재료 내지 부품을 전연 이용하지 않은 생산공정으로 얻을 수 있다. 그러나 실제로 가공선상에서 제조되는 수산물의 경우와 같이 정의상 약간의 문제가 대두되기 때문에 완전 국내 생산된 것으로는 취급할 수 없다.

그리고 가공기준의 기초가 되는 원칙은 관세평가의 목적을 위해 최종재는 당해 상품에 투입되는 수입원재료 내지 부품과는 다른 것으로 정의하지 않으면 안된다. 그러나 어느 상품이 약간의 표면적인 가공, 예를 들면 두세 가지 품목의 단순한 결합 내지 완성품을 만들기 위한 부품의 단순한 조립 등의 공정을 거친 후에 관세항목의 변경을 받는 것과 같은 약간의 예외가 발생한다. 이와 같은 경우에는 GSP대우는 적용되지 않는다.

(2) 원산지 인정기준

특혜관세는 앞에서 설명한 바와 같이 특혜수익국 또는 지역을 원산지로 하는 상품에만 적용된다. 이 때문에 일반특혜관세제도에는 어떤 상품이 특혜수익국의 원산품이라는 것을 인정하기 위한 특혜원산지 인정기준이 정해져 있는데, 이 기준을 다음의 두 가지로 나누어 설명하고자 한다.

(가) 일반기준

다음의 상품은 그 생산 또는 가공을 한 나라가 원산지로 된다.

① 어느 특혜수익국에서 완전히 생산된 상품

② 어느 특혜수익국이 다른 나라에서 생산된 상품에 CCCN(현재의 HS) 4단위 분류의 변경 등 특정한 요건을 갖추어 가공 또는 제조된 상품

(나) 자국관여 기준

선진국으로부터 수출된 상품을 원재료의 전부 또는 일부로 가공 또는 제조한 경우에는 선진국으로부터 수출된 상품을 가공 또는 제조한 나라의 상품으로 간주하며, 상기 ①의 상품에 해당되는 상품은 그 나라의 원산품이 된다. 단, 선진국의 산업에 미치는 영향을 고려하여 생산된 상품이 섬유, 피혁 등 특정상품에 해당하는 경우에는 이 기준이 적용되지 않는다.

(3) 누적원산지 기준

GSP제도의 목적과 원산지규칙의 필요조건 간에 모순이 되는 주요한 내용이

하나 있다. 일반적으로 원산지규칙은 수입원재료 및 부품의 공급원을 문제로 하지 않고 GSP 수출상품의 생산에 투입되는 수입투입량(輸入投入量)을 제한한다. 그러나 수입원재료 및 부품이 다른 수익국으로부터 조달되는 경우에는 개도국의 공업화에 대하여 동일한 자극을 주게 된다. 실제 원산지를 결정한다는 목적하에 모든 수익개도국을 하나의 단위로 취급하는 것이 매우 논리적이라고 생각된다. 따라서 어느 수익국에서 행한 가공은 다른 수익국에서 행한 가공에 추가되어 전체적인 개도국의 부가가치분, 즉 누적원산지에 도달한다.

이러한 누적의 취급으로 대부분의 개도국은 공업생산의 현실 및 현재의 공업화수준을 인식하고 있다. 개도국의 공업생산활동이 만약 단순한 반제품 이외의 완제품을 생산하고자 한다면 수입원재료 및 부품에 상당히 의존하지 않을 수 없을 것이다. 그러나 누적의 취급하에서는 부품이 다른 개도국으로부터 조달되면 이들 제국은 기본적인 조립형의 생산활동에 전념할 수가 있다. 이와 같이 누적원산지는 개도국들 상호 간에 비교우위를 바탕으로 국제분업을 촉진할 수가 있다.

1971년에 GSP가 처음으로 도입된 때에는 누적원산지에 관한 규정이 전혀 없었다. 그러나 그 후에 UNCTAD의 토의에서 이 문제가 제기되었다. 그 결과 EEC 제국은 3개의 공인된 개도국들의 지역통합, 즉 동남아시아국가연합(ASEAN), 중미공동시장(CACM) 및 안데스 공동시장(ANCOM) 내부에 누적의 취급을 인정하기 위하여 원산지규정을 수정하였다.

미국의 특혜안에 누적의 원산지는 정식으로 창설된 자유무역지역 내지 관세동맹을 형성하고 있는 개도제국연합에 대하여 인정하고 있다. 특정의 지역통합의 가맹국인 어느 개도국에서 생산하고 다른 개도국은 유리한 원재료 및 부품을 원산지 규정하에서 최소한 가공조건을 충족시키는 것으로 간주하고 있기 때문이다.

그러나 미국의 누적원산지규정에는 약간의 부대조건이 붙어 있다.

첫째, 이와 같은 개도국들의 연합으로 최소한 가공기준이 당해 상품의 수출가액의 35%에서 50%로 인상되었다. 미국의 최소한 가공기준은 당해 상품의 총수출가액이 아니라 직접적 가공 코스트에 그 기초를 두고 있으므로 이와 같은 인상은 매우 중대하다.

둘째, '경쟁수요'의 제한범위가 각각의 가맹국이 아니라 그룹으로서의 지역통합에 적용되는 것이다. 만약 어느 지역통합의 모든 수익국으로부터 어느 특정상품의 연간수입이 2,500만 달러 내지 당해 상품 총수입의 50%를 초과하게 되면, GSP대우는 이 지역통합에 소속한 모든 수익국에 대하여 정지된다. 그리고 이 경우 정액 내지 비율의 어느 쪽으로 보아도 매우 적은 무역량밖에 점유하지 않은 수익국에 대해서도 이와 같은 특혜대우가 정지될 가능성이 크다. 이와 같은 조건하에서 누적의 취급은 그러한 누적의 취급이 전혀 존재하지 않는 경우와 거의 변함이 없을 것이다.

(4) 제한조치

(가) 제한조치의 내용

각 특혜공여국은 특혜안을 도입할 때 GSP대우를 철회 내지 수정할 권리를 항상 유보하고 있다. 이러한 제한(safeguard)조치는 특정품목에 관한 특정의 수익국에 대하여 혹은 특정의 수익국의 특정품목에 대하여 적용할 수 있다. 따라서 특혜공여국의 유보는 잠재적인 적용범위의 폭이 매우 넓다.

이 제한조치를 뒷받침할 수 있는 이론적 근거가 두 가지 있다.

첫째, GSP는 비호혜의 바탕에서 협상된 것으로 특혜공여국측은 GSP대우를 일방적인 양보라고 간주하고 있다. 따라서 일방적으로 공여된 것은 일방적으로 박탈될 수도 있다. 그러나 수익국측은 GSP를 선물로는 생각하지 않았다.

둘째, 수익국측은 무역 파트너로서 국제무역에서 불평등하게 대우받고 있는 지배적 룰의 정당성을 수정한 것으로서 GSP를 합리화시켰다. 개도국들은 세계시장에서 불리한 생산자에 대한 보상으로서 특혜관세대우를 받아야 한다고 주장하였다.

이 후자의 합리화는 특혜공여국 및 수익국의 쌍방에서 폭넓게 수용되었다. 만약 GSP대우가 개도국에 중요하다면 특혜공여국 시장으로 약간의 상품수출은 상당히 증대할 것이다. 특혜공여국은 몇 가지 경우에는 국내기업 및 노동자가 이 새로운 GSP로 유발된 수입경쟁에 충분히 대응할 수 없을지도 모른다. 그와 같은 사태를 예상하여 부당한 교란으로부터 특혜공여국 시장을 보호하기 위하여 GSP안에 소위 '세이프가드 조치'를 포함할 것을 합의하였다.

각국 GSP 안에 포함되어 있는 세이프가드 조치는 많은 형식을 취하고 있다. 어느 것은 매우 명시적이며 어느 것은 매우 교묘하다. 가장 직접적인 세이프가드 조치는 GSP로 야기되는 시장교란을 사전에 예방할 수 있다. 예를 들면 섬유제품 및 피혁제품과 같이 수익국이 바로 수출할 능력이 있는 상품을 제외할 수도 있다.

모든 특혜공여국은 그 형식이 어떠하든 이런 종류의 세이프가드 조치를 도입하였다. 보다 교묘한 세이프가드 조치는 GSP 관세율을 통상의 MFN 관세율보다 낮은 수준으로 설정하고 있다.

명시적인 세이프가드 조치는 두 가지의 기본적인 형식을 취하고 있다.

첫째, 면책조항조치이다.

이것은 GSP무역의 증가와 특혜공여국의 기업 내지 노동자에 대한 경제적 손해간에 어떠한 인과관계가 확립될 수 있는 경우에는 언제라도 GSP대우를 정지할 수 있다. 이것은 GATT에 구체화되어 있는 전통적인 면책조항조치이며, 1951년 이후 제정된 미국의 모든 관세법에 이것이 포함되어 있다. 이와 같은 GATT 형의 면책조항은 모든 GSP안에 포함되어 있다.

이론적으로 면책조항은 비교적 공평한 결정이며, GSP수입과 국내의 피해와의 명확한 관계가 확립될 때까지는 GSP수입의 확대는 인정되고 있다. 그러나 실제로 당초의 피해와 시정조치의 실시간의 타임래그가 있다는 데 중대한 문제가 있다. 그 사이에 국내기업 및 노동자에 대한 피해는 그 회복이 불가능하게 될 것이다. 여기서 국내의 비능률적인 수입경쟁적인 생산요소를 다른 생산활동에 재배분하는 데 필요한 시간을 주기 위하여 수입성장률을 조정할 수 있는 유효한 선견적인 면책조항이 꼭 필요하다. 그러나 불행하게도 오늘날 그와 같은 유효한 선견적인 시스템은 존재하지 않는다.

둘째, 실링 방식이다.

실링 방식은 미리 각 품목마다 특혜공여의 한도액을 설정해 두고 연도의 도중에 특혜수입액이 한도액에 달한 경우에는 그 이후 그 품목에 관해서는 국내산업에 대한 영향 유무에 관계없이 자동적으로 특혜적용을 다음 연도까지 정지하는 방식이다. 말하자면 GSP대우를 부여하고 있는 무역량에 제한을 설정하는 것이다. 일반적으로 이러한 실링 방식은 상품 그룹별로 관리되는데, 이 상품 그룹은 특정상품을 수출하는 개도국의 능력에 준하여 상당히 세밀하게 규정되어 있다.

(나) 특혜제도 창설시의 공여방식

실시된 각국 안의 특혜공여방식에는 소수의 안을 제외하면 그 기본적인 항목으로 대개 공통의 방식이 채용되었다. 특히 특혜공여의 대상이 되는 전품목을 CCCN(현재의 HS)에 따라 농수산품(제124류)과 광공업품(제2599류)의 두 가지의

■ <표 9-2> 주요 공여국의 특혜공여방식(창설시)

구 분		일본안	EEC안	미국안	영국안	북유럽안
대상품목	광공업품	원칙, 전품목에 공여	원칙, 전품목에 공여	원칙, 전품목에 공여	원칙, 전품목에 공여	원칙, 전품목에 공여
	예외품목	신발, 합판 등 7개 품목과 석유, 석유제품 3개 품목 계 10개 품목	가제인 등 공산가공품 5개 품목	섬유, 구두, 석유류 등의 168개 품목	섬유 등 100개 품목과 재정관세품목 121개 품목	섬유, 구두 등 168개 품목
	농수산품	59개 품목	51개 품목	76개 품목	69개 품목	97개 품목(가운데 유세품은 66개)
	1차산품	예외품목을 제외하고 특혜공여	원칙, 제외 (대부분 무세)	원칙, 제외, 광석 등 60개 품목에 공여	특혜공여	원칙, 공여(대부분 무세)
특혜마진	광공업품	원칙무세, 센시티브 품목(57개)은 50% 감면	무 세	무 세	무 세	무 세
	농수산품	20~100%	20~100%	무 세	무세(일부품목제외)	무 세
세이프가드방식	광공업품	실링 방식	실링방식(센시티브 품목)과 이스케이프 클로즈 방식(비센시티브 품목)			
	농수산품	이스케이프 클로즈 방식	이스케이프 클로즈 방식	이스케이프 클로즈 방식과 경쟁력 조항을 병용	이스케이프 클로즈 방식	이스케이프 클로즈 방식
	특혜수입의 한 도	한도조항, 실링 한도의 50%	한도조항, 원칙은 실링 한도의 50%, 센시티브 품목(약 40개)은 30~10%			

주 : 1) 품목분류는 농수산품이 BTN 제1~24류, 광공업품이 BTN 제25~99류.

2) 품목수는 BTN 4행의 품목수.

자료 : 西澤公慶, 「特惠關稅全貌」, 日本關稅協會, 1982에 의하여 작성하였다.

범위로 나누어 이를 각각 상이한 공여방식으로 작성하였다(〈표 9-2〉 참조).

먼저, 특혜대상품목 가운데 광공업품에는 네거티브(negative) 방식이 채택되어 원칙적으로 전품목을 대상으로 하여 국내산업에 큰 영향이 예상되는 것만을 '예외품목'으로 열거하고 있다. 농수산품에는 거꾸로 포지티브(positive) 방식이 채택되어 공여품목만이 열거되어 있다. 그러나 〈표 9-2〉에서와 같이 나라에 따라 다소 차이가 있다는 것을 발견할 수 있다.

특혜마진은 광공업품의 경우 주요 공여국에서는 재정관세품목을 포함한 예외품목 이외는 무세이지만, 민감한 SP품목(selected products)에 대하여 일본은 50%, 캐나다와 아일랜드는 33 1/3%, 스위스와 오스트리아는 30%, 뉴질랜드는 무세~50%, 그리고 오스트레일리아는 무세~27.5%로 인하하였다. 그리고 농수산품의 특혜마진은 전반적으로 다양하다.

다음으로, 특혜공여방식의 기타 각 항목이나 세이프가드 방식은 공여국에 따라 다르다. 즉, EEC와 일본은 실링 방식을, 영국 · 미국 · 북유럽은 면책조항방식을 취하고 있다. 그러나 EEC와 일본은 농수산품에는 면책조항방식을 취해 양 방식을 병용하고 있다. 특히 EEC는 광공업품의 일부에도 면책조항방식을 병용하고 있어 가장 복잡하게 구성되어 있다.

또 오스트레일리아는 수공업품 이외의 전 품목에 관세할당(tariff quota)방식을 적용하여 특혜수입이 인정하는 금액을 품목마다 정해 놓고 이것을 초과하면 일반세율이 적용되므로 실링 방식에 가깝다고 할 수 있다. 또한 기타의 세이프가드 방식으로 EEC · 일본 · 오스트리아에는 특혜수입액의 한도조항이 있고, 미국에는 경쟁력이 강해진 수익국을 배제하는 경쟁력조항이 설정되어 있다.

실링 방식과 면책조항방식에는 각각 장 · 단점이 있다. 전자는 그 운용을 탄력적으로 하고, 후자는 안이한 정지조치를 발동하고 있다. 그러나 그 운용에 있어 신중을 기한다면 현실적인 효과에는 그렇게 큰 차이가 없을 것이다.

양 방식을 구체적으로 설명하면 다음과 같다.

(가) 실링 방식

GSP의 실링 방식은 발생할 수 있는 피해로부터 국내생산자를 보호하며, GSP 대우는 실링 범위에 달할 때까지 적용되고 실링 범위를 초과하는 수입분에는 MFN관세가 부과된다. 따라서 실링 범위는 수입을 제한하는 것이 아니라 단순히 적용되는 관세율을 결정한다. 개도국으로부터의 특혜수입이 급격하게 증가될 때, 말하자면 GSP수입이 실링을 초과할 때에만 국내생산자가 궁극적으로 보호된다는 점에서 이 제도는 정당화될 수 있는 세이프 가드라 생각할 수 있다. 그러나 결국 이 제도의 타당성은 실링 범위의 수준 여하에 따라 결정된다.

실링 범위는 국내생산자를 보호할 목적으로 설정되나, 국내생산자의 국제경쟁력은 산업에 따라 상이하므로 실링 제도는 상품 베이스로 운용되는 것이 보통이다. 개도국으로부터의 수입은 각 상품범위로 분류되고, 각 상품범위에는 개개의 실링 범위가 설정되어 있다.

각 상품의 실링 수준은 통상적으로 다음과 같은 방식으로 할당된다. 즉, ① 기준연차에 모든 수익국 상품의 수입, 및 ② 공여국이 모든 비수익국 상품의 수입 수준에 관련되는 성장요인의 합계이다.[3)]

실링 범위의 타당성은 궁극적으로 성장요인에 크게 달려 있다. 만약 개도국들이 이미 어느 상품의 주요 공급국이라면 그것은 MFN베이스로 세계시장에서 경쟁할 능력이 충분히 있기 때문에 그러한 나라는 특혜대우를 필요로 하지 않는다.

실링 방식을 적용하는 데 타임래그(time lag)가 첫째 문제이다. 실링 범위는 그것이 적용되는 연차가 시작되기 전에 설정되므로 계산이 이용되는 관세의 무역량은 실링 연차보다 적어도 2년을 거슬러올라가지 않으면 안 된다. 예를 들면, 1986년에 적용되는 실링 범위는 1985년 12월에 발표된다. 따라서 1985년 전체를 커버하는 무역 데이터는 아직 이용될 수 없다. 왜냐하면 그것은 1984년의 데이터가 이용되기 때문이다.

1971년 7월 EEC제국이 처음 특혜안을 도입하였을 때 실링 범위로서 다음과 같은 공식을 이용하여 1968년의 무역 데이터를 계산하였다.

$$Q_{71}=m_{68}+0.05(M_{68}-m_{68})$$

이 경우 Q_{71}은 1971년의 특정상품 그룹에 적용되는 실링 범위, m_{68}은 수익국

3) EEC제국의 경우 실링 범위는 공산품에 관해서만 설정되어 있으며 농수산품의 경우에는 면책조항이 채용되고 있다. 1971년 EEC제국이 GSP를 도입하였을 때 실링 계산방식의 양부분에 관하여 기준연차로서 1968년을 선택하였지만, 일본은 ①에 관해서는 1968년, ②에 관해서는 1969년을 선택하였다.

으로부터 수입하는 EEC제국의 1968년 수입수준, 그리고 M_{68}은 개도국 이외의 나라로부터 EEC의 1968년도 수입을 각각 표시한 것이다.

오른쪽 첫번째 항은 기본 실링 범위이며, 두번째 항은 성장요인, 말하자면 비수익국으로부터의 EEC제국에 점하는 비수익국으로부터 수입하는 비중이 5%이다. 기본 실링 범위는 고정적이지만 성장요인은 최신 데이터를 이용하여 매년 수정된다.

이 실링 방식에 관한 문제점은 수익국으로부터 수입되는 대부분의 상품이 급격하게 증가하였기 때문에 1971년에는 그 해의 실링 범위를 초과하여 수입해 버린 것이다. 이와 같은 경우에 실링 범위는 폐쇄식(closed-ended)이라 하여, GSP 관세율이 GSP관세 인센티브가 없는 경우에 발생하는 무역량에만 적용된다는 것을 의미한다. 수익국으로부터의 수입증가는 모두 MFN관세에 직면하며, 따라서 GSP 는 개도국무역의 확대에는 조금도 공헌할 수 없을 것이다.

개도국들이 GSP 로부터 받는 이익은 특혜관세마진이 가져오는 가격 인센티브에 좌우된다. 실링 방식의 가격 인센티브에 대한 효과를 다음 〈그림 9-1〉로 설명하고자 한다.

그림에서 DD선은 수익국으로부터 수입하는 특정상품에 대한 특혜공여국의

그림 9-1 일반특혜관세

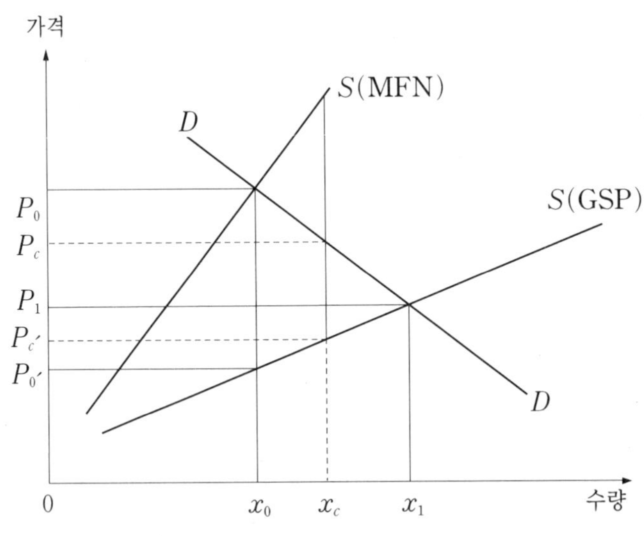

수요곡선, S(GSP)선은 무세인 경우 수익국의 수출공급곡선, S(MFN)선은 관세부과시 수익국의 수출공급곡선을 각각 표시한 것이다. GSP실시 이전의 무역수준은 $0x_0$이며, 특혜공여국의 수입업자가 지불하는 가격은 $0P_0$이다. P_0P'는 MFN 무관세율(GSP 관세마진과 같다)이며, 개도국에 $0P_0' \times 0x_0$의 수출수입(輸出收入)을 가져온다. 무세의 GSP대우가 실시되면 특혜공여국의 수입업자는 저가격의 수익공급자에게 수입을 전환하므로 무역수준은 $0x_1$로 확대된다. 개도국의 이익은 수출 · 수입으로 측정되며, 이 경우에 $0P_1 \times 0x_1$로 증가한다.

단, 이것은 GSP무역에 아무런 제약도 없는 경우의 결과이다. 그러나 실제로 실링 범위의 존재는 사태를 변화시킬 것이다.

지금 $0x_c$를 GSP관세가 적용되는 수입 · 수출량이라고 하자. $0x_c$를 초과하는 수입에 대해서는 MFN관세가 부과된다. 그 위에 수익국의 수출공급곡선은 $0x_c$로 불연속이 되어 $0x_c$ 보다 이하의 무역량으로는 S(GSP)선과 일치하고, 를 초과하는 무역량으로는 S(MFN)선과 일치한다. 새로운 수익국의 수출공급곡선은 굵은 선으로 표시되어 있다. 만약 x_c가 x_1의 오른쪽에 위치하게 되면 실링 범위는 개방식(open-ended)으로 효과적일 뿐만 아니라, GSP의 가격 인센티브는 최대한으로 그 기능을 발휘한다. 그러나 x_c가 그림에 표시된 것과 같이 x_1의 왼쪽에 위치하게 되면 GSP 실시 후의 무역수준은 x_c까지밖에 확대되지 않는다. 균형가격은 $0P_c'$와 $0P_c$간에서 불확정적이며, 수익국의 수출업자와 특혜공여국의 수입업자와의 상대적인 힘의 관계로 좌우된다. 그러나 어떻게 해도 수익국의 수출 · 수입은 $0P_0' \times 0x_0$에서 적어도 $0P_0' \times 0x_c$로, 어느 경우에는 그 이상으로 증가할 것이다.

그러나 만약 x_c가 x_0의 오른쪽에 위치하게 되면 수익국의 수출공급곡선은 x_0의 왼쪽에서 불연속이 되며, 따라서 S(MFN)선과 일치하여 DD곡선과 교차한다. 이 경우 GSP 실시 후의 무역수준은 변함이 없는 $0x_0$이다. 말하자면 무역은 확대되지 않는다. 그런데도 특혜공여국이 실링 범위의 무역수준에 관하여 포기하는 관세수입(이 경우 $P_0P_1' \times 0x_1$에 상당한다)의 문제가 남는다.

수익국의 수출업자 이익은 특혜공여국의 수입업자와의 상대적인 시장지배력에 달려 있다. 그러나 수익국의 수출업자에 귀착하는 어떠한 관세수입도 실제로 무역이익이라기보다는 오히려 원조이전이라고 할 수 있다. GSP의 가격 인센티브는 EEC제국 내지 일본에 대한 수익국의 수출수준을 확대하기 위해 작용하지 않기 때문이다.

실링 범위의 영향을 평가할 때 주요한 문제는 과연 실링 범위가 GSP가 존재하지 않는 경우에 발생하는 수입수준을 초과하는지의 여부이다. 이 내용을 설명하기 위해 다음과 같은 가설적인 예를 상정해 보자.

1968년 어떤 특정상품에 대한 EEC제국의 수입이 100달러로 수익국의 공급량이 25달러, 말하자면 당초 수익국은 EEC제국시장에서 25%의 셰어를 점유하고 있다고 하자. 그리고 통상 EEC제국의 수입이 매년 10%로 증가하였다고 하자. 따라서 EEC제국이 GSP안을 도입한 1971년에는 수익국으로부터의 수입은 33.28달러가 될 것이다. 실링 계산방식을 이용하면, 수입의 실링 범위는 28.75달러〔25달러+0.05(100달러+25달러)〕라는 것을 알 수 있다. 실링 범위($0x_c$)는 GSP가 존재하지 않는 경우에 발생하는 EEC제국의 수입수준($0x_c$)에 이르지 못한다. 말하자면 실링 범위는 '폐쇄식'이다. 물론 이것은 가설적인 경우이며, EEC제국 내지 일본안의 대상이 되는 모든 상품에 적용된다고는 기대할 수 없다. 그러나 이러한 사태가 결코 일어나지 않을 정도로 극단적인 예는 아니다. 이 예는 실링 방식이 약간의 상품에는 GSP를 처음부터 실제로 무효가 될 가능성이 있다는 것을 증명하고 있다. 그러나 기타의 상품은 어떻게 될까.

EEC제국의 수입에 점하는 수익국의 당초 셰어가 겨우 10%인 두번째의 예를 상정해 보자. 같은 10%의 성장률을 가정하면 1971년에는 수익국으로부터의 EEC제국의 수입기준은 13.31달러, 실링 범위는 14.50달러가 된다. 말하자면 실링 범위는 '개방식'이다. 그러나 시간의 경과와 더불어 수익국의 수출은 증대하기 시작하여 비GSP무역량은 1972년에는 14.64달러, 1973년에는 16.11달러가 될 것이다. 이를 양 연차의 실링 수준도 매년 성장요인의 재계산으로 확대될 것이다. 1972년의 실링 범위는 10달러+5%(1969년 수익국으로부터의 EEC제국의 수입), 말하자면 〔10달러+0.05(110달러-11달러)〕= 14.95달러가 된다. 1973년의 실링 범위는 15.45달러로 확대될 것이다. 실링 범위와 장기적인 수익국의 무역량을 비교하면 1971년에 개방식이었던 실링이 1972년에는 같은 개방식이지만, 1973년에는 폐쇄식이 돼 버린 것이다.

또한 실링 범위의 제한적 성격을 결정할 때 또 하나의 요소는 상품 그룹을 확정할 때 이용되는 집계작업의 수준에 관계된다. 예를 들면, 만약 수익국이 수출능력을 실증하고 있는 상품을 협소하게 규정하면 수익국은 주요 공급국이 되며, 따라서 성장요인은 전체 실링 범위의 아주 적은 부분을 점하게 된다. 그래서 이와 같은 상품은 폐쇄식의 실링 범위를 가질 가능성이 있다. 그리고 만약 개도국들이 수출하지 않는 상품(컴퓨터, 항공기, 중기계류 등)을 폭넓게 규정하게 되면 성장 요인은 크게 되어 매우 큰 개방식의 실링 범위를 가져온다. 그러나 이러한 상품에 대하여 GSP를 활용할 수 있는 개도국은 거의 없을 것이다.[4)]

그리고 EEC제국의 특혜안에는 각 가맹국 간에 약간의 상품에 실링 범위를 할당하는 조항이 있다. 이러한 복잡한 요인의 하나는 '최고한도액 조항'이고, 또 하나는 '할당제 조항'이다.

먼저, 최고한도액 조항은 어느 수익국으로부터 GSP수입을 각 상품 그룹의 실링 범위 50%까지로 한정한다. 이 조항에 해당하는 수익국에 대해서는 실링의 50%를 초과한 수입분에 MFN관세가 적용된다. 그러나 다른 수익국은 GSP대우하에서 같은 상품을 계속 수출할 수가 있다. 이 최고한도액조항의 이론적 근거는 경쟁력이 강한 수익국에 부여되는 특혜대우를 제한하여 비교적 경쟁력이 약한 개도국에 대하여 상당량의 실링 범위를 유보한다는 데 있다. 그러나 실제의 효과는 주요 공급국에 GSP를 보다 제한하고, 다른 개도국에는 최소한의 이익밖에 가져오지 못하는 것이다.

다음으로, 할당제 조항이란 각 실링 범위를 EEC 가맹국 간에 7개의 개별가맹국 실링 범위(관세할당)로 재분할하는 것을 말한다. 이 조항의 내용은 EEC에는 없고 그 대신에 각각 총 실링 범위가 미리 지정된 분담한도를 가진 7개의 독립국이 존재하게 된다. 가맹국 간에 분담한도의 배분은 개도국들과 실제 EEC제국의 무역 셰어 구성과는 관계가 없는 자의적인 '공동부담' 원칙에 근거를 두고 있다. 오히려 EEC제국의 실링 범위는 대외무역, GNP 및 인구 등에 관한 일반적인 경제기준의 고정적 분담한도에 따라 재배분된다. 모든 상품에 적용되는 고정적 분담범위는 프랑스 10%, 덴마크 5%, 영국 22% 등으로 되어 있으며 어떤 센시티브 품목의 GSP수입은 어느 가맹국, 예를 들면 프랑스의 할당액을 초과하는 경우에는 모든 수익국으로부터의 프랑스의 추가수입에 대해 MFN관세가 부과된다. 그러나 만약 같은 상품을 다른 EEC 가맹국이 수입하게 되면 GSP관세가 적용될 것이다.

4) 일본은 GSP무역을 제한하기 위하여 이러한 기회를 이용하였다.

5. GSP의 경제적 효과와 현행 GSP의 평가

1 GSP의 경제적 효과

GSP가 경제에 미치는 효과에 관한 이론은 바이너(J. Viner)에 의한 무역창출효과(trade creating effect)와 무역전환효과(trade diverting effect)가 일반적으로 널리 인정되고 있다. 또 이와 같은 효과를 미드(J. E. Meade)는 무역확대효과(trade expansion effect) 및 무역축소효과(trade reduction effect)라고 한다. 어느 것이나 특혜관세의 공여가 세계의 경제후생에 미치는 영향을 분석하고 이를 명확히 하기 위한 이론적 도구로써 개발 · 원용되고 있다.

개도국상품에 대한 특혜공여는 정태적 가정하에서는 특혜마진분만큼, 즉 인하된 관세수입분만큼 수입가격을 인하시켜 공여국의 국내판매가격을 저하시키므로 소비의 증대 및 국내생산의 감소를 가져와 그만큼 특혜수입이 증대한다(무역창출효과). 또 이 경우 지금까지 같은 상품을 이 공여국에 수출하고 있던 다른 선진공여국은 특혜분만큼 경쟁조건이 불리하게 되므로 그 수출은 감소한다. 따라서 특혜수익국은 선진국의 감소분만큼 특혜수출을 증가시킬 수가 있다(무역전환효과).

경제후생의 관점에서 보면, 특혜수입품이 능률이 떨어지는 국산품에 대신하는 경우에는 그 생산을 위한 자원 코스트가 감소하여 방치된 자원은 기타의 상품, 서비스의 생산에 이용될 수 있다. 물론 특혜수익국에서는 수출의 증대로 자원의 소비가 증대되지만 능률은 높아지므로 자원이 절약된다. 그리고 특혜공여국의 소비자는 가격의 저하로 소비를 증가시키므로 소비자이익이 발생한다. 따라서 무역창출효과는 관세수입의 감소라는 국고의 손실을 가져오지만 세계후생은 증대된다고 할 수 있다.

그렇지만 무역전환효과의 영향은 그렇게 명확하지 않다. 만약 특혜공여국이 그 수입선을 보다 능률적인 선진국으로부터 보다 능률이 떨어지는 특혜수익국으로 전환하게 되면, 세계 전체적으로 자원의 낭비가 발생하여 자원 코스트가 증대하므로 후생은 감소한다. 또 관세수입의 감소분만큼 국고의 손실이 발생한다. 그러나 이 경우에도 공여국의 소비자는 가격의 저하로 소비자이익을 획득할 수 있다. 따라서 무역전환의 종합적 효과는 그렇게 명확하지 않다고 할 수 있다.

첫째, 특혜효과를 국제무역이나 국제자본이동 등의 관점에서 정태적 분석으로 다음과 같은 파급효과를 고찰해 보자. 먼저 무역상품의 종류를 약간 단순하게 모델화하여 세계의 무역 패턴에 미치는 영향을 보면 특혜공여로 수입수요가 증대하므로 개도국시장에 공산품이나 1차산품의 상대가격을 인상시킨다. 여기서 특혜공여국의 국내가격은 앞서 특혜마진분만큼 하락한다고 가정하였지만 현실적으로 관세수입의 일부는 수입가격의 상승으로 수익국에 이전되어 일종의 경제원조가 된다. 그리고 그 일부는 거래의 역학관계로 수입업자에게 이전하여 그 이익이 증가됨으로써 특혜수입을 증가시키는 인센티브를 주게 된다. 따라서 그 잔여분이 국내가격을 저하시켜 소비자이익은 증가하게 된다. 또 국내생산의 축소로 생산자잉여가 감소된다는 것은 말할 필요도 없다.

따라서 무역 패턴의 변화를 보면 특혜수익국에는 경공업품이나 1차산품의 수출과 중공업품 등의 자본재의 수입이 증대하고, 하위의 특혜수익국에는 경공업품의 수입대체가 일어날 것이다. 또 특혜공여국에는 중공업품 등의 수출과 경공업품이나 1차산품의 수입이 증대하고, 일부 공여국에는 경공업품의 수출이 감소한다. 이것을 종합적으로 보면 공여국 상호간 및 수익국 상호 간의 수평무역은 감소하고, 공여국과 수익국 간의 수직무역이 증대한다. 따라서 특혜공여는 공산품무역에 있어서 수평무역의 희생으로 수직무역을 확대하는 효과를 가져오게 될 것이다.

또 특혜공여가 자본이동에 미치는 영향을 보면 일반적으로 특혜수익국의 수출증대에 따라 경공업품 · 1차산품의 생산이 확대하므로 그만큼 수익국으로 자본이동을 촉진하는 효과를 가져올 것이다. 그리고 국제수지 면을 보면 과도기에는 특혜공여국에서 경공업품 · 1차산품의 수입이 증대하는 데 중공업품의 수출은 조정의 지연 때문에 곧바로 증대하지 않으므로 일부 공여국의 경공업품 수출의 감소와 관련하여 무역수지에 적자요인이 발생할 것이다. 또 특혜수익국에서는 경공업품 · 1차산품의 수출과 중공업품의 수입이 각각 그 수출과 수입여력의 정도에 따라 증대하지만 전체적으로 무역수지에 흑자요인이 발생하게 될 것이다.

둘째, 특혜공여의 경제적 효과를 자원이나 기술, 기호가 변화하는 동태적 분석으로 고찰해 보자. 여기서는 국제경쟁력이나 수급요인 등 많은 여건이 변화함과 동시에 품질이나 안정공급이라는 비가격요인도 영향을 미쳐 이들이 복잡하게 작용하므로 특혜관세의 효과를 명확하게 파악하기란 어려운 일이다. 그러나 특혜의 공여가 특혜수익국에 경공업품 등의 수출증가나 수입감소를 가져온다. 즉, 한편으로 경공업품 등의 공업생산을 확대시켜 공업화를 촉진함과 동시에, 다른 한편으로 수입능력을 확대시켜 중공업품 등의 자본재수입을 증대시키는 것은 확실하다. 어느 것이나 개도국의 경제개발을 촉진시켜 경제성장을 높이는 효과를 가져오게 될 것이다.

반대로 특혜공여국에는 경공업품 · 1차산품의 생산은 상대적으로 후퇴하지만 중공업품 등의 자본재생산이 확대되므로 특혜에 의하여 일방적으로 공업생산이 축소되지는 않는다. 또 보다 자본집약적인 자본재생산으로 이동하므로 소득분배는 자본에 유리하게 변화하게 될 것이다. 이 때문에 자본소득으로부터의 재투자율이 노동소득으로부터의 투자율보다 높아지면 선진공여국의 발전가능성도 높아질 것이다.

이와 같은 특혜공여의 효과가 기타 여건의 변화나 작용에도 불구하고 실제로 나타나게 된다면 특혜공여국은 자본집약적 산업에 특화하고 특혜수익국은 경공업부문에 특화함으로써 시작하여 세계적으로 무역이나 자본이동이 보다 확대될 것이다.

그러면 일반특혜는 세계의 경제후생에 어떠한 영향을 미칠 것인가. 이 점에 관하여 자유무역론의 입장에서 손실이 발생된다는 면도 강조되고 있다. 그러나 일반특혜관세는 관세장벽을 높이는 것이 아니라 낮추는 것이므로 확실히 무역의 차별화가 확대되어 부분적으로는 세계적 규모로 무역자유화를 촉진한다. 이와 같은 무역의 차별화를 확대하기 위하여 MFN관세를 특혜공여국에서 인하시키고자 한다면 일반특혜는 보다 '자유무역으로의 길' 을 단축시키게 될 것이다.

여기서 일반특혜와 경제후생과의 관계를 보자. 한 나라 및 세계의 경제후생이 각각 모든 국민 및 국가의 실질소득의 합계라고 하면 다음과 같은 변화를 생각할 수 있다. 특혜공여로 상대가격이나 교역조건이 변화하므로 수익국과 공여국의 후생은 각각 복잡하게 변화하지만 NICs로 불리는 상위의 수익국만은 공업제품과 1차산품의 수출가격이 모두 상승하므로 특혜로 경제후생이 일의적으로 높아지는 유일한 나라라고 할 수 있다. 그러나 이것을 세계 전체적으로 보면 교역조건의 변화에 수반되는 각국의 이해득실은 상호 상계되므로 세계의 경제후생에 문제가 되는 것은 세계적인 무역량의 증감뿐이다.

따라서 선진공여국이 경공업품 · 1차산품의 수입을 증가하고 자본재 수출을 증가하면 세계의 경제후생을 높이게 되며, 그 정도는 특혜대상품목에 부과했던 특혜 이전의 관세율의 높이와 수출입증가의 크기에 비례한다. 또 일부 공여국에서 발생하는 경공업품 등의 수출감소가 후생을 저하시키는 요인이 되지만 종합적으로 보면 일반특혜는 세계의 경제후생을 높일 가능성이 크다고 할 수 있을 것이다.

2 특혜효과의 분석

특혜제도의 실시에 의한 경제효과를 두가지 분석방법, 즉 예측분석(사전추계)과 실적분석(사후추계)으로 검토해 보고자 한다.

예측분석에 관하여는 1963년부터 1971년 사이에 발표된 10건의 연구가 있으며, 이들 연구는 특혜실시 이전의 데이터를 사용하여 특혜가 가져오는 현실적인 경제효과를 이론적인 방법으로 추계 · 예측하고 평가한 것이다. 특혜효과의 실적을 밝히기 전에 특혜실시에 앞선 단계에서 당시 어느 정도의 특혜효과를 예측하고 있었는가를 파악한다는 것은 다음의 특혜실적을 평가하고 그 의의를 이해하는데 유익할 것이다.

그리고 특혜제도가 실시된 1971년부터 1980년까지 10동안 남북무역의 실적을 분석하고, 실제로 특혜관세의 경제효과를 추계평가한 연구도 6건(입수가능한)이 있다.

앞에서도 설명한 바와 같이 일반특혜의 경제효과에는 일반적으로 말하면 개도국의 이익과 관세인하에 수반하는 공여국의 소비자이익이나 무역전환에 수반되는 자원배분의 비효율 등 세계적 경제후생의 효과가 포함된다. 그러나 일반특혜는 개도국들의 수출증대를 장려함과 동시에 개도국의 공업화 및 경제성장을 촉진하는 인센티브를 부여하는 데 그 목적이 있다. 따라서 특혜효과의 연구도 개도국의 무역확대효과가 그 중심이 된다.

GSP의 이론적 경제효과를 정리하면,

① 정태적 효과 ┌ 무역창출효과
                  └ 무역전환효과
② 동태적 효과

가 있다.

여기서 정태적 효과란 관세율의 변화만 있고, 기타의 조건은 불변으로 했을 때 기존 무역상품의 가격과 수량이 얼마만큼 변화하는가를 말한다. 말하자면 관세율 변화의 직접적 · 단기적 효과이다. 정태적 효과에는 특혜공여국에서 국내상품이 수익국 상품의 수입으로 대체되는 무역창출효과와, 비수익국(다른 선진공여국)으로부터 수입 수익국으로 대체되는 무역전환효과 등 두 가지가 있다.

이에 대하여 동태적 효과란 일반특혜로 생산이나 소비의 여러 가지 조건이 어느 정도 변화하는가를 말한다. 말하자면 관세율 변화의 간접적 · 장기적 효과이다. 즉, 일반특혜를 이용하여 선진공여국으로 수출하기 위하여 공여국으로부터 수익국으로 투자나 기술이전 등이 이루어져 수익국의 경제발전이 촉진되는 효과를 말한다. 그리고 동태적 효과에는 수익국의 수출확대로 유발되는 공여국의 자본재 등의 수출확대효과도 포함해서 고려된다.

GSP의 효과는 이와 같은 이론적 프레임으로 분석된다. 그러나 실제적인 분석에는 이를 정태적 효과와 동태적 효과로 완전히 구분하여 추정되는 것은 아니다. 특히 동태적 효과의 정량추정은 어렵다.

3 GSP의 평가 및 전망

(1) 자유무역과 GSP

GSP는 선진공업국이 국제무역면에서 개도국의 국민생활 향상과 경제안정을 목표로 하는 경제사회의 개발정책을 위한 원조의 하나이다. 개도국이 공업화에 의한 공산품의 공급능력을 축적 · 증대함에 따라 선진국이 이들 공산품의 수입을 우대하고, 또 개도국에 비교우위가 있는 농수산품을 수입할 때 관세상의 대우를 부여하는 등 개도국의 경제개발과 소득향상을 위해 선진국이 수요측면에서 협력하는 것을 의미한다.

이 제도는 특혜공여국이 개도국으로부터 수입하는 상품에 낮은 관세 내지 제로(0) 관세가 적용되지만, 그것은 관세장벽이 없는 자유무역으로의 일보전진이라는 기능이 있다. 따라서 관세수준의 저하와 함께 특혜세율과 일반세율간의 격차는 좁아져 가기 때문에 '보상조치' 의 필요성을 강조할 논거는 없다.

(2) 개도국 원조로서의 GSP

GSP는 원조의 한 방식으로서 개도국과의 무역불균형을 시정하는 데 이바지한다. 그러나 이러한 공헌은 한정된 것이고 불균형의 시정을 위해서는 오히려 다른 원조방식이 병용되지 않으면 안 되며, 선진공업국의 총수요정책이나 여러 가지 형태로의 비관세적인 조치 · 정책이 필요하게 된다. 이렇게 해도 불균형이 쉽게 시정되기 어려울 것이다.

특히 GSP는 어느 정도까지 수출경쟁력을 지닌 공업부문을 확립하고 있는 개도국에서는 이용가치가 있지만 그렇지 않은 나라에는 이용가치가 적다. GSP가 있다는 이유만으로 선진공업국의 수입이 특히 증가한다는 보장은 없을 것이다. 그리고 개도국들의 경우에도 그 효과는 한정적이다.

(3) 특혜제한조치

GSP는 개도국과 선진공업국 간의 정치적 · 경제적 · 역사적인 여러 문제와 관련시켜 취급하지 않으면 안 된다. GSP의 효과가 한정된 것이라 해도 그것이 남북관계의 광범위한 도식 가운데서 취해지고 있는 한 그 존재의의는 크다. 그러나 수입한도 등이 설정되어 있는 경우 그 운영의 여하에 따라서는 GSP의 이용가치를 저하시켜 버리게 될 것이다.

또 수입제한이나 수입할당, 기타 비관세적 조치 혹은 기능상 이들과 유사한 효과를 지닌 조치는 GSP와 직접적으로 관계는 없지만 개도국의 불만을 높임으로써 경우에 따라서는 GSP의 효과를 경제적으로 혹은 정치적으로 상계해 버릴 위험성이 있다.

(4) 특혜이익 향수의 균형

개도국에 따라서는 선진공업국이 공여하는 GSP를 이용하지 않아도 충분히 수출할 수 있는 산업을 이미 확보하고 있는 나라도 있다. 이러한 산업은 국제경쟁력을 강화하여 선진공업국의 당해 산업과 대등하게 세계시장에서 경쟁할 수 있다. 이와는 달리 GSP를 이용하지 않고서는 도저히 상품을 수출할 수 없는 기타 개도국의 동종산업에 GSP의 이용기회를 양보할 수가 있게 되면 그것은 하나의 진전이다. 왜냐하면 그것은 개도국 간에 GSP의 이익을 향수할 수 있도록 균형을 도모하는 하나의 방법이 될 수 있기 때문이다.

선진공업국 가운데는 그러한 강력한 경쟁력을 가진 산업이 GSP를 이용하여 당해국의 국내시장에 대량으로 참가하는 것은 불합리하다고 생각하는 나라도 있다. 그러한 관점에서 주장하는 것은 반드시 해당되는 개도국측의 주장과 일치할 수는 없다. 국제경쟁력과 GSP의 이용에 얽혀 있는 문제는 오히려 개도국 간에 특혜관세제도를 이용하는 데 따른 이익을 향수의 균형문제이다.

(5) 공정한 경쟁조건

자유무역의 입장에서 GSP는 일종의 장애물로 볼 수도 있다. 그러나 자유무역이 공정한 조건하에서 이루어지기 위해서는, 경쟁하는 데 현저한 격차가 있는 남북 간에는 일종의 장애물을 두어야 한다는 것이다. 그러나 이러한 사고방식에는 문제가 있다. 그것은 공정한 경쟁조건의 내용이 확실치 않고 또 확실하게 되기도 어렵기 때문에 관세뿐만 아니라 무역정책의 넓은 범위까지 이 장애물을 설치하기 위한 수단으로 포함시켜 버리게 되기 때문이다. 그렇게 되면 자유무역의 경쟁원리 그 자체가 이러한 장애물로 복잡하게 얽혀 버리게 될 것이다.

자유무역의 원칙을 존중한다는 입장에서 볼 때 GSP는 국제시장에서 공정한 경쟁조건의 설정을 위한 조치로 해석하기보다는 오히려 관세인하에 의한 자유무역의 한 단계로 해석하는 것이 합리적일 것이다.

우리 나라의 관세정책과 관세법의 체계

제10장

1. 우리 나라 관세정책

2. 우리 나라 관세법의 체계

3. 관세율 구조

▶ 우리 나라 관세정책의 시대구분을, ① 정부수립 전 · 후기, ② 전후 복구기 및 과도기, ③ 경제개발계획기로 나누어 고찰한다.

▶ 1993년에 중심관세율을 8%로, 상품전체의 평균관세율을 7.9%로 인하하였다.

▶ 우리 나라 관세법은 1949년 11월 23일(법률 제67호)로 제정 · 공포되었으며, 현행 법은 1999년 12월 28일에 개정(법률 제6046호)되었다.

▶ 관세법의 목적(제1조)은 **"관세의 부과 · 징수와 수출입물품의 통관을 적정하게 하여 국민경제발전에 기여하고 관세수입의 확보를 기함을 목적으로 한다"**고 규정하고 있으며, 이 법은 관세행정의 기본법이다.

▶ 관세법은 11개 장, 243개 조문과 부칙으로 구성되어 있으며, 관세법 시행령과 시행규칙이 있다.

1. 우리 나라 관세정책

앞장(제8, 9장)에서는 주로 국제무역기구(WTO, UNCTAD)와 관세에 관한 내용을 고찰하였다. 이 장에서는 이러한 국제관세정책을 토대로 우리 나라 관세정책의 변천과정과 관세법의 체계를 개관함으로써 현실적인 시각을 부여하고자 한다.

관세정책은 그 시대의 정치 · 경제 · 사회 등 여러가지 여건에 의해 생성되고 변모해 가는 것이므로 그 시대의 여러 가지 상황을 반드시 감안해야 할 것이다. 또한 관세정책은 무역정책, 나아가 전반적인 경제정책과 유기적인 관계를 맺고 있으므로 반드시 관세정책 이외의 여러 가지 경제정책도 고려하지 않으면 안 될 것이다. 이 장에서 논의의 초점을 맞추기 위해 먼저 제1절에서는 8 · 15광복 이후부터 현재까지의 기간을 중심으로 해당 시대의 관세정책을 간략히 개관한 후 그 특징을 약술하고자 한다.

관세정책의 시대구분을 ① 정부수립 전 · 후기, ② 전후 복구기 및 과도기, ③ 경제개발계획기로 나누어 고찰하고자 한다.

1 정부수립 전 · 후기의 관세정책

(1) 정부수립 전기의 관세정책

1 시대적 배경

8 · 15광복 이후 우리나라 경제의 특징은 일제하 전시경제체제로 인한 생활필수물자의 부족, 통화증발, 남북분단에 따른 지역적 분업의 보완성 상실, 해외로부

터의 귀환인구의 증가, 대외지불능력의 상실, 밀무역의 성행 등으로 요약할 수 있다. 즉, 이 시대의 경제는 생산적 기반의 파괴와 물자부족 및 악성 인플레이션을 그 특징으로 들 수 있다.[1] 따라서 당시 경제정책 목표는 인플레이션 대책과 물자수급의 균형이 1차적인 과제였다.[2] 한편, 세관업무는 일시적인 공백기를 거쳐 미군정하에서 재개되었으며, 군정과 과도정부하의 주요 관세정책을 들면 다음과 같다.[3]

2 관세정책의 추이와 특징

관세정책은 미군정하의 대부분의 경제시책과 마찬가지로 일제하의 관세시책을 기준으로 하였다. 즉, 1945년 11월 2일 미군정법령 제21호로 구 일본관세법규의 거치적용이 발효되어 과도적으로 관세행정의 지침이 되었다. 이 법령의 특징은 구 일본관세법규를 그대로 적용하면서 관세율을 인하하고 면세범위를 확대한 것이다. 그러나 관영무역이 대부분이고 민간무역이 극도로 제한되어 있는 상태였으므로 관세정책은 제구실을 다하지 못한, 말하자면 형식적인 관세행정만이 존재하였다.

한편, 일본관세법은 최초로 1946년 10월 법령 제116호로 개정되었는데 그 주요내용은, ① 관세업무가 상무부에서 재무부로 이관되었고, ② 관세율을 전면적으로 인하하여 10% 이하로 억제하고 면세범위를 확대하였으며, ③ 밀수방지를 위한 상여제도를 설정한 것이다.

그 결과 관세율체계는 수출은 전면적으로 면세였고, 수입은 종가세의 경우에는 10% 이하이며 종량세인 경우에는 세액이 10%를 초과하지 않는 범위에서 종전 수준을 유지하였다.

관세율은 그 당시 격심한 인플레이션을 감안한다면 제로(0) 관세와 같았으며, 일본치하의 종가세율인 최하 5%에서 최고 10%(전매품인 연초의 경우 355%)

---

1) 예로 1944년을 기준으로 할 때 1946년의 물가상승률은 9,200%, 1946년도를 기준으로 한 1947년도의 물가상승률은 180%, 1947년도를 기준으로 한 1948년도의 물가상승률은 60%이다.
2) 한국관세연구소, 한국관세사, 1985, pp. 325~331.
3) 위의 책, pp. 366~371.

보다 낮았던 것으로 볼때, 관세정책의 목표는 산업보호 보다도 오히려 부족한 물자충족에 있었다고 볼 수 있다.[4] 한편, 1946년 11월 법령 제127호로 국내식량수요를 확보하기 위해 미곡밀수출 등의 처벌령을 공포하였는데, 이는 당시 미곡의 대일밀수가 성행한 데 기인하였다.

제2차 개정은 1948년 4월 법령 제177호와 제184호로서, 전자는 종래의 관세법을 개정하여 종량세를 10% 균일종가관세로 전환하였으며 면세범위를 확대하여 식량을 추가하였고, 후자는 과도정부의 세입증대를 위해 종래 관세관계의 각종 사용료를 50배로 인상한 것이다.

제3차 개정은 1948년 7월 법령 제211호로 보세지역 내의 화물을 장치할 수 있는 기간의 단축과 장치기간 경과화물의 처분 및 우선매수제도를 규정한 것은 밀수방지책의 일환이었다.

■ <표 10-1> 관세수입의 비중

(단위 :%)

항목 / 연도	관세부담률	관세수입/세입	관세수입/조세수입
1946	9.5	0.2	2.2
1947	6.4	0.9	3.9
1948	11.9	4.1	20.9

주 : 1946년의 관세수입은 앞의 자료에 1~4월 통계가 없어 5~12월 월평균을 산출하여 4개월분을 가산하여 계산하였다.

자료 : 조선은행, 경제연감, 1949, pp. 52~53, 70. 산업은행, 한국산업경제10년사, 1955, pp.359~360에 의거 작성하였다.

이상의 미군정 및 과도정부하에서 관세정책의 우선과제는 물자안정에 있었다. 그 결과 수입관세율의 일률적 인하와 면세범위의 확대, 밀수방지 등을 관세정책의 특징으로 들 수 있으며 산업의 보호나 앞의 〈표 10-1〉에서 보는 바와 같이

4) 서근태, 우리 나라 관세정책의 변천에 관한 고찰, 부산상대논집, vol. 46(1983), pp. 68~69.

재정수입을 고려한 것은 아니다.

또한 종량율을 종가세율로 전환한 것은 급격한 인플레이션하에서는 그 의의가 크다. 그러나 10% 균일관세율이란 정책상의 배려보다는 행정상의 편의를 우선한 것이라 평가할 수 있다.

(2) 정부수립 후기의 관세정책

1 관세법의 제정과 그 특징

1948년에 수립된 독립정부는 과거 외세하의 물가안정과 민심수습에 역점을 둔 관세정책에서 벗어나 자주적인 관세정책을 수립하게 되었다. 즉, 정부는 과거에 관세법 · 관세정율법 · 보세창고법 등 9개로 되어 있던 관계법령을 종합한 단법(單法)을 제정하여 1949년 11월 23일 법률 제67호로 공포하였다.[5)]

당시 국내산업시설이 일제시대에 비해 약 30% 정도만이 가동되고 있음이 산업은행 자료에서 밝혀지자 자급자족의 경제기반을 구축하기 위해서는 국내산업을 보호하는 방향으로 관세율을 책정할 필요성이 있었고 아울러 재정수입의 필요성이 증대되었다. 따라서 관세율책정은 재정수입과 산업보호에 주안점을 두었다.

전체적으로 볼 때 첫째, 남북통일을 전제로 한 해륙양용 관세제도를 마련한 점, 둘째, 당시의 물가변동을 고려하여 종가세로 세율을 통일시킨 점, 그리고 셋째, 밀수방지를 위해 상여금제도와 세제관리에게 사법권을 부여한 점이 특징이다.[6)]

2 관세율과 관세율표의 특징

이 시기의 관세율의 특징은 다음과 같다.

첫째, 전체적으로 볼 때 종전의 10% 균일관세율을 지양하고 차등관세율을 제정하여 총 1,706품목 중 160개 품목에 대해서는 무세로 정하고 1,546품목은 차등관세를 부과하였다.[7)]

둘째, 세표분류에 있어서는 자연과학적 분류방식에 따라 유기물(제1류~제9류), 무기물(제10류~제14류), 잡품(제15류) 등으로 〈표 10-2〉와 같이 분류하였다.

---

5) 이 때 일본이 1938년 만주에 괴뢰정권을 수립하고 적용했던 해륙양용 종합단관세법(綜合單關稅法)을 많이 참고하였는바, 이는 지정학적으로 우리 실정에 가깝기 때문이다.
6) 한국관세연구소, 앞의 책, pp. 372~374.
7) 서석태, 한국의 수입구조 및 수입정책, 한국개발연구소, 1979. 12, p. 17.

■ <표 10-2> 수입관세율표 분류세목표

분류번호	분류품목	세번호	세번수	세율수	평균세율(%)
제1류	약품류 · 화장품 · 폭발물	1~129	129	176	15.2
제2류	색소 및 도료	201~241	41	61	19.6
제3류	유지랍 및 동 제품	301~331	31	53	20.6
제4류	식료품 · 음료 및 연초	401~456	56	126	44.4
제5류	의류 및 장신용품	501~523	23	100	55.1
제6류	포백 및 동제품	601~649	49	160	48.5
제7류	종이 · 종이제품유화 · 서적 및 인쇄물	701~746	46	54	31.7
제8류	섬유 및 동 제품	801~828	28	75	24.2
제9류	동식물 · 동식물산품 및 동 제품	901~974	74	180	29.6
제10류	과학기기 · 악기 및 총포	1001~1038	38	87	36.6
제11류	전기기기 · 차량 · 항공기 · 선박 · 기계류	1101~1183	38	186	18.7
제12류	광금속 및 동 제품	1201~1273	73	251	20.1
제13류	도자기 · 유리 및 동 제품	1301~1318	18	45	36.5
제14류	광물 · 광물산품 및 동 제품	1401~1434	34	82	27.3
제15류	잡품	1501~1533	33	70	51.4
계		2,350	756	1,706	26

셋째, 국세율수준 및 그 설정원칙을 보면 다음의 〈표 10-3〉과 같이 기본세율 30%, 최저세율 10%, 최고세율 100%이며 평균관세율은 〈표 10-2〉에서와 같이 26%에 달하였다. 한편, 관세율의 차등면에서 보면 10~40%까지는 5% 차이, 40~60%까지는 10% 차이, 60~100%까지는 20% 차이로 하였다. 세율은 가공단계별 격차보다는 생활필수품이냐 사치품이냐 하는 구분방법에 따라 관세율 격차를 보다 크게 하였다.

넷째, 전술한 바와 같이 과세표준은 일률적으로 종가세로 하였다.

다섯째, 무세품으로서, ① 건설자재의 원재료인 광금속 및 금속제품과, 긴요하거나 혹은 부족한 중요 물자의 원재료인 광물 · 동물 · 식물 및 그 산품, ② 문화 · 교육 · 공익상 필요한 물품, ③ 부족한 중요 물자 등을 그 대상으로 하였다.

위와 같은 획기적인 관세정책은 재정수입증대, 산업보호, 소비억제 등 모든

■ <표 10-3> 관세율설정의 원칙과 기준

(단위 : %)

설정원칙		주요품목	수입세율의 기준			
			원재료	반제품	완제품	공업자재 인견제품
긴급 및 필요 물품	국내생산이 없거나 혹은 극소량인 것		무세	10	15	10
	국내에서 일부 생산되거나 혹은 생산할 수 있는 것		10	15	25	15
	국내에서 수요량 전부가 생산되거나 혹은 생산할 수 있는 것		15	25	35	20
긴급하지 않은 물품	국내에서 생산되지 않는 것		20	30	40	30
	국내에서 생산되는 것		30	40	50	40
	국내에서 생산되지 않는 것 혹은 생산되는 것으로 우측의 물품	과자, 화장품, 모피털,모제품, 기타 다음 이외의 사치품	40	50	60	
사치품	국내에서 생산되는 것 혹은 생산되지 않는 것으로 우측의 물품	귀금속, 보석, 진주, 상아 등을 사용하거나 혹은 장식한 제품, 신변 장식용 세화류, 주류, 연초, 화장품 등	60	80	100	

정책효과를 기대하였으나 곧이은 한국전쟁으로 인해 제대로 그 효과를 파악하기도 전에 전시경제체제로 돌입하게 되었다.[8]

(3) 한국전쟁기의 관세정책

한국전쟁으로 우리 경제가 전비조달을 위한 전시경제체제로 돌입함으로써 각종 대책이 마련되었다. 그 중 가장 중요한 것이 조세정책으로서 각종 세율을 4%에서 100%까지 인상 징수하는 '임시조세증징법'이 제정되었다. 이에 따라 그 일환으로 '임시조세증징법'이 시한적(사변 종료 후부터 다음해 12월 31일까지)

8) 서석태, 앞의 책, pp. 394~396.

법률로 1950년 11월 제정 · 실시되었다.

관세임시증진법의 내용은 수입관세율표상의 무세품목 중 식량과 서적, 기타 인쇄물 등을 제외한 비교적 과세부담의 여유가 있는 나머지 140여 품목에 대하여 종가 10%의 임시관세를 부과한다는 것이다. 또한 ECA 원조물자 중 무세품에 대해서도 관세를 부과하였는데 이것이 매년 관세수입 전액의 25%를 차지하였다.

한편, 재정수입증대를 위해 관세부과시 과세가격기준으로서 종전의 정상도착가격(군정 · 과도정부시에는 시가역산제)에서 시가역산제로 환원하였다. 왜냐하면 당시 물가가 급등하고 공정환율과 실세환율 사이에 큰 격차가 있어 정상도착가격제로는 관세수입에 막대한 손실을 가져왔기 때문이다.

관세법이 제정된 후 최초로 한국전쟁중인 1951년 12월에 제1차 개정이 있었다. 이 개정의 목적은 벌칙을 강화하고 특정한 세관관리에게 사법경찰권을 부여하여 밀수사건 등을 세관에서 효율적으로 일괄처리시키려는 데 있었다.[9]

■ <표 10-4> 관세수입(1949~1953)의 추이

(단위 : 100만환)

내용 \ 연도	1949	1950	1951	1952	1953
세입총액(A)	911.6	2,485.3	6,533.2	22,118.0	55,505.6
조세총액(B)	144.7	434.3	3,952.8	9,778.3	20,962.5
관세수입(C)	14.3	34.1	451.3	1,468.4	3,508.9
C/A	1.6%	1.3%	6.9%	6.6%	6.3%
C/B	9.9%	7.9%	11.4%	15.0%	16.7%
B/A	15.9%	17.5%	60.5%	44.2%	37.8%

자료 : 한국은행조사부, 경제연감, 1956, p. 99.

1949년 관세법이 제정된 후 1953년까지의 관세수입은 위의 〈표 10-4〉와 같이 전후 그 비중이 커졌음을 알 수 있다.

한편, 1947년 1월 제네바에서 서명된 GATT협정에 참여하기 위해 다음과 같

9) 서근태, 앞의 논문, pp. 73~74.

은 노력을 하였다. 먼저 1950년 영국 Torquay에서 개최된 국제관세회의에 옵서버로 참석하였고, 1951년 제네바 회의에서는 1952년 3월까지 일반협정에 서명한다는 조건으로 한국가입안이 통과되었다. 1952년 12월 제네바에서 개최된 제7차 회의에도 대표를 파견한 바 있으나 이 시기에는 GATT 제5차 회의에서 요청한 우리의 관세양허품목 31종의 세율인하를 수락할 수 없는 국내사정 때문에 정식 서명을 하지 못하였다.[10]

2 전후 복구기의 관세정책

(1) 전후 복구기의 관세정책

전후부터 1960년까지의 기간 동안 우리 경제는 전쟁복구와 외국원조에 의한 소비재무역이 중심이 되었으며, 한편으로는 소비재를 중심으로 한 경공업부문의 수입대체가 산업성장을 주도해 온 기간이다. 이 기간 동안의 연평균 수입액은 GNP의 9~10% 수준이었으나 수출액은 수입의 20% 미만이었다. 따라서 이 기간의 물자는 PL 480(미국 잉여농산물 원조), FOA, ICA원조 등으로 도입되었고, 또한 원조수입품의 판매대전인 대충자금으로 국내산업을 지원해 왔다. 특히 외국원조에 의한 충주비료공장과 수개의 발전소 건설, 교통, 체신, 사회공공시설 등의 복구와 소비재가 중심인 생필품의 수입대체산업의 육성이 중요한 산업발전의 기초가 되었다.[11]

한편, 관세정책과 관련시켜 볼 때 전시와 마찬가지로 전쟁의 복구에도 막대한 자금수요를 수반하였다. 이의 상당 부분은 상기한 바와 같이 외국원조에 의존하였으나 국내의 가용자원도 최대한으로 활용하였다. 그 결과 관세정책도 그 1차적인 목적이 재정수입의 증대에 있게 되었다.

또한 우리 나라는 1955년 8월에 브레턴 우즈 협정에 의한 IMF와 IBRD에 동시 가입하게 되었으며, 수입쿼터제도를 폐지하였고 국내생산이 가능한 품목에 대해서는 수입을 금지하는 방향으로 국내산업보호를 위한 수입정책을 취하기 시작하였다.

10) 한국관세연구소, 앞의 책, p. 401.
11) 서석태, 앞의 책, pp. 19~22.

1 제1차 관세법개정(1951.12.6. 법률 제229호)

1949년 11월 법률 제67호로 제정 · 실시된 관세법은 1951년 12월 6일에 처음으로 개정되었다. 개정된 주요 내용은 첫째, 세관구내 물품장치기간을 종래의 6개월에서 3개월로 단축하고, 타소장치물품의 장치기간을 6개월로 한다. 둘째, 세관 이외의 다른 기관이 관세범을 검거하였을 때는 즉시 세관으로 인계하도록 하는 관세범에 대한 조사현황을 일원화하였다. 그리고 셋째, 금지품수출입죄, 관세포탈죄, 무면허수출입죄에 징역형과 벌금형을 병과할 수 있게 벌칙을 강화하였다.

2 제2차 관세법개정(1953.10.30. 법률 제296호)

1953년 10월에 있었던 제2차 관세법개정에 재정수입증대의 목적에 따라 범람하는 관세미납물품을 무면허물품으로 등록시켜 관세를 징수함과 동시에 차후 관세법위반물품을 일소하기 위하여 면세물품의 범위를 확대시키고 벌칙을 대폭적으로 강화하였다. 이후 1957년까지는 관세율구조가 재정확보에 치중되어 있었고 관세임시증징법이 유효하였다. 반면에 산업육성을 위한 기초설비용품과 기계용품 및 원자재용품에 대한 본격적인 관세감면의 전개는 1957년 이후에 시작되었다.[12)]

3 제3차 관세법개정(1957.1.1. 법률 제429호)

1957년경 우리 경제는 전쟁의 재해에서 거의 회복하게 되었다. 이에 따라 관세정책도 변경을 가하게 되었다. 그 주요내용은 다음과 같다. 첫째, 현행 관세율을 대폭 조정하여 경제부흥 및 재건계획을 달성하기 위한 재정수요의 확보와 국내산업의 보호 · 육성에 중점을 두어 가공단계별로 높은 관세를 부과하였다. 그리고 중요기간산업용 기초설비품에는 낮은 관세를 부과하였고, 국내생산가능품에 대한 세율의 인상과 불요불급한 사치품에 대한 세율을 대폭 인상하였다. 동시에 생활필수품에 대해서도 10%의 관세율을 책정함으로써 재정수입에 이바지하고자 하였다. 둘째, 무역정책에 위반되는 물품의 수입시나 법정 장치기간의 경과시 공매처분토록 되어 있는 물품이 시중에 유입되는 것을 방지하고자 그 매각방법에 제한을 가하여 1차적으로 반송을 명하고 반송이 되지 않을 때는 재수출조건으로

---

12) 한국관세연구소, 앞의 책, pp. 498~503.

매각토록 하였다. 셋째, 밀수 등에 대한 벌칙을 강화하였다.

이로써 관세임시증징법이 폐지되고 또한 세율표를 별표의 세율표로 하게 되었는데 종래의 세번 756을 726으로, 세율수 1,706을 1,229로 각각 대폭 감소시키고 평균관세율 수준을 26%에서 30.86%로 인상하였다.

■ <표 10-5> 관세부담률(1953~1960)

(단위 : %)

연 도	관세수입/세입	관세수입/조세수입	관세수입/수입
1953	5.1	17.1	7.5
1954	6.7	19.4	20.4
1955	6.9	20.5	19.7
1956	-	-	-
1957	5.5	19.9	9.8
1958	6.2	20.7	13.4
1959	7.8	16.5	15.9
1960	10.6	20.6	16.6

자료 : 재무부, 우리 나라 재정구조와 정책개관, 1967, pp. 146~148 및 한국은행, 경제통계연보, 1968에 의거하여 작성하였다.

그 결과 1949년의 관세율과 비교해 보면 인하된 것은 제4류 식료품 · 음료 및 연초와 제10류 과학기기 · 악기 및 총포, 제15류 잡품 등이고 나머지는 전부 인상되었다. 이 당시 관세부담률의 추이는 〈표 10-5〉와 같다.

그런데 제3차 관세개정은 전반적인 산업의 보호에 중점을 두었을 뿐 산업의 보호와 육성이라는 면에서 보다 체계적인 우선순위를 정한 것이라고는 볼 수 없다.[13]

4 제4차 관세법개정(1957.1.14. 법률 제431호)

이 개정은 관세범에 관한 것으로 세관에 관세범을 통보하거나 또는 검거하는 자에 대하여 지급하는 상여금을 종전의 25%에서 50%로 인상하였다.[14]

13) 한국관세연구소, 앞의 책, pp. 498~509.
14) 서근태, 앞의 논문, p. 76.

5 제5차 관세법개정(1958.12.29. 법률 제510호)

이 개정은 관세율의 전반적인 개정으로 보호관세를 한층 강화한 것을 특징으로 하며 평균관세율이 약 4% 인상되었다. 특히 인상된 것은 제4류 식료품 · 음료 및 연초, 제12류 광금속 및 동 제품, 제13류 도자기 및 유리제품 등이며, 반대로 크게 인하조정된 것은 제14류 광물, 광물산품 및 동 제품 등이다.[15)]

(2) 정치변혁기의 관세정책

4 · 19와 5 · 16의 정치적인 과도기에도 다음과 같은 관세정책상의 변화가 있었다.

1 제6차 관세법개정(1961.4.10. 법률 제600호)

이 개정은 민주당정부에 의해 이루어졌는데 그 동안 국내의 경제정세의 급격한 변화에 대응할 수 있도록 개정하고, 아울러 이 개정은 1959년 1월 1일자로 개정된 관세율표를 국내산업보호와 국내수입물품의 구조변화에 알맞도록 재조정하자는 것이었다. 이와 같은 목적에 따라 개정된 주요 내용을 살펴보면, 첫째, 면세물품의 범위를 재조정하였고, 둘째, 수출이나 군납용 제품원료의 관세환급 및 위약물품의 관세환급제도를 신설하였으며, 셋째, 관세율표를 전면 개정한 것 등이다.

개정관세율표를 보면 세번수는 줄고 총평균관세율은 무려 12.6%나 인상되었다. 특히 경공업에 관세보호의 초점이 집중되어 있었다. 이와 같은 경향은 1957년 이전에는 복구된 국내산업을 원조경제로부터 보호하고 재정수입을 확보하기 위한 것이다.

한편, 1957년 이후에는 원조감소와 상대적으로 증가하는 민간수입으로부터 부흥기의 경공업을 강력히 보호하기 위한 것이다.

2 제7차 · 제8차 관세법개정(1961.7.14. 법률 제652호, 1961.7.29. 법률 제664호)

5 · 16군사혁명 후 1961년 7월 14일에 제7차 관세법 개정이 있었고, 그 15일 후인 7월 29일에 제8차 개정이 있었다.

15) 한국관세연구소, 앞의 책, pp. 510~511.

먼저 제7차 개정에서는 관세범의 검거를 위한 상여금지급을 대폭 인상하였으며, 제8차 개정에서는 보세공장 밖에서 보세작업을 할 수 있도록 하여 수출진흥과 국내유휴시설을 가동시켜 고용수준을 높이고자 하였다.

제8차 개정에서는 이와 함께 관세임시조치법과 임시특별관세법이 제정되었다. 관세임시조치법은 대한원조자금에 의한 수입물품에 대하여 잠정적으로 기본세율의 100분의 50을 경감하려는 것이고, 임시특별관세법은 특정수입물품에 대하여 임시특별관세를 부과하여 국제수지를 균형화하고 국내경제의 안정을 도모하려는 것이었다. 그러나 이 법은 1963년 12월 31일자로 폐지되었다.

3 제9차 관세법개정(1961.12.30. 법률 제932호)

이 개정은 그 당시 적용하던 관세율표가 1949년 제정된 후에 세 차례에 걸쳐 개정을 단행하였음에도 불구하고 많은 문제점이 노출되어 이의 시정을 위한 것이었다.

먼저 이 개정에서는 지금까지 자연과학적 분류방식에 따라 관세율표를 작성해 왔는데 이를 대부분의 선진국이 채용하는 BTN(Brussel Tariffs Nomenclature) 체계로 개편하였다. 이에 따라 세번수는 종전의 726개에서 1,098개로 늘어났고, 세율수는 1,229개에서 1,311개로 늘어나게 되었다. 또한 75종의 세율을 재조정함으로써 평균관세율이 38% 인상되었다.

그 밖에 동 개정에서는 종가세품에 대한 관세의 부과방법을 보완하고, 면세물품의 범위를 확대하는 등 일련의 개정을 하였다.[16)]

3 경제개발계획기의 관세정책

(1) 제1차 경제개발계획기의 관세정책

관세정책은 1950년대에는 동란과 그 복구를 위한 재정수입확보에 주된 목적을 두었다. 그러나 제1차 경제개발 5개년계획기간(1962~1966년)에는 산업보호정책에 중점을 두었다. 이 기간에는 다음과 같은 다섯 차례의 관세법개정이 있었다.

16) 한국관세연구소, 앞의 책, pp. 509~516.

1 제10차 관세법개정(1962.7.14. 법률 제1106호)

이 개정은 관세정책적인 의의보다는 통관절차의 합리화에 초점을 맞추었다. 즉, 종래의 관세법이 외국으로부터 수입되는 물품의 보세장치기간을 2개월로 규정함으로써 이 같은 단기간에 물자도입이 어렵기 때문에 동 기간을 4개월로 연장한 것이다.

2 제11차 관세법개정(1963.1.5. 법률 제1461호)

제11차 관세법개정은 전면 개정방식을 취하였다. 이 개정은 그 동안 경제여건 변동을 감안하여 현실에 맞도록 관세율을 조정하고 관세징수권 확보, 반덤핑관세와 복구관세제도의 신설 및 보세운송절차의 간소화 등 관세행정질서를 개선하려는 데 있었다.

이 중 관세율개정은 1961년에 BTN 분류방식을 채택한 후 처음으로 개정된 것이다. 즉, 경제개발계획을 처음으로 수립하여 공업화를 시도하던 때인만큼 경제개발에 필요한 재원을 확보하고 소비재의 수입을 억제하여 국제수지를 개선하고 국내산업, 특히 수입대체산업을 보호 · 육성하는 데 관세율의 조정이 필요하였기 때문에 다음과 같은 3대 기본원칙과 6대 기준하에서 관세율을 개정하였다.

먼저 3대 원칙으로는, ① 국내 주요산업 및 신규산업의 보호 · 육성, ② 수출증대와 국제수지역조의 개선, ③ 늘어나는 재정수요를 충족시키기 위한 세수증대에의 기여가 그것이다. 그리고 6대 기준으로는, ① 중요산업기계 · 제1차 산품 · 공업용 원자재 등에 대한 관세는 무세 혹은 저율로 책정하고 반제품 · 완제품의 순서로 고율의 관세를 부과하며, ② 용도상 긴요한 물품에 대한 관세는 무세 혹은 저율로 책정하고 사치품이나 기타 이와 유사한 물품은 고율로 과세하며, ③ 장래 발전이 유망시되거나 수출전용산업과 기간 및 유치산업의 제품에는 고율과세하고 같은 공업용 원자재는 저율로 과세하며, ④ 국내수요를 충족하는 물품으로서 외국산품과 경합되는 것은 고율로 책정하고, ⑤ 국내생산이 불가능하거나 공급이 부족한 것으로서 장래에도 기대성이 없는 것은 저율로 책정하였으며, 그리고 ⑥ 재정수입을 확보하기 위해 특정물품의 관세율을 인상하는 것 등이다.

이와 같은 관세법의 개정은 보호 및 재정관세적 성격에다 수출증대라는 무역정책적 목적을 추가한 것이다.

이에 따라 평균관세율은 38.9%로 종래보다 0.5%가 낮아졌으며, 관세율의 격차는 40%까지는 5% 차이, 40~100%까지는 10% 차이, 그 이상은 불규칙적으로 책정하였다. 한편, 관세율의 구조는 15%에 해당하는 것이 277개 품목으로 전체의 13.6%를 차지하여 가장 많고, 그 다음은 30%에 해당하는 품목이 182개 품목으로서 전체의 8.9%를 점하였다. 반면에 20% 이상의 고율의 관세가 적용되는 품목이 전체의 70.8%를 차지하고 있다.[17)]

3 제12차 관세법개정(1963.12.13. 법률 제1488호)

제12차 개정의 주요 내용은 첫째, 대통령령으로 정하는 물품에 대해서는 시가역산제로 관세를 부과하도록 하고, 둘째, 임시특별관세법을 폐지하였다.

한편, 관세임시조치법도 당시 입법목적인 원조자금의 소화촉진과 물자수급의 원활화가 달성되자 1963년 8월에 폐지하였다.[18)]

4 제13차 관세법개정(1964.12.31. 법률 제1680호)

제13차 개정은 관세담보물의 범위를 확대하여 상장증권을 추가하여 유가증권의 현금화를 도모하였다. 그러나 이보다 관세정책면에서 그 의의가 컸던 것은 다시 임시특별관세법을 제정 · 실시한 점이었다. 이 법은 1964년 5월 3일의 단일변동환율제도를 관세정책면에서 보완하기 위해 마련된 것으로 1964년 6월 12일 제정 · 공포되어 1973년 2월 5일까지 시행되었는데, 특정수입물품에 일반관세 이외의 임시특별관세를 추가로 부과하여 수입수요를 억제함으로써 국제수지의 개선과 국민경제의 안정을 꾀하려는 것이었다.[19)]

5 제14차 관세법개정 (1965.3.19. 법률 제1688호)

제14차 개정의 주요내용은 관세를 납부한 물품을 수출하고 관세의 환급을 받지 아니할 때 수출한 날로부터 1년 이내에 동종 · 동질 물품이 수입될 때에는 면세하는 대치면세제를 부활하였고, 승인공장제를 폐지하는 등 수출용 원자재에 대한

17) 한국관세연구소, 앞의 책. pp. 641~647.
18) 앞의 책, p. 647.
19) 한국관세연구소, 앞의 책. pp. 647~648.

면세 및 환급제도를 개선하였다.[20)]

6 대외관세협력체제의 기반조성

제1차 경제개발계획 기간중에는 쌍무적인 무역협정의 확대와 GATT가입을 위한 노력이 있었다. 즉, 전자는 한국·말레이시아 무역협정을 비롯하여 협정을 체결한 나라는 13개국에 이르며 대체로 쌍무적인 최혜국대우의 부여와 무차별원칙을 주로 한 것이다.

한편, 후자는 1965년 11월 관계부처의 실무자를 중심으로 6차에 걸친 회의 끝에 GATT가입이 유리하다는 결론을 내렸으며, 1966년 제22차 GATT총회(제네바)에 대표단을 파견하여 가입절차에 관한 세부적인 사항을 GATT사무국 관계자와 협의한 결과 일반관세양허협상을 통한 가입이 유리하다는 결론에 도달하였다. 그 후 1966년 7월 제네바에서 개최된 GATT이사회에 우리 나라가 가입신청을 하여 각국의 대표들과 활발한 접촉을 갖게 되었다.[21)]

7 관세정책의 주요결과

관세수입 대 세입비중을 재정수입 면에서 볼 때 〈표 10-6〉과 같이 1962년에 7.2%에 불과하였으나 그 후 해마다 증가하여 1966년에는 11.5%로 증가하였으며, 동시에 조세수입 중 관세수입의 비중도 20% 이상을 차지하였다. 그러나 〈표

■ <표 10-6> 제1차 계획기의 재정에 대한 관세수입비중

(단위 : 100만원, %)

연 도	일반재정세입(A)	국 세(B)	관 세(C)	C/A	B/A	C/B
1962	93,214	28,242	6,745	7.2	30.3	23.9
1963	75,923	31,078	6,385	8.4	40.9	20.5
1964	79,387	37,421	8,231	10.4	47.1	22.0
1965	105,481	54,634	12,576	11.9	51.8	23.0
1966	153,771	87,646	17,635	11.5	57.0	20.1

자료 : 한국무역연구소, 현행관세율에 관한 연구, 1967. 7.

20) 서근태, 앞의 논문, p. 15.
21) 한국관세연구소, 앞의 책. pp. 649~650.

10-7>과 같이 수입증가율과 관세증가율간에는 상관관계가 없다는 것이 그 특징이다.

한편, 수출지원책의 하나가 바로 보세공장제도로서 보세공장은 모두 53개 공장으로 증가하였다.[22)]

■ <표 10-7> 제1차 계획기의 수입증가율과 관세수입증가율 추이

(단위 : 100만원, %)

구분 / 연도	1962	1963	1964	1965	1966
수입증가율	37.8	27.4	-26.6	14.0	63.5
관세수입증가율	27.1	-5.3	28.9	52.8	40.2

자료 : 한국무역연구소, 현행관세율에 관한 연구, 1969. 7.

(2) 제2차 경제개발계획기의 관세정책

제2차 경제개발계획은 1967년부터 1971년까지 실시되어 연평균 경제성장률이 10.5%라는 고성장을 이룩하였고 수출도 크게 확대되었지만, 제1차 계획기간과 비교해 볼 때 수입의존도도 연평균 16.7%에서 26.3%로 크게 늘어 무역수지는 만성적인 불균형이 심화되었다.

한편, 이미 1965년에 단일변동환율제도를 채택하고 세계적인 무역자유화 추세에 따라 1967년 4월 25일에 GATT에 가입함과 동시에 동년 7월 25일에는 포지티브 리스트 시스템(positive list system)에서 네거티브 리스트 시스템(negative list system)으로 전환하여 개방경제체제의 기반을 구축하였다. 그러나 기술수준이 낮은 우리 나라의 경우 무엇보다 국내산업을 보호 · 육성하는 것이 시급한 과제였다. 그 결과 재정수입의 목적보다는 국내산업을 보호 · 육성하기 위한 관세법과 관세율로 개정하게 되었다.[23)]

따라서 이 기간 동안 관세정책의 목표는, 첫째, 제1차 계획기에 이어 산업 및 수출지원을 강화하고, 둘째, 관세제도 면에서는 선진국 수준의 관세정책수단을

22) 한국관세연구소, 앞의 책, pp. 650~655.
23) 서근태, 앞의 논문, pp. 15~16.

마련하여 GATT 가입과 개방체제에 적극적으로 대처하는 데 있었다. 그 결과 근본적으로 이전과 같은 경사관세제도(tariff escalation system)를 유지하면서 평균관세율은 38.8%, 관세의 재정기여율은 17.0%, 실효관세율은 7.1% 수준을 유지하였다. 한편, 탄력관세제도(flexible tariff system)를 도입하여 국내외 경제여건 변동에 신축적으로 관세율을 조정토록 하였다.

1 제15차 관세법 대개정(1967.11.29. 법률 제1976호)

이 개정에는 맥킨넌(R. I. Mckinnon) 교수의 건의가 크게 반영되었는 바, 그는 대부분의 수입품에 대하여 약 20%의 균등관세를 적용하고 반드시 보호해야 할 특정산업에 대해서만 고율(최고세율 90%)의 관세를 부과할 것을 주장하였다.[24)]

관세법 개정의 기본원칙은, ① 비교생산비설에 입각한 국제분업의 이익을 추구하고 우리 나라 산업구조를 고도화하도록 관세정책 면에서 조화를 도모하며, ② 관세율구조를 보호관세품목, 재정관세품목, 수입억제품목으로 구분하여 관세정책의 방향을 보호관세품목에 집중하고, ③ 재정관세품목에 대하여 20%의 균일

■ <표 10-8> 1967년 개정 전후 관세율구조의 대비

(단위 : %)

보호도 \ 경제적 용도별 또는 가공도		천연산품과 원자재		중간제품		완제품	
		개정전	개정후	개정전	개정후	개정전	개정후
보 호 대상품목	고율관세보호품목	60~10	60~25	80~25	80~40	150~25	150~50
	저율관세보호품목	10	25	25	40	25	50
재정관세	공업용 원자재와 중요자산용 기계류	5~25	10~20	15~35	10~20	5~25	10~20
	기타	25~35	20	50~60	20	50~80	20
무세품목	국책상 또는 국제관례상 특수취급품목	0	0	0	0	0	0
수입억제품목	불요불급한 품목	80~60	80~60	120~100	100	250~100	250~100

자료 : 서울대학교 경영대학 경영연구소, 경영논집, 제X권 제1호, 1976년 3월, p. 61.

24) Ronald I. Mckinnon, "Tariff and Commodity Tax Reform in Korea : Some Specific Suggestions," USAID/Korea, July 1967.

관세를 부과함을 원칙으로 하며 동시에 무세품은 최소한으로 축소하여 재정수입을 도모하고, ④ 중요 기계 및 공업용 원자재, 중요 필수품, 원료 등에는 저율의 관세를 책정하는 반면, 사치품에 대해서는 고율의 물품세를 부과함을 원칙으로 하고, ⑤ 국내산업을 보호하기 위해 혼합관세의 적용범위를 확대하는 것 등이다.

구체적으로 이 개정에서는 무역의 부분적인 자유화에 대비한 탄력관세제도와

■ <표 10-9> 1967년 개정 전후 관세율품목 대비

단위 : 100만원, %

구분 / 세율(%)	개정전 품목수	개정 품목수	구분 / 세율(%)	개정전 품목수	개정품목수
무세	101	147	70	69	187
5	54	28	80	170	60
10	157	251	90	12	
15	279	97	100	121	277
20	138	1,065	120	1	7
25	159	105	150		31
30	183	24	180	10	15
35	137	119	250	3	5
40	139	214	종량세	21	20
50	163	327	정량종가병과		9
60	146	174	종량종가택일		6
합 계				2,063	3,168

주 : 1967년 11월 개정 관세율구조는 아래와 같다.

1. 보호대상품목		1,220개 품목
2. 재정관세품목	(1) 공업용 원자재, 산업기계	376개 품목
	(2) 기타	1,065개 품목
3. 무세품목		147개 품목
4. 수입억제품목		360개 품목
계		3,168개 품목

자료 : 서울대학교 경영대학 경영연구소, 경영논집, 제X권 제1호, 1976년 3월, p. 61.

제한적 관세수권제도 등이 신설되었고, 또한 탄력관세제도의 적정운영을 위해 관세심의위원회를 설치하는 등 전면적인 개정을 하였다.

개정 전후의 관세율 책정기준을 대비하면 〈표 10-8〉과 같으며 세율별 품목을 대비하면 〈표 10-9〉와 같다.

1967년에 개정된 관세율구조는 이후 우리 나라 관세율구조의 골격을 이루어 왔다.[25)]

2 제16차 관세법개정(1968.12.31. 법률 제2062호)

이 개정의 내용은 양모류 및 모직물 등의 불합리한 관세율의 제정이었다.

3 제17차 관세법개정(1970.1.1. 법률 제2912호)

이 개정에서는 납세의무자의 편의를 위해 관세의 담보물로서 납세보증보험증권을 추가하였다.

4 GATT가입과 대외관세협력

2국간 관세협력이 이 기간에도 7개국과의 무역협정을 통해 수행되었으며, 더욱이 다자간협력의 일환으로 1967년 4월 14일자로 GATT의 정식 회원국이 되었으며, 이 때 우리가 양허한 품목은 60개이다. 한편, 케네디 라운드 관세협상에도 참여하여 18개 품목에 대한 관세를 양허하였다.

그 밖에 GATT후진국 간 무역협상이나 UNCTAD를 통한 다자간협력, 관세협력이사회(CCC)를 통한 협력 등에도 참가하였다.

5 관세정책의 주요결과

먼저 재정수입 면을 보면 〈표 10-10〉과 같이 총세입 중 10% 이상을 관세수입이 차지하고 있다. 그러나 제2차 경제개발계획의 최종연도인 1971년의 관세징수액은 552억원임에 비해 감면액은 1,430억원으로 감면액이 징수액의 3배에 달하였으며 연차적인 증가추세를 보이고 있다.

25) 한국관세연구소, 앞의 책, pp. 655~664.

■ <표 10-10> 제2차 계획기의 재정에 대한 관세수입비중

단위 : 억원, %

연 도	일반재정 수입(A)	국세(B)	관세(C)	C/A	B/A	C/B
1967	199.0	129.3	25.4	12.3	65.0	19.6
1968	275.7	194.3	37.9	13.7	70.5	19.5
1969	376.0	262.8	44.7	11.9	69.9	17.0
1970	445.9	334.7	50.9	11.4	75.1	15.2
1971	551.5	407.7	52.2	9.4	73.9	12.8

자료: 경제기획원, 주요업무지표, 1978.

(3) 제3차 경제개발계획기의 관세정책

제2차 경제개발계획기에는 주로 경공업을 지원하는 관세정책을 전개하였는데 반하여 제3차 경제개발계획기에는 중공업 위주의 관세정책을 전개하였다.

한편, 세계경제는 1971년 8월 15일 미국의 신경제정책에 의한 미국 달러의 금태환정지로 인해 전후 세계통화체제인 IMF체제가 붕괴되었다. 이로 인한 물가동요가 진행되는 가운데 1973년 오일쇼크로 스태그플레이션(stagflation)현상이 일어났다. 이 결과 각국은 보호무역주의를 강화하고 긴축재정정책을 실시하게 되었다.

이러한 상황 속에서 우리 나라의 관세정책도 종래의 재정수입이나 산업보호라는 목적 이외에 국내물가의 안정을 위하여 탄력관세가 발동되었으며 관세환급제가 전면적으로 실시되는 등 다음과 같은 정책변화를 맞이하였다.

1 제18차 관세법개정(1972.12.30. 법률 제2423호)

이 개정에서는 관세율의 조정은 없었고 단지, ① 수출용 원재료에 대한 대치면세제도를 폐지하고, ② 종래 수입신고인이 1차적 납세의무자였으나 이를 수입업자로 바꾸는 등 여러 가지 관세행정상의 변동이 있었다.

2 제19차 관세법개정(1973.2.5. 법률 제2469호)

이 개정의 이유로 당시 관세율은 1967년과 1968년에 제정된 것으로서, ① 에스컬레이션 현상이 너무 심해 원료의 국산화를 저해시키고 단순조립 가공산업을 중점적으로 보호하는 결과가 되었으며, ② 산업구조의 변동으로 인한 세율불균형 현상과 소비재는 고율로, 자본재 및 중간재는 저율로 보호하는 등 산업 간의 보호격차가 컸고, ③ 제2차 계획기에 설정된 세율로는 지원이 우선순위에 부합하지 않았으며, ④ 일부 주요 물품에 대한 세율이 비현실적으로 고율인 결과, 감면의 유인이 있었고, ⑤ 관세율표 품목분류가 관세협력이사회 BTN개정안과 일치하지 않음과 동시에 산업의 변화추세에 맞는 품목분류를 세분화하지 못하여 마찰이 많았기 때문이다.

한편, 이 개정의 기본방향으로서, ① 중간재 및 자본재 등 신개발상품에 대한 보호를 높이고, ② 산업기반이 확립된 최종소비재의 세율을 인하하며, 생활필수품, 중요산업용 자재 등의 일부 과도한 고세율을 인하하는 것에 있었다.

이상의 기본방향에 따라 세율표의 품목수는 종래의 3,174품목에서 3,985품목으로 늘어난 반면, 수입규제품목이 줄어들게 되었으며 평균세율은 종래의 38.8%에서 31.3%로 크게 인하되었다.

또한 1973년의 관세율 조정의 특징을 들면 다음과 같다. 즉, ① 보호관세율체계를 실효보호 개념에 따라 책정하였고, ② 세율 차이를 좁힘으로써 자원배분의 왜곡을 시정하며, ③ 재정관세품목에 있어서 생활필수품 및 중요산업용품에는 저율을 부과한 반면, 기타 품목에는 종전의 20% 수준을 유지한 점 등이다.

3 제20차 관세법개정(1974.12.21. 법률 제2697호)

이 개정의 주요 내용은, ① 과세가격으로 CIF가격을 기준으로 하는 것을 원칙으로 하고 특정한 경우에는 FOB가격에 일정률을 가산하는 방식도 병용하였으며, ② 관세감면대상을 축소하는 한편, 그 요건을 강화하였고, ③ 선박 · 항공기 · 배합사료 등의 제조용 원자재를 면세로 사용할 수 있는 지정공장제도를 신설하였으며, ④ 밀수범 제보자 및 검거자에 대한 상여금제도를 보상금제도로 바꾸었다.

4 제21차 관세법개정(1975.12.22. 법률 제2793호)

이 개정은 관세행정의 국제표준화를 위하여 ① 관세협력이사회(CCC) 등 국제기구의 관세협력 내용을 반영하였으며, ② 관세감면제도와 분할납부제도의 탄력적 운영을 도모하였고 그리고 ③ 관세의 납세의무자에 관한 규정을 보완하는 것 등이다.

5 제22차 관세법개정(1976.12.22. 법률 제2928호)

이 개정으로 관세율평균은 종전의 31.3%에서 35.7%로 높아졌고 세번수는 1,097개 그대로이나 세율수는 3,685개에서 2,521개로 줄어들었다. 이 개정은 다음과 같은 종래의 관세율이 갖는 문제점을 해결하고 보완하여 제4차 경제개발계획을 효율적으로 지원하는 데 있었다.

지금까지의 관세율은, ① 주요 자재 및 자본재의 수입에 대하여 저율의 관세를 부과함으로써 언제나 이들 상품에 대한 대외의존도를 심화시켰고, ② 세율단계가 너무 복잡하고, ③ 비경쟁적인 소비재산업에 고율의 관세를 부과하여 이들 산업에 대한 투자를 조장하였으며, ④ 수입금지적 관세의 부과로 오히려 밀무역을 유발시키고 관세감면 대상품목을 확대시켰다.

이러한 폐단을 시정하기 위한 기본방향으로, ① 관세율구조를 단순화시켜 관세대상 품목수를 3,996개에서 2,521개로 줄이고, 5, 15, 25, 35, 50, 70%의 관세율을 삭제하여 10, 20, 30, 40, 60, 80, 100, 150%만을 채택하였고, ② 자원절약과 국내자원개발을 촉진하도록 관세율을 점진적으로 높였으며, 제4차 경제개발계획을 지원하여 그 우선순위산업을 중점 지원하고, 경제개발지원에 소요되는 재원확보를 위해 실효세율의 제고를 도모하며, ③ 자원의 비효율적 배분을 막고자 관세기능의 중립화를 꾀하여 관세율의 균등화를 기하였다.

1976년 개정관세법의 특징은 인하예시세율을 도입하였다는 점이다. 이 조치는 기업으로 하여금 경영합리화와 국제경쟁력강화를 위한 노력을 촉구하며, 동시에 대외적인 이미지를 쇄신하고자 농수산물을 제외한 모든 품목에 적용을 시도하였다.

6 기타

먼저 대외관세협력이 1972~1977년중에도 GATT, UNCTAD, CCC를 통하여 활발하게 전개되었으며, 그 중에서도 특기할 만한 것은 1975년에 가서명한 ESCAP 방콕협정이다.

한편, 이 기간의 관세수입은 다음의 〈표 10-11〉과 같으며 관세감면에 있어서는 특히 기계부문의 관세감면이 큰 비중을 차지하였다.[26)]

■ <표 10-11> 제3차 계획기의 재정에 대한 관세수입비중

(단위 : 10억원, %)

연 도	일반재정 세입(A)	국세(B)	관세(C)	C/A	B/A	C/B
1972	706.9	433.4	59.1	8.3	61.3	13.6
1973	691.1	521.5	82.4	12.0	75.5	15.8
1974	1,049.8	844.7	126.7	12.0	80.4	15.0
1975	1,632.0	1,255.5	181.0	11.1	76.9	14.4
1976	2,399.0	1,914.7	275.5	11.5	79.8	14.3

자료: 경제기획원, 주요업무지표, 1978.

(4) 제4차 경제개발계획기의 관세정책

제4차 계획기간(1977~1981년)중에는 1978년에 들어와 일부 수정되었는데 대체로 제4차 계획기의 관세정책은 중화학공업 및 관련 중요산업을 지원하고, 국내물가안정을 위한 관세율의 구조적 개편과 수출입 물량증가에 대비한 통관체제의 개선을 통하여 관세행정의 능률화를 기하였다.

1 제23차 관세법개정(1978.12.5. 법률 제3109호)

이 개정에서는 첫째, 수입자유화에 부응하는 관세율체계, 즉 수입규제적 관세체계에서 수입개방적인 관세체계로 지향하여 평균세율을 36%에서 25%로 대폭 인하하였으며 동시에 금지적 관세품목은 국제적 기준에 따라 고율관세가 인정되는 특수한 품목 29개에 한정하였다. 또한 수입자유화에 따른 국내산업의 실질

26) 한국관세연구소, 앞의 책, pp. 694~695.

적인 보호를 제고하기 위해 현행 20% 균일지향 관세체계를 탈피하여 실효보호율의 개념에 입각하여 관세율을 산정하였다.

둘째, 산업구조의 고도화를 위하여 관세율을 조정하였는바, 중공업분야의 과다 보호세율은 인하하였고, 중화학공업제품은 모든 산업의 기초설비나 원료가 되기 때문에 관세율을 하향조정하였다.

셋째, 생활필수품 및 수출용 원재료의 관세율과 중점시책 지원사업에 필요한 물품에 대한 관세율을 인하하였다.

넷째, 종래의 법정관세율은 기본세율, 잠정세율, 인상 또는 인하 예시세율 등으로 되어 있어 기본세율의 적용범위가 좁았으나 이 개정에서는 예시세율제를 폐지하고기본세율과 잠정세율만을 두되, 잠정세율품목도 최소한에 그쳐 기본세율의 실질적 적용범위를 확대하였다.

다섯째, 품목분류에 있어서는 신CCCN을 도입함으로써 종래의 CCCN Heading은 1,097개에서 1,010개로 87개가 축소되었으며, 총세목수는 2, 519개에서 2,209개로 개편되었다.

마지막으로, 세율단계는 종래의 11단계에서 선택세가 삭제되고 5, 15, 25, 50%의 종가세가 추가되어 14단계가 되었다.

그 밖에 탄력관세제도를 보완하는 등 일련의 관세행정상의 개정이 있었다.

2 제24차 관세법개정(1981.12.31. 법률 제3478호)

이 개정의 기본방향으로서 반도체산업 등 중요산업, 의료복지 관련산업, 수출산업 등은 관세지원을 확대하고, 보호관세율을 조정하여 과다 보호품목의 일률 인하로 관세보호를 축소시켰다. 또한 신개발산업의 적정보호를 꾀하고, 종량세를 현실화하며, 제조단계별 세율역산을 시정하고, 유사물품 간의 세율 불균형을 시정하며, 만성적인 할당관세용 품목의 세율을 현실화하는 등 관세율체계를 정비하는 데 두었다.

구체적으로 관세율의 조정내용을 보면 관세율의 변경품목수는 440개이며 이 중 인상된 것이 29개 품목, 인하된 것이 31개 품목이다. 단순평균세율은 24.9%에서 23% 수준으로 인하되었으며 가중평균세율도 5.6%에서 5.3%로 인하되었다. 또한 관세의 경사구조면에서도 원료는 19.6%에서 18.0%로, 반제품은 27.1%에서 25.4%로, 완제품의 경우는 36.4%에서 33.1%로 인하되었다.

한편, 세율단계를 종전의 14단계에서 11단계로 축소 · 조정하였으며, 특히 고관세율단계를 조정하여 자원배분의 효율성을 도모하였다.

그 밖에 조약 등 국제관세규범을 국내법에 수용하였고 관세감면에 의한 산업간 지원제도를 조정하였으며 통관관리 시스템을 효율적으로 개선하였다.[27)]

3 기타

제4차 계획기간에도 CCCN, UNCTAD, CCC, ESCAP 등의 활동을 통하여 대외관세협력을 활성화하였다. 한편, 이 기간중에도 여전히 다음의 〈표 10-12〉와 같이 관세의 재정기여율이 11% 이상을 유지하였다.

또한 관세감면실적을 보면 대략 총징수액 대비 20% 내외를 차지하고 있다.[28)]

■ <표 10-12> 제4차 계획기의 관세수입실적

구분 \ 연도	1977	1978	1979	1980	1981
수입액(억$)	108	150	203	223	261
관세수입(억원)	3,859	6,464	7,323	7,661	8,906
전년비증가율	40.1	67.5	13.3	4.6	16.3
조세점유율	13.1	16.0	13.8	13.2	11.6
조세증감률	28.5	35.1	36.3	19.4	24.1
실효관세율	7.4	8.9	7.4	5.6	5.0

자료 : 한국무역협회, 무역연감, 1977~1984년판에 의거하여 작성하였다.

(5) 제5차 경제개발계획기의 관세정책

지금까지 운용되어 왔던 우리 나라의 관세율은 다음과 같은 몇 가지 문제가 있다.

첫째, 고율의 보호관세체계는 수입품의 가격을 크게 올리는 결과가 되어 국내 기업의 생산성향상을 위한 노력을 등한히 하여 국제경쟁력을 약화시켰으며,

27) 한국관세연구소, 앞의 책, pp. 709~714.
28) 한국관세연구소, 앞의 책, pp. 714~725.

■ <표 10-13> 우리 나라의 관세제도 변천추이(1945~1995)

(단위 : 개, %)

	1945	1950	1957	1958	1961		1963	1967	1968	1973	1976	1978	1981	1983	1988	1990	1995
					1차	2차											
조정방법	신규제정	무세품에 대해 임시관세 부과(143개)	전면개정	전면개정	전면개정	품목분류 체계개편	전면개정	전면개정	전면개정	전면조정	전면조정	전면조정	부분적 점진적 조정	전면조정	전면조정	전면조정	소폭조정(2개품목)
세번수(개)	756	-	726	726	722	1,097		1,097	1,097	1,097	1,097	1,010	1,010	1,241	1,241	1,241	1,241
세율수(개)	1,706	-	1,229	726	722	1,962		3,174	3,019	3,985	2,251	2,209	2,280	2,604	2,709	2,718	2,718
평균관세율 변동(%)	20.6	-	30.3	35.1	47.7	39.4		38.8	38.7	31.3	35.7	24.9	23.7	22.5	18.1	11.4	7.9
특징	◀ 차등관세율체계 ▶ (1945~1967)											◀ 차등관세율체계 ▶ (1978~1981)					
	0~100%간 세율책정	6·25전쟁 이후 재정수요에 부응 (관세임시증징법 제정)	보호관세 강화	보호관세 강화	보호관세 강화	보호관세 강화 BTN방식 도입	수출촉진 도모	탄력관세 제도 도입	수모및 모직물 관세율 개선 금지 관세율 인하	차등관세율 체계, 잠정세율제도 도입	20%균일 세율체계, 잠정세율 확대, 예시제 도입	잠정세율의 기본세율화	고세율의 일률인하 방식 도입	20% 균등관세율 체계 조정관세제 도입 (30-30-25-25-20%의 5개년 예시제)	8% 균등관세율 체계 중심세율로 수렴 (15-13-11-9-8%의 5개년 예시제)	5년 예시제의 1년 순열 (1989~93년까지를 1990~94까지로 변경)	컨테이너와 컴퓨터 소프트웨어 관세율 무세화
관세의 재정 기여율(%)		8.0	20.5			23.2	20.4	17.0		12.6	11.5	16.0	11.1	11.7	13.2	10.3	8.2
실효관세율(%)		-	10.5			13.4	8.4	7.1		4.6	6.5	8.9	5.0	5.2	6.8	5.6	4.4

자료 : 관세청, 관세법축조개정연혁, 1977. 2 ; 한국관세협회, 한국관세사, 1969. 9 ; 재무부, 관세제도개편, 1983.9. 및 박상태, 관세정책의 변천과 평가, 한국조세연구원, 1997. 에 의거하여 작성하였다.

아울러 내수선호를 야기시켰다.

둘째, 가공단계별 누진세율구조는 단순가공무역형 산업발전에는 적합할지 모르나 생산의 우회도가 큰 산업의 보호효과는 그렇게 크지 못하였다.

셋째, 소비재와 사치품은 세율을 높게, 생산재와 생필품은 낮게 하는 등 품목별 성질에 따라 세율을 책정하였기 때문에 세율간에 현격한 격차를 보여 산업간 · 품목 간의 균형발전이 저해되었다.

넷째, 1982년의 경우 총수입액 243억 달러 중 관세를 부과한 유세품의 비중은 41.2%에 해당하는 100억 달러에 지나지 않는 등 세부담의 불공정이 노출되었다.

그리고 〈표 10-13〉은 이상에서 설명한 우리 나라 관세제도의 변천추이를 요약한 것이다.

한편, 다음의 〈표 10-14〉와 같이 실효보호율의 추이를 보면 수송장비부문과 농업부문의 보호수준이 높음을 알 수 있으며 대체적으로 보호수준이 균형을 이루

■ <표 10-14> 가공단계별 제조부문 실효보호율 추이

(단위 : %)

업 종	1968	1978	1982
가 공 식 품	-18.9	-44.0	-48.4
식료 및 연초	-19.3	33.4	15.0
건 설 자 재	-11.5	11.8	51.1
제 1 중 간 재	-25.5	37.6	61.9
제 2 중 간 재	26.1	20.6	39.6
비 내 구 소 비 재	-10.5	67.4	42.4
내 구 소 비 재	64.4	242.9	52.5
기 계	44.2	44.2	31.3
수 송 장 비	163.5	326.6	123.9
제 조 업			
전 체	-1.4	31.7	28.2
식품음료 및 연초제외	5.9	48.7	48.9

자료 : 한국개발연구원.

고 있음을 알 수 있다.

■ <표 10-15> 연도별 평균관세율 변동추이

(단위 : %)

구 분	1983	1984	1985	1986	1987	1988
전 체	23.7	21.9	21.3	19.9	19.3	18.1
농산물	31.4	29.6	28.8	27.1	26.4	25.2
공산품	22.6	20.6	20.3	18.7	18.2	16.9

1 제25차 관세법개정(1983.12.29. 법률 제3666호)

이 개정에서는 1980년대의 산업정책의 방향에 따라 내수산업의 과보호를 축소하고 경쟁체질의 확립과 국제경쟁력의 강화라는 관점에서 개정이 이루어졌다.

1983년도 관세율체계의 기본방향으로, ① 고세율체계로 되어 있는 높은 세율을 인하하여 저세율체계로 전환하였으며, ② 차등세율체계에서 단계적으로 적정세율로 수렴시킴으로써 산업간, 품목간 격차를 축소하였고, ③ 모든 수입품에 약간이라도 관세를 부과하였으며, ④ 공업용 원자재의 세율을 대폭 인하하였고, ⑤ 관세예시제를 도입하여 관세구조개편에 따른 적응기간을 부여하였으며, ⑥ 수입자유화에 대비한 시한적 탄력관세제도인 조정관세제를 신설하였고, 그리고 ⑦ 잠정세율품을 축소하였다. 이를 부문별로 보면 다음과 같다.[29]

첫째, 국내산업의 국제경쟁력을 제고하기 위해 연평균 1.1%씩 관세율 수준을 지속적으로 인하하여 〈표 10-15〉와 같이 전체 관세율을 1983년의 23.7%에서 1988년에는 18.1%로 인하 · 조정하였다.

둘째, 모든 공산품에 대해 원칙적으로 20%의 균일관세율을 책정하여 산업간, 품목간 보호수준의 차등화로 인한 자원배분의 왜곡을 지양하고 사치성 소비재에 대해서는 상대적으로 고세율을 부과하기로 하였다. 한편 원료에 대해서는 저세율을 적용하되 무세로 하지 않고 조금이라도 관세를 부과하여 재정수입원을 확보함과 아울러 자원절약형의 산업구조로 개편될 수 있도록 유도하였다.

29) 이 균, 관세제도개편에 따른 기업의 경영전략(한국경제신문사, 서강 Harvard Business, 1988. 11. 12, pp. 48~56).

셋째, 농산물에 대해서도 농가보호와 소비자보호를 위해 공산품과 같이 차등을 두지 않고 관세를 인하하여 과보호를 지양하기로 하되, 바나나(100%), 옥수수 등 배합사료의 원료(잠정세율 7%)에 대해서는 예외세율을 적용하였다.

넷째, 소비재(특히 신발 등 일반소비재와 의약품 · 화장품 · 주방용품 등 수입선호도가 높은 소비재)에 대한 고보호 관세율을 인하하여 내수산업 보호를 지양하였다.

이상과 같은 관세율 조정은 1980년대의 산업정책 방향이 그 때까지 정부주도형의 보호와 지원정책에서 파생된 여러 문제점을 극복하여 우리 산업의 대외적 경쟁체제를 확립하고 시장경제원리에 의한 민간주도형의 경제체제로 전환한다는 데 초점을 두었다. 또한 수입자유화의 촉진과 관세제도상의 경쟁제한요소를 제거하여 산업의 경쟁촉진을 위한 기반을 조성하자는 데 목적이 있었다.

따라서 현행 관세율 구조에서 나타난 여러 가지의 문제점들, 예를 들면 고율보호체제, 가공단계별 누진세율 구조, 품목간, 산업간에 현격한 세율격차, 무세비중의 과다 등 경쟁제한요소를 점진적으로 개선하여 국내외 경제여건의 변화에 신속히 대응하고 산업의 경쟁력 강화를 효율적으로 뒷받침하는 경쟁촉진적인 관세율 구조로 개편하자는 것이 근본적인 취지였다. 그러나 이러한 취지와 목적을 두고 개편된 1983년 관세율 구조에도 몇 가지의 문제점이 제기되었다.

첫째, 국제적으로 볼 때 우리 나라 관세율은 높은 보호관세체제이다. 미국 · 일본 · EC 등 선진공업국은 물론 우리의 경쟁상대국인 대만보다 약 23배나 높은 보호관세체제이다. 이러한 높은 관세로 인하여 한국산업은행의 조사[30]에 의하면 국내외 가격차이는 매우 심한 것으로 나타났다. 예를 들면, 선풍기 · 전자시계 · 테니스 라켓 등 33개 소비재 품목에 대한 평균관세율이 30%로 국내외 가격은 12.4%나 차이가 있다. 그리고 면직물 · 이산화티타늄 · 프레스 등 167개 품목의 중간재 및 생산재의 평균관세율이 20%로서 국내외 가격은 12.5%의 차이가 있다는 것이다. 이와 같은 높은 보호관세는 결국 대외경쟁력을 차단하여 산업의 경쟁력 향상을 위한 노력을 약화시키고 소비자가격을 높여 소비자 후생의 증진을 저해함은 물론 중간투입재의 수입가격을 높여 관련산업의 비용부담을 가중시키게 되었다.

둘째, 산업간, 품목간 차등세율의 격차가 여전히 심하다. 예를 들면, 산업간

30) 한국산업은행, 국내산업의 경쟁력실태와 전망, 1987.12.

세율격차로서 일반기계공업은 15~20%, 전기전자공업은 20~30% 그리고 자동차공업은 50%이다. 한편, 품목간 세율격차로서 남양재 원목은 1.5%, 송백류 원목은 5%, 그리고 고급원목은 10%이다. 또한 원료와 1차 가공품간의 세율격차로서 동광석(1%)과 동괴(20%)의 세율격차는 무려 19%인 반면, 동괴와 동압연 제품(20%)의 세율격차는 제로(0%)이다. 이와 같이 산업간, 품목간 실효보호 수준차이 등에서 알 수 있는 바와 같이 투자배분이 인위적으로 왜곡되었다. 즉, 산업간 실효보호율(1988년)은 일반기계가 20.4%, 가정용 전자기기가 56.2%인 반면 자동차는 81.8%에 이른다. 그리고 1차 가공품의 실효보호 수준이 동압연 제품이 22.6%인 데 비하여 동괴는 무려 193.3%에 이르고 있다.

셋째, 소비재에 대한 고율관세이다. 일반공산품의 관세가 20%인데 비해 사치성 소비재는 20~50%로 그 세율격차는 10~30%에 이르며 특별소비세율은 20~100%이다. 소비규제 대상품목의 관세 및 특별소비세의 부과현황을 보면 의류(30%), 가방((30%) 등의 품목에는 고율의 관세만 부과하였다. 그러나 다음에 열거하는 품목은 관세와 특별소비세를 동시 부과하였다. 즉, 휘발유와 모피는 각각 10%와 20%의 저관세를 부과하는 동시에 특별소비세는 모두 100%를 부과하며, 고세율을 적용하는 승용차와 커피는 각각 50%와 40%의 관세를 부과함과 동시에 특별소비세는 각각 10~40%와 40%를 부과하였다. 소비재에 대한 고율의 관세부과는 국내 소비재를 생산하는 산업의 실효보호 수준를 높여 비효율적인 자원배분을 조장하게 되었다. 전 산업의 평균관세율이 18.1%일 때 실효보호율은 28.0%이다. 그러나 의류, 라디오, 커피의 관세율이 각각 30%, 30%, 40%인데 반하여 실효보호율은 각각 52~62%, 161%, 269%에 이르고 있다. 이러한 관세율체계는 소비재의 가격을 높여 결국 소비자후생을 저해하며 우리 나라 수출상품의 대종을 이루는 의류 · 전자제품 · 자동차와 동종의 외국상품을 수입할 때 고율의 관세를 부과함으로써 무역상대국과의 통상마찰을 야기할 뿐만 아니라 극단적인 예이긴 하지만 고율관세의 부과로 보석류의 상품은 밀수를 조장하는 결과를 초래하였다.

2 제26차 관세법개정(1987.12.4. 법률 제3981호)

관세법의 별표인 관세율표의 구조를 종래의 CCCN방식에서 HS(Harmonized System)방식으로 전환하는 조치를 단행하였다. 이러한 조치는 우리 나라가 '통일상품명 및 부호체계에 관한 국제협약'에 가입하였기 때문에 불가피하게 관세법을 개정하지 않을 수 없었다.

(6) 제6차 경제개발계획기의 관세정책

정부는 국제수지흑자의 확대로 선진국의 개방압력이 가중됨에 따라 1989년부터 5년 동안 관세율을 예시하고 관세제도를 수입규제 위주에서 통관편의 위주로 바꾸는 내용의 '1988년도 관세법'을 1988년 12월 26일에 개정하였다. 그 동안(1984~1988년) 실시해 왔던 관세율예시제가 1988년 말로 끝남에 따라 이와 같이 우리 나라 관세제도의 대변혁을 예고하는 이 개정은 1989년 1월 1일부터 시행되었다.

1983년도 관세제도를 개편하고자 하는 목적은 최근 수년 동안 3저현상에 따른 수출입 규모의 지속적인 증가와 국제수지가 흑자기조로 정착하는 등 국내외 경제여건의 변화에 능동적으로 대처하기 위해서는 폐쇄적이었던 통관 및 관세지원제도 등을 합리적으로 개선 · 정비 · 보완하고, 관세율체계를 전면적으로 인하 · 개편함으로써 국내산업의 경쟁력을 향상시키고 우리 경제의 지속적인 안정성장을 도모하여 국민복지의 증진에 기여하려는 데 있다.

앞에서 언급한 바와 같이 국내외 경제여건의 변동에 따라 현행 관세제도의 단점이 드러난 이상 관세법을 개정하지 않으면 안 될 입장에 놓여 있었으며 그 내용을 다음과 같이 요약할 수 있다.

먼저, 대외적 여건으로서는 우리 나라의 국제수지가 흑자기조로 전환됨으로써 선진국들의 압력으로 대만 등 다른 개발도상국처럼 수입개방과 아울러 대폭적인 관세인하 조치를 단행하지 않을 수 없게 되었으며, 선발개도국을 표적으로 하는 우루과이 라운드 협상의 개시로 대폭적인 관세양허의 확대가 불가피해졌다.

다음으로, 국내적 여건으로는 3저현상 및 기술향상 등의 요인으로 국내산업의 국제경쟁력이 향상됨에 따라 보호수준을 적절히 낮추어 대외경쟁을 촉진시킬 필요가 있었다. 그 동안 국민이 부담해 왔던 국제수지의 적자가 흑자로 전환됨으로써 그 몫을 국민이 향유할 수 있도록 수입폭을 넓혀 후생수준을 높여야 할 단계에 직면하게 되었다. 또한 관세의 재정수입기능을 점차 축소하여 산업정책수단으로서 관세의 기능을 상대적으로 증대시킬 필요가 있었다.

1 제27차 관세법개정(1988.12.26. 법률 제4027호)

1989년도 관세법의 내용은 관세율의 대폭인하와 통관 및 관세지원제도의 개편이지만 무엇보다도 특징적인 것은 관세율 인하라고 할 수 있다. 다수 품목에 적용되는 중심관세율을 1988년 20%에서 1989년에는 무려 5%가 낮은 15%로 낮추고, 1993년에는 OECD수준인 8%까지 인하한다는 것이다. 또한 관세부과 대상품목 2,677개 중 2,188개 품목의 평균관세율을 1988년 18.1%에서 1989년에는 12.7%, 1993년에는 7.9%까지 단계적으로 대폭 인하한다는 것이다.

■ <표 10-16> 평균관세율 변동추이

(단위 : %)

구 분	개편 전	개편 후				
연 도	1988	1989	1990	1991	1992	1993
전 체	18.1	12.7	11.4	10.1	8.9	7.9
공산품	16.9	11.2	9.7	8.4	7.1	6.2
농산물	25.2	20.6	19.9	18.5	17.8	16.6
중심관세율	20	15	13	11	9	8

1989년도 관세율의 개편원칙은 다음의 〈표 10-17〉과 같다. 이러한 관세율 가운데에서도 특히 공산품의 경우 1988년 16.9%의 평균관세율을 1989년에는 11.2%로 낮추고 1993년에는 6.2%로 더욱 인하 · 조정되었다. 이러한 계획의 시행으로 1989년도의 공산품 관세율은 1980년도의 선진공업국 수준과 비슷하며 1993년도의 관세율은 1988년의 선진공업국 수준에 상당하게 된다. 1988년 선진공업국의 관세율은 캐나다가 7.3%, EC가 6.7%, 미국이 6.1% 그리고 일본이 4.6%이다.

그러나 이와 같은 공산품에 부과되는 관세율의 대폭 인하와는 달리 농산물은 1988년 25.2%에서 1989년에는 20.6%로 인하하고, 1993년에는 16.6%로 인하하여 인하율을 비교적 소폭으로 줄임으로써 국내농업을 보호하려는 것이다. 농업보호라는 의미에서 농 · 축산물 생산에 필요한 배합사료와 축산기자재 등은 과감히 인하하여 농 · 축산물 생산비용을 절감시킬 수 있도록 하겠다는 것이다.

관세율 인하에 따라 수입상품의 가격은 당연히 저렴해지기 때문에 정부의 관세수입과 국내물가에 미치는 영향도 크다. 즉, 1989년도 관세수입은 약 5,380억원이 감소하였다. 이렇게 되면 1988년도 관세징수액 2조 4,830억원에 비하여 무려 21.7%의 관세수입이 감소하게 된다. 또한 국내물가에 미치는 영향으로서는 최소한 0.54%의 물가인하 효과를 가져오게 된다. 예를 들면, 관세율이 1988년 10%에서 1989년에 2%로 낮아졌다. 이처럼 관세율을 인하시키게 되면 당장에는 관세징수액에 차질이 오겠지만 수입가격 인하에 따른 수입물량의 증가로 점차 이를 만회할 수 있을 것이다.

■ <표 10-17> 관세율의 개편원칙

	1988	1989	1993	
원료	5%	1~2%	1~2%	비경쟁 원료
	10%	5%	3%	경쟁 원료
중간재 생산재	20%	15%	8%	일반중간재 · 생산재 (중심세율)
	10~20%	10%	5%	1차 가공품
소비재	20%	15%	8%	일반소비재 (중심세율)
	30~50%	20%	8%	사치성 소비재
예외	무세~100%	무세	무세	국제관례 무세품목
		별도세율	별도세율	농산물

한편, 기계공업과 전자공업에 대한 관세감면제도의 폐지도 이 관세법의 또 다른 특징으로 볼 수 있다. 물론 반도체 · 컴퓨터 · 항공기 · 통신기기 등 기술집약적인 첨단산업에 대해 당분간 그 지원이 절대적으로 필요하겠으나 특정산업에 대

해 특혜적 감면은 허용할 수 없다는 지침이 이 법에 반영된 것이다.

또한 1,000억 달러 무역시대에 걸맞게 통관제도를 개편하자는 것도 이 법의 주요 특징 중의 하나라 할 수 있다. 그것은 통상마찰을 완화하기 위해서도 수입규제 위주로 되어 있는 현행제도의 개편이 불가피한 입장이라 하지 않을 수 없다. 이에 따라 이 법에서는 수출입 신고여건을 완화하고 수입면허 전의 물품반출제도를 확대 · 운영하는 등 신속한 통관을 뒷받침하기 위해 제도적 장치를 마련하기로 하였다. 말하자면 통관이 가능한 물품의 경우 담보만 제공하면 수입면허 전이라도 반출승인을 받을 수 있도록 하였다.

2 제28차 관세법개정(1990.12.31. 법률 제4286호)

1993년 12월 GATT 우루과이 라운드의 타결로 세계경제는 무한경쟁의 시대로 돌입하였으며, 이에 따라 관세행정도 무역의 최일선에서 국제경쟁에 노출되게 되었다. 그 동안 우리 나라의 대외관세협력은 〈표 10-18〉과 같이 WTO와 세계관세기구(WCO ; World Customs Organization) 등을 중심으로 이루어져 왔으며, 미국, 일본 등과 양자 간 관세협력도 꾸준히 추진하여 쌍무적으로나 다각적으로 협력을 강화하는데 주력하여 왔다.

우리 나라는 1990년대 무역정책의 기본방향으로 ① 수출경쟁력 보강을 통한 수출신장의 도모, ② 무역확대기반 확충 및 무역구조의 고도화, ③ 수입개방의 효율적 추진, 그리고 ④ 무역제도의 선진화 등에 두었다.[31)]

수출진흥정책의 특징은 수출신장을 위하여 수출경쟁력을 보강하고 수출공급능력을 확충하기 위한 시책이 시행되었다. 유망 수출상품의 세계일류화 추진, 수출자율규제 등 수출질서 확립 등이 추진되었다. 그리고 수입개방의 효율적인 추진을 위하여 다음의 〈표 10-19〉에서 알 수 있는 바와 같이 수입자유화 비율을 1991년도에 97.2%에서 1996년도에는 99.3%로 높혔다. 그리고 ① 개별법에 의한 수입관리제도 정비, ② 수입선다변화 품목의 조정, ③ 무역전산화 등이 실시되었다.

또한 우리 나라는 수출지향적인 경제구조를 가지고 있어 대외적으로 노출될 수밖에 없으며, 우리 수출기업들이 수출시 직면하는 관세상의 장벽 또는 애로를 경감시켜 주기 위해 〈표 10-20〉와 같이 쌍무 간 국제관세협력을 체결하게 되었다.

31) 박상태, 관세정책의 변천과 평가, 한국조세연구원, 1997. 5, pp.194~195.

■ <표 10-18> 우리 나라의 관세관련 주요 국제기구 가입 및 협정체결 현황

명 칭	기능 및 목적	설립(체결)일	가입국수	가입일
① 세계무역기구 (WTO ; World Trade Organization)	관세 및 무역에 관한 장벽제거로 자유무역의 실현	1999.1.1.	110	1999.1.1
② 세계 관세기구(WCO : World Cust-oms Organization)	각국 관세제도의 조화와 통일 및 관세기술의 발전과 증진 도모	1952. 11. 4.	138	1968. 7.2
③ 아시아 · 태평양경제사회위원회 (ESCAP ; Economic and Social C-ommision for Asia and Pacific)	아 · 태지역의 경제재건, 개발촉진, 경제활동 증대 및 경제협력 강화	1947.3.	58(정회원:48, 준회원:10)	1949.3.(준회원국) 1954.10(정회원국)
④ 국제연합무역개발회의 (UNCTAD ; U.N. Conference on T-rade and Development)	무역을 통한 개도국의 경제개방 및 남북협력 도모	1964.3.	186	1964.3.
⑤ 아시아 · 태평양경제협력체 (APEC ; Asia Pacific Economic C-ooperation)	아 · 태지역 국가간 경제협력 강화	1989	18	1989
⑥ Asia EDIFA (Electronic Data Interchange for Administration, Commerce and Transport)	EDI Message의 국제표준화	1990.11.	7	1992.6.
⑦ 아 · 태지역마약범집행기관장회의 (HONLEA ; Heads of National Dr-ug Law Enforcement Agency)	불법마약거래단속	1976 (아 · 태지역회의)	25	1993
⑧ 환태평양세관행정최고책임자회의(CCAP ; conference of Customs Administarators in the Pacific Basin)	세관행정발전방안 논의	1989.5.	14(고정되어 있지 않음)	1989.5.

자료 : 박상태, 관세정책의 변천과 평가, 한국조세연구원, 1997, pp. 241~242.

■ <표 10-19> 1990년대 수입자유화 추이

	총수입품목수	수입금지품목수	수입제한품목수	수입자동승인품목수	수입자유화율(%)
1991	10,241	-	283	9,991	97.2
1992	10,274	-	240	10,034	97.7
1993	10,417	-	199	10,220	98.1
1994	10,502	-	150	10,352	98.6
1995	10,502	-	101	10,401	99.0
1996	10,859	-	76	10,783	99.3

자료 : 한국은행, 경제통계연보, 각 연도. 한국무역협회, 무역연감, 1997년도.

한편 1990년대 관세정책에 있어서 국내외의 여건은 크게 변화하였다. 1990년대는 국내외적으로 경제질서가 보다 합리적이고 경쟁적인 체제로 발전하였으며, 그런 가운데 경제적 불확실성도 더욱 높아졌다.

대외적으로는 공산권국가들의 시장경제체제 도입이 가속화되고 우루과이 라운드 다자간협상이 마무리되는 등 세계경제가 더욱 효율화 · 활성화되는 방향으로 신국제경제질서가 형성되고, 국내적으로는 국제원자재 및 원유가격의 불안정 등으로 국내경기가 밝지만은 않아 경제의 효율성을 높여가면서 수출증대를 통해 경제의 활력을 되찾기 위한 정책적 노력이 강화되었다.

이러한 가운데 관세정책의 중요한 수단인 관세율은 오래 전부터 국제규범의 틀에 따라 움직여지고 있으며 GATT체제에서는 이미 저관세율 시대로 접어든 지 오래일 뿐만 아니라 무세화로의 접근이 제기되었다.

이러한 정책적 특징을 감안하여 1991년 관세정책의 기본방향을 "**기존의 관세정책의 기본골격을 그대로 유지하되 탄력적 운용을 통하여 경제의 효율성을 더욱 높이고 아울러 경제적 불확실성을 최소화함으로써 경제의 활력을 도모**"하는 데 그 중점을 두었다.

첫째, 관세율정책에 있어서는 기본적으로 재정수입확보를 위하여 일정수준의 관세율을 부과하고 그 율은 경제의 효율성을 저해하지 않도록 저율로 유지한다는 것이다. 그 방법도 경제주체가 중장기 예측을 통해 합리적인 경제행위를 할 수 있도록 관세율을 미리 알려주는 예시제를 계속 시행한다는 것이다.

둘째, 관세지원정책에 있어서는 기본적으로는 비교우위에 있는 국내산업의

■ <표 10-20> 쌍무간 국제관세협력 운영현황

구 분	협력체결일자	품목수	주요품목	내 용
한 · 미농산물협상	1987.7.1.	157	레몬, 아보카도, 버찌	농산물 관세인하
한 · 미농산물협상	1988.1.1.	75	농산물	관세추가인하
한 · 미무역협상	1989.2.24.	289	승용차, 화장품 등	승용차추가 및 화장품 등 추가인하
한 · 미무역 및 포도주협상	1989.7.1.	53	포도주, 건과류 등 696개 적용중지품목	기본관세율 인하로 신규 및 적용연장
한 · 미통신협상	1990.4.1.	51	텔레프린터, 교환기 등	관세인하계획1년 조기시행
한 · 미포도주관세협상	1991.7.1	20	포도주 및 관련제품	25% (1991년), 20% (1992년)
한 · 헝거리관세협상	1991.7.1	31	필름, 철강, 알루미늄 제품	평균관세율(15.2~10.2%)
한 · 영위스키협상	1991.7.1	4	위스키류	40-40-30% (1991~93년중)
한 · 말레이시아 정상회담	1991.7.1	2	팜핵유(조유 · 종제유)	야자유 관세율수준으로 인하
한 · 미포도주 및 통신협상	1994.1.1.	51	포도주 적용 및 통신기기 제외	
한 · 미농산물협상	1995.1.1.	188	농산물 일부적용	UR협상시 미국측과 쌍무협상결과 양허
한 · 미자동차협상	1995.1.1.	59	자동차 신규적용	관세율 인하(10%→8%)
한 · EU 주류협상	1996.1.1.	11	위스키, 럼, 진, 보드카, 리큐르 및 포도증류주 이외의 브랜디	관세율인하(30%→20%)
한 · 멕시코	1997.1.1.	1	데킬라	신규적용
한 · 미농산물관련	2000.1.1.	2	밀, 대두박 등	기본관세율인하에 따른 적용기간 연장

자료 : 재정경제부, 국제협력관세 개정내용, 각 연도.

국제경쟁력을 강화하기 위하여 관세지원제도를 활용하되 자원배분의 산업간 중립성을 확보하기 위하여 특정 산업 · 업종에 대한 차등지원제도를 폐지하고 기능별 지원제도를 확립하도록 한다는 것이다. 또한 관세감면은 조세의 소득재분배기능에 역행하는 결과를 초래하므로 관세감면의 적정수준을 유지하도록 하고 아울러 관세지원제도가 외국의 상계관세 적용대상이 되지 않도록 운용에 신중을 기했다.

셋째, 통관제도에 있어서는 주어진 재정수입을 확보하되 절세 · 조세회피노력 및 징수 등에 따른 징수행정비용을 최소화하고 통관절차를 간소화함으로써 통관행정의 효율을 극대화하되, 수입자의 성실신고 정도에 따라 신속통관과 관세채권 확보문제를 조화시키도록 할 것이다.

1991년 1월 1일부터 시행된 관세정책의 주요내용이 개정된 관세법에 반영되었으며 부문별로 보면 다음과 같다.

(가) 관세율 부문

종전에 수입물품에 일률적으로 2.5%씩 부과하던 수입분 방위세가 1991년부터 폐지됨에 따라 예상되는 세수결함도 일부 보전하되 관세율 인상으로 인한 불필요한 대외통상마찰을 최소화하기 위해 관세인하율 5개년 예시제를 1년씩 순연하여 적용하도록 하였다. 예를 들어, 1991년에는 이미 예시된 1990년도 관세율을 한 번 더 적용하고, 1992년에는 예시된 1991년 관세율을 적용하도록 하였다.

관세율에는 기본관세율 · 잠정관세율 · 탄력관세율 및 국제협력관세율이 있는데, 이들 세율 간의 적용순서에 있어 종전에는 국제협력관세를 최우선으로 적용하도록 하였으나 탄력관세 중 덤핑방지관세, 상계관세, 긴급관세 및 보복관세의 경우에는 국제협력관세와 편익관세에 우선하여 적용될 수 있도록 함으로써 관세의 국내산업 보호기능을 강화하였다.

GATT 제19조 긴급수입제한(safeguard)규정에 의해 특정물품의 수입으로 인하여 국내산업에 피해가 발생할 경우 체약국들이 이를 구제하기 위한 필요한 조치를 발동할 수 있도록 허용한 것을 최대한으로 활용하기 위하여 긴급관세 발동요건을 GATT규정과 일치시켰다.

특정물품의 수입을 억제시킬 필요가 있어 할당관세를 운용할 경우 일반적으로는 기본관세율에 40%를 가감한 율의 범위 안에서 운용하도록 하고 있으나 농림축수산물의 경우에는 기본관세율에 그 물품의 국내외 가격차에 상당하는 율을 가산하여 관세를 징수할 수 있도록 함으로써 국내의 영세 농림축수산업을 보호하도록 하였다.

(나) 관세감면부문

산업구조의 조정, 기술연구개발의 촉진, 수출경쟁력 제고 등을 위하여 관세지원제도를 제조업의 국제경쟁력 강화에 중점을 두어 운용하도록 하였다.

첫째, 기술개발의 중요성과 막대한 자금소요를 감안하여 첨단기술에 대한 관세지원을 강화하도록 하였다.

둘째, 산업폐기물의 재활용 또는 적절한 처리가 중요한 산업문제로 대두됨에 따라 이에 소요되는 기계 · 기구를 수입할 경우 관세를 80% 감면하도록 하였다.

셋째, 생활환경개선을 통해 국민복지를 증진시키기 위하여 국가 · 지방자치단체 등이 수입하는 공해측정 및 분석용 기기 또는 상수도의 수질향상을 위한 기계 · 기구에 대한 관세를 전액 면제하도록 하였다.

넷째, 임금인상 · 노사분규 등으로 제조업체가 겪고 있는 어려움을 덜어주고 경쟁력을 강화시키기 위하여 생산성향상을 위한 공장자동화 기기에 대하여는 관세의 60%를 경감하도록 하였다.

(다) 수출입물품 통관부문

대외지향적 경제발전전략에 따라 늘어나고 있는 수출입물동량을 신속 · 원활히 처리하기 위하여 선진통관제도를 적극 도입하였다.

첫째, 신속통관과 관세채권 확보의 문제는 상호 대립적인 것으로 인식되어 왔으나 납세자의 성실신고 정도에 따라서는 두 문제가 동시에 해결될 수 있도록 하였다. 종전에는 명목적으로는 신고납부제도라 하더라도 실질적으로는 세액납부 전에 세관장이 세액심사를 하는 명목적 신고납부제로 시행되었다. 그러나 앞으로는 신고세액에 대한 사전심사 없이 납세자가 스스로 계산한 세액을 그대로 납부하면 이를 근거하여 수입면허를 하고 사후에 세액의 적정성 여부를 심사하는 완전한 신고납부제를 실시하였다.

둘째, 빈번하게 수출하는 자가 세관장의 승인을 얻은 경우에는 일정기간 동안의 수출분에 대하여 수출 후에 일괄 신고토록 하여 수출통관제도를 대폭 간소화하였다.

셋째, 수출입신고시 신고서의 기재사항 등이 미비된 경우 그 사항이 경미한 경우에는 먼저 물품을 반출시키고 사후에 이를 보완하는 잠정신고제도(incomplete declaration)를 채택하였다.

넷째, 보세화물장치에 따른 업계의 부담을 완화하기 위하여 세관감시에 애로가 없다고 인정되는 모든 수출물품과 보세구역에 장치하는 것이 부적당하다고 인정되는 수입물품에 대하여는 보세구역 이외의 장소에 장치할 수 있도록 하였다.

4 세계화시기의 관세정책

1 제29차 관세법개정(1993.12.31. 법률 제4674호)

1990년대에 접어들어 국제무역환경에는 많은 변화가 있었다. 한편으로는 1993년 12월 GATT 우루과이 라운드 협상의 타결로 자유무역의 확대에 대한 노력이 결실을 맺게 되었다. 다른 한편으로는 1994년 1월부터 시행되는 유럽연합(EU), 북미자유무역협정(NAFTA)의 타결로 지역주의가 팽배한 국제무역의 양극화현상이 뚜렷하게 부각되었다.

이와 같이 급변하는 국제무역환경의 변화에 효율적으로 대처하기 위하여 수출입통관제도를 대폭적으로 개선하고, 긴급관세 등 탄력관세제도를 보완하여 우리 나라 산업발전의 수준에 맞도록 관세감면제도를 정비하는 한편, 부정무역(不正貿易)의 방지를 위하여 세관의 감시기능을 보강할 필요성이 요구되었다. 따라서 이러한 문제의식을 기초로 하여 볼 때 관세행정의 기본적 틀을 바꿔 나가야 하는 국내외적 필요성과 관세행정의 환경변화 등이 다음과 같음을 알 수 있다.

첫째, 수입자유화의 진전에 따라 관세행정상 적극적으로 대응해 나가야 할 필요성이 증대되고 있다. 중국 등지로부터 저가 농산물의 수입과 국내 신규 개발품을 겨냥한 덤핑수입이 증가하고 있고, 원산지표시와 품질표시가 불명확한 소비재의 수입이 증가하고 있다. 한편, 신발 · 음반 등 지적 재산권 침해물품의 수출이 근절되지 않고 있어 미국 · EU 등으로부터 불공정무역국으로 비난받고 있을 뿐만 아니라 실제 정상적인 무역거래에도 부정적인 영향을 미치게 되었다.

둘째, 수출기업의 운송 · 보관 · 하역 · 통관 등에 소요되는 유통비용이 크게 증가하고 있다. 유통비용의 증가는 도로 · 항만 · 철도 등 사회간접자본이 부족함을 그 원인으로 들 수 있다. 그러나 '코스트' 개념에 대한 인식이 부족한 산업보호적 시각에서 각종 규제와 통제, 수입물품에 대한 엄격한 통관관리, 정확한 세금징수 위주의 업무처리가 수출입업자에게 무거운 부담이 되었다.

셋째, 세관업무 집행방식의 전환이 불가피하다. 오늘날 컨테이너 화물의 비중이 증대되고 있고, 관세의 재정기여도가 낮아짐에 따라 세수기능이 약화되고 있으며, 정보 및 교통수단의 발달로 산업활동이 신속해짐에 따라 무역거래에도 세관의 수출입통관기능의 신속화가 요구되었다.

넷째, 국제무역절차의 한 부분으로서의 세관기능이 요구되고 있다. 세관기능은 이제 국제무역의 장벽이 아니라 국제무역절차의 한 부분으로 인식되고 있다. 따라서 통관과정에서 검사 · 확인하는 역할보다는 수사 · 정보기능에 중점을 둘 필요가 있었다.

이러한 관점에서 현행 관세법을 현실에 부합되게끔 137개 조문이 개정 또는 신설되었는 바, 그 주요 내용은 다음과 같다.

(가) 수출입통관절차 간소화

① 수출통관절차 개선

우리 나라 무역관행을 현실화하고 수출입절차의 불편을 해소하며 이중적 규제를 폐지하여 세관감시통제를 최소화하도록 노력하였다.

무역업자의 물품제조완료 전 수출신고 관행을 현실화하여 수출물품의 제조 · 완성 전에도 수출신고가 가능하도록 하여 제조되는 즉시 면허되어 선적지로 운송이 가능하도록 하였다. 보세구역장치제를 폐지하여 제조공장에 둔 상태에서도 신고가 가능하도록 하였다. 또한 수출물품에 대하여 세관이 통제하는 보세운송절차의 일부 또는 전부를 생략하거나 간편하게 할 수 있는 근거규정을 마련하여 앞으로 법개정 없이도 절차를 간소화할 수 있도록 하였다. 그리고 보세구역내 보수작업 재료제한 폐지, 수출용 원재료 장치제한 폐지, 보세건설장 반입허가 폐지 등 보세화물 관리절차를 간소화하였다.

② 수입통관 및 납세관련 절차의 개선

선박이나 항공기 입항 전에 수입예정신고를 할 수 있도록 하여 세관이 물품도착 전에 선적서류로 통관심사하여 검사생략 물품으로 판정되는 경우에는 하역 즉시 보세구역장치 · 검사절차 없이 납세 · 면허 · 반출절차를 할 수 있도록 하였다. 관세납부를 면허 · 반출 후 하도록 하는 관세사후납부제도, 관세자진납부제도, 관세과다납부시 세관장 의무환급제, 잠정과세가격 신고제 도입 등 국민의 납세편의를 위하여 제도를 개선하였다. 자기발행약속어음 등 납세담보 범위를 확대하고 대통령령이 정하는 경우가 아니고는 담보종류를 제한할 수 없도록 하였다. 수입물품에 대한 부가가치세 · 특별소비세의 부과징수절차를 관세의 예에 따르도록 하였다. 산업지원 위주의 관세감면을 단계적으로 축소해 나가면서 자동화기기의 국산화를 촉진하기 위하여 핵심부품 감면제도를 신설하였다. 관세감면물품에 대한 사후관리기간도 혜택수준에 상응하는 부담이라는 기준하에 대폭적으로 단축하였다. 그리고 가벼운 명령 · 금지위반 행위에 대하여 벌금형을 과태료로 전환하였다.

(나) 산업피해구제제도의 강화

중국 등 개도국으로부터 저가 농산물 등의 수입이 급증하고 있으며 신규개발물품에 대한 덤핑수입 가능성도 커지고 있는 등 GATT 우루과이 라운드 협상타결에 따라 시장개방 확대에 대비하여 산업피해 구제제도의 실효성을 제고하였다.

제12위라는 무역국에 걸맞게 공정무역을 도모하기 위하여 지적재산권보호 및 원산지표시 확인제도의 도입 등 세관감시의 기능을 강화하였다.

① 탄력관세제도의 개선

긴급관세 · 계절관세의 부과범위를 보다 탄력화하고 신속한 조치가 가능하도록 부과권자를 재무부장관으로 조정하고, 외국의 불공정 무역행위에 대한 정당한 대응조치를 마련하기 위하여 발동요건을 구체화하는 등 보복관세제도를 보강하였으며 덤핑방지관세의 부과 · 환급 · 재심사 요건을 GATT협정내용과 일치시켰다.

② 불공정무역행위 단속기능 강화

상표권 · 저작권 침해물품에 대한 세관단속 근거를 마련하였으며 세관이 통관심사시 원산지표시를 확인함으로써 국내소비자와 생산자가 공정한 거래를 할 수 있게 되었다. 통관된 물품이라도 관세법 위반물품으로 확인된 경우에는 보세구역 안으로 반입명령할 수 있도록 하여 통관절차간소화에 따른 부작용을 방지하기로 하였다. 그리고 특정용도로 수입된 물품이 반출 후 다른 용도로 사용되는 것을 방지하기 위하여 면허시 조건을 부가하는 제도도 도입하였다.

2 제30차 관세법 개정(1993. 12. 31. 법률 제4674호)

(가) 시장개방확대 대비 및 공정무역 유도

WTO창설로 우리 나라는 무역대국에 걸맞는 공정무역거래를 도모하기 위하여 지적재산권 보호 및 원산지표시 확인제도의 도입 등 세관의 감시기능을 강화하였다. 즉 상표권 · 저작권 침해물품에 대한 세관의 단속근거를 마련하였으며, 세관이 통관심사시 원산지표시를 확인함으로써 국내의 소비자와 생산자가 공정한 거래를 할 수 있게 되었다. 통관된 물품이라도 관세법 위반 물품으로 확인된 경우에는 보세구역 안으로 반입 명령을 할 수 있도록 하여 통관절차의 간소화에 따른 부작용을 방지토록 하였다. 그리고 특정용도로 수입된 물품이 반출된 후 다른 용도로 사용되는 것을 방지하기 위하여 면허시 조건을 부과하는 제도도 도입하였다.[32)]

(나) 관세감면제도의 정비

첨단기술산업의 중요성을 감안하여 관세감면대상을 일부에 한정하던 것을 첨단기술의 모든 분야로 확대하고, 그 적용시한을 1991년 12월 31일에서 1993년 12월 31일로 연장한 바 있으나, 이를 다시 1997년까지 연장하였다. 관세감면율은 1994년에 50%, 1995년에 40%, 1996년에 30%, 그리고 1997년에 20%로 매년 10%씩 인하하도록 하였다.

또 동일한 물품의 재수입 또는 재수출의 경우 관세를 감면받을 수 있는 재수출기간을 3개월 내지 1년(1991년 1월 1일 시행)에서 6개월 내지 2년으로 연장하여 수출업체 등의 부담을 완화하였다.

그리고 관세감면 물품에 대한 사후관리 기간을 5년(1994년 1월 1일 시행)에

32) 앞의 책, pp.199~205.

서 3년으로 단축하여 장기간의 사후관리로 인한 업계의 부담을 완화토록 하였다.

(다) 보세제도의 보완

날로 증가하는 수출입 물동량에 대비하여 중앙정부 · 지방자치단체 또는 공공단체가 관리하는 공항 또는 항만시설을 세관당국이 해당기관에 동의를 얻어 이를 보세구역으로 지정할 수 있도록 하였다. 그리고 보세구역 밖의 지역에 장치할 수 있는 물품의 범위를 모든 수출물품으로 확대하는 한편, 보세구역에 장치하기가 부적당한 수입물품으로까지 확대하면서 보세화물의 적정관리를 위하여 필요할 때에는 그 시설을 보완할 수 있도록 하였다. 또한 특정물품에 대해서는 이들 물품의 적기공급을 위하여 필요한 기간동안 보세구역에 장치할 수 있도록 하였다.

(라) 관세행정의 전산화

수출신고 등을 전산처리설비를 이용하여 처리할 수 있도록 하고, 그 신고 또는 통지 등은 전산처리설비에 갖추어진 파일에 등록되었을 때 세관 또는 수출입업자에게 접수된 것으로 하였다. 통지 등이 등록된 후 통상적으로 출력에 소요되는 시간이 경과되었을 때 당해 통지 등이 송달된 것으로 보도록 하였다. 그리고 전산처리설비를 이용하는 경우에는 관계서류의 제출을 생략하거나 간이하게 할 수 있도록 하였다.

(마) 관세사법제정

관세법 제7장에 규정되어 있는 관세사 관련조항(법 제156조~제171조의 3)을 1995년 12월 6일자로 삭제하고, 이를 별도로 분리하여 관세사법으로 제정(1995년 12월 6일 제정, 2000년 1월 7일 개정)함으로써 관세사의 책임과 사명감을 고취시키고 원활한 관세사제도의 운용을 도모토록하였다.

(바) 수출입화물의 불법유통 방지

통관 후 위법사실이 발견된 물품을 보세구역에 반입시킬 수 있도록 하여 간소화에 따른 불법물품의 반출과 국내유통의 가능성을 방지하도록 하였다. 그리고 지적소유권 침해물품을 통관단계에서 세관이 단속할 수 있도록 함으로써 지적소유권을 효율적으로 보호하도록 하였다.

3 제31차 관세법 개정(1994. 12. 22. 법률 제4813호)

(가) 국민의 권리구제 기회의 확대

심사청구 및 행정소송의 제기기간을 하급심 결정이 지연된 기간만큼 연장하여 국민의 권리를 구제할 수 있는 기회를 확대하였고 천재지변 등의 사유로 심사청구를 법정기간 내에 할 수 없는 경우에는 그 사유가 소멸된 날로부터 14일 내에 청구할 수 있도록 하였다.

(나) 관세율인하 예시제 1년 순연

방위세법이 1991년 1월 1일부터 폐지됨에 따라 그 동안 수입물품에 관세 이외에 방위세 2.5%가 부과되던 방위세가 없어지게 되었다. 따라서 재정수입 보전대책의 일환으로 시한만료 수입분 방위세를 관세로 일부 한시적으로 흡수·조정하고자 다음의 〈표 10-21〉과 같이 관세율 인하 5개년 예시제를 1년씩 순연시켰다.

이 표의 내용을 보면 1989년부터 시행하고 있는 관세율 인하 5개년(1989~1

■ <표 10-21> 관세율 인하 5개년 예시제 1년 순연 내용

(단위 : 백만원)

	종전				개정				
	1990	1991	1992	1993이후	1990	1991	1992	1993	1994이후
비 경 쟁 원 료	1 (3.5)	1 (3.5)	1 (3.5)	1 (3.5)	1 (3.5)	1 (1)	1 (1)	1 (1)	1 (1)
	2 (4.5)	2 (4.5)	2 (4.5)	2 (4.5)	2 (4.5)	2 (2)	2 (2)	2 (2)	2 (2)
경 쟁 원 료	5 (7.5)	4 (6.5)	4 (6.5)	3 (5.5)	5 (7.5)	5 (5)	4 (4)	4 (4)	3 (3)
1 차 가 공 품	10 (12.5)	9 (11.5)	7 (9.5)	5 (7.5)	10 (12.5)	10 (10)	9 (9)	7 (7)	5 (5)
중간재, 완제품 및 일반소비재	13 (15.5)	11 (13.5)	9 (11.5)	8 (10.5)	13 (15.5)	13 (13)	11 (11)	9 (9)	8 (8)
사치성 소비재	16 (18.5)	13 (15.5)	10 (12.5)	8 (10.5)	16 (18.5)	16 (16)	13 (13)	10 (10)	8 (8)

(주) ( )안은 방위세를 포함하였을 경우의 세율이며, '종전'란은 방위세가 계속부과되는 것을 전제로 하였을 경우의 세율임.

자료 : 박상태, 관세정책의 변천과 평가, 한국조세연구원, 1995, p.205.

993년) 예시제를 1991년부터 1년씩 순연하기로 하였다. 예를 들어 1992년도에는 1991년도 관세율표를 적용하고, 1994년 이후에는 1993년도 이후의 관세율표를 적용함으로써 종전의 경우보다 사실상 세부담이 0.5%만큼 줄어들게 되었다. 그러나 사치성 소비재의 경우 종전에는 1991년도 관세 13%와 방위세 2.5%를 합한 15.5%를 부담하였으나 개정된 내용에 의하면 관세만 16%를 부담하게 되어 종전의 경우보다 사실상 세부담이 0.5%나 늘어나게 되었다.

관세율 인하 5개년 예시제의 효과를 보면, 관세율이 낮은 기초원료의 경우 1991년도부터 방위세 2.5%가 없어지게 된다. 반면 예시제가 1년 순연되어도 관세율이 당초와 동일하거나 1% 정도 높아지므로 실제적인 세부담이 크게 줄어든다. 한편 소비재의 경우 예시제가 1년 순연되면 관세율이 당초보다 2~3% 높아져 실제적인 세부담이 0.5% 줄어들거나 늘어나게 되므로 '기초원료 저세율 · 완제품 고세율' 이라는 관세율 체계가 계속 유지될 뿐만 아니라 수입분 방위세 폐지에 따른 재정수입 감소분 가운데 일부를 보전할 수 있게 하였다.

(다) 평균관세율의 변화추이

관세의 재정수입효과는 관세의 경제적 기능 가운데 산업정책기능과 함께 가

■ <표 10-22> 평균관세율 및 관세수입 추이

(단위 : %)

년도	평균관세율			관세수입/조세수입	관세수입/국세수입
	법정관세율	WTO양허관세율	실행관세율		
1991	11.4	-	-	9.0	11.3
1993	8.9	-	-	7.1	7.3
1995	7.9	23.6	9.0	6.4	8.2
1999	7.9	14.9	8.9	4.4	5.5
2004	7.9	11.9	8.0		
2009	7.9	11.7	7.9		

자료 : 재정경제부, 재정관세, 각 연도 및 관세율표, 2000에서 작성하였음.

장 중요하다고 할 수 있다. 〈표 10-22〉에서 보는 바와 같이 법정관세율은 1991년까지는 고관세율정책으로 관세수입이 10%이상을 점유하였으나 1993년

이후에는 10%이하로 수준으로 감소되었다.

1995년도의 평균 실행관세율은 9.0%로서 현행 관세율체계가 지속될 경우 2009년도에는 7.9%까지 인하될 것으로 예상된다.

4 제32차 관세법 개정(1995. 12. 6. 법률 제4982호)

이 개정은 1999년 12월 6일 법률 제 4982호로 관세법 제7장 관세사에 관한 조문(제 158조 내지 제 171조의3)를 폐지하여, 관세사법을 별도로 제정(1999년 12월 6일 법률 제 4984호)하였다. 관세사법은 제9장 32개 조문과 부칙으로 구성되어 있다. 이 법의 목적은 "관세사 제도를 확립하여 납세자의 편의와 통관절차의 능률을 기함으로써 국민경제의 발전에 기여함을 목적으로 한다"고 규정(법 제1조)하고 있다.

그리고 관세사의 직무로 다음의 업무를 수행하는 것을 그 직무로 한다. 즉, ① 수출입물품에 대한 세 번 · 세율의 분류, 과세가격의 확인과 세액의 계산, ② 관세법에 의한 수출 · 수입 또는 반송의 신고와 이와 관련되는 절차의 이행, ③ 관세법에 의한 이의신청 · 심사청구 및 심판청구의 대리, ④ 관세에 관한 상담 또는 자문, 그리고 ⑤ 수출용원재료에 대한 관세 등 환급에 관한 특례법에 의한 환급청구의 대리, 등이다.

5 제33차 관세법 개정(1996. 12.30. 법률 제5194호)

이 개정은 1995년에 수출입 통관절차를 전면 재검토한 것과는 달리 그 동안 법적으로 논란이 있었던 일부 규정을 보완하고 관세형벌제도를 개편하는 차원에서 추진되었으며 주요 개정방향은 다음과 같다. 즉 첫째, 신고 납부한 세액이 과다한 경우 경정청구제도를 도입하는 등 납세자의 편의를 증진하고, 둘째, 일반특혜관세(GSP)도입의 근거를 마련함으로써 개발도상국과 경제협력을 강화하여야 할 필요성에 대비하며, 셋째, 장기간 개편이 없었던 관세벌칙 제도를 개편하여 징역형은 완화하고 일부 벌금을 높이며 복잡한 벌칙조항을 단순화하여 알기 쉽게하고, 그리고 넷째, 기타 불합리한 규정을 보완하려는 데 있다.

(가) 품목분류의 사전회시 제도 보완

품목분류 사전회시를 신청한 물품중 시험 . 분석이 필요한 경우에는 수입자로부터 총리령이 정하는 수수료를 징수하도록 법(제7조의 2)으로 보완하였다.

(나) 물가평형관세 제도의 폐지

탄력관세제도 가운데 1978년에 도입된 물가평형관세(법 제15조)를 폐지하였다. 그 이유는 물가평형관세는 할당관세나 조정관세로 그 목적달성이 가능하고, 지금까지 단 1회만 발동하여 존재실익이 없다는 것이다. 할당관세의 발동요인으로 산업의 경쟁력강화를 추가하여 일시적으로 어려움을 겪고 있는 산업 지원을 위하여 당해 산업에서 수요하는 기초원재료의 관세율을 일시적으로 낮출 수 있도록 하였다.

단, 다른 탄력관세제도는 국제협약에 의한 것으로 폐지가 어려우며, 할당관세이나 조정관세로 목적달성이 가능한 계절관세는 농림부에서 농어민 보호수단의 일종으로서 그 폐지의 보류를 요청하였기 때문이다.

(다) 과다 납부한 경우 경정청구제도 신설

관세는 신고납부제도가 원칙이다. 현행 과소 납부한 경우에는 수정 신고할 수 있도록 규정되어 있으나, 과다 납부한 경우에는 이를 정정할 수 있는 법규정이 없어 납세자의 권리구제가 미흡하였다.

이러한 문제를 해소하고자 과다 납부한 경우 납세자가 경정청구를 할 수 있게 하고, 만일 세관장이 경정을 거부하면 납세자는 행정심판 등 불복절차를 통하여 권리구제를 받을 수 있도록 법(제17조)으로 규정하였다. 그러나 경정청구를 무한정 허용할 수 없으므로 그 청구기간을 국세기본법의 경정청구기간과 같게 최초 신고납부한 때로부터 1년 내로 제한하였다.

(라) 관세 부과권과 징수권의 구분

관세의 부과권은 이미 성립된 조세채권을 확인하는 것이고, 징수권은 부과권에 의하여 확정된 세액의 이행을 청구하는 권리로서 그 성질이 다르다. 즉,

① 부과권은 형성권이므로 시효중단 및 정지가 없는 제척기간의 적용대상이며,

② 징수권은 시효중단 및 정지가 있는 소멸시효의 적용대상이다.

현재 관세법에서는 관세 징수권의 소멸시효만을 규정하고 있고 동 규정이 부과권 제척기간도 동시에 규정한 것으로 해석하고 있으나(대법원 판례 등), 이를

법(제25조～제25조의 3)으로 보완하려는 것이다.

(마)관세감면 받은 항공기 제조용 원료품에 대한 사후관리 폐지

사후관리제도는 당해 물품의 용도를 지정하여 관세감면을 받은 물품이 용도 이외로 사용되는 것을 방지하기 위한 제도이다. 그러나 항공기 제조용품과 같이 특수물품으로서 다른 용도에 사용하는 것이 사실상 불가능한 물품에 대하여는 사후관리를 면제하여 세관 및 항공사의 업무부담을 완화하도록 이에 관련되는 법(제28조의 4 및 제28조의 8외)을 폐지하였다.

6 제34차 관세법 개정(1998. 12. 28. 법률 제5583호)

이 개정은 외자유치의 원활화와 기업의 생산성향상을 도모하고, 국제기준에 상응하는 투명성 · 합리성을 확보하기 위해 새로운 관세제도를 도입하거나 기존의 규정을 개선 · 정비하는데 있다.

(가) 외국인 투자유치를 위한 제도 신설 및 정비

① 종합보세구역 제도의 신설

특허보세구역에서 수행되는 기능(제조, 가공, 전시 등)을 동일지역에서 모두 수행할 수 있도록 하였다. 관세행정기관의 장의 요청에 따라 무역진흥의 기여 정도 등을 고려하여 관세청장이 지정하되, 필요시 관세청장 직권으로도 지정할 수 있도록 하였다.

②내수용 보세공장의 대상업종의 확대

대부분의 완제품 수입이 자유화됨에 따라 원재료 · 부품을 수입, 국내생산하는 형태로 유도할 필요가 있다. 따라서 보세공장 제조물품의 수출 및 국내반입(반입시 관세부과)을 업체의 자율에 맡겨 기업의 생산활동 지원 및 외국인 투자유치를 도모하고자 법(제98조 제3항)을 개정하였다.

다만, 양허관세 등의 적용을 받는 농수축산물에 대하여 내수용 보세공장을 무제한적 으로 허용할 경우 그 제품에 과세를 하게 되어 원재료는 고세율을, 제품은 저세율로서 역관세체계가 된다. 그러므로 양허관세제도의 취지와 상충될 가능성이 있어 내수용 보세공장의 업종을 제한할 필요가 있다는 것이다.

(나) 기업의 생산활동 지원을 통한 경쟁력강화

① 시설대여의 경우 실수요자인 대여시설이용자를 대상으로 '관세감면 물품' 만 받도록 하고 있으나 '분할납부 물품' 도 포함하였다(법 제34조의 3).

② 보세구역 밖에서 보수작업이 가능하도록 함으로써 기업활동의 편의를 도모하도록 하였다(법 제69조 제3항).

③ 보세장치장 반입물품의 장치기간을 6개월에서 1년으로 연장하였다(법 제91조 제1항).

④세관의 관세징수 및 감시업무에 지장이 없는 범위에서 신속한 반출을 위한 제도를 마련하였다(법 제143조의 2). 통관절차 간소화를 위한 국제협약(2001년 상반기 발효예정)에도 special procedure로서 즉시반출제도와 유사한 절차를 규정하고 있다.

(라) 기타 관세제도의 합리적 개선

거래가격이 진실하지 않다고 인정되는 경우 과세가격을 결정하도록 하며(법 제9조의 3), 특급탁송운송업자(현재 특급탁송업자는 DHL, TNT, OSC, FDX, UPS-대한통운, 한진 등 8개)를 등록토록 하며(법 제58조의2), 그리고 장치기간 경과물품 등 매각시 의무적으로 경쟁입찰 회수를 3회에서 2회로 축소하는(법 제124조 제3항) 등 관세제도를 합리적으로 개선하였다.

7 제35차 관세법 개정(2000. 12. 30. 법률 제6305호)

이 개정은 종량 · 종가관세 중 어느 하나를 선택할 수 있는 '선택관세제도' 를 도입하는 등 몇 가지 내용을 개정하였다.

(가) 선택관세의 도입으로 관세율체계의 정비

원료에 대한 관세율보다 이 원료를 이용한 완제품의 관세율이 낮은 불균형을 보완하기 위하여 가공식품의 원료농산물 · 반도체부품 및 컴퓨터 설계도 등의 관세율을 인하하고, 원유로 제조되는 석유제품의 관세율을 인상하는 한편, 버섯 · 들깨 등 일부 농산물관세에 종량 · 종가 선택관세제도를 도입하는 등 관세율체계를 합리적으로 조정하였다.(법 발표)

(나) 과세전 적부심사제도의 도입

납세자의 실질적인 권리구제를 위하여 세관장이 납세액의 부족을 이유로 세액을 경정하여 부족분을 징수하고자 하는 때에는 사전에 그 사실을 납세자에게 통지하도록 하고, 그 통지를 받은 납세자가 세액경정에 이의가 있는 경우에는 과세의 적부심 여부를 심사청구할 수 있도록 하는 과세전 적부심사제도를 도입하였다(법 제20조의 2). 이 제도의 도입에 따라 과세전 적부심사의 대상, 과세전 적부심사위원회의 구성 및 운영방법 등 이 제도의 시행에 필요한 사항을 구체적으로 정하였다.

(다) 행정소송제도의 개선

종전에는 관세 등에 대하여 불복하는 경우, 심사청구와 심판청구를 거쳐야만 행정소송을 제기할 수 있도록 하던 것을 앞으로는 심사청구와 심판청구 중 하나의 절차만 거치면 행정 소송을 제기할 수 있도록 하여 납세자의 권리를 신속하게 구제할 수 있도록 하였다(법 제38조 · 제38조의 2 · 제43조의 2 · 제43조의 4 및 제 43조의 6).

(라) 기타 제도의 개선

종전에는 산업기술의 연구 · 개발에 사용하기 위하여 수입하는 물품은 국내제작이 곤란한 경우에만 관세를 감면하도록 하였으나, 앞으로는 국내제작의 곤란여부와 관계없이 감면할 수 있도록 하였다(법 제28조의 5 제1항 제9호). 그리고 종전에는 일정액 이하의 물품으로서 우리 나라의 거주자에게 기증하는 물품에 대하여만 관세를 면제할 수 있었으나, 앞으로는 기증여부와 관계없이 우리 나라의 거주자가 수취하는 일정액 이하의 물품에 대하여는 면세할 수 있도록 하였다(법 제30조 제16호). 그리고 세관장은 보세구역에서 장치기관이 경과한 물품을 효율적으로 매각하기 위하여 필요한 경우에는 대통령령이 정하는 외부기관으로 하여금 매각과 관련된 업무를 대행할 수 있도록 하였다(법 제122조 및 제125조).

2. 우리 나라 관세법의 체계

1 서 론

관세법은 관세행정의 기본법이다. 관세법이라 함은 관세행정, 즉 관세의 부과징수와 수출입물품의 통관절차 및 그 제도에 관한 모든 사항을 포괄적으로 규정하는 법이다. 우리 나라의 관세법은 1949년 11월 23일 법률 제67호로 제정되었으며 그 후 무려 34회에 걸쳐 개정되었다. 현재 시행하고 있는 관세법은 1967년 11월 29일(법률 제1976호)에 대폭적으로 개정된 것이다.

현행 관세법은 다시 1999년 12월 28일에 개정(법률 제6046호)되어 2000년 3월 12일부터 시행되고 있는 것으로, 전문이 11개 장 243개 조문과 부칙으로 구성되어 있다. 그 내용을 보면,

제1장 : 총칙
제2장 : 과세,
제2장의 2 : 국제관세협력
제3장 : 운수기관
제4장 : 보세구역
제5장 : 운송
제6장 : 통관
제7장 : 관세사(제156조 내지 제171조의 3) 삭제(1995년 12월 6일. 법률 제4982호)

관세사법 제정(1995년 12월 6일. 법률 제4984호)

제8장 : 세관공무원의 직권

제9장 : 벌칙

제10장 : 조사와 처분

제11장 : 보칙

으로 세분되어 있고 관세율표가 별표로 부속되어 있다.

그리고 대통령령의 관세법시행령(1999년 12월 28일 대통령령 제16623호)과 재정경제부장관이 정하는 관세법시행규칙(1999년 6월 30일 재정경제부령 제98호)이 있다.

또 관세법에서 준용하는 법규로서는 국세기본법(체납정리 및 심판청구의 경우), 국세징수법(체납정리의 경우), 민법(소멸시효에 관한 법률 및 기간계산의 경우)과 관세협력위원회의 품목분류협약, 관세평가협약 등이 있다. 그리고 관세법상의 규정에 대하여 특례를 규정한 법으로서 '수출용 원자재에 대한 관세 등 환급에 관한 특례법', SOFA특례법(Status of Forces Agreement ; 대한민국과 미합중국간의 상호방위조약 제4조에 의한 시설, 구역 및 대한민국에서의 합중국군대의 지위에 관한 협정), 외자도입법(면세특례), 조세감면규제법(감면에 대한 특례), 관세의 감면관계조약, 협정 등과 국제협력관세인 양허세율이 있다.

이 양허세율에는 농림축산물 중 기본 및 잠정세율에 우선하여 적용하는 양허세율, 세계무역기구(WTO)협정 일반양허세율, 방콕협정 양허세율, 세계무역기구(WTO)협정 개발도상국간의 양허세율, UNCTAD회원국간 GSTP양허세율, 특정국가와의 관세협상에 따른 국제협력관세 등이 있다.

이상의 내용 가운데 관세법에 관한 내용 중 중요한 총칙(제1장), 과세(제2장) 및 보세구역(제4장)에 관하여 설명하면 다음과 같다.

2 총 칙

(1) 법의 목적

관세법 제1조(목적)에 "이 법은 관세의 부과 · 징수 및 수출입물품의 통관을

적정하게 하여 국민경제발전에 기여하고 관세수입의 확보를 기함을 목적으로 한다"고 규정되어 있다.

따라서 법의 목적은 두 가지가 있다. 그 하나는 국민경제의 발전이며, 다른 하나는 국가 재정수입의 확보이다. 이것은 제1장에서 언급한 관세의 목적과 일치한다.

첫째, 수입상품에 대한 적정한 관세부과로 국내산업을 보호하고 소비를 억제하며 무역수지를 개선할 수 있다. 그리고 관세율을 적절하게 조정하고 관세제도를 탄력적으로 운용함으로써 국내물가의 안정화에 이바지하고 또 수출산업에 대한 금융지원도 도모할 수 있다.

둘째, 재정수입원으로서 관세는 개도국일수록 내국세에 차지하는 비중이 상당히 높으므로 세금의 일종으로서 관세를 부과하는 것이다.

(2) 법의 성격

관세법은 다음과 같이 조세법적 · 통관법적 그리고 형사법적 성격을 지니고 있으며 이러한 성격을 가진 관세법은 재정법이며 행정법이기 때문에 획일성과 강제성을 띠는 것이 그 특징이라 하겠다.

1 조세법적 성격

관세법은 조세법으로서 실체법인 동시에 절차법이라는 양면성을 지니고 있다. 즉, 관세의 부과징수 등의 과세요건과 관세의 감면요건을 규정하고 있는 동시에 그 징수절차와 감면절차도 규정하고 있다.

2 통관법적 성격

통관은 엄밀히 말해서 관세징수와 구별되는 개념이다. 대부분의 경우 수입시에 관세가 부과되므로 수입은 통관과 관세징수가 동시에 이루어지나 관세가 부과되지 않는 수출의 경우에는 통관만 이루어진다. 통관이란 수출입물품의 특정통로인 개항에서 이루어지며 개항에 세관이 주재하여 서면으로 된 수출입거래 사항에 따라 실물을 확인하는 것을 말한다. 따라서 정부의 규제와 의도를 현장에서 집행하는 것이며 규제 자체가 실체법적 성격이 있다면 통관에 관한 관세법상의 규정은 절차법적인 성격을 지닌다.

3 형사법적 성격

관세법에는 벌칙, 조사 및 처분에 관한 사항을 규정하고 있으므로 이를 관세형법이라고도 한다. 관세형법이란 관세의 징수와 물품의 통관을 적정하게 확보하기 위한 수단으로서 내국세분야의 처벌규칙인 조세범처벌법이나 형사분야인 형법·형사소송법과는 별도로 처벌에 관하여 규정하고 있기 때문에 관세법은 형사법적 성격을 지닌다.

(3) 법 해석의 기준

"이 법의 해석·적용에 있어서는 과세의 형평과 당해 조항의 합목적성에 비추어 납세자의 재산권이 부당히 침해되지 아니하도록 하여야 한다"고 규정(법 제2조의 2 제1항)되어 있어 이 법에 관한 해석기준을 명시하고 있다. 이 조항은 관세행정의 방향에 관한 지침으로서 관세행정의 기본적 입장을 표명하는 일종의 훈시적 규정이다. 따라서 다음과 같은 '과세의 형평'과 '합목적적 원칙'의 해석기준이 있다.

첫째 기준은 과세의 형평이다. 조세는 징수권을 가진 정부와 납세자 간에 이해가 상반되므로 분쟁이 일어날 소지가 많다. 정부는 강제력을 가지고 세금을 부과·징수하며 납세자는 항상 수세에 있음으로 해서 납세자의 재산상의 부당한 침해가 있을 가능성이 있기 때문에 이를 방지하기 위하여 조세의 부과·징수 자체에 형평성이 있어야 한다는 것이다. 이 형평성에는 물론 납세자 상호 간의 형평도 포함된다.

둘째 기준은 합목적적 원칙이다. 합목적적 원칙이란 법의 해석상 법조문의 문구해석에만 집착하여 그 법의 전체적인 흐름이 내포하는 기본원칙을 준수하고 법의 입법취지에 부합되도록 해석하고 운용하는 것을 의미한다. 따라서 납세자의 재산권이 부당하게 침해받지 않도록 법조문이 뜻하는 목적을 추구하여야 한다는 것이다.

(4) 소급과세의 금지

"이 법의 해석 또는 관세관행이 일반적으로 납세자에게 받아들여진 후에는 그 해석 또는 관행에 의한 행위 또는 계산은 정당한 것으로 보며 새로운 해석 또

는 관행에 의하여 소급하여 과세되지 않는다"라고 규정(법 제2조의 2 제2항)하고 있다. 조세의 부과 · 징수는 국민의 재산권을 침해하는 것이기 때문에 이는 법률에 의해서만 가능하므로 이를 조세법률주의라고도 한다. 이 조세법률주의는 과거에 소급하여 세금을 부과할 수 있는 법률의 제정(소급과세입법)을 금지함은 물론 법의 해석에 있어서도 새로운 해석을 과거로 소급하여 적용(소급과세)할 수 없도록 하였는데, 이를 소급과세금지 원칙이라고 한다.

3 과 세

(1) 과세요건

관세를 부과하는 데는 과세요건을 구비하여야 한다. 과세요건으로, ① 과세물건(과세객체 또는 과세대상), ② 납세의무자, ③ 세율 및 ④ 과세표준 등 네 가지가 있다. 이와 같은 과세요건을 갖추었을 때 국가는 세금을 징수할 권리가 발생하고 납세자는 세금을 납부할 의무가 발생한다. 조세의 과세권자와 납세의무자 간의 법률관계는 행정법상의 채권 · 채무관계라고 볼 수 있는데 여기서 세금을 부과 · 징수할 수 있는 권리를 조세채권이라 하고 세금을 납부할 의무를 조세채무라 한다. 따라서 관세의 조세채권이 성립하려면 이상의 네 가지 과세요건이 구비되어야 한다. 그 내용을 설명하면 다음과 같다.

1 과세물건

관세에는 수출세, 수입세 및 통과세가 있으나 법(제3조)상에는 "**수입물품에는 관세를 부과한다**"라고 규정하고 있어 수입품에만 관세를 부과한다는 것이다. 그러나 수입품 가운데 관세를 납부하지 않아도 되는 것은, 첫째, 관세율표상의 무세품과 관세법상의 각종 면세물품으로서 수입품 과세원칙에 대한 예외로 인정하는 것과, 둘째, 관세법 이외의 다른 법률로서 관세를 감면하는 특별법(예를 들면, 외자도입법) 우선원칙이 적용되는 것 등이 있다.

그리고 물품의 수입은 수입계약, 수입허가, 선적, 입항, 수입신고, 수입면허, 출고 등 여러 과정을 거쳐야 하는데, 이 때 문제가 되는 것은 어느 과정에서 관세를 부과하여야 하는가이다. 따라서 "**관세는 수입신고를 할 때의 물품의 성질과 수**

량에 의하여 부과한다"(법 제4조)라고 규정되어 있으므로 관세의 과세물건 확정시기는 수입신고의 시점을 원칙으로 하고 있다. 따라서 수입신고라는 것은 과세물건의 확정과 적용법령의 기준시점이 되며 과세가격 결정의 기준시점이 된다.

2 납세의무자

납세의무자란 직접적으로 법률상 납세의무를 부담하는 자를 말한다. 관세는 간접세이므로 납세의무자와 담세자는 다르다. 관세의 납세의무자는 "**수입신고를 한 물품에 대하여는 그 물품을 수입한 화주**"(법 제6조제1항의 1)로 되어 있으므로, 원칙적으로 물품을 수입한 화주이고 예외적으로 연대납세의무자, 특별납세의무자 등이 있다.

3 세율

세율(법 제7조)이란 세액을 결정하는 데 있어서 과세표준에 대하여 적용하는 비율을 말한다. 이것은 과세표준과 함께 세액결정의 하나의 인자이며, 세액은 다음과 같이 계산된다. 즉, 과세표준×세율=세액이다.

관세율은 법률이나 대통령령 그리고 외국과의 조약에 의해 정해진다.

그리고 "**관세의 세율은 별표 관세율표에 의하되, 잠정세율은 기본세율에 우선하여 적용한다**"(법 제7조 제1항)라고 규정되어 있다. 현행 관세율표의 구조는 기본세율, 잠정세율 및 협정세율로 되어 있다. 현행 관세법상 관세율 적용 우선순위(법 제7조 제1~4항)는 다음과 같다.

관세율의 적용순위는 원칙적으로 다음의 〈표 10-23〉에 열거한 종류의 역순서이다.

기본세율의 구조는 공산품이 6단계(0, 1, 2, 5, 8, 20%)이며, 농산물은 11단계(0, 3, 5, 7, 8, 10, 25, 30, 40, 50%, 100%)로 되어 있다. 현행 기본세율(1993년 현재)의 단순산술평균세율(=총세율/총세목)은 7.9%이고, 가중평균관세율〔=Σ(수입액×관세액)/총수입액〕은 6.77%이며 그리고 실효보호율(=관세징수액/총수입액)은 4.9%이다.

또한 수입품에는 관세 이외에 내국세(부가가치세, 특별소비세, 주세, 교육세, 교통세 등)가 부과되는 바, 휴대품이나 우편물과 같이 수입액은 소액이면서도 빈번히 발생하는 물품에는 여러 종류의 세율을 통합한 간이세율(법 제8조)이 있다.

■ <표 10-23> 관세율 적용순서(관세법 제7조)

순 위	구 분	종 류	주요품목	대상범위	관세법	근거규정
제1순위	탄력관세	덤핑방지관세	유리섬유 등 15개	지정물품	제10조	재경부령
		긴급관세	마늘	지정물품	제12조	재경부령
		특별긴급관세	농축산물 45개	지정물품	제12조의 3	재경부령
		보복관세	지정물품없음		제11조	대통령령
		상계관세	지정물품없음		제13조	대통령령
제2순위	탄력관세 및 국제협력관세	편익관세	WTO양허관세품목	러시아 등 29개국	제14조	대통령령
		국제협력관세 (단, 3 · 4 · 5 · 6 · 7 순위 세율보다 낮은 경우에만 적용)	WTO양허 및 특정국가 · 기구와의 관세협정물품	WTO가입국 · 편익관세적용 대상국 및 기타협정국	제43조의 8	대통령령
제3순위	탄력관세	조정관세	수산물 등 27개	수입전량	제12조의 2	대통령령
		할당관세 (4순위보다 낮은 경우에 우선적용)	원유 등 54개(상) 원유 등 55개(하)	한계수량이내 한계수량이내	제16조	대통령령
		계절관세	지정물품 없음		제15조의 2	재경부령
제4순위	특혜관세	최빈개도국에 대한 특혜관세	커피등 80개	원산지가 최빈개도국(48개국)인 품목	제43조의 17	대통령령
제5순위	농림축산물 WTO양허관세	WTO양허관세규정 “별표1의 나 및 다”	농림축산물 등 227개	시장접근물량이내는 낮은 세율, 이외는 높은 세율	제43조의 8	대통령령
제6순위	법정관세	잠정관세	옥수수 등 26개	수입전량	제7조	관세법
제7순위		기본관세	전품목			

주 : 품목수는 2000년도 기준임.　　자료 : 재정경제부, 관세법 및 관세율표, 2000을 참조하여 작성하였다.

4 과세표준

"관세의 과세표준은 수입물품의 가격 또는 수량으로 한다"(법 제9조). 그러므로 과세표준을 물품의 가격으로 하는 것을 종가세(가격×세율=세액)라고 하며, 그 수량(개수, 중량, 면적 등)으로 하는 것을 종량세(수량×단위수량당 세액=세액)라고 한다.

여기서 관세의 과세가격이란 수입품의 가격을 말한다. 그러나 수입품의 가격에는 그 형태가 많고, 같은 형태의 가격에도 시간과 장소에 따라 달라질 수 있으며 거래량에 따라 달라질 수도 있다. 한편, 과세가격의 형태에는 법정가격(실제거래가격과는 관계없이 법령으로 단일가격을 정하여 그 가격으로 과세하는 것), 발송가격(FOB 가격), 도착가격(CIF 가격) 및 시가역산가격(도착지 국내가격) 등이 있다.

그러면 어떤 가격을 과세가격으로 채택하느냐는 중요한 문제이다. 우리 나라는 원칙적으로 정상도착가격(CIF 가격)을 과세가격으로 하며, 예외적으로 간이세율을 적용하는 물품에는 국내도매물가를, 그리고 정상도착가격을 결정할 수 없거나 재정경제부령으로 정하는 일부 물품에는 국내도매물가에 따라 시가역산한 가격으로 한다.

또 과세가격의 요건은 정상도착가격을 말하는 것으로 그 동안 우리 나라는 관세협력이사회(CCC)의 평가협약에 의한 브뤼셀평가정의를 실정법에 구체화한 것이었으나 지난 1981년 1월 6일 GATT의 MTN 신평가협정에 가입함으로써 1986년부터 실제거래가격을 평가기준으로 하게 되었다.

4 탄력관세

여기서 관세법상 세율의 조정(법 제1장 제4항), 즉 탄력관세제도에 관하여 약술하면 다음과 같다.

탄력관세제도(flexible tariff system)란 정부가 수입품에 적용하는 관세율을 탄력적으로 인상 또는 인하하여 운영하는 제도를 말한다. 관세율은 조세법률주의 하에서는 관세법과 같이 입법사항으로서 국회의 심의의결을 거쳐 결정 또는 변경되는 것이 원칙으로 되어 있다. 그러나 국내외 경제여건의 변동에 신속히 대처하기 위해서는 관세율도 시의적절하게 변경하여 운용하는 것이 바람직하나 관세율을 입법기관에 의하여 조정 · 실시하는 데는 상당한 시일을 요하므로 경제여건의 변경에 기민하게 대처하기란 용이하지 않다. 따라서 탄력관세는 기본세율을 그대로 두고 정책목적에 따라 그때그때 변경한 세율을 임시로 적용하는 것이며, 또 그 세율의 변경도 법률로 정해진 범위 내로 한정하고 있다.

이와 같은 탄력관세가 발동되는 경우 이 제도는, ① 수입품의 가격하락으로 수입이 증대하여 국내산업이 저해될 때, ② 수입증가로 국제수지가 악화될 때, ③ 국내공급부족으로 국내물가가 등귀할 때, ④ 산업구조가 급격하게 변동할 때에 이용된다.

그리고 탄력관세의 종류는 관세법상(제10조~제16조, 제43조의 8, 제43조의 17)다음의 11가지가 있다.

(1) 덤핑방지관세(법 제10조)

덤핑방지관세(이하 반덤핑관세라 한다)란 외국의 상품이 덤핑가격으로 국내에 수입될 때 이의 수입을 억제하기 위하여 부과하는 관세를 말한다. 관세법에서 덤핑이란 수입품이 생산원가보다 낮게 수입되는 가격 또는 국제시장에서 거래되는 정상가격보다 저렴한 가격으로 수입되는 것을 말한다.

반덤핑관세가 발동되기 위한 요건은,

① 정상가격 이하로 판매되는 물품의 수입이 있어야 하고

② 그 수입으로 인해 국내산업이 피해를 받거나 받을 우려가 있거나

③ 또는 그 수입으로 인하여 국내산업의 확립이 실질적으로 지연되었을 경우에 당해 국내산업을 보호할 필요가 있어야 한다.

(2) 보복관세(법 제11조)

보복관세란 우리 나라의 수출품, 선박 또는 항공기에 대하여 다른 나라가 불리한 대우를 하는 경우에 그 나라로부터 수입되는 물품에 대하여 피해상당액의 범위 안에서 관세를 부과하는 제도를 말한다.

(3) 긴급관세(법 제12조)

긴급관세란 특정물품의 수입증가로 동종물품 또는 직접적인 경쟁관계에 있는 물품의 국내생산자에게 중대한 피해를 주거나 줄 우려가 있어 당해 피해를 방지하거나 구제를 할 필요가 있다고 인정되는 때에는 국내외 가격차에 상당하는 율의 범위 안에서 관세를 부과하는 제도를 말한다.

(4) 조정관세(법 제12조의 2)

조정관세란 산업구조의 변동 등으로 물품간의 세율이 현저히 불균형하여 이를 시정할 필요가 있는 다음의 경우에 관세를 부과하는 제도를 말한다.

① 국민보건 · 환경보전 · 소비자보호 등을 위하여 필요한 경우

② 국산개발된 물품 중 일정기간 보호가 필요한 경우

③ 농림축수산물 등 국제경쟁력이 취약한 물품의 수입증가로 국내시장이 교란되거나 산업기반을 붕괴시킬 우려가 있어 이를 시정 또는 방지할 필요가 있는 경우 등에는 100분의 100에서 당해 물품의 기본세율을 뺀 율을 기본세율에 가산한 율의 범위 안에서 관세를 부과할 수 있는 제도를 말한다.

(5) 농림축산물에 대한 특별긴급관세(법 제12조의 3)

농림축산물에 대한 특별긴급관세란 국제협력관세(법 제43조 제8항)의 규정에 의하여 국내외 가격차에 상당한 율로 양허한 농림축산물의 수입물량이 급증하거나 수입가격이 하락하는 경우에는 대통령령이 정하는 바에 따라 양허한 세율을 초과하여 관세를 부과할 수 있는 제도를 말한다.

(6) 상계관세(법 제13조)

상계관세란 수출국에서 보조금이나 장려금이 지급된 상품이 수입되어 국내산업을 저해하는 경우에 이러한 상품의 수입을 억제하기 위하여 관세를 추가하여 부과하는 것을 말한다.

상계관세가 발동되는 요건은 외국에서 직접 · 간접으로 제조 · 생산 또는 수출에 관하여,

① 직접 · 간접으로 보조금 또는 장려금이 지급된 상품의 수입으로 국내산업이 실질적으로 피해를 받거나 받을 우려가 있을 때

② 국내산업개발이 실질적으로 지연되어 국내산업을 보호할 필요가 있다고 인정될 때

관세 이외에 당해 보조금 또는 장려금 등의 금액 이하의 관세를 추가하여 부과할 수 있다.

(7) 편익관세(법 제14조)

편익관세란 관세에 관한 조약에 의하여 편익을 받지 않은 나라의 상품이 수입될 때 외국과의 조약에 의하여 이미 부여하고 있는 관세상의 편익의 한도 내에서 관세에 관한 편익을 부여하는 것을 말한다.

(8) 계절관세(법 제15조의 2)

계절관세란 가격이 계절에 따라 현저한 차이가 있는 물품으로서 동종물품·유사물품 또는 대체물품의 수입으로 국내시장이 교란되거나 산업기반이 붕괴될 우려가 있는 경우에는 계절구분에 따라 당해 물품의 국내외 가격차에 상당하는 율의 범위 안에서 기본세율보다 높게 관세를 부과하거나 기본세율에 100분의 40을 감한 율의 범위 안에서 기본세율보다 낮게 관세를 부과할 수 있다고 규정(법 제15조제2항)되어 있다. 이것은 가격변동이 심한 계절상품(농산물과 자연산품)의 수입으로 국내물가에 미치는 영향을 관세율의 조정으로 제거하려는 데 그 목적이 있다.

(9) 할당관세(법 제16조)

할당관세는 특정물품의 수입이 정부가 정한 일정한도까지는 저율의 관세를 부과하고, 그 한도를 초과하여 수입될 때에는 고율의 관세를 부과하는 제도이며, 이것을 2중관세라고도 한다. 할당관세는 다음에 해당되는 경우에는 기본세율에서 100분의 40을 감한 율의 범위 안에서 관세를 부과할 수 있다(법 제16조).

① 물자수급의 원활을 위하여 특정물품의 수입을 촉진시킬 필요가 있는 경우 수입가격이 급등한 물품 또는 이를 원재료로 한 제품의 국내가격의 안정을 위하여 필요한 경우

② 유사물품간의 세율이 현저히 불균형하여 이를 시정할 필요가 있는 경우 등이다.

③ 유사물품간의 세율이 현저히 불균형하여 이를 시정할 필요가 있는 경우 등이다.

(10) 국제협력관세(법 제43조의 8)

국제협력관세란 "**정부는 우리 나라의 대외무역의 증진을 위하여 필요하다고 인정할 때에는 특정국가 또는 국제기구와 관세에 관한 협상을 할 수 있다**"고 규정(법 제43조의 8. 제1항)하고 있다.

위의 협상을 수행함에 있어서 필요하다고 인정할 때에는 관세를 양허할 수 있다. 다만 특정국가와의 협상을 수행함에 있어서는 기본관세율의 100분의 50의 범위를 초과하여 관세를 양허할 수 없다.

정부는 외국에서의 가격하락, 기타 예상하지 못한 사정의 변화 또는 조약상의 의무 이행으로 인하여 특정물품의 수입이 증가됨으로써 이와 동종물품 또는 직접 경쟁관계에 있는 물품을 생산하는 국내생산자에게 중대한 피해를 주거나 줄 우려가 있다고 인정할 때에는 다음 각 호의 조치를 할 수 있다.

① 조약에 의하여 관세의 양허를 하고 있는 경우에는 그 조약에 의하여 특정물품에 대한 양허를 철회 또는 수정하여 이 법에 의한 세율 또는 수정후의 세율에 의하여 관세를 부과하는 조치,

② 특정물품에 대하여 위의 조치를 하고자 하거나 그 조치를 한 경우에는 당해 조약에 의한 협의에 따라 그 물품 이외에 이미 양허한 물품의 관세율을 수정하거나 양허품목을 추가하여 새로 관세의 양허를 하고 수정 또는 양허한 후의 세율을 적용하는 조치,

등이다.

(11) 일반특혜관세(법 제43조의 17)

일반특혜관세란 "**대통령이 정하는 개발도상국가(특혜대상국)를 원산지로 하는 물품중 대통령령이 정하는 물품(특혜대상물품)에 대하여는 기본세율보다 낮은 세율의 관세(특혜관세)를 부과할 수가 있다**"고 규정(법 제43조의 17. 1항)하고 있다.

특혜관세를 부과함에 있어 당해 특혜대상물품의 수입이 국내산업에 미치는 영향 등을 감안하여 그 물품에 적용되는 세율에 차등을 두거나 특혜대상물품의 수입수량 등을 한정할 수 있다. 그리고 UN총회의 결의에 의한 최빈개발도상국

중 대통령령이 정하는 국가를 원산지로 하는 물품에 대하여는 다른 특혜대상국보다 우대하여 특혜관세를 부과할 수 있다.

그러나 특혜대상물품의 수입이 증가하여 이와 동등의 물품 또는 직접적인 경쟁관계에 있는 물품을 생산하는 국내산업에 중대한 피해를 주거나 줄 우려가 있는 등 특혜관세를 부과하는 것이 적당하지 아니하다고 판단되는 경우에는 당해 물품과 그 물품의 원산지인 국가를 지정하여 특혜관세의 적용을 정지할 수 있다.

또한 특정대상국의 소득수준, 우리 나라의 총수입액 중 특정한 특혜대상국으로부터의 수입액이 차지하는 비중, 특정한 특혜대상국의 특정한 특혜대상물품이 지니는 국제경쟁력의 정도 기타의 사정을 감안하여 특혜관세를 부과하는 것이 적당하지 아니하다고 판단되는 경우에는 당해 국가나 당해 국가 및 물품을 지정하여 특혜관세의 적용을 배제할 수 있다.

5 보세구역

(1) 보세의 의의

보세란 관세가 유보되거나 미납된 상태를 말한다. 무세품도 수입통관되기 이전에는 보세물품(또는 보세화물)이라고 하기 때문에 이를 엄격하게 말하면, 수입면허가 되지 않은 상태를 의미한다. 그러므로 외국물품이 수입면허의 미필상태로 반입 · 장치 · 가공 · 건설 · 전시판매하는 구역을 보세구역이라고 하며, 또 외국물품이 수입면허의 미필상태로 국내에서 운송되는 것을 보세운송이라고 한다.

(2) 보세구역의 종류

보세구역은 지정보세구역과 특허보세구역 및 종합보세구역이 있다(법 제65조). 지정보세구역이란 세관장이 주로 국가공공기관의 토지나 시설 등의 일정한 구역을 지정하여 특정물품의 장치나 수출화물의 검사를 하는 보세구역을 말하며, 특허보세구역이란 사용자의 신청을 받아 세관장이 주로 개인의 토지나 시설 등의 일정한 구역에 대하여 특허한 보세구역을 말한다. 그리고 종합보세구역이란 특혜보세구역의 기능을 종합적으로 수행하는 보세구역을 말한다.

지정보세구역에는 ① 지정장치장과 ② 세관검사장이 있으며, 특허보세구역에는 ① 보세장치장, ② 보세창고, ③ 보세공장, ④ 보세전시장, ⑤ 보세건설장과 ⑥ 보세판매장이 있다. 이들의 내용을 요약하면 다음과 같다.

1 지정보세구역

(가) 지정장치장

지정장치장이란 통관하고자 하는 물품의 일시장치를 위한 장소로서 세관장이 지정하는 구역을 말한다.

(나) 세관검사장

세관검사장이란 통관하고자 하는 물품의 검사를 위한 장소로서 세관장이 지정하는 구역을 말한다. 이 구역이 세관장으로부터 지정되는 장소로서는 세관구내, 국제공항 휴대품검사장, 공업단지 내의 특정지역, 우체국의 국제우편물검사장 등이 있다.

2 특허보세구역

(가) 보세장치장

보세장치장이란 통관하고자 하는 물품을 장치하는 장소로서 세관장으로부터 특허를 받은 구역을 말한다. 이것은 원칙적으로 창고시설을 갖춘 곳에 설치되는 것이나 살화물(bulk cargo)의 야적을 위한 부두, 컨테이너 화물의 야적장, 원목을 저장하기 위한 해상의 저수장 등에 특허하는 경우도 있다.

(나) 보세창고

보세창고란 외국물품을 통관 또는 보관 등의 목적으로 비교적 장기적으로 장치하기 위한 장소로 세관장이 특허하는 구역을 말한다.

(다) 보세공장

보세공장이란 외국물품 또는 국내외 물품을 원재료로 하여 제조 · 가공작업을 하기 위한 장소로서 세관장의 특허를 받은 구역을 말한다. 보세공장에는 수출용

보세공장과 내수용 보세공장이 있다.

(라) 보세전시장

보세전시장이란 박람회, 전람회, 견본시장 등의 운영을 위하여 외국물품의 장치 · 전시 · 사용하는 장소로서 세관장이 특허한 구역을 말한다.

(마) 보세건설장

보세건설장이란 산업시설에 소요될 외국물품인 기계류 · 공사용 장비를 설치 · 사용하여 건설공사를 하는 장소로서 세관장의 특허를 받은 구역을 말한다.

(바) 보세판매장

보세판매장이란 외국물품을 외국으로 반출하거나 주한외국공관의 외교관들에게 외국물품을 판매하는 장소로서 세관장이 특허한 장소를 말한다.

3 종합보세구역

종합보세구역이란 "**보세장치장 · 보세창고 · 보세공장 · 보세전시장 · 보세건설장 및 보세판매장의 기능을 종합적으로 수행하는 것**(법 제 116조의 3. 제2항)"을 말한다. 그리고 "**관세청장은 직권 또는 관계중앙행정기관의 장이나 지방자치단체의 장의 요청에 의하여 무역진흥에의 기여정도 및 외국물품의 반입 · 반출 등을 고려하여 일정한 지역을 종합보세구역으로 지정할 수 있다**(법 제 116조의 3. 제1항)"고 규정하고 있다.

3. 관세율 구조

수입물품에 적용되는 관세율은 법률로 정한 기본관세율과, 대통령령 등 하위 규정으로 정한 탄력관세율, WTO 양허관세율을 비롯한 국제협력관세와 일반특혜 관세가 있다.

기본관세율은 관세율인하 예시제의 마지막 연도인 1994년 이후부터는 동일

■ <표 10-24> 우리 나라의 산업별 관세율 구조

(단위 : %)

가공도별		1988	1989	1994	2000
중심세율		20	15	8	8
원 료	비경쟁원료	5	1~2	1~2	1~2
	경쟁원료	10	5	3	3~4
중간재	경쟁력확립 품목	10~20	10	8	5~8
	1차가공품	10~20	10	5	5
완제품	일반공산품				8
	경쟁력취약 품목	30~50	20	8	10~16
무세품	국제관례상 무세품목	무세	무세	무세	무세
농산물	주곡(쌀, 보리)	5	5	5	5
	사료	7	7	3	3
	소득작물	20~50	20~50	20~50	20~50

자료 : 재무부, 1988년도 관세율개편백서, 1988.
재정경제부, 관세율표, 2000에서 작성하였음.

한 관세율이 적용되고 있다. 상업별 관세율 구조에서 가공도별로 분류하면 ① 원료, ② 중간재, ③ 완제품, ④ 무세품과 ⑤ 농산물로 구분하고 있다.

〈표 10-24〉에서 보는 바와 같이 원료에는 비경쟁원료와 경쟁원료로 구분하며, 중간재에는 경쟁력 확립 품목과 1차가공품으로, 완제품에는 일반공산품과 경쟁력 취약 품목으로, 그리고 농산물에는 주곡(쌀, 보리), 사료와 소득작물로 구분하고 있다. 각 연도별 중심세율과 가공도별 관세율은 〈표 10-24〉와 같다. 2000년도의 관세율을 보면 비경쟁원료는 최저관세율인 1~2%, 경쟁원료는 3%의 관세율이 변경없이 적용된다. 중간재와 국내생산이 어려운 1차 가공품 및 단기간 내에 경쟁력을 확보하기가 불가능한 완제품은 5%의 낮은 관세율을 부과하도록 되

그림 10-1 우리 나라의 기본관세율 구조(2000년도)

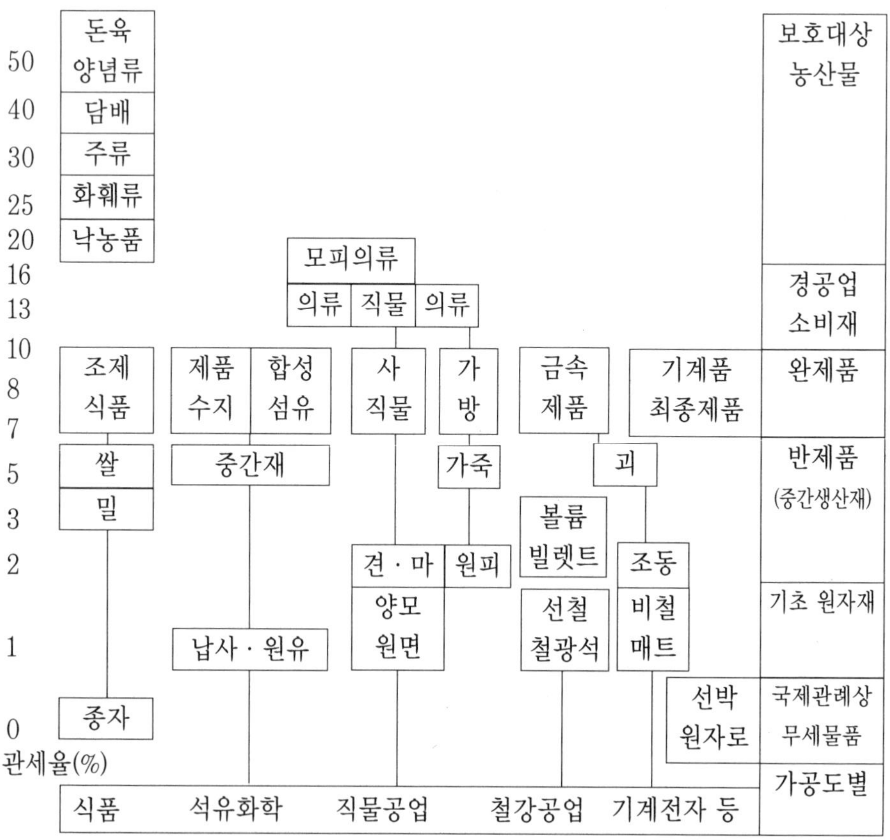

자료 : 재정경제부, 관세율표, 2000.에서 작성한 것임.

어 있다. 그 밖의 공산품은 중간재, 완제품, 사치성 소비재, 생필품 등을 구분하지 않고 8%의 관세율을 적용하고 있다. 한편 중심관세율은 1988년도에는 20%, 1989년도에는 15%로, 그리고 1994년도 이후부터는 8%로 낮아졌다.

그리고 각 산업군의 대표적인 제품에 대하여 가공단계별 관세율 구조를 보면 〈그림 10-1〉과 같다. 이 표에서 무관세(tariffs at zero) 대에는 국제관례상 종자 · 선박 · 원자로이며, 1~2%대에는 원면 · 철광석 · 나프타(납사) 등 기초원자재가 분포하고 3~5%대에는 공업용 1차 생산품 및 쌀이 분포하며, 중심세율인 8%대에는 연관산업의 원자재가 되는 공산품과 대부분의 완제품이 해당된다.

또한 의류 · 직물 등은 산업보호를 위하여 1997년도에 10~16%대에서 조정시 8%로 인상 · 조정되었다. 20~50%대에는 낙농품 · 축산물 · 화훼류 등의 농산물과 그 가공품이 해당된다. 이것은 국제무역에서 비교우위에 입각한 이론으로서는 설명하기 어려운 품목으로 정치 · 경제적인 요인을 감안하여야 하는 품목들로서 관세율 조정시 국내생산자 및 무역상대국이 상호간의 이해관계에 따라 가장 민감한 반응을 보이고 있으므로 관세율 정책결정시 가장 어려운 분야이다.

참고문헌

〈국내문헌〉

관세청 감수, 1995 관세무역법령집, 한국무역경제사, 1995.

관세정보센터, GATT/MTN 신관세평가협약, 1981.

김광석 . 레이 E. 웨스트팔, 한국의 외환무역정책, 한국개발연구원, 1976.

김신행, 국제경제학, 법문사, 1977.

김정수 편, GATT를 중심으로 한 국제무역질서의 전개방향과 우리의 대응, KIET, 1984.

김종성, 우리 나라 관세의 산업경쟁력효과에 관한 연구(박사학위논문), 건국대학교 대학원, 1993.

대외경제연구원, 무역관련 정책 및 제도의 현황과 개선방향, 1992.

대우경제연구소, 우루과이 라운드와 한국경제, 한국경제신문사, 1994.

대한상공회의소, GATT 관세평가 규정해설집, 1991.

박상태, 국내외 관세율정책기조와 기본방향(Ⅵ), 관세(1982.10), 한국관세연구소

______, 관세정책의 변천과 평가, 한국조세연구원, 1997.

법무부, UR협정의 법적 고찰(상 · 하), 일신사, 1994.

서근태, 우리 나라 관세정책의 변천에 관한 고찰, 부산상대논집, vol. 46 (1983).

서석태, 한국의 수입구조 및 수입정책, 한국개발연구원, 1979. 12.

신현종, 한국무역이론, 법문사, 1982.

이 균, 국민경제형성과 보호무역, 무역경영사, 1991.

_____, 관세이론, 법경사, 1992.

_____, 국제무역의 정치경제학, 법문사, 2000.

이영기, 관세의 실효보호율에 관한 고찰, 서울대 경제논집, XVI. No. 1(1977.3).

정도영, 국제경제, 박영사, 1981.

최일환, 관세론, 박영사, 1985.

표학길, 국제무역론, 무역경영사, 1985.

한국개발연구원, 새로운 산업정책의 모색을 위한 국제심포지엄보고서, 1982.
한국관세연구소, 신관세평가협정해설, 1986.
__________, 한국관세사, 1985.
한국무역협회, 신관세평가협약해설, 1980.
__________, GATT 해설, 1988.

〈구미문헌〉

Anderson, J.E., "General Equilibrium and the Effective Rate of Protection," *Journal of Political Economy*, vol.78(Jul/Aug.1970), pp.717-724

Ashley, P., *Modern Tariff History*, Howard Fertig, 1970.

Balassa, B., "Effective Protection in Developing Countries," in Bhagwati, J. N. et al.(eds.), *Trade, Balance of Payments and Growth*, Papers in International Economics in Honor of C. P. Kindleberger, Amsterdam North Holland, 1971.

________, *The Structure of Protection in Developing Countries*, Baltimore, Johns Hopkins Press, 1971.

________, *The Theory of Economic Integration*, Homewood, Ill. : Richard D. Irwin Inc., 1961.

Baldwin, R.E., "The Effective of Tariffs on International and Domestic Prices," *Quarterly Journal of Economics*, vol.74(Feb. 1960), pp.65-78.

________(ed.), *Trade Policy Issues and Empirical Analysis*, The Univ. of Chicago Press, 1988.

________(ed.), *Empirical Studies of Commercial Policy*, The Univ. of Chicago Press, 1991.

Bardhan, F., "External Econmics, Economic Development and the Theory of Protection," *Oxford Economic Papers*, vol.16(Mar. 1956), pp.40-51.

Bastable, C.F., *The Commerce of Nations*(Original 1891), 9th edition, revised by T.E. Gregory, London Methuen, 1923.

Bhagwati, J.N., "Protection, Real Wages and Real Incomes," *Economic*

Journal(Aug. 1959)

_____, *Protectionism*, The MIT, 1988.

_____, and Johnson, H.G., *Trade, Tariffs and Growth*, Weidenfeld & Nicolson, London, 1969.

_____, Jones, R.W., Mundell, R.A., and Vanek, J.(eds.), *Trade, Balance of Payments and Growth*, Amsterdam North Holland, 1971.

Caves, R.E. and R.W. Jones, *World Trade Payments*, Little Brown and Co., 1977.

Corden, W.M., *The Theory of Protection*, Oxford Clarendon Press, 1971.

Cournot, A.A., *Recherches sur les Principles Mathémotigues de la Théorie des Richesses*, 1838(中山伊知郎 譯, 富の理論の數學的原理に關する研究, 日本經濟評論社, 1982)

Finger, J.M., *Antidumping : How It Works Who Gets Hurt*, The Univ. of Chicago Press, 1993.

Greenaway, D., *International Trade Policy*, The MacMillan Press Ltd., 1983.

Grubel, H.G., *International Economics*, Richard D. Irwin Inc., 1977.

_____, and H.G. Johnson, (eds.), *Effective Tariff Protection*, Geneva, GATT and the Graduate Institute of International Studies, 1971.

Haberler, G., *The Theory of International Trade*, 1933.

Hagen, E.E., "An Economic Justification of Protectionism," *Quarterly Journal of Economics*, vol. 72(Nov. 1958).

Hamilton, A., *Report on the Subject of Manufactures*, 1791.

Heller, H.R., *International Trade : Theory and Empirical Evidence*, Prentice Hall, Inc., 1968.

Ingo, W., *International Economics*, The Ronald Press Co., 1968.

Johnson, H.G., *Aspects of the Theory of Tariffs*, London Allen & Unwin, 1971.

_____, *International Trade and Economic Growth : Studies in Pure Theory*, Allen & Unwin, London, 1958.

Jones, R.W., "Effective Protection and Substitution," *Journal of International Economics*, vol. 1(1971), pp.58-81.

Kahn, R.F., "Tariffs and the Terms of Trade," *Review of Economic Studies*, vol. 15-1(1947), pp.14-19.

Kaldor, N., "A Note on Tariffs and the Terms of Trade," *Economica(N.S.)*, vol. 7(Nov. 1940), pp.377-380.

Kemp, M.C., "Mill-Bastable Infant Industry Dogma," *Journal of Political Economy*, vol. 68(Feb. 1960), pp. 65-67.

__________, *The Pure Theory of International Trade*, Prentice Hall, N.J.,1964.

Kindleberger, C.P., *International Economics*(5th ed.), Homewood, Ill. : Richard D. Irwin Inc., 1973(6th ed., 1978).

Krauss, M.B., *A Geometric Approach to International Trade*, The Camelot Press Ltd., 1979.

_______(ed.), *The Economics of Integration*, London, Allen & Unwin, 1973.

__________, *The New Protection*, The International Center for Economic Policy Studies, 1978.

Lewis, W.A., "Economic Development with Unlimited Supplies of Labor," *Manchester School of Economic and Social Studies*, vol. 22(May 1954), pp.139-191.

Lipsey, R.G., "The Theory of Customs Unions : A General Survey," *Economic Journal*(Sep. 1960)

List, F., *Das nationale System der politischen Ökonomie*, 1841.

Little, I., Scitovsky, T. and Scott, M., *Industry and Trade in Some Developing Countries*, Oxford Univ. Press, London, 1970.

Marshall, A., *Principles of Economics*(8th Edition), (original 1920), MacMillan, London, 1956.

Meade, J.E., *A Geometry of International Trade*, Allen & Unwin, London, 1952.

__________, *The Theory of Customs Unions*, Amsterdam, North Holland Publishing Co., 1955.

Metzler, L.A., "Tariffs, the Terms of Trade and the Distribution of National Income," *Journal of Political Economy*, Feb. 1949. reprinted in

Caves and Johnson(1968)

Mill, J.S., *Principles of Political Economy,* 1814.

Mundell, R.A., "Tariff Preferences and the Term of Trade," *American Economic Review*(Sep. 1959)

Prebisch, R., *Towards a New Trade Policy for Development,* Report by the Secretary General of UNCTAD, New York, United Nations, 1964.

Ricardo, D., *The Principles of Political Economy,* 1817.

Scitovsky, T., "Effective Protection and the Theory of Tariffs," *Review of Economic Studies,* vol. 9-2(1941), pp.89-110.

Stolper, W.F. and Samuelson, P.A., "Protection and Real Wages," *Review of Economic Studies,* 1941.

Sodersten, B., *Internatonal Economics*(2nd edition), St. Martin Press, New York, 1980.

Tan, A.H.H., "Differential Tariffs, Negative Value-added and the Theory of Effective Protection," *American Economic Review,* No. 60(Mar. 1970).

Taussig, F.W., *The Tariff History of the United States,* 8th ed., New York Capricorn Books, 1964.

Tinbergen, J., *International Economic Integration,* Amsterdam Elsevier, 1955.

Travis, W.P., *The Theory of Trade of Protection,* Harvard Univ. Press, 1964.

Vanek, J., *International Trade : Theory and Economic Policy,* Irwin Homewood, 1962.

Viner, J., *The Customs Union Issue,* New York, Carnegie Endowment for International Peace, 1950.

Wells, S.J., *International Economics,* George Allen & Unwin Ltd., 1973.

Yeats, A.G., "An Analysis of the Effect of Protection Process Changes of Effective Protection Estimates," *Review of Economics and Statistics,* vol 58(Feb. 1976)

〈일본문헌〉

秋山憲治, アメリカ通商政策と貿易摩擦, 同文館, 1990.

荒木信義, 特恵關稅の動態分析, (大藏省刊, 關稅調査月報(第21卷 第4號))

朝倉弘教, 世界關稅史, 日本關稅協會, 1983.

麻田四郎・田中喜助 編, 國際貿易論講義, 青林書院新社, 1971.

岡茂男, 關稅政策著作集, 日本關稅協會, 1991.

小島清・小宮隆太郎 編, 日本の非關稅障壁, 日本經濟新聞社, 1972.

關稅評價研究會 編, 關稅評價とは何か, 日本關稅協會, 1976.

佐佐木隆雄 著,アメリカの通商政策, 岩波新書, 1997.

新堀 聰, WTO發足後の世界貿易, 經林書房, 1995

町田 實, 國際貿易の史的構造, 前野書店, 1978.

森田桐郎 編著, 國際貿易の古典理論, 同文館, 1988.

諸田 實, ドイツ關稅同盟の成立, 有斐閣, 1974.

日本通産省 編, 概說アンチ・ダンピング制度, 通商産業調査會, 1985.

岡茂 男 監修, 一般特恵關稅制度の經濟效果, 日本關稅協會, 1985.

大野功統, 特恵關稅, 日本關稅協會, 1969.

津田昇, 關稅制度入門, 成山堂, 1971.

特恵關稅研究會, 特恵關稅の實務, 日本關稅協會, 1980.

山本繁綽, 貿易政策の理論, 東洋經濟新報史, 1974.

찾아보기

ㅂ

ㅅ

ㅈ

저자약력

저자는 홍익대학교 무역학과 교수와 같은 대학교 경영대학 학장 겸 세무대학원 원장을 역임하였음. 그리고 한국무역학회 무역학대사전편찬위원회 위원장, 한국무역학회 고문, 한국문화무역학회 고문직을 맡고 있음.

1943년 경남 거창 출신임. 학력으로 부산대 무역학과, 고려대 · 성균관대 · 일본와세다대 대학원(석 · 박사과정)을 각각 졸업하였음. 경제학박사이며 무역사임.

경력으로 와세다대학 상학부 초빙교수, 한일경상학회 상임이사, 한국무역학회 회장과 홍익대학교 경영연구소장 · 교수협의회 회장을 역임하였음.

저서로 〈국제경제〉(일본어판 공저), 〈국민경제형성과 보호무역〉(한국무역학회 제2회 무역학술상 수상저서), 〈관세이론〉(日本貿易奬勵會 1993년도 학술상 수상저서), 〈국제무역의 정치경제학〉 등과, 번역서로 〈결혼경제학〉, 〈생산시스템의 리엔지니어링〉, 〈21세기의 아시아〉, 〈세계를 움직인 경제학명저 88〉 등이 있음.

논문으로 "수출이 경제성장에 미치는 영향"(한국무역협회 창립32돌 기념 현상논문 최우수당선작), "전략적 관리무역과 한국의 무역정책", "무역불균형과 공정무역전략" 등 주로 국제무역에 관한 논문 60여 편이 있음.

관 세 론

2001년 2월 28일 초판발행
2016년 8월 20일 중판발행

저 자 이 균
발행인 안 종 만
발행처 (주) 박영사
서울특별시 종로구 새문안로3길 36, 1601
전화 (733)6771 FAX (736)4818
등록 1959. 3. 11. 제300-1959-1호(倫)

www.pybook.co.kr e-mail: pys@pybook.co.kr

정 가 28,000원 ISBN 979-11-303-0356-7